Über dieses Buch Noch im Jahre 1963 konnte der Literaturkritiker Marcel Reich-Ranicki mit Recht behaupten: »Für die Germanistik in Westdeutschland existiert Arnold Zweig nicht. Seine Bücher sind hier in Vergessenheit geraten.« Diese Vergessenheit, der Person und Werk eines der bedeutendsten Schriftsteller der Weimarer Republik und der Exilliteratur hier bei uns anheimfielen, war nicht zuletzt eine Reaktion auf die 1948 von A. Zweig vollzogene Rückkehr in den anderen Teil Deutschlands. Der triumphale Empfang, der ihm dort bereitet wurde, disqualifizierte ihn in den Augen der meisten Westdeutschen als einen Opportunisten des kommunistischen Regimes.
Hat Arnold Zweig diesen Vorwurf wirklich verdient? War das Land Israel für ihn nichts anderes als ein Exil? Welche Bedeutung haben Zweigs Judentum und seine Verwurzelung in der deutschen Kultur für das Verständnis seiner Person wie seines Werkes?
Manuel Wiznitzer ist diesen Fragen und den Widersprüchen in der Persönlichkeit des Schriftstellers nachgegangen. Er hat in langjährigen Recherchen in Israel und Europa umfangreiches Material gesammelt und gesichtet, und er hat zahlreiche Personen befragt, die mit Arnold Zweig bekannt oder befreundet waren. Seine Arbeit könnte durch ihre neuen Erkenntnisse, vor allem über die Jahre des Exils in Palästina, wesentlich zu einem tieferen Verständnis Arnold Zweigs beitragen. Sie ist darüber hinaus ein erregendes Dokument über die Kontamination von Zeitgeschichte, Politik und Literatur.

Der Autor Manuel Wiznitzer wurde 1919 in Berlin geboren. Er floh 1939 vor dem nationalsozialistischen Regime aus Deutschland. Während des Krieges war er in der britischen Armee. Nach einem Aufenthalt in Israel (1948–1949) studierte er Germanistik und Romanistik an der Sorbonne in Paris und in London.
Von 1970 bis 1976 war er Dozent an der Universität Tel Aviv und promovierte 1976 in Paris. Er lebt heute abwechselnd in Tel Aviv und München.
Neben seinen Lehraufträgen betreibt er ausgedehnte Forschungsarbeiten auf dem Gebiet der Exilliteratur.

Manuel Wiznitzer

Arnold Zweig

Das Leben eines deutsch-jüdischen Schriftstellers

Fischer Taschenbuch Verlag

Vom Autor durchgesehene und korrigierte Ausgabe
Veröffentlicht im Fischer Taschenbuch Verlag GmbH,
Frankfurt am Main, September 1987

Lizenzausgabe mit freundlicher Genehmigung der
Athenäum Verlag GmbH, Frankfurt am Main

Der Abdruck der Faksimiles auf den Seiten 57 / 58 erfolgte
mit freundlicher Genehmigung des Aufbau-Verlags, Berlin und Weimar.

Umschlaggestaltung: Jan Buchholz / Reni Hinsch
unter Verwendung eines Fotos aus dem Bildarchiv
Preußischer Kulturbesitz, Berlin
Gesamtherstellung: Clausen & Bosse, Leck
Printed in Germany
1580-ISBN-3-596-25665-8

Arnold Zweig in Haifa, 1947

Gewidmet dem Andenken
meiner Eltern und meines Bruders Martin

Vorwort

Die vorliegende Biographie geht auf eine Dissertation zurück, die 1976 der Universität Paris vorgelegt wurde. Die deutsche Fassung wurde erheblich erweitert und auf den aktuellen Stand gebracht.
Bei dieser Gelegenheit möchte ich allen denen danken, die mir durch ihren Rat, ihre Informationen und ihre Anregungen geholfen haben, diese Arbeit zu vollenden. Insbesondere möchte ich erwähnen: Professor Pierre Grappin (Sorbonne); Professor Dr. Hans Mayer (Universität Tübingen); Dr. Adam Zweig, Psychiater (Bern); Schalom Ben-Chorin, Schriftsteller und Journalist (Jerusalem); Professor Stéphane Moses (Hebräische Universität, Jerusalem); Dr. Werner Berthold, Direktor der Abteilung »Exilliteratur« der Deutschen Bibliothek (Frankfurt a. M.); Dr. David Midgley (Universität Cambridge), Autor eines Buches über Arnold Zweig; Dr. Irène Tieder (Universität Bar-Ilan, Ramat-Gan); Dr. Paul Huys (Gent), Verfasser einer vielbeachteten Dissertation über Arnold Zweig; Abraham Tobias, Literaturkritiker und Übersetzer (Natanya); Hans Laor (gest. 1974), langjähriger Freund des Schriftstellers (Tel Aviv); Alice Schwarz, Schriftstellerin und Journalistin (Haifa); Walter Zadek, Schriftsteller und Buchhändler (Tel Aviv); Alice Hausdorff, Zweigs letzte Sekretärin in Haifa; die Journalisten Erich Gottgetreu (gest. 1981 in Jerusalem) und Schraga Har-Gil (*Ma'ariw*, Tel Aviv); Albrecht Schütz, Studiendirektor am Thomas-Mann-Gymnasium, München.

München und Tel Aviv 1983. Der Verfasser

Inhaltsverzeichnis

Verzeichnis der Abbildungen

N. B. In hebräischen Wörtern und Namen wird das *ch* immer guttural, d. h. wie in Dach, Buch usw. ausgesprochen, auch wenn es am Wortanfang steht.

Einleitung

Arnold Zweig – ein umstrittener Schriftsteller

Unter den Schriftstellern und Wissenschaftlern, die das nationalsozialistische Deutschland verließen, nimmt Arnold Zweig eine Sonderstellung ein. Die meisten jüdischen und nichtjüdischen Intellektuellen flüchteten in das erste Land, das bereit war, ihnen Zuflucht zu gewähren. Sie hatten die feste Absicht, nach Deutschland – oder nach Österreich – zurückzukehren, sobald der Alptraum beendet war, und sie rechneten mit diesem Ende in nicht allzu ferner Zukunft.

Arnold Zweig dagegen begab sich aus freien Stücken in ein Land, das für ihn gewiß kein »Zufluchtsland« war: Palästina. Denn Zweig war seit seiner Jugend nicht nur ein deutscher Jude, der sich seines Judentums voll bewußt war, sondern auch ein überzeugter Zionist. Zu wiederholten Malen hatte er den Zionismus als einzig mögliche Lösung für die in der Welt zerstreuten Juden – und insbesondere für die Juden Osteuropas – befürwortet, und zwar zu einer Zeit, als das europäische Judentum noch nicht in Todesgefahr war.

Als der Schriftsteller im Dezember 1933 nach Palästina emigrierte, konnte man daher annehmen, daß er eine endgültige Wahl getroffen hatte und wie viele andere deutsche Juden sich in »Erez-Israel«[1] niederlassen würde. Und in der Tat blieb Arnold Zweig fünfzehn Jahre in Palästina. Er erlebte dort eine schicksalsschwere Epoche in der Geschichte dieses Landes und wurde Zeuge dramatischer Ereignisse: der blutigen Unruhen der Jahre 1936–1939, des Zweiten Weltkriegs – der sich bisweilen den Grenzen Palästinas gefährlich näherte – und der Geburt des Staates Israel im Mai 1948. Und dennoch – zwei Monate nach diesem historischen Ereignis, als der junge Staat sich noch im Krieg mit den arabischen Nachbarn befand, verließ Arnold Zweig das Land, das er sich einst als Heimat gedacht hatte. Es war ihm nicht gelungen, sich in das Leben der jüdischen Gemeinschaft zu integrieren; er war unverstanden und isoliert geblieben. Der Traum war nicht Wirklichkeit geworden. 1948 folgte er einer Einladung aus Prag; von dort begab er sich in den sowjetischen Sektor der ehemaligen Reichshauptstadt, wo er herzlich empfangen und – nach der Gründung der DDR – mit Ehren überhäuft wurde. In Berlin blieb er bis zu seinem Tode im Jahre 1968, ohne jemals wieder nach Israel zurückzukehren.

Diese Rückkehr aus dem »Exil« hatte unterschiedliche Folgen: Während er in der Deutschen Demokratischen Republik geehrt und bewundert wurde, wurde er nicht nur in Israel, sondern auch in der Bundesrepublik heftig kritisiert. In Israel warf man ihm seine Unfähigkeit vor, sich dem jüdischen Leben Palästinas anzupassen – im Gegensatz zu anderen deutschsprachigen Schriftstellern. Man hob hervor, daß Zweig sich niemals ernsthaft bemüht hatte, Hebräisch, die Sprache des »Jischuw« – der Juden Palästinas[2] – zu erlernen. Und schließlich kritisierte man seine Entscheidung, dem jüdischen Staat, der um seine Existenz kämpfte, den Rücken zu kehren. Diese Vorwürfe und Kritiken hatte zur Folge, daß Arnold Zweigs Werk in Israel nach dem Krieg so gut wie unbekannt blieb.[3] Erst seit 1985 wird der Autor auch in Israel wieder gelesen.

Auch in der Bundesrepublik ist Arnold Zweig kein sehr bekannter Name. Dabei hatte er in Deutschland seine ersten bedeutenden Bücher verfaßt, darunter sein Meisterwerk, *Der Streit um den Sergeanten Grischa*, das ihm Weltruhm einbrachte. Seine Rückkehr nach Ost-Berlin und der fast triumphale Empfang, der ihm dort bereitet wurde, disqualifizierten ihn in den Augen der meisten Westdeutschen, für die er von nun an ein Schriftsteller war, der sich aus Opportunismus in den Dienst eines kommunistischen Regimes gestellt hatte. Viele Jahre lang wurde in der Bundesrepublik keines von Zweigs Büchern neu aufgelegt, und noch 1963 konnte der Literaturkritiker Marcel Reich-Ranicki mit Recht behaupten: »Für die Germanistik in Westdeutschland existiert er nicht. Seine Bücher sind hier in Vergessenheit geraten.«[4]

Wenn auch in den letzten Jahren wieder ein gewisses Interesse für den Schriftsteller zu beobachten ist[5], so behält doch Reich-Ranickis Urteil weiterhin Gültigkeit.

Hat Arnold Zweig all die harten Kritiken und Urteile verdient? War er wirklich der Opportunist, den manche in ihm sehen möchten? War das Land Israel für ihn nichts anderes als ein Exil? Um diese Fragen zu beantworten, wurde in fast zehnjähriger Arbeit in Israel und Europa ein umfangreiches Material gesammelt und gesichtet, Hunderte von Briefen – viele davon noch unveröffentlicht – durchgelesen, Zeitungen und Zeitschriften konsultiert und zahlreiche Personen befragt, die mit dem Schriftsteller bekannt oder befreundet waren. In der vorliegenden Arbeit wird versucht, genauere Informationen und neue Erkenntnisse über die oft widersprüchliche und daher mißverstandene Persönlichkeit des Schriftstellers zu bringen.

Aus Gründen der Klarheit wurde die Arbeit in drei Zeitabschnitte eingeteilt: Der erste Teil (»An den Quellen Europas«) beschreibt die Zeit des Schriftstellers in Deutschland bis 1933; der zweite Teil (»Traum und Wirklichkeit im ›Land der Väter‹«) behandelt Zweigs Aufenthalt in Palästina (von 1933 bis 1948); der dritte Teil (»Der Weg zurück«) betrifft die Jahre in Ost-Berlin (von 1948 bis 1968).

Es erschien notwendig, von Zeit zu Zeit den historischen Hintergrund des Geschehens zu erklären, denn die damaligen politischen und militärischen Ereignisse, vor allem im Nahen Osten – die wahrscheinlich dem Nichthistoriker kaum bekannt sind –, spielten im Leben des Schriftstellers eine bedeutsame Rolle.

ERSTER TEIL

AN DEN QUELLEN EUROPAS

1. Arnold Zweig – jüdischer Schriftsteller und deutscher Patriot (1911–1918)

Der Weg zum Schriftsteller

Wenige deutsch-jüdische Schriftsteller zeigten schon vor dem Ersten Weltkrieg so großes Interesse für den Zionismus wie Arnold Zweig, der den Schauplatz seiner ersten Erzählung in das Heilige Land verlegte.
Arnold Zweig wurde am 10. November 1887 in der niederschlesischen Garnisonsstadt Glogau[1] geboren. Er hatte sein zehntes Lebensjahr noch nicht vollendet, als sein Vater, der Kaufmann Adolf Zweig, aufgrund eines Erlasses des preußischen Kriegsministeriums, der den Festungskommandanten Einkäufe bei jüdischen Kaufleuten untersagte, seine Existenzgrundlage verlor.[2] So verließ die Familie Zweig Glogau, um sich in der oberschlesischen Industriestadt Kattowitz[3] niederzulassen, wo Zweigs Vater seinen ursprünglichen Beruf, den eines Sattlers, ausübte. Arnold trat in die Oberrealschule der Stadt ein, wo er bei hervorragenden Lehrern gute Fortschritte machte.
Von Zeit zu Zeit bekam auch der junge Zweig den im wilhelminischen Deutschland stets latenten Antisemitismus zu spüren. In seiner ersten, zum Teil autobiographischen Novelle *Aufzeichnungen über eine Familie Klopfer*[4] führt der Schüler Peter Klopfer ein Selbstgespräch voller Bitterkeit:

> ... Dann erfährst du, daß du ein kleiner Judenjunge bist und was es bedeutet, einer zu sein; die Jungen rufen es dir auf der Straße nach, daß sich dir das Herz umdreht vor Zorn, die Lehrer lassen es dich höhnisch fühlen, und manchmal sondern sich auch die Klassenkameraden von dir ... (S. 40–41)

Etwa zur gleichen Zeit entstand »die merkwürdige zionistische Bewegung, welche die Juden einer tieferen als konfessionellen Einigung zuführen wollte« (S. 28). Der Vater zeigte dafür großes Interesse und war – obgleich er weiter »Husar und deutscher Patriot« blieb – eine Zeitlang Vorstand der Ortsgruppe jener »noch ganz jungen und verlachten Partei«. Demnach hatte Arnold Zweig schon um 1900 seinen ersten Kontakt mit dem Zionismus.

In Kattowitz gab es ein intensives Kulturleben, und Arnold Zweig konnte seinen Interessen für Musik und vor allem für Lektüre nachgehen. Nachdem er die Reifeprüfung bestanden hatte und ihm ein kleines Stipendium gewährt wurde, das von einem jüdischen Buchhändler kam, wählte er zunächst das Lehramtsstudium und schrieb sich an der Breslauer Universität ein (1907), wo er Vorlesungen in Deutscher Literatur, Geschichte und Modernen Sprachen hörte. Später zogen ihn Philosophie, Psychologie, Kunstgeschichte und sogar Nationalökonomie an. Er begann ein Wanderleben von Universität zu Universität, das bis zum Jahre 1915 anhielt.

> Sieben Jahre lang suchte ich auf deutschen Universitäten ein Fundament, von dem aus sicher zu denken war... Da ich schon lange von Stipendien und eigener Arbeit lebte, ließ ich mir Zeit, meinen wahren Beruf zu entdecken...[5]

Arnold Zweig studierte an insgesamt sieben Universitäten, darunter Berlin, Göttingen, Rostock und München. In Rostock begann er eine Doktorarbeit über Paul Jakob Rudnick (1718–1741), einen früh verstorbenen Schriftsteller der Aufklärung und Anhänger des Lyrikers Gleim. Die Dissertation blieb unvollendet... Schließlich schien er in München, dem kulturellen und literarischen Zentrum jener Epoche, seine Berufung gefunden zu haben.

Eine Reihe kleiner Gedichte des jungen Zweig war schon 1908 in der Zeitschrift *Freie Studentenschaft* erschienen. Im gleichen Jahr vollendete er das Manuskript *Versunkene Tage*, ein Loblied auf die Stadt München und das Studentenleben, wie es Zweig dort kennengelernt hatte.[6] In den Sommerferien 1909, die er bei seiner Familie in Kattowitz verbrachte, gründete er mit einigen ehemaligen Mitschülern eine literarische Zeitschrift, *Die Gäste*. Obgleich dieses Unternehmen mit Begeisterung betrieben wurde (die Zeitschrift erschien alle zwei Monate in 50 Exemplaren und wurde an Abonnenten verschickt), konnte es nicht von langer Dauer sein, denn die Mitarbeiter zerstreuten sich bald wieder. Im ganzen erschienen sechs Nummern; Arnold Zweig trug einige Gedichte bei, ferner die erste Fassung des biblischen Dramas *Abigail und Nabal* (das 1913 als Buch herauskam), kleinere Aufsätze und das erste Kapitel der *Novellen um Claudia*. Im gleichen Jahre begann er, an der Novelle *Aufzeichnungen über eine Familie Klopfer* zu arbeiten, mit der er seinen Eintritt in die deutsche Literatur vollzog.

> ...1909, mit *Aufzeichnungen über eine Familie Klopfer*, brach mein wirkliches Talent durch, nämlich zu erzählen und Deutsch zu schreiben – ein Durchbruch, den ich der Stadt und Landschaft Münchens verdankte...[7]

»Heute ist Frühling über dem See von Tiberias« – diese Worte spricht am Anfang des Buches Heinrich, der letzte männliche Nachkomme der Familie Klopfer. Er ist der Sohn Peter Klopfers, eines bedeutenden Schriftstellers, der die letzten Jahre seines Lebens in Palästina verbracht hat und dessen Tagebuchaufzeichnungen nun von seinem Sohn Heinrich entdeckt worden sind. In einer sonderbaren Mischung von Autobiographie und Roman, von Dichtung und Wahrheit, enthüllt dieses »Tagebuch« nicht nur interessante Tatsachen aus der Jugend des Autors, sondern auch einiges über die Träume und Bestrebungen eines werdenden Schriftstellers. Arnold Zweig stellt sich hier seine eigene Laufbahn vor; sein Alter ego, Peter Klopfer, erreicht einen bedeutenden Platz nicht nur in der deutschen, sondern auch – nachdem er sich mit seiner Familie in Galiläa niedergelassen hat – in der jungen hebräischen Literatur...

Aber die Familie Klopfer ist zum Untergang verurteilt, wie die Buddenbrooks bei Thomas Mann (eines von Zweigs Lieblingsbüchern.) Am Morgen nach seinem 52. Geburtstag ertrinkt der lebensmüde Peter Klopfer in den Wellen des Sees, nachdem er vorher Gift genommen hatte. Sein Sohn Heinrich lebt mit seiner Schwester Miriam in Erwartung seines eigenen Endes; als Arzt weiß er, daß er an einer unheilbaren Gehirnkrankheit leidet und nur noch fünf Jahre zu leben hat... »Das Geschlecht ist müde und wird mit uns aufhören«, sagt er zu seiner Schwester, und während die Sonne am Ausgang des Versöhnungstages hinter den Bergen Judäas untergeht, meditiert Heinrich über das Land, in dem sein Vater Zuflucht gefunden hatte und das er liebt, – aber auch über seine europäischen Wurzeln:

> In diesem Volk beginnender Asiaten sind wir die letzten Europäer... Die Zukunft gehört den Asiaten. Asien, die ungeheure Mutter aller Zufälle und Vorgänge, welche wir Kultur und Geschichte nennen... Ich werde das nicht erleben, aber ich glaube daran... Ich aber bin froh gestimmt, daß ich noch von Europas Quellen getrunken habe und niemand mich zwingen kann, dies zu vergessen... (S. 67)

Diese Bindung an Europa ist einer der charakteristischen Züge des Schriftstellers und sollte später, als er selbst im Heiligen Land wohnte, die Quelle häufiger Konflikte sein. Die Novelle *Quartettsatz von Schönberg*[8], die Zweig ein wenig später schrieb, ist ein weiteres Beispiel für diesen Zwiespalt. Ein junger russischer Jude, Eli Saamen, der einem Pogrom entronnen ist und jetzt in Paris lebt, beschließt, nach Palästina auszuwandern. In Leipzig, wo er einige Stunden Aufenthalt hat, sieht er ein Plakat, das das Konzert eines französischen Quartetts ankündigt. Er geht hin, und was er dort hört – man spielt Schönberg – beeindruckt ihn so stark, daß ihm plötzlich klar wird, was er aufgeben will: Europa und seine Kultur...

> Was tue ich, was soll ich tun, wie kann ich das alles aufgeben, warum ist hier meine Stelle nicht, warum spricht's denn so gierig zu meiner verwandten Seele – Europa, Europa? Gegenwart, warum will ich die Zukunft? (S. 212)

Da wird ihm klar, daß er erst einen Versuch machen muß; nach einem Jahr wird er nach Europa zurückkehren, um eine endgültige Entscheidung zu treffen... Als er wieder im Zug Platz genommen hat, hört er das rhythmische Klopfen der Räder: »O Wiederkehr! O Wiederkehr!«[9]
Denkt auch Arnold Zweig an einen solchen »Versuch«? Am Ende einer 1922 geschriebenen – ansonsten sehr positiven – Besprechung der Frühwerke Zweigs äußert sich der Schriftsteller und Journalist Moritz Goldstein skeptisch über die Absichten des Autors[10]:

> Daß er einmal nach Palästina übersiedelt, liegt nicht mehr außerhalb des Möglichen. Ob er dort wird über dem Volke wohnen können, muß die Zeit lehren... Wer aus der nationaljüdischen Literatur in die nationaljüdische Wirklichkeit gehen will, wird manches von seinen Ansprüchen und Ehrgeizen aufgeben müssen...

Diese Skepsis sollte sich elf Jahre später als begründet erweisen.[11]

Der junge Zweig und der Zionismus

Arnold Zweig hatte schon 1911 das Land Israel zum Thema seiner ersten Erzählung gemacht. Wie kam Zweig so früh zum Zionismus? Eine Antwort auf diese Frage findet man in seiner ersten Buchveröffentlichung, wo beschrieben wird, wie die Familie Klopfer die neue zionistische »Partei« entdeckte. Schlesien lag damals an der russischen Grenze; in Rußland aber lebten etwa fünf Millionen Juden in einem Zustand völliger Rechtlosigkeit und waren den schlimmsten Verfolgungen ausgesetzt. Der Pogrom – ein Wort russischen Ursprungs! – war eine häufige Erscheinung im Leben der jüdischen Gemeinden, die – von einigen reichen Kaufleuten und ehemaligen »Kantonisten«[12] abgesehen – innerhalb einiger von den Behörden genau festgelegter Bezirke (»Ansiedlungsrayons«) leben mußten. Die letzte Pogromwelle von 1905 hatte den Tod von mehr als 800 Menschen zur Folge gehabt und Proteste in der ganzen Welt ausgelöst. Es war also verständlich, daß der Zionismus – der 1897 auf dem Kongreß von Basel offiziellen Status bekam[13] – eine große Hoffnung darstellte, und schon zu jener Zeit hatten Gruppen von jungen Pionieren ihr Geburtsland verlassen und sich allen Schwierigkeiten zum Trotz im Heiligen Land angesiedelt, das damals unter türkischer Herrschaft stand.

Diese Ereignisse hatten innerhalb der deutschen Judenheit einen großen Widerhall gefunden, und so sehr auch die Juden sich als deutsche Staatsbürger fühlten, konnten sie gegenüber dem Schicksal ihrer Glaubensbrüder im Nachbarland nicht gleichgültig bleiben. Schon 1901 entstand in Berlin der »Hilfsverein der deutschen Juden«, der es sich zum Ziele setzte, die aus Rußland Geflüchteten zu unterstützen, wenn sie auf ihrem Weg nach Übersee – meistens nach den USA – durch Deutschland kamen. Manche von ihnen zogen es vor, in Deutschland zu bleiben, wo man sie – zunächst mit einer gewissen Geringschätzung – als »Ostjuden«[14] bezeichnete. So begegneten viele deutsche Juden zum ersten Mal nicht nur ihren Glaubensgenossen aus Osteuropa, sondern auch der zionistischen Idee.

In der Kattowitzer jüdischen Gemeinde war die Wirkung der Ereignisse in Rußland schon wegen der Nähe der russischen Grenze besonders spürbar. Auch Zweigs Vater interessierte sich für die russischen Juden und den Zionismus; er wurde sogar Vorsitzender der dortigen Bezirksgruppe. Der Sohn Arnold war gleichfalls von den Berichten über die antisemitischen Verfolgungen jenseits der Grenze stark beeindruckt. Diese Ereignisse regten ihn zu der kleinen Novelle *Episode* an, die auf knapp sieben Seiten einen Pogrom am Vorabend des russischen Osterfestes schildert. Die Helden dieser dramatischen Erzählung sind der bereits erwähnte Eli Saamen und dessen Vater, Fabrikaufseher in einer russischen Kleinstadt. Der Vater versucht mit großem Mut, seinen bedrohten Brüdern gegen den Mob beizustehen, der die jüdischen Häuser plündert und in Brand steckt; aber er wird von einem Polizeioffizier niedergeschossen, der Sohn durch einen Säbelhieb schwer verwundet. Christliche Freunde retten ihn, und er flüchtet zunächst nach Deutschland, dann nach Frankreich, um sich schließlich in Palästina niederzulassen.

Es ist bezeichnend, daß diese »Episode« im Jahre 1920 zusammen mit den neuaufgelegten *Aufzeichnungen über eine Familie Klopfer* veröffentlicht wurde *(Drei Erzählungen)*.[15] Die dritte Erzählung *(Die Krähe)* handelt von der Rache, die Elis Bruder ausübt, indem er einen russischen Soldaten am Ufer des Grenzflusses ersticht. Der russische Soldat hat mit dem Pogrom nichts zu tun, aber für den Jungen ist er der Repräsentant des verhaßten zaristischen Regimes... Für Arnold Zweig war das Rußland des Zaren von jeher das Land des Terrors – nicht nur gegen die Juden, sondern auch gegen das gesamte russische Volk. Daher überrascht es nicht, daß er später die russische Revolution begrüßte und mit großer Anteilnahme die Entwicklung in der Sowjetunion verfolgte – ohne allerdings zu glauben, daß sie in der Lage sei, das jüdische Problem in seiner Gesamtheit zu lösen.

Arnold Zweig und Martin Buber

Der entscheidende Anstoß für die Hinwendung Arnold Zweigs zum Zionismus kam jedoch von Martin Buber, dem großen jüdischen Denker, der auch einer der geistigen Führer des Zionismus in Deutschland war. Neben seinen bedeutenden Arbeiten, die der Bibel[16], der jüdischen Tradition – vor allem dem Chassidismus[17] – und den Problemen des Judentums gewidmet waren, interessierte sich Buber für die mit der Schaffung einer jüdischen Heimstätte zusammenhängenden Fragen und setzte sich von Anfang an für eine friedliche Zusammenarbeit zwischen Juden und Arabern ein. All dies hatte Arnold Zweig tief beeindruckt. Nachdem er verschiedene Werke Bubers gelesen hatte, schrieb er ihm zum ersten Mal am 16. Dezember 1912 und bat ihn, seine Bekanntschaft machen zu dürfen; dabei betonte er sein Interesse für die Probleme des Judentums und des Zionismus. Das war der Beginn eines langen Briefwechsels zwischen den beiden Männern.[18]

Martin Buber wurde Zweigs Mentor nicht nur auf den Gebieten des Zionismus und der Judaistik, sondern auch für seine ganze literarische Arbeit. Der Schriftsteller unterbreitete mehrere Jahre lang dem Philosophen alle seine Manuskripte und nahm seine Bemerkungen und Ratschläge entgegen. Arnold Zweig trug auch eine Reihe von Aufsätzen zu der von Buber 1916 bis 1924 herausgegebenen Zeitschrift *Der Jude* bei, darunter eine Artikelfolge »Der heutige deutsche Antisemitismus«[19]. Nach eingehender Prüfung der Ursachen und Erscheinungsformen des Antisemitismus kam Arnold Zweig zu einem Schluß, der für seine ideologische Haltung bezeichnend war: Der deutsche Antisemitismus sei zur Zeit ein drittrangiges Problem; zwei andere erschienen ihm weit wichtiger: der Aufbau Palästinas und die Rettung des Ostjudentums.

Es ist im Rahmen dieses Buches nicht möglich, auf den hochinteressanten Briefwechsel zwischen Buber und Zweig im einzelnen einzugehen. 1933 wurde der Kontakt unterbrochen, als Arnold Zweig Deutschland fluchtartig verlassen mußte. Als dann Martin Buber 1938 nach Jerusalem kam, um an der Hebräischen Universität zu lehren, waren Arnold Zweigs Anschauungen nicht mehr die gleichen. Immerhin gab es noch gelegentlich Kontakte: Im November 1947 unternahm Buber noch einmal einen

Versuch, seinen ehemaligen Jünger für den Zionismus zurückzugewinnen, aber ohne Erfolg. Die Verbindung blieb jedoch weiter bestehen, auch nachdem Zweig seinen Wohnsitz nach Ost-Berlin verlegt hatte, wo Buber ihn einmal besuchte. Die letzten Briefe wurden im Mai 1962 geschrieben; sie behandeln literarische Themen. So hat diese Korrespondenz genau ein halbes Jahrhundert gedauert – ein seltener Fall in den Annalen der Literaturgeschichte.
Auf Zweigs Entwicklung zu einem Zionismus liberal-sozialistischer Prägung hatten noch zwei andere Männer großen Einfluß: der Soziologe Franz Oppenheimer[20] und der Philosoph und Publizist Gustav Landauer[21], ein anti-marxistischer Sozialist und Verfasser von mehreren Shakespeare-Studien, die nach seinem tragischen Tod von Martin Buber herausgegeben wurden.

Erste literarische Erfolge

Mit den *Aufzeichnungen über eine Familie Klopfer* hatte Arnold Zweig seinen Einzug in die deutsche Literatur gehalten; mit seinem Roman *Novellen um Claudia*[22] kam ein Jahr später der Ruhm. Dieses Werk steht in keinem Zusammenhang mit den jüdischen und zionistischen Problemen, die den Schriftsteller beschäftigten. Es behandelt die Liebesbeziehung eines jungen Mädchens aus einer wohlhabenden deutschen Bürgerfamilie zu einem armen Privatdozenten. Die subtile psychologische Analyse der Romanfiguren und ihrer Reaktionen verrät bereits den Einfluß Sigmund Freuds, für den Zweig eine große Bewunderung hegte. Das Buch entsprach dem Geschmack des damaligen Publikums – vor allem des weiblichen –, was seinen Erfolg sicherte.
Mit seinen beiden nächsten Werken kehrte Zweig zu der jüdischen Problematik zurück. Diesmal wählte er das Drama, eine Gattung, die er schätzte, in der er jedoch selten Erfolg hatte. Das erste Stück, *Abigail und Nabal*[23], eine biblische Tragödie, fand nur schwachen Widerhall. Dagegen erwartete das Publikum mit lebhaftem Interesse das Drama *Ein Ritualmord in Ungarn*[24]. Die Handlung geht auf eine wahre Begebenheit zurück, die sich im Mai 1882 in der ungarischen Stadt Tisza Eszlar abgespielt hatte: Nach der Auffindung der Leiche eines jungen Mädchens hatte man fünfzehn Juden der Ortschaft des Ritualmordes bezichtigt. Moritz, der Sohn des Synagogendieners, hatte unter Folter erklärt, der »Zeremonie« beigewohnt zu haben. Der Prozeß wurde von antisemitischen Ausschreitungen im ganzen Land begleitet. Erst drei Jahre später, im August 1885, wurden die Angeklagten freigesprochen, nachdem ihre

Unschuld offenkundig geworden war. Das Stück weist auf die bekannte antisemitische Methode hin, das Volk gegen die Juden aufzuhetzen, indem man sie der schlimmsten Verbrechen beschuldigt.

Arnold Zweig gab dem Drama einen Schluß, den man fast als »zionistisch« bezeichnen könnte. Nachdem der junge Moritz nach dem Prozeß Selbstmord begangen hat[25], erscheint er in der letzten Szene vor dem göttlichen Tribunal, dem der Rabbi Akiba und der Gelehrte Baal-Schem[26] angehören. Das Tribunal verzeiht dem Jungen mit den prophetischen Worten des Vorsitzenden Baal-Schem:

> So spreche ich dir zu, du werdest wiedergeboren im Lande der Väter, in Freiheit, in Wissen und Freude. Dort lebe nahe der heiligen Erde, ein Bauer, und erweise dich...

Kurz vor der Premiere wurde das Stück durch die deutsche Militärzensur verboten. Der Krieg war ausgebrochen, und man wollte die Behörden eines verbündeten Landes nicht in Verlegenheit bringen... Erst 1918 konnte das Drama unter dem abgeänderten Namen *Die Sendung Semaels*[27] aufgeführt werden.

Trotz des Verbots erhielt Zweig 1915 für *Ritualmord in Ungarn* den Kleistpreis[28]. So kam der 27jährige zu seiner ersten literarischen Auszeichnung. Ahnte er damals, daß mehr als dreißig Jahre bis zur nächsten vergehen würden?

Am 20. Juli 1914 hielt Arnold Zweig anläßlich des 10. Todestages von Theodor Herzl, dem Begründer des modernen Zionismus, eine Gedenkrede vor der Zionistischen Ortsgruppe Mannheim. Zwölf Tage später brach der Erste Weltkrieg aus. Der für sein Judentum engagierte Schriftsteller mußte sich nun anderen Problemen zuwenden.

Der Soldat Zweig

Als am 1. August 1914 das Deutsche Reich seinen Nachbarstaaten Frankreich und Rußland den Krieg erklärte, erfüllten die deutschen Juden ihre Pflicht als Patrioten und treue Untertanen. 100000 dienten in der deutschen Armee; 12000 fielen auf dem »Felde der Ehre«. Zahlreich waren die jüdischen Freiwilligen, die sich in den ersten Kriegsmonaten zu den Fahnen meldeten. So zeigten die Juden ihre Dankbarkeit gegenüber dem Lande, das sie als gleichberechtigte Staatsbürger anerkannt hatte.

Arnold Zweig, der an starker Kurzsichtigkeit litt, wurde zunächst zurückgestellt. Da er von der gerechten Sache Deutschlands überzeugt war, benutzte er diese Zeit, um einige Kriegserzählungen voller Hurrapatriotismus zu schreiben. Die blutrünstigste dieser Geschichten war, wie schon ihr Titel besagt, die Novelle *Die Bestie*[29]. So bezeichnet Zweig einen belgischen Bauern, der drei bei ihm einquartierte Husaren auf barbarische Weise umbringt. Dabei hatten die Soldaten sich so höflich und gesittet benommen und sich sogar erboten, für ihre Einquartierung zu bezahlen... Die Untat wird entdeckt und der Bauer standrechtlich erschossen. Im Jahre 1952 hat Zweig diese makabre Geschichte umgeschrieben: In der Novelle *Westlandsaga*[30] wird der Belgier zum unschuldigen Opfer; die drei deutschen Soldaten hatten sich während eines Trinkgelages gegenseitig umgebracht...

Im April 1915 wurde Zweig eingezogen. Von seinem schriftstellerischen Talent wurde kein Gebrauch gemacht; er wurde als Armierungssoldat eingeteilt. Am Ende seiner Ausbildungszeit verlangte er, nach Flandern an die Front geschickt zu werden. In einer Kompanie, die zur schweren Artillerie gehörte, leistete er harte Arbeit beim Straßenbau und Munitionstransport, zunächst in Belgien, dann in Serbien und in Ungarn. Nach den ersten Kontakten mit der unter deutscher Besetzung lebenden Zivilbevölkerung begannen sich seine Anschauungen über den »gerechten Krieg«, den seine Landsleute führten, zu ändern. Im Frühjahr 1916 wurde er nach Frankreich versetzt. Zum ersten Male sah er die Heimat von Hugo, Zola, Balzac und Flaubert, von Rodin und Berlioz, für die er seit jeher eine große Bewunderung empfunden hatte. Sogleich fühlte er sich diesem Lande verbunden, obwohl es doch der »Erbfeind« war... Lange nach dem Kriege schrieb er: »Wir waren im Krieg mit Frankreich, und wir liebten es.«[31] Er berichtet, wie tief bewegt er war, als er eines Tages auf dem Friedhof von Damvillers, einem kleinen Dorf bei Verdun, eine Statue Rodins entdeckte. Ein Rodin! Diese Bronzestatue, die den Maler Bastien-Lepage[32] darstellte, machte auf ihn einen unauslöschlichen Eindruck.

> Hier war etwas Unvergängliches anschaulich geworden. Dies würde nicht untergehen, der Genius Frankreichs würde immer leben... Und getröstet, beruhigt über das Schicksal Europas, das ohne dieses Frankreich einer seiner Säulen beraubt worden wäre, fuhr ein gemeiner Soldat zurück zu dem Punkte, wo die Bahn inmitten zertrichterten Landes endete...

Seit dem Erscheinen seiner »Kriegserzählungen« hatte der Schriftsteller einen langen Weg zurückgelegt...

Aber der Soldat Arnold Zweig hatte kaum Muße, die französische Kultur zu studieren. Dreizehn Monate stand er vor Verdun, zur Zeit der großen Kämpfe um Fort Douaumont und den »Toten Mann«:

Das war die schwerste Zeit meines Lebens; ich brauchte meine ganze Kraft und Zähigkeit, um zu widerstehen...[33]

Seine Entfremdung vom militärischen Leben im allgemeinen und vom deutschen Heer im besonderen verstärkte sich, als er die Intrigen unter den vorgesetzten Offizieren beobachtete und er selbst antisemitischen Diskriminierungen ausgesetzt war. Damals reifte in ihm der Plan, ein Buch über seine Erlebnisse vor Verdun zu schreiben. Aber dieser Roman, der eine Anklageschrift gegen den Krieg werden sollte, wurde erst 1935 vollendet, als das nationalsozialistische Deutschland im Begriff war, einen neuen Krieg vorzubereiten...[34]

Im Juli 1916 heiratete er während eines kurzen Urlaubs seine Kusine, Beatrice Zweig, die künstlerische Begabung hatte. Sie blieb ihm sein ganzes Leben lang eine treue Gefährtin.[35] Zwei Söhne entstammen dieser Ehe: Michael (geboren 1920) und Adam (geboren 1924).

Im Juni 1917 konnt Zweig endlich der »Hölle von Verdun« entrinnen. Er wurde an die Ostfront versetzt und dem Pressedienst des Hauptquartiers »Ober-Ost« zugeteilt.[36] Dort befand er sich endlich in vertrauter Umgebung. Ein Team von Intellektuellen – darunter mehrere Juden – arbeitete an der Herausgabe deutschsprachiger Veröffentlichungen für die Bevölkerung des ausgedehnten Gebietes, die dem Kommando »Ober-Ost« unterstand. Unter anderem machte Zweig die Bekanntschaft der Schriftsteller Richard Dehmel, Herbert Eulenberg und Sammy Gronemann[37] und der Maler Schmidt-Rottluff und Hermann Struck[38]. Zu dieser Zeit begann Zweigs Freundschaft mit Struck, der 1922 nach Palästina ging und später Zweigs Nachbar auf dem Karmel war.

Der Pressedienst war auch für die Zensur zuständig, und Zweig hatte Gelegenheit, viele Bücher zu lesen – auch antimilitaristische Romane –, die von der Zivilbevölkerung ferngehalten wurden. Eines dieser Bücher, das er »dienstlich« las, war *Das Feuer* von Henri Barbusse, das ihn tief beeindruckte. Da er in der Nähe des Oberkommandos und der Stabsoffiziere saß, konnte er überdies »aus der Perspektive des Stabs sehen, was er vorher von ganz unten durchgestanden hatte«[39]. Das Ergebnis war deprimierend: die Gier der verantwortlichen Militärs, die die ihnen unterstellten Gebiete – besonders die Ukraine – schamlos ausplünderten, das politische Ränkespiel um die Annexion dieser Gebiete – all das erfüllte den Soldaten Zweig mit Abscheu. Um die gleiche Zeit hörte er auch von einem gefangenen russischen Sergeanten, der als »bolschewistischer Agent« unter recht zwielichtigen Umständen verurteilt und hingerichtet wurde. Diese Nachricht ließ in Zweig die Idee aufkommen, auch ein Buch – oder mehrere – über seine Erlebnisse in »Ober-Ost« zu schreiben, um die Sinnlosigkeit dieses Krieges, und der Kriege überhaupt, zu demonstrieren. So entstand der Plan des Romanzyklus *Der große Krieg der weißen Männer*, dessen erster Band die tragische Geschichte des *Sergeanten Grischa* behandelte.

Begegnung mit dem osteuropäischen Judentum

Das bedeutendste Erlebnis jener Zeit war jedoch für Zweig die Begegnung mit den Juden Osteuropas. Zum ersten Male kam er in Kontakt mit diesem ungeheuren Reservoir des jüdischen Volkes – fünf Millionen Menschen, davon ein Drittel in der »Provinz« Polen (auch »Kongreßpolen« genannt) und in Litauen. Die meisten von ihnen lebten in den von der deutschen Armee besetzten Gebieten, und Arnold Zweig hatte öfters Gelegenheit, das Leben und die Gebräuche seiner Glaubensgenossen zu beobachten, besonders in den beiden großen Zentren Litauens, Wilna und Kowno. Gelegentlich hielt er auch Vorträge im jüdischen Gymnasium von Kowno. Er war sehr beeindruckt von der Lebenskraft dieses Volkes, das ein unkompliziertes jüdisches Leben führte, frei von Hemmungen und Komplexen, und dessen Jugend offen über Sozialismus und Zionismus diskutierte.
Im übrigen waren die Beziehungen zwischen der jüdischen Bevölkerung und der deutschen Armee keineswegs schlecht. Den Juden waren die Deutschen weniger verhaßt als die russischen Soldaten. Für die Deutschen wiederum war es nützlich, eine Bevölkerung vorzufinden, mit der man sich verständigen konnte, denn praktisch alle Juden dieser Gegend sprachen oder verstanden Deutsch oder zumindest Jiddisch[40]. So gab es zahlreiche offizielle und inoffizielle Kontakte. In *Hawdoloh und Zapfenstreich*[41] berichtet Gronemann, daß anläßlich der von jüdischen Wohltätigkeitsvereinen organisierten »Blumentage« jüdische Mädchen, die Schärpen mit hebräischen Aufschriften trugen, Blumen und blau-weiße Abzeichen mit dem Davidstern anboten. Deutsche Offiziere hatten keine Bedenken, die Blumen und die Abzeichen zu kaufen... Und wenn am Ende eines Festkonzertes im Deutschen Theater in Kowno die jüdische Nationalhymne »Hatikwah«[42] angestimmt wurde, erhoben sich die deutschen Offiziere in den Logen und verharrten entblößten Hauptes bis zum Ende des Gesangs... Wer konnte damals ahnen, daß dieselbe deutsche Armee zwei Jahrzehnte später wiederkommen würde, um das osteuropäische Judentum zu vernichten?
Nach dem Krieg setzte Arnold Zweig den Juden Osteuropas mit seinem Werk *Das ostjüdische Antlitz*[43] ein Denkmal. Das Buch, das sein Freund Struck mit 50 Lithographien illustrierte, ist ein Loblied auf das osteuro-

Eine der 50 Lithographien, die Hermann Struck für *Das ostjüdische Antlitz* anfertigte.

päische Judentum, seinen Lebensstil, seine begeisterungsfähige Jugend und auch auf die ostjüdischen Frauen. Zweig sagt der jüdischen Jugend eine glänzende Zukunft im Gelobten Lande voraus:

> Mag der Zionismus als bourgeoise Bewegung begonnen haben...: Seine Kraft, seine Bürgen sind die jungen zionistischen Sozialistenbünde, und ihrer ist die Wirkung. Denn was heute in Palästina baut, arbeitet, schafft, sind Menschen dieser Prägung, Ostjuden, welche von den beiden treibenden Kräften Arbeit und Land umgeprägt worden sind, und denen sich von der anderen Peripherie her die beste westjüdische Jugend brüderlich zugesellt.[44]

Fünf Jahre später formulierte Arnold Zweig diese Gedanken noch präziser in seinem Werk *Das neue Kanaan*[45]. Es ist ein offenes Bekenntnis zum Zionismus.

2. Der militante Zionist und Pazifist (1918–1933)

Die Weimarer Republik: Hoffnung und Enttäuschung

Als der Krieg zu Ende war, befand sich Arnold Zweig noch in »Ober-Ost«, zwischen Kowno und Wilna. Trotz seines Interesses für die Ereignisse, die sich dort abspielten, trotz seiner Sympathie für die jüdische Bevölkerung und die russischen Revolutionäre hatte der Soldat Arnold Zweig seinen Dienst satt. Am 6. November 1918 schrieb er an Martin Buber: »Vielleicht werde ich bald den Sklavenrock los!« Einen Monat später war es soweit. Im Dezember konnte er als freier Mann nach Berlin fahren. Anfang 1919 schrieb er sich an der Universität Tübingen ein und hörte dort Vorlesungen in Literaturgeschichte und Soziologie. Wollte er doch noch promovieren? Gegenüber Buber hatte er diesen Wunsch geäußert, aber schon nach einem Semester brach er sein Studium ab. München, mit dem ihn so viele Erinnerungen verbanden, zog ihn wieder in seinen Bann, und er ließ sich mit seiner Frau in Starnberg nieder, 20 km südlich der bayerischen Hauptstadt. Dort hoffte er Ruhe zum Schreiben zu finden, und von dort wollte er die Anfänge der jungen Weimarer Republik beobachten, an deren Spitze ein Sozialdemokrat stand und die große Hoffnungen bei all denjenigen erweckte, die an eine wahre parlamentarische Demokratie glaubten.

Aber er wurde rasch enttäuscht: Zunächst wurde er von einem Augenleiden befallen – vielleicht eine Folge der Entbehrungen der Kriegsjahre –, das sich später als tuberkulös herausstellte. Obwohl die Behandlung Erfolg hatte, blieb sein Sehvermögen begrenzt und er erlitt mehrere Rückfälle. Dadurch war Zweig gezwungen, seine Arbeitsmethode zu ändern und alle seine literarischen Entwürfe zu diktieren. Dank der Hilfe ausgezeichneter Sekretärinnen[1] gelang es ihm, diese Methode zu vervollkommnen, was jedoch große Anforderungen an sein Gedächtnis und seine Konzentration stellte.

Und die Weimarer Republik? Zunächst mit Verwunderung, dann mit Empörung sah er ihre Schwäche gegenüber den Nationalisten, die das Kaiserreich nicht vergessen konnten, den Rechtsextremisten und den traditionellen Antisemiten. Zweig war aus dem Krieg als Pazifist und Antimilitarist zurückgekehrt und hatte gehofft, daß eine sozialdemokratische Regierung in der Lage sein würde, die Demokratie zu verteidigen und die Aktivitäten der Republikfeinde zu vereiteln. Das war jedoch nicht der Fall. Die ersten Nachkriegsjahre, in denen die Regierung mit großen wirtschaftlichen Schwierigkeiten zu ringen hatte, wurden überschattet von einer Reihe von Morden, deren Opfer Männer der verschiedensten politischen Richtungen waren, die sich den Umtrieben der nationalistischen Agitatoren widersetzt hatten. Die ersten, die unter den Kugeln der Mörder fielen, waren die kommunistischen Pioniere Karl Liebknecht und Rosa Luxemburg (Januar 1919); einen Monat später wurde der Sozialdemokrat und Pazifist Kurt Eisner, der erste Ministerpräsident Bayerns, auf offener Straße erschossen. Im gleichen Jahre nahm man blutige Rache an denen, die nach dem Mord an Eisner in München eine Räterepublik ausgerufen hatten: Der Philosoph Gustav Landauer, der als Kultusminister fungiert hatte, und der Schriftsteller Leo Jogiches wurden im Gefängnis ermordet; der Journalist Eugen Leviné wurde von einem Standgericht zum Tode verurteilt und erschossen. Ein weiteres Opfer war der ehemalige sozialdemokratische Abgeordnete Hugo Haase, der sich für eine deutsch-französische Verständigung eingesetzt hatte. Schließlich fiel auch der frühere Finanzminister Matthias Erzberger unter den Kugeln der Mörder – ein Zentrumspolitiker, der den Mut besessen hatte, den Waffenstillstand im November 1918 zu unterzeichnen.

Besonders betroffen war Arnold Zweig vom Tod Gustav Landauers, für den er große Bewunderung empfand. Auch entging ihm nicht, daß die meisten Opfer Juden waren. Aber was ihn am meisten aufbrachte, war die Tatsache, daß die Mörder – in der Mehrzahl ehemalige Offiziere und Rechtsextremisten – in der Regel straflos ausgingen, obwohl ihre Identität bekannt war.[2]

Am 24. Juni 1922 wurde der deutsche Außenminister Walther Rathenau in Berlin auf offener Straße niedergeschossen. Rathenau entstammte einer alteingesessenen deutsch-jüdischen Familie; er hatte eine Entspannungspolitik verfolgt und eine Annäherung an die ehemaligen Gegner des Reiches gesucht.[3] Als Arnold Zweig die Nachricht vom Mord erhielt, kannte seine Erregung keine Grenzen. In derselben Nacht verfaßte er einen überaus scharfen Artikel, der in der Nr. 31 der *Weltbühne* (5. August 1922)[4] erschien. Nachdem er Rathenaus Verdienste gewürdigt hatte, schrieb er voll Empörung:

> Es war nicht der letzte Jude, der dem Pack die Stirne zeigte. Er hatte den Mut des Juden, einsam zu sterben und der viehischen Gewalt des ewigen Boche nicht zu achten... Ein Jude mittleren Formats. Und viel, viel zu schade für diese Nation...

Die Antwort der Rechtsradikalen ließ nicht auf sich warten. Zweigs Worte – meist aus dem Zusammenhang gerissen – wurden bei jeder Gelegenheit als Beweis für die unpatriotische Haltung des Schriftstellers

zitiert. Eines Tages – im Jahr 1933 – erwähnte auch ein Minister namens Goebbels diesen Artikel...
Der Aufenthalt in Starnberg wurde nun unerträglich. München war ein Zentrum nationalsozialistischer und antirepublikanischer Hetze geworden. Am 9. November 1923 – einen Tag vor Zweigs 36. Geburtstag – fand der Hitler-Putsch statt. Der Anschlag mißlang, aber die Atmosphäre blieb gespannt. Arnold Zweig erhielt Drohbriefe, die ihn als »Verräter« anprangerten. Er zog deshalb vor, Starnberg zu verlassen und mit seiner Familie nach Berlin zu ziehen.
Neun Jahre verbrachte Zweig in der Reichshauptstadt, die sich wieder zu einem geistigen Zentrum entwickelt hatte. Sie gehören zu den fruchtbarsten seiner Schriftstellerlaufbahn.

»Das neue Kanaan«

Anfang 1924 trat Zweig in die Redaktion der *Jüdischen Rundschau*[5] ein, des Organs der »Zionistischen Vereinigung für Deutschland«. Für dieses Blatt schrieb er ein Jahr lang Artikel über Zionismus, Antisemitismus und über jüdische Autoren wie Else Lasker-Schüler, Alfred Döblin und Franz Werfel. Im folgenden Jahr wurde er freier Schriftsteller und verfaßte die Abhandlung *Das neue Kanaan*[6], ein Bekenntnis zum Zionismus, in welchem der Verfasser mit Begeisterung seine Idee einer nationalen jüdischen Heimstätte in Palästina darlegt. Er zitiert Nietzsche und spricht von der »Remediterranisierung« des Juden, das heißt von der Rückkehr des jüdischen Volkes in das Klima und die Kultur des östlichen Mittelmeers, aus denen es hervorgegangen ist... Denn für Zweig ist der Jude ein »Mittelmeermensch«; er hat mehr gemeinsam mit den Arabern, Ägyptern, Spaniern, Provenzalen, Afrikanern und Italienern als mit den »befangenen, tiefen, verschlossenen und schweigsam-gehemmten Völkern kargerer Länder«, unter die sie das Schicksal verschlagen hat...
Zweig beschreibt seine Vision eines neuen Kanaan, das allmählich wieder zum Land der Juden werden soll: Erez-Israel, das Land Israel... Und die jüdische Jugend – »sie kommt aus der großen Kaserne Europas, aus Ländern, in denen Polizei, Paß und Papiere den Staat ausdrücken« – werde wieder nach der Freiheit drängen, der Freiheit Kanaans:

> Nicht mehr gehemmt sein, endlich ungebunden, das Urteilen des Publikums, das Gerede der Alten endlich unter die Füße treten, sein dürfen, was man ist, das macht die Brust sprengen vor Glück... (S. 187–188)

Und genauso wie es Herzl, der Vater des Zionismus, dreißig Jahre zuvor in seinem Buch *Der Judenstaat* getan hat, erklärt auch Zweig sein »Aktionsprogramm«: Das neue Kanaan soll ein weltlicher Staat sein, trotz aller Achtung, die den orthodoxen Juden gebührt – denn sie waren es, die das Judentum vor dem Untergang bewahrten. Aber keine Gruppe oder Partei soll den Anspruch erheben, der alleinige Vertreter des Volkes der Bibel zu sein... Das werde nicht leicht sein, denn die »Alten« werden sich damit nie abfinden: Sie und die Orthodoxen wollen ihre Autorität bewahren, und die neue Jugend Kanaans weiß das... Zweig empfiehlt die Rückkehr zur körperlichen Arbeit, den »Protest des Leibes gegen den überzüchteten Kopf«, – ein Prozeß, der dank den jungen Pionieren bereits im Gange sei. Der neue Staat, meint Zweig, soll sozialistisch sein, denn Sozialismus bedeutet, sich auf seine Kameraden verlassen können und nicht in ständiger Angst zu leben vor Not, Krankheit und Arbeitslosigkeit und in Sorge um seine Kinder. Man werde auch eine neue Demokratie bauen müssen, anders als die der alten Welt, welche die schwere physische Arbeit verachte, aber auch anders als die sowjetische Demokratie, die zur Zeit »eine neue, sehr instruktive Form der Tyrannis« sei... Es soll eine Demokratie sein, in der der Mensch nach seinen persönlichen Qualitäten bewertet wird und »nach der Intensität seiner Leistung für das Ganze«; die Anfänge hierfür seien bereits heute in Palästina zu sehen. Also eine wirkliche Demokratie, wie sie Gottfried Keller in seinem *Fähnlein der sieben Aufrechten* schilderte.

Besonders aber betont Arnold Zweig die Bedingung, die er seit jeher gestellt hatte, nämlich einen Modus vivendi mit der nichtjüdischen bodenständigen Bevölkerung zu finden. Diese Bedingung läßt er in Großbuchstaben drucken:

> DAS NATIONALE HEIM DER JUDEN WIRD NUR IN PALÄSTINA UND NUR UNTER DEM BEIFALL DER ARABER PALÄSTINAS GEBAUT WERDEN KÖNNEN! (S. 217)

Und er ist tief besorgt für den Fall, daß man den legitimen Ansprüchen der Araber Palästinas nicht Rechnung tragen sollte:

> Auf daß der Araber nicht etwa antworte: »... Wir lieben dieses Land, wie es ist, nicht, wie Ihr wollt, daß es sei: Und wenn Ihr unseren Willen nicht achtet – kommt, laßt uns kämpfen, wie Männer, seit Menschen leben, um ihre Lebensweise gekämpft haben! Und wenn Ihr uns besiegt, so werden wir unsere Brüder rufen, und erst wenn Ihr sie besiegt habt, sie alle, die Beduinen des großen Stroms bis zu dem des Jemen und dem Wahhabi des Nedschd – dann schaltet im Lande, wenn dann von Euch noch etwas übrig ist, zu schalten.«[7]

Zweig warnt die jungen Pioniere vor einem »exaltierten Nationalismus«, der die arabischen Landesbewohner erbittern könnte. Es gebe nur zwei mögliche Lösungen: Entweder wird ein neuer Sozialismus in Palästina entstehen, oder »ein neues ›Levantinertum‹, wie es die Welt noch nicht gesehen hat...« Der Autor schließt mit einer optimistischen Note:

> Die Schönheit des Landes, die Besucher und Neubewohner überfällt und langsam durchtränkt, ist der beste Verbündete, um in neue Formen, in das reinere Leben, in ein Heim hineinzuwachsen, das der Jude sich wahrlich verdient hat... (S. 223)

Mehr als 50 Jahre nach dem Erscheinen des *Neuen Kanaan* muß man feststellen, daß einige der von Arnold Zweig erwähnten Probleme noch immer von brennender Aktualität sind: die Koexistenz mit den Arabern, die Forderungen der orthodoxen Juden und auch das »Levantinertum«[8], das ein Problem geworden ist, denn heute stammt fast die Hälfte der jüdischen Einwohner aus asiatischen und afrikanischen Ländern, wo sie gewiß nicht auf einen neuen Sozialismus im Sinne des Autors vorbereitet wurden und sich durch ihre Glaubensgenossen europäischer Herkunft benachteiligt fühlen.

Arnold Zweig hatte *Das neue Kanaan* als logische Fortsetzung des Buches *Ostjüdisches Antlitz* gedacht. Beide Bücher wurden deshalb zu einem Ganzen vereint und erschienen 1928 unter dem Titel *Herkunft und Zukunft.*[9]

Im gleichen Jahr schrieb Arnold Zweig ein »jüdisches« Drama, das auf eine Novelle Martin Bubers zurückgeht: *Die Umkehr des Abtrünnigen*[10]. Hier gelingt es dem Baal-Schem[11], einen jüdischen Abtrünnigen, der Bischof geworden war, zur Rückkehr zu seinem Volk zu bewegen. In dem folgenden Buch, *Der Spiegel des großen Kaisers*[12], einer Novelle, die im 13. Jahrhundert am Hofe des Stauferkönigs Friedrich II. in Sizilien spielt, sind die Hauptfiguren zwei jüdische Gelehrte – der eine, Elieser Ben Bachja, Leibarzt und weiser Berater des Monarchen, versucht, eine düstere Prophezeiung über das Schicksal Europas, die dem Kaiser in einem magischen Spiegel erschienen ist, zu deuten – der andere, Meir Chasak el Maghrebi, »Arzt, Richter, Anwalt und Nothelfer der Ausgestoßenen«, zeigt dem aufgeschlossenen Kaiser das Elend der Armen auf. Beide Werke hatten nur ein schwaches Echo, vielleicht wegen ihrer utopistischen Thematik. Aber mit seinem nächsten Roman trat Zweig in die Reihe der großen deutschen Schriftsteller des zwanzigsten Jahrhunderts ein.

Im Jahre 1927, kurz vor seinem 40. Geburtstag, legte Zweig dem deutschen Publikum sein Meisterwerk vor, den Anti-Kriegsroman *Der Streit um den Sergeanten Grischa*[13]. Die Handlung geht auf einen Vorfall zurück, von dem er während seiner Dienstzeit in »Ober-Ost« erfahren hatte. Ein gefangener russischer Sergeant war von einem deutschen Kriegsgericht zum Tode verurteilt worden, weil man ihn zunächst für einen Spion gehalten hatte. Er konnte dann seine Unschuld beweisen, wurde aber trotzdem auf Befehl des Oberkommandierenden hingerichtet – »im Interesse des Ansehens unserer Rechtsprechung und unter dem Gesichtspunkt der militärischen Disziplin...« (S. 242). Denn es war im Herbst 1917, die Revolution gärte in den Weiten Rußlands und man mußte Härte zeigen, um ein Exempel zu statuieren... Hauptthema des Buches ist der Kampf des einzelnen gegen die allmächtige Bürokratie. Diese Bürokratie und die Querelen der um ihr Prestige besorgten Generäle werden von Arnold Zweig überzeugend beschrieben; so hatte er sie selbst in »Ober-Ost« beobachtet. In dem Roman treten zum ersten Male Personen auf, die auch in den späteren Werken des Zyklus *Der große Krieg der weißen Männer* wichtige Rollen spielen: Der jüdische Schriftsteller Werner Bertin, Schreiber im Hauptquartier »Ober-Ost« – es handelt sich natürlich um den Autor selbst; General von Lychow, Vertreter des altpreußischen Offizierskorps, aufrecht und jovial; sein Adjutant und Neffe Paul Winfried, der neuen Ideen zugänglich ist; der düstere Schieffenzahn[14], Oberkommandierender der deutschen Armeen an der Ostfront, der bis zum Schluß an die Unbesiegbarkeit seiner Truppen glaubt; Dr. Posnanski, Kriegsgerichtsrat jüdischen Glaubens, der die Sabbatruhe und die mosaischen Speisegesetze genau einhält...

Juden befinden sich auch auf der anderen Seite, unter der Zivilbevölkerung: der junge Sascha, Lehrer am jüdischen Gymnasium von Merwinsk, der bereits vom revolutionären Fieber ergriffen ist, und seine Verlobte Debora, in den Augen Saschas »die schönste und klügste Jüdin des besetzten Gebietes« (S. 95). Während er sich für Lenin begeistert, ist Debora für den gemäßigteren Kerenski... Und vor allem der großartige Alte, Täwje Frum, seines Zeichens Tischler, ein typischer Vertreter des Ostjudentums[15]. Auch er gehört zu den Gesetzestreuen und erfüllt die 613 Gebote des Judentums, auch ihm geht das Schicksal des Sergeanten Grischa nahe. Während Grischa auf die Revision des Urteils wartet, wird er der Tischlerwerkstätte Täwjes zugewiesen und hilft dort bei der Herstellung von Särgen – denn die Grippe wütet in Merwinsk und fordert bei der unterernährten Bevölkerung viele Opfer. Und Täwje prophezeit:

Sollte man Grischa trotz seiner Unschuld wirklich hinrichten, wäre dies ein Zeichen, daß es in diesem »Sodom« keine Gerechten mehr gibt...

> ... Und der Zorn Gottes wird Feuer und Schwefel herunterregnen lassen, und das große Sodom mit seinen Kaisern und Fürsten und Generälen wird zerstört werden... (S. 299)

Schließlich beschäftigt sich sogar das Beth-Hamidrasch, das jüdische Lehrhaus und Zentrum des Talmudstudiums, mit dem Fall Grischa. Acht gelehrte Männer (»keiner unter fünfzig Jahren«), zu denen auch der Tischler Täwje gehört, suchen vergeblich nach der theologischen Rechtfertigung für das geplante Verbrechen an einem Unschuldigen... Schließlich geht man auf ein anderes Thema über: Der »Dajan«, Beisitzer des rabbinischen Gerichts, teilt den Anwesenden mit, daß er »auf geheimen Wegen« eine wichtige Nachricht erhalten habe: Ein englischer General werde in den nächsten Tagen in Jerusalem einziehen und die Stadt den Juden zurückgeben[16]... »Seht ihr jetzt, in welcher Zeit wir leben? Bereitet sich vielleicht nicht etwas vor?« (S. 447)

Allerdings waren es nicht die jüdischen Aspekte des Buches, die seinen Erfolg bestimmten. Was die Leser fesselte, war die Frage nach dem Recht des einzelnen gegenüber der Kollektivität. Außerdem war es der erste große deutsche Anti-Kriegsroman; ihm sollten später andere folgen – der berühmteste unter ihnen *Im Westen nichts Neues* von Erich Maria Remarque. Die Kritik war einstimmig in ihrem Lob für Zweig: »Der erste deutsche Kriegsroman von Format«, urteilte Lion Feuchtwanger[17]; »Ein Meilenstein auf dem Weg zum Frieden«, schrieb Kurt Tucholsky[18].

Die nationalistische Presse reagierte, wie zu erwarten war, mit Wutausbrüchen gegen dieses Plädoyer für den Frieden.[19] Aber auch auf der anderen Seite ließ sich inmitten der Lobeshymnen ein Mißton vernehmen. Er kam von einem jungen jüdischen Literaturkritiker, Emanuel bin Gorion. In seinem Büchlein *Ceterum recenseo*[20] unterzog er Zweigs Roman einer strengen Kritik, würdig eines Cato: Er warf dem Autor Unkenntnis aller im *Grischa* behandelten Themen vor. Die Bibel, die religiösen Gebräuche der Juden, die russische Sprache, das Jiddische, das Schachspiel, die Arbeit des Holzfällens, die Psychologie eines Ehemanns – von all dem verstünde der Autor des Romans so gut wie nichts. »In diesem Buch ist, kurz gesagt, auch nicht ein einziger Strich wahr oder echt. Es rangiert tief unter aller Schundliteratur...« (S. 77–90) Das Büchlein bin Gorions, das auch gegen Stefan Zweig, Franz Werfel, Hermann Hesse und sogar die Bibel-Übersetzung von Buber und Rosenzweig zu Felde zog, fand keine große Verbreitung. Arnold Zweig scheint diese Kritik auch nicht sehr ernst genommen zu haben. Aber war dieser Angriff eines jüdischen und zionistischen Publizisten auf Zweigs Meisterwerk vielleicht ein Vorzeichen der Schwierigkeiten, die den Autor des *Grischa* im Lande Israel erwarteten?

Im gleichen Jahre erschien der Essay: *Caliban oder Politik und Leidenschaft*[21]. Das Thema des Buches wird durch seinen Untertitel erklärt: *Versuch über die menschlichen Gruppenleidenschaften, dargetan am Antisemitismus*. Es ist eine psychologische Studie, die sich auf die Lehre Freuds stützt. »Nicht was der Jude ist, gedenken wir in dieser Untersuchung zu erfahren, sondern was der Antisemitismus ist, woher er kommt, wohin er will, was er anzeigt...« (S. 41). Arnold Zweig analysiert hier alle Aspekte des modernen Antisemitismus, den er als »Differenzaffekt« definiert, das heißt, als eine irrationale und aggressive Haltung einer Gruppe gegenüber einer andersartigen. Die Verkörperung dieses Verhaltens findet sich nach Zweig in der Figur des Caliban, jener unheimlichen Gestalt aus Shakespeares »Sturm«, die aus einer Verbindung zwischen einem Dämon und einer Hexe hervorgegangen ist und, ob sie will oder nicht, einer äußeren Macht gehorchen muß...
Und wiederum sieht der Autor hier eine Gelegenheit, seinen jüdischen Brüdern die für ihn einzig mögliche Lösung zu empfehlen: den Zionismus. Schon im Vorwort des Buches widerruft Zweig die Ansicht, die er einige Jahre zuvor in der Zeitschrift *Der Jude* ausgesprochen hatte, nämlich, daß der Antisemitismus für die Juden ein Problem dritten Ranges sei.[22] Damals, erklärt Zweig, wußte er es nicht besser. Aber nun spiele der Antisemitismus im kulturellen, gesellschaftlichen, wirtschaftlichen und politischen Leben der Deutschen eine so zentrale Rolle, daß man ihn ein für alle Mal so ernst nehmen müsse, wie es seine Träger tun...

> Verehrter Herr Professor Freud,
> erlauben Sie mir, Ihnen eine Bitte vorzutragen. Ich bitte um die Erlaubnis, Ihnen mein Buch *Caliban oder Politik und Leidenschaft, Versuch über die menschlichen Gruppenaffekte, dargetan am Antisemitismus* widmen zu dürfen.

So beginnt der Brief, den Arnold Zweig am 18. März 1927 an Professor Freud in Wien abschickte. Darin spricht der Schriftsteller seine Bewunderung und seinen Dank aus: den Lehren der Psychoanalyse habe er es zu verdanken, daß sein *Caliban* geschrieben werden konnte. Zwei Tage später bestätigte Freud den Erhalt des Buches und äußert seine Befriedigung darüber, daß Zweig sich als ein Befürworter der psychoanalytischen Behandlung bekannte.

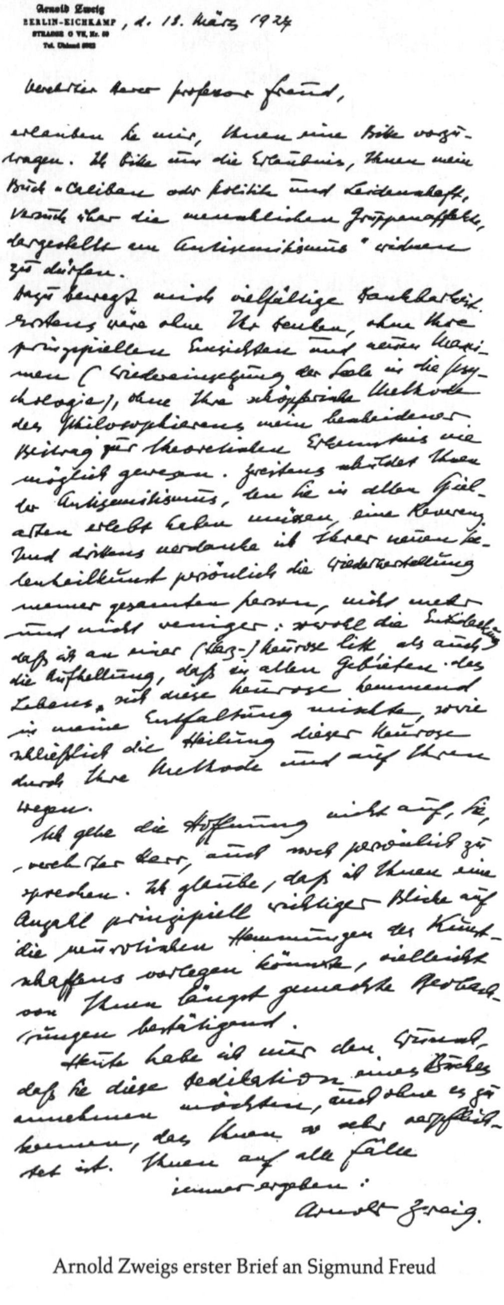

Arnold Zweig
BERLIN-EICHKAMP
STRASSE 0 VII, Nr. 50
Tel. Uhland

, d. 18. März 1927

Verehrter Herr Professor Freud,

erlauben Sie mir, Ihnen eine Bitte vorzutragen. Ich bitte um die Erlaubnis, Ihnen mein Buch „Caliban oder Politik und Leidenschaft, Versuch über die menschlichen Gruppenaffekte, dargestellt am Antisemitismus" widmen zu dürfen.
Dazu bewegt mich vielfältige Dankbarkeit: erstens wäre ohne Ihr Denken, ohne Ihre prinzipiellen Einsichten und neuen Maximen (Wiedereinsetzung der Seele in die Psychologie), ohne Ihre schöpferische Methode des Philosophierens mein bescheidener Beitrag zur theoretischen Erkenntnis nie möglich gewesen. Zweitens schuldet Ihnen der Antisemitismus, den Sie in allen Gestalten erlebt haben müssen, eine Reverenz. Und drittens verdanke ich Ihrer neuen Heilkunst persönlich die Wiederherstellung meiner gesamten Person, nicht mehr und nicht weniger: sowohl die Entdeckung, daß ich an einer (Herz-)Neurose litt, als auch die Aufhellung, daß in allen Gebieten des Lebens sich diese Neurose hemmend in meine Entfaltung mischte, sowie schließlich die Heilung dieser Neurose durch Ihre Methode und auf Ihren Wegen.
Ich gebe die Hoffnung nicht auf, Sie, verehrter Herr, auch noch persönlich zu sprechen. Ich glaube, daß ich Ihnen eine Anzahl prinzipiell richtiger Blicke auf die neurotischen Hemmungen des Kunstschaffens vorlegen könnte, vielleicht von Ihnen längst gemachte Beobachtungen bestätigend.
Heute habe ich nur den Wunsch, daß Sie diese Dedikation eines Buches annehmen möchten, auch ohne es zu kennen, das Ihnen so sehr verpflichtet ist. Ihnen auf alle Fälle
immer ergeben:
Arnold Zweig.

Arnold Zweigs erster Brief an Sigmund Freud

Es folgte zwischen den beiden Männern, von denen der eine im besten Mannesalter, der andere im Herbst des Lebens stand, ein Briefwechsel, der zwölf Jahre – bis zum Tode Freuds – andauerte. Diese Korrespondenz fällt also in eine Epoche, die nicht nur für das Leben dieser Männer entscheidend war – beide mußten während dieser Jahre ihr Geburtsland verlassen –, sondern auch für die Geschichte Europas.[23]

Arnold Zweig und das neue Rußland

In seinem Buch *Das neue Kanaan* hatte Arnold Zweig die Sowjetregierung als »tyrannisches Regime« bezeichnet. Das hinderte ihn jedoch nicht, sich für die Ereignisse und Experimente in Rußland zu interessieren. In einem 1928 anläßlich des 60. Geburtstages Maxim Gorkis geschriebenen Aufsatz[24] zollte er dem russischen Schriftsteller und zugleich der russischen Revolution seine Anerkennung. Zwei Jahre später bat er Freud, seinen Namen unter ein »Manifest« zugunsten der Sowjetunion zu setzen, in welchem unter anderem das »Chaos des kapitalistischen Wirtschaftswirrwarrs« kritisiert wurde. Aber der Gelehrte lehnte ab, »denn das käme einer Parteinahme für das kommunistische Ideal gleich, und von dieser bin ich weit entfernt«.[25]
Nur drei Monate später unterzeichnete Zweig zusammen mit 41 Schriftstellern, Künstlern und Gelehrten einen offiziellen Protest gegen die Hinrichtung von 48 sowjetischen Spezialisten, die man der Sabotage angeklagt hatte. In einem Artikel »Moskauer Hinrichtungen«, der in der *Weltbühne* vom 11. November 1930 (S. 707 ff.) veröffentlicht wurde, verurteilte er aufs schärfste »die Verfälschung der sozialistischen Idee, die eintritt, wenn man sich berechtigt glaubt, um der Befreiung einer Klasse willen Individuen scharenweise sterben zu lassen ...«
Schon vorher hatte sich Zweig auch für die aus Rußland gekommenen jüdischen Flüchtlinge interessiert, die vor dem Sowjetregime – und nicht vor dem Zaren – geflohen waren. Anfang 1929 hatte er eine Anregung Albert Einsteins aufgegriffen, eine Hilfsorganisation zugunsten der aus Rußland und Polen kommenden Intellektuellen zu gründen, die nicht die deutsche Sprache beherrschten, sondern russisch oder jiddisch schrieben. Unter ihnen waren auch hebräische Schriftsteller, die eine Zeitlang in Palästina gelebt hatten. Zweig beschreibt ihre Lage in einem Brief an Freud (18. Februar 1929):

> ... Für die jüdischen [geistigen Arbeiter] aber, und besonders für die nicht deutsch schreibenden, gibt es keine Stelle, keinen einzigen Staat und keine gemeinnützige Organisation, die uns die Sorge für sie ab-

> nehmen könnten. Da wir nun aber doch nicht zulassen können, daß sie mitten unter uns schweigend untergehen..., haben wir beschlossen, aus eigenen Kräften die Organisation aufzubauen, die in dem beigelegten Entwurf dargestellt worden ist.

Im gleichen Jahr war er Ehrengast bei einer Veranstaltung des »Verbandes russischer Juden in Deutschland«. In seiner Ansprache gab er der Hoffnung Ausdruck, daß die deutschen Juden – von denen die meisten, wie er glaubte, den Problemen der russischen Flüchtlinge gleichgültig gegenüberstanden – der Organisation genügend Mittel zur Verfügung stellen würden, um ihr zu ermöglichen, den Bedürftigen unter ihnen zu helfen.[26]

Zweigs Haltung gegenüber dem Sowjetregime war also – je nach den Umständen – schwankend. Gewiß brachte er ihm Sympathie entgegen, aber es war keine bedingungslose Unterstützung.

Inzwischen war Arnold Zweigs Ansehen gestiegen. Schon 1926 war er Mitglied des PEN-Clubs geworden. Drei Jahre später wurde er zum Vorsitzenden des »Schutzverbandes Deutscher Schriftsteller«[27] gewählt. 1931 vollendete er sein Buch *Junge Frau von 1914*[28]: Werner Bertin, ein armer und »revolutionärer« Schriftsteller, kämpft um die Hand eines Mädchens aus der wohlhabenden jüdischen Gesellschaft, trotz der ablehnenden Haltung ihrer Eltern. Aber der Krieg bringt tiefgehende Veränderungen in das Leben aller Beteiligten... Im Zyklus *Der große Krieg der weißen Männer* umfaßt das Buch die Zeit von 1913 bis 1916; am Ende finden wir den jungen Soldaten Bertin vor Verdun wieder.

Wolken am Horizont

In einer Zeit, als sich die Weimarer Republik in einer schweren wirtschaftlichen und politischen Krise befand, konnte das Buch *Junge Frau von 1914* kein allzu großes Interesse erwecken. Seit dem Beginn der Weltwirtschaftskrise (Oktober 1929) war die Zahl der Arbeitslosen in ständigem Anstieg und betrug im Jahre 1930 viereinhalb Millionen. Auf dem fruchtbaren Boden des Elends gediehen die Parteien der Extremisten, und besonders die der Rechtsradikalen. Bei den Reichstagswahlen im September 1930 erhielt die nationalsozialistische Partei Hitlers 107 Sitze und wurde die zweitstärkste Partei Deutschlands. Zwei Jahre lang, von März 1930 bis Mai 1932, gab es eine Koalitionsregierung unter dem Reichskanzler Heinrich Brüning, einem Zentrumspolitiker, der über keine Mehrheit verfügte und mit Hilfe von Notverordnungen regierte,

während auf den Straßen ein kaum verhüllter Bürgerkrieg zwischen Kommunisten und Hitleranhängern herrschte. Anfang 1932 gab es in Deutschland bereits fünf Millionen Arbeitslose. Einige Monate darauf wurde der Reichstag von dem neuen Kanzler v. Papen aufgelöst. Die Neuwahlen im Juli 1932 brachten 230 Nazi-Abgeordnete in das Parlament; die Hitlerpartei wurde somit zur stärksten Partei der Republik.
Ein erster Versuch Hitlers, legal an die Macht zu gelangen, scheiterte im April 1932: Bei der Präsidentenwahl wurde er von dem »greisen« Feldmarschall Hindenburg geschlagen, dem vor allem die sozialdemokratischen Wähler ihre Stimme gaben. Aber jeder spürte in diesem dramatischen Jahr 1932, daß es jetzt um das Schicksal der Republik und der Demokratie in Deutschland ging. Die politische und wirtschaftliche Krise hielt an: Ende 1932 hatte die Zahl der Arbeitslosen die 6-Millionen-Grenze überschritten.
Währenddessen lebten die Juden Deutschlands in großer Unruhe. Wohin führte diese Krise? Was würde das Schicksal der Juden sein, falls die Hitlerpartei an die Macht kommen sollte? Diejenigen, die das Buch *Mein Kampf* gelesen hatten, machten sich keine Illusionen. Und wenn es Juden gab, die meinten, daß auch unter einem faschistischen Regime ihre deutsche Staatsangehörigkeit und ihre im Krieg geleisteten Dienste respektiert würden, so erwogen andere bereits die Möglichkeit einer Auswanderung, bevor es zu spät war.
Arnold Zweig war nicht übermäßig besorgt. Er konnte sich nicht vorstellen, daß Deutschland eines Tages in die Hände Hitlers und seiner Partei fallen könnte. Daher war er sehr überrascht, als ihn im Januar 1932 eine hohe Persönlichkeit auf die Gefahren aufmerksam machte, die ihm drohten. Der Mann, der ihn warnte, war André François-Poncet, französischer Botschafter in Berlin[29], der den Schriftsteller und seine Frau zu einem Mittagessen eingeladen hatte. Nach der Mahlzeit in den Räumen der Botschaft blickten der Hausherr und sein Gast auf den Pariser Platz und das Brandenburger Tor hinaus und plauderten über Malerei. Ganz unvermittelt sagte der Botschafter: »Übrigens möchte ich Sie darauf aufmerksam machen, Herr Zweig: Hitler kommt.« Zweig ließ sich nicht aus der Ruhe bringen:

> Wenn Hitler kommt, so wird sich, Exzellenz, wiederholen, was wir schon einmal erlebt haben – in München, Herbst 1923: Herr Severing wird auf einen Knopf drücken, die Schutzpolizei wird feuern wie damals die Reichswehr – und der ganze Spuk wird platzen.[30]

Die Antwort des Botschafters war kurz und klar:

> Ich fürchte, Herr Zweig, ich muß Sie enttäuschen, Herr Severing wird auf keinen Knopf drücken.[31]

Arnold Zweig hatte eine Reise nach Paris geplant, um Museen und Kunstausstellungen zu besuchen. Aber die Warnung von François-Poncet verfehlte nicht ihre Wirkung. Nach Rücksprache mit seiner Frau beschloß er, die Pariser Reise aufzuschieben. Er hielt den Zeitpunkt für gekommen, Kontakt mit dem Land aufzunehmen, das er seit langem zur Lösung der Judenfrage empfohlen hatte. Mitte Februar 1932 fuhr er über Ägypten nach Palästina, wo er zunächst auf dem Karmel bei seinem alten Freund Hermann Struck gastierte. Dann durchstreifte er das Land bei strahlendem Frühlingswetter.
Die jüdische Bevölkerung, der »Jischuw«, stand noch immer unter dem Eindruck der blutigen Unruhen des Jahres 1929, die aus einem anscheinend nichtigen Anlaß[32] entstanden waren und zahlreiche Opfer gefordert hatten. Arnold Zweig hörte den Berichten über die Geschehnisse mit großem Interesse zu: Über den Kampf der verstreuten und oft abgeschnittenen jüdischen Siedlungen gegen Angreifer, die sich meist in der Überzahl befanden; über das oft verspätete Eingreifen der britischen Polizei und Armee, die vor allem ihre Neutralität beweisen wollten; über den Mut jüdischer Chauffeure, die Tag und Nacht am Steuer ihrer Wagen saßen, um die lebenswichtigen Verbindungen zwischen Städten, Dörfern und Kibbuzim aufrechtzuerhalten. Am Ende seiner Reise war der Schriftsteller nicht nur von dem geleisteten Aufbauwerk beeindruckt, sondern auch von der Entschlossenheit der Juden, das Geschaffene zu verteidigen.

»De Vriendt kehrt heim«

Anfang April war Zweig wieder in Berlin. Die politische Lage hatte sich inzwischen weiter zugespitzt. Am 10. Mai mußte der Publizist Carl von Ossietzky, der wegen »Landesverrats«[33] zu 18 Monaten Gefängnis verurteilt worden war, seine Strafe antreten. Über hundert Männer und Frauen, darunter die Schriftsteller Leonhard Frank, Axel Eggebrecht, Lion Feuchtwanger, Ernst Toller und Arnold Zweig, begleiteten ihn auf seiner Fahrt zum Gefängnis in Tegel. Sie alle wußten noch nicht, daß sie bald darauf ins Exil gehen mußten, während Ossietzky nach Verbüßung seiner Strafe in ein Konzentrationslager eingeliefert wurde, das er erst 1936 als todkranker Mann verlassen konnte.
Arnold Zweig bedauerte nun, daß er nach Deutschland zurückgekehrt war. Er konnte nicht vergessen, was er auf seiner Reise gesehen und erlebt hatte. Am 1. Mai 1932 schrieb er an Sigmund Freud:

> Welcher Irrtum, hierher zurückzustreben! Was von diesem Europa, das ich liebe, von diesem Deutschland, das ich zum guten Teil bin, ist

in diesem Augenblick noch greifbar da, Kraftquelle und Arbeitsanschluß? Warum nicht drüben geblieben, in der heroischen Landschaft Galiläas oder am Meer von Tel Aviv oder am Toten Meer oder im Idyll von Méadie bei Kairo...

Und er teilte Freud seinen Plan mit, einen Roman zu schreiben, dessen Rahmen das Land Israel bilden sollte, wie er es kennengelernt hatte, mit seinen Hoffnungen und Problemen. Der »Held« dieses Romans würde ein Mann sein, für den Zweig sich seit einiger Zeit interessierte: der holländische Dichter de Haan, dessen tragisches Schicksal die alteingesessenen Bewohner Israels bis auf den heutigen Tag beschäftigt.

Jacob Israel de Haan wurde 1881 in Amsterdam geboren und stammte aus einer jüdisch-orthodoxen Familie. Er studierte Jura und heiratete eine Christin, blieb aber dem orthodoxen Judentum treu. Er war ein begabter Dichter und Journalist. Er begeisterte sich so sehr für den Zionismus, daß er eines Tages im Jahre 1918 Frau und Kinder verließ, um sich in Jerusalem niederzulassen, wo er an der Hochschule für Rechtswissenschaft (Government Law School) unterrichtete. Da er von den führenden Zionisten – den weltlichen und den religiösen – enttäuscht war, wurde er Mitglied der ultraorthodoxen und antizionistischen Agudat-Israel[34]. Als Korrespondent holländischer und englischer Zeitungen betrieb er eine Kampagne gegen die Errichtung einer nationalen jüdischen Heimstätte und versandte antizionistische Denkschriften an die britischen Behörden und an den Völkerbund. Er organisierte sogar eine Delegation, die sich nach Amman zu Hussein, König des Hedschas, begab. Die Empörung, die er bei der jüdischen Bevölkerung auslöste, wuchs noch, als bekannt wurde, daß er homosexuelle Beziehungen zu einem jungen Araber unterhielt. Er wurde schließlich von seinen Studenten boykottiert und von der Mehrheit der jüdischen Einwohner Jerusalems als Verräter betrachtet. Am 30. Juni 1924 um acht Uhr abends wurde de Haan vor dem Scha'areh-Zedek-Krankenhaus durch mehrere Revolverschüsse getötet. Den zwei Attentätern gelang es zu fliehen; sie wurden nie gefaßt.

Lange glaubte man, daß de Haan von Familienangehörigen des jungen Arabers, mit dem er verkehrte, ermordet worden sei. Zweig war von der seltsamen Persönlichkeit de Haans gefesselt und zog Erkundigungen über ihn ein. Allmählich kam er zu dem Schluß, daß de Haan nicht von Arabern, sondern von Juden umgebracht worden war, um den »Verräter« daran zu hindern, seine Tätigkeit fortzusetzen. In seinem Roman, dem er den Titel *De Vriendt kehrt heim*[35] gab – de Vriendt steht hier für de Haan –, erzählt Zweig den letzten dramatischen Monat im Leben dieses Mannes und sein tragisches Ende, wie es sich der Schriftsteller vorstellte: der Mord ist die Tat zweier vor kurzem eingewanderter junger Juden. Aber

Zweig nahm eine chronologische Änderung vor: er verlegte den Beginn der Handlung in den Monat Juli 1929, kurz vor den blutigen Unruhen, so daß die Gewalttaten der Araber als die direkte Folge des Mordes erscheinen mußten – denn de Haan war als Freund der Araber bekannt.
De Vriendt kehrt heim ist auch ein dramatischer Bericht über das Leben des Jischuw im Jahre 1929. Es ist ein Loblied auf die harte Arbeit der Juden, aber auch auf ihren Mut angesichts der drohenden Gefahren:

> ... Was ruft das Land? Ein Schrei hallt durch das Land: Gewehre! Die Männer hinter den Traktoren, die Gräbenzieher bei den Entsumpfungsarbeiten, die Pflanzer, Säer, Bewässerer, die Pfleger der Kühe, der Pferde – die Siedler in den ländlichen Farmen, Genossenschaften, Kleinbesitzen... alle diese Männer krallen sich an ihren Boden und stoßen nur einen Ruf aus: Waffen! (S. 237)

Und sie bekommen die Waffen – trotz der »Neutralität« der britischen Armee, die sie bei Juden auf den Landstraßen beschlagnahmt, aber in den arabischen Dörfern nicht finden kann... Zweig schildert den Heroismus der Chauffeure, berichtet von der Sorge um die Kinder, die man so weit wie möglich vom »Pogrom« entfernt:

> ... Es ist ein Pogrom, mehr ist es nicht. Kein nationaler Aufstand, kein Ansturm Enteigneter gegen Besitzende, kein Aufruhr gegen die Mandatsmacht: es ist ein einfacher Pogrom, man kennt ihn in der jüdischen Geschichte; aber diesmal läuft er anders aus als früher: die Opfer, die Juden, haben sich gründlich verändert. Sie stehen gerade, sehr gerade, sie schlagen zurück, und ihr Schlag sitzt... (S. 239–240)

Der Roman enthält aber nicht nur historische Begebenheiten. Die Handlung spielt in allen Teilen des Landes, in Jerusalem, in der Küstengegend, in Galiläa, in den Bergen Judäas und am Toten Meer. Das Buch gibt eine lebendige Beschreibung Jerusalems und der Gegenden, die Zweig besucht hat. In der gespenstisch-schönen Landschaft des Toten Meeres gelingt es schließlich dem britischen Polizeioffizier Irmin, der den Juden freundlich gesinnt ist, einen der Mörder de Vriendts zu stellen – aber er läßt ihn wieder entkommen, um die Gemüter im Lande nicht aufs neue zu erhitzen...
Der Jischuw aber zählt seine Toten und überblickt die erlittenen Schäden. Seine Reaktion ist: »Nun erst recht!« Mit dem Optimismus des überzeugten Zionisten fügt Zweig hinzu:

> Sie rücken überall im Lande zusammen; die Stadt Jerusalem, die Stadt Tel Aviv blühen auf, Haifa bereitet sich auf hunderttausend Einwohner vor, die Stadt Safed, die Stadt Jaffa gehen empfindlich zurück. Es werden neue Kolonien gegründet, neuer Boden gekauft, neue Bäume

werden gepflanzt, neue Kinder geboren. Das Land kann eine Menge Menschen ernähren... (S. 337–338)

Trotz seiner zionistischen Tendenz wurde das Buch in Palästina kühl aufgenommen. Gewiß war der Roman voller Anerkennung für das Werk des Jischuw, aber – so fragte man sich – war es notwendig, den Mord an de Haan ins Jahr 1929 zu verlegen, um ihn dadurch mit den blutigen Unruhen jenes Jahres zu verknüpfen? Und schließlich – mit welchem Recht wurde behauptet, daß die Täter Juden waren, wo man doch annahm, daß es Unbekannte – vermutlich Araber – gewesen seien?

Arnold Zweig mußte daher zahlreiche Kritiken über sich ergehen lassen. Im Jahre 1934, als er schon in Palästina wohnte, hatte er eine Diskussion mit Schmarjahu Levin, einem hebräisch-jiddischen Schriftsteller und zionistischen Politiker (1867–1935), der das Buch ebenfalls kritisierte und Zweig vorhielt: »Ein wahrer Zionist hätte ein solches Buch nicht schreiben dürfen...« Arnold Zweig war tief betroffen und schwieg...[36] Noch 1947 beklagte sich Zweig in einem Brief an den Mitarbeiter der *Jerusalem Post*, Erich Gottgetreu, daß gewisse Kreise des Jischuw in dem Roman *De Vriendt kehrt heim* eine Herausforderung gesehen hätten, auf die sie glaubten, reagieren zu müssen.[37]

Erst 40 Jahre später wurden die Umstände der Mordtat geklärt: de Haan war von zwei jüdischen Neueinwanderern, Mitgliedern der Selbstverteidigungsorganisation »Haganah«, getötet worden. Sie hatten auf Befehl ihrer Vorgesetzten gehandelt.[38] Zweig hatte also recht gehabt, aber da er die Wahrheit zu früh und zu einem besonders ungünstigen Zeitpunkt gesagt hatte, führte das Buch *De Vriendt kehrt heim* zum ersten Konflikt zwischen dem Schriftsteller und den Juden Palästinas.

Während noch die Auseinandersetzungen um Arnold Zweigs Buch im Gange waren, wurde ein neues Attentat gegen eine jüdische Persönlichkeit Palästinas verübt. Am Abend des 16. Juni 1933 wurde Chaim Arlosoroff[39], einer der Führer der zionistischen Arbeiterpartei, während eines Spazierganges am Strand von Tel Aviv ermordet. Diesmal reagierte der Jischuw mit größter Empörung, denn Arlosoroff war – im Gegensatz zu de Haan – weithin respektiert. Gegen zwei Mitglieder der rechtsgerichteten revisionistischen Partei wurde Anklage wegen Mordes erhoben; sie wurden mangels Beweisen freigesprochen.

Auch Arnold Zweig, der Arlosoroff in den zwanziger Jahren in Berlin kennengelernt hatte, war über dieses Verbrechen empört und schloß sich den Protesten an. Drei Jahre später hatte er seine Trauer noch nicht überwunden. In einem dem Andenken Arlosoroffs gewidmeten Artikel, der im Juni 1936 in der amerikanischen Zeitschrift *Jewish Frontier* erschien, schrieb er:

> Seit der Entfesselung des Krieges gegen das deutsche Judentum hat das jüdische Volk viele schwere Verluste gehabt, keiner aber war so unersetzlich wie der von Chaim Arlosoroff...[40]

Die Affären de Haan und Arlosoroff haben die Gemüter bis auf den heutigen Tag bewegt.[41] Aber die heftige Reaktion des Jischuw hatte bewirkt, daß innerhalb des Jischuws in Palästina nie wieder ein politischer Mord begangen wurde.

Für Zweig hatte der Tod Arlosoroffs und die darauffolgende Agitation eine weitere unangenehme Folge: Sie betraf die Übersetzung seines Romans *De Vriendt kehrt heim* ins Hebräische. In einem Schreiben an Hermann Kesten, in welchem er Arlosoroff »den zukunftsvollsten Mann Palästinas« nennt, berichtet er:

> Es wird Sie amüsieren zu hören, daß der Verlag, der das Buch für Palästina stürmisch erworben hat, sich jetzt nicht traut, es herauszubringen...[42]

So kam es, daß einer der besten Romane Arnold Zweigs, der den Juden Palästinas gewidmet war, niemals ins Hebräische übersetzt wurde.[43]

1933: Exil

De Vriendt kehrt heim erschien im November 1932; er war das letzte Buch Arnold Zweigs, das in Deutschland veröffentlicht wurde. Zwei Monate später, am 30. Januar 1933, ernannte Präsident Hindenburg, der ein halbes Jahr zuvor von den Gegnern der Nazipartei wiedergewählt worden war, Adolf Hitler zum Reichskanzler. Nun überstürzten sich die Ereignisse: Am 27. Februar brannte der Reichstag, was der neuen Regierung den langgesuchten Vorwand lieferte, die von der Weimarer Verfassung garantierten Grundrechte außer Kraft zu setzen. Am 5. März fanden Neuwahlen im Schatten des Terrors statt; die Nationalsozialisten erhielten 288 Sitze, ohne jedoch die absolute Mehrheit zu erringen. Am 1. April wurde eine großangelegte Boykott-Aktion gegen jüdische Geschäfte unternommen; eine Woche später kam das erste Rassengesetz, das den Ausschluß der Juden aus allen öffentlichen Diensten vorsah.[44]

Am Abend des 10. Mai fand ein großes »Autodafé« vor der Berliner Oper statt: Im Beisein von zahlreichen Professoren verbrannten Studenten unter dem Jubel der Menge die Bücher der besten deutschen Schriftsteller und Gelehrten, die zu »Staatsfeinden« erklärt worden waren. Zu ihnen gehörten auch Sigmund Freud und Arnold Zweig.

Als Hitler Reichskanzler wurde, befand sich der Autor des *Grischa* in Paris, wo Frau Beatrice Kunststudien betrieb. Am 21. Februar 1933, nach einem Kurzbesuch bei Sigmund Freud in Wien, war er wieder in Berlin, unbekümmert und voll Vertrauen in die Zukunft... Sechs Tage später, als der Reichstag brannte, begriff Zweig, daß das Ende der Republik bevorstand. Noch zögerte er, und es bedurfte der Warnung seines Nachbarn, des sozialdemokratischen Abgeordneten Kurt Rosenfeld[45], um ihm klarzumachen, daß sein Leben in Gefahr sei; erst dann entschloß er sich, Deutschland zu verlassen. Am 14. März überschritt er die tschechische Grenze und begab sich nach Prag. Einige Wochen später – am 8. Mai – kam seine Frau nach, und gemeinsam reisten sie über Wien nach Basel, dann weiter nach Sanary-sur-Mer in Südfrankreich, wo sie am 1. Juli 1933 ankamen. Anfang August trafen dort die beiden Söhne Adam und Michael ein; Beatrice hatte sie von Straßburg abgeholt. Die Familie Zweig war wieder vereint – im Exil.

Sanary-sur-Mer, in der Nähe von Toulon, war der unfreiwillige Treffpunkt der literarischen Elite Deutschlands, die ihrem undankbaren Vaterland den Rücken gekehrt hatte. Man sah dort Thomas und Heinrich Mann, Bertolt Brecht, Franz Werfel, Alfred Kerr, Ludwig Marcuse, Ernst Toller, René Schickele und andere. Im »Café de la Marine« und im »Le Nautique« hörte man nur Deutsch. Man diskutierte und schrieb über alles – Literatur, Politik, Zukunftspläne –, denn Frankreich war das einzige europäische Land, das den Flüchtlingen noch das Recht gewährte, öffentlich ihre Meinung zu äußern. Die Atmosphäre dieses provenzalischen Städtchens war so sehr von der Anwesenheit dieser Intellektuellen deutscher Herkunft geprägt, daß Ludwig Marcuse es die »Hauptstadt der deutschen Literatur« nannte...[46]
Arnold Zweig traf seinen Freund Lion Feuchtwanger[47], und sie beschlossen, eine »Streitschrift« unter dem Titel *Die Aufgabe des Judentums*[48] herauszugeben. Sie wurde in Paris von dem Exilverlag »Europäischer Merkur« gedruckt. Jeder der beiden Autoren war darin mit einem Artikel vertreten, aber der Umfang der Beiträge war unterschiedlich: Während Arnold Zweig sich mit einer kurzen historischen und philosophischen Abhandlung »Jüdischer Ausdruckswille« begnügte (S. 45–63), lieferte Feuchtwanger den bedeutenderen Beitrag in der Form eines Essays über »Nationalismus und Judentum« (S. 1–42). Feuchtwanger kommt zu dem Ergebnis, daß das Judentum keine Nation bilden könne, da jede nationale Zusammengehörigkeit auf vier »Ideologien« beruhe: gemeinsames Land und Klima, gemeinsame Rasse, gemeinsame Geschichte und gemeinsame Sprache. Das Judentum besitze jedoch keine dieser Voraussetzungen: ein gemeinsames Land (und Klima) existiere seit der Römerzeit nicht mehr; das Wort »Rasse« gebe es nicht einmal im klassischen

Hebräisch; die Geschichte der Juden sei eher historische Dichtung und Mythologie als Geschichte im modernen Sinne. Ebensowenig gebe es eine gemeinsame Sprache. Hebräisch? Feuchtwanger ist skeptisch:

> Seit 2500 Jahren ist das Hebräische keine wirklich lebende Sprache mehr... Ich verfolge mit dem größten Interesse und der wärmsten Sympathie die Bestrebungen der Heutigen, aus dem Hebräischen eine lebendige Sprache zu machen... Aber frei heraus, ich zweifle, ob diese Bemühungen Erfolg haben werden... (S. 22–23)

Folglich sei Judentum keine gemeinsame Rasse, auch keine gemeinsame Lebensform; Judentum sei eine gemeinsame Mentalität, eine gemeinsame geistige Haltung. Zionismus? Ja, aber ein geistiger, sublimierter Zionismus, der sich der messianischen Sendung des Judentums bewußt ist und auf jede Gewaltanwendung verzichtet...

Hingegen glaubte Arnold Zweig weiterhin an einen wirklichkeitsnahen Zionismus. Denn seit der Ankunft seiner Söhne in Frankreich stand sein Entschluß fest, sich mit seiner Familie in Palästina niederzulassen.

Feuchtwanger gelang es, 1940 aus Frankreich zu fliehen und eine neue Heimat in Kalifornien zu finden. Die Verbindung mit Zweig brach jedoch nicht ab; Lion Feuchtwanger übernahm nun einen Teil der Rolle, die einst Martin Buber in Zweigs Leben während der ersten Nachkriegsjahre gespielt hatte: Er unterzog die Manuskripte, die ihm sein Freund einsandte, einer kritischen Prüfung und wurde somit Zweigs literarischer Berater. Auch der Autor des *Grischa* äußerte sich öfters über Feuchtwangers Bücher, und so entwickelte sich zwischen zwei der bedeutendsten Schriftsteller deutscher Sprache ein umfangreicher Briefwechsel, der bis zu Feuchtwangers Tod im Jahre 1958 andauerte.[49] Arnold Zweigs sehnlicher Wunsch, seinen alten Gefährten noch einmal wiederzusehen, sollte allerdings nicht in Erfüllung gehen.

Am 29. September 1933 gingen Frau Beatrice Zweig und ihre beiden Söhne in Marseille an Bord des Schiffes »Champollion«. Arnold blieb zurück, denn er hatte noch eine »Mission« zu erfüllen: In Vorahnung der Katastrophe, die über das deutsche Judentum hereinbrechen sollte, wollte er der Öffentlichkeit eine Bilanz der von deutschen Juden vollbrachten Leistungen und ihren Beitrag zur deutschen Kultur seit ihrer Emanzipation bis zum Jahre 1933 vorlegen. Ein bereits 1927 veröffentlichtes Buch *Juden auf der deutschen Bühne*[50] diente ihm als Grundlage; er erweiterte es beträchtlich und gab dem Ganzen den Titel *Bilanz der deutschen Judenheit*[51]. Unter diesem Titel stellt er dem Leser eine beeindruckende Zahl jüdischer Persönlichkeiten aus allen Bereichen des deutschen Lebens vor. Sigmund Freud und Albert Einstein sind besondere

Kapitel gewidmet, eine Seite Karl Marx. Unter der Überschrift »Das Kleinbürgertum« ist auch die kurze Biographie eines gewissen »A. Z.« abgedruckt... Andere Kapitel behandeln die Ereignisse in Deutschland seit der Machtergreifung Hitlers, die Reaktionen der Masse (wobei er seinen *Caliban* zitiert), den Antisemitismus und – wie zu erwarten – den Zionismus:

> Und wenn die Weltjudenheit imstande ist, eine große wirtschaftliche Anstrengung zu machen, kann Palästina noch weit mehr Opfer der Völkischen aufnehmen und im Nahen Osten die Bedeutung eines Kraftzentrums bekommen, das fähig wäre, sein Gesicht gründlich zu verjüngen. (S. 308–309)

Aber wieder warnt er seine Glaubensgenossen vor einem jüdischen Nationalismus, der auf arabischen Widerstand stoßen könne...

»Im Hauptteil bietet die Bilanz eine umfassende jüdische Kulturgeschichte und universale Weltbetrachtung«, urteilt Arnold Zweigs Biograph Eberhard Hilscher[52]. Leider konnte das Buch erst 1934 bei dem holländischen Verleger Querido erscheinen, so daß es das deutsche Publikum, für das es in erster Linie bestimmt war, nicht mehr erreichte.[53]

Anfang November traf Arnold Zweig die letzten Vorbereitungen für den großen Aufbruch. Obwohl der Schriftsteller sich über die Schwierigkeiten, die ihn erwarteten, keine Illusionen machte, war er optimistisch. Am 9. November, dem Tage vor seinem 46. Geburtstag, schrieb er seiner Sekretärin Lily Offenstadt, die sich damals noch in Berlin befand:

> Ich bin voller Elan und gehe 100 % hinüber – mit allen Schwierigkeiten. Nur richtet sich mein Elan auf den Aufbau einer wagfähigen Gesellschaft und nicht auf den eines selbstbegeisterten Volkstums. Ich will vernünftige Zustände auf dem Erdwinkel, der meinen Kindern (und deinen!) Heimat sein soll...[54]

In der Hoffnung, eine neue Heimat zu finden, bestieg Arnold Zweig am 15. Dezember 1933 das Schiff »Mariette Pascha«, von dem er Abschiedsgrüße an Sigmund Freud sandte. Sechs Tage später kam er in Haifa an, wo er von seiner Frau und seinen Söhnen begrüßt wurde. Auf der Überfahrt traf er junge Einwanderer, die er zu ermutigen und sogar zu begeistern verstand. In einer seiner zündenden Ansprachen erklärte er:

> Gemeinsam mit meiner Frau hatte ich die Wahl zwischen zwei Ländern als Auswanderziel: die Sowjetunion oder Erez Israel. Wir wählten Erez Israel...[55]

ZWEITER TEIL

TRAUM UND WIRKLICHKEIT IM »LAND DER VÄTER«

1. Die ersten Jahre in Palästina (1933–1936)

Die zionistische Bewegung

Als Arnold Zweig im Dezember 1933 in Haifa landete, befand sich Palästina seit sechzehn Jahren unter britischer Verwaltung. 1917 war das Land von den Truppen des Generals Allenby erobert worden, nachdem die türkische Armee sich in voller Auflösung zurückgezogen hatte. 1920 wurde das Land unter das Mandat Großbritanniens gestellt. So gingen 400 Jahre türkischer Herrschaft zu Ende, in denen Palästina praktisch seinem Schicksal überlassen war.

Das Land, das seit der arabischen Eroberung (636) eine große moslemische Mehrheit hatte, wurde von der Hohen Pforte als eine entlegene und bedeutungslose Provinz betrachtet, die nur als Einnahmequelle nützlich war. Die Paschas, die Palästina verwalteten, waren oft korrupt und tyrannisch. Eine kleine jüdische Gemeinde hatte sich seit den Tagen des Zweiten Tempels erhalten und pflegte vor allem das Studium des Talmud. Sie erhielt Zuwachs durch jüdische Einwanderer aus Spanien und Portugal, die im 15. und 16. Jahrhundert einzuströmen begannen. Es bildeten sich vier Zentren der Gelehrsamkeit, genannt »die vier heiligen Städte«: Jerusalem, Hebron, Tiberias und Safed. 1868 betrug die Zahl der Juden, die in dem Land ihrer Vorfahren wohnten, etwa zwölftausend. Ihren Lebensunterhalt bestritten sie vorwiegend aus Spenden und sonstigen Zuwendungen, die ihnen von ihren Glaubensgenossen in der Diaspora geschickt wurden.

1882 kamen als Folge der Pogrome in Rußland die ersten jüdischen Einwanderer der modernen Epoche ins Land: etwa tausend Pioniere mit ihren Familien, vorwiegend aus Rußland und Rumänien. Diese Menschen kamen nicht, um Talmudstudien zu betreiben. Sie gehörten einer Bewegung an, die sich »Chibat-Zion« (»Liebe zu Zion«) nannte, und ihr Bestreben war, landwirtschaftliche Kolonien auf sozialistischer Basis zu gründen. Trotz aller Schwierigkeiten, trotz der feindseligen Haltung der türkischen Behörden machten sie sich sofort an die Arbeit.

Zu den ersten damals gegründeten Siedlungen gehörte Petach-Tikwa (»Tor der Hoffnung«). Heute ist es eine Stadt von fast 100000 Einwohnern und wird als »Mutter der Siedlungen« bezeichnet. So begann die erste Einwanderungswelle (hebräisch »Alija« = »Aufstieg«). Sie hielt bis Ende des 19. Jahrhunderts an und brachte 24000 Männer und Frauen ins Land.

Auch die »Zweite Alija«, die 1904 begann, hatte ihren Ursprung in Rußland. In ihren Reihen waren sozialistische Idealisten, die ihre Heimat nach den blutigen Pogromen von Kischinew (1903 und 1905) verlassen hatten. Während dieser Periode begannen die jüdischen Arbeiter, sich auf sozialistischer Basis zu organisieren. Der erste Kibbuz (Degania) wurde 1909 gegründet; im gleichen Jahre entstand die Schutztruppe »Haschomer« (»Der Wächter«), Vorläufer der »Haganah«[1]. 1914, als die Periode der »Zweiten Alija« zu Ende ging, war die jüdische Bevölkerung Palästinas auf 90000 angewachsen.
Inzwischen war eine Bewegung außerhalb Palästinas entstanden, die sich zum Ziel gesetzt hatte, für das jüdische Volk eine nationale Heimstätte in Palästina zu schaffen. Diese Bewegung hatte den Namen »Zionismus« angenommen. Ein jüdischer Journalist ungarischer Herkunft, Theodor Herzl, hatte als Pariser Korrespondent eines großen Wiener Blattes dem Dreyfus-Prozeß beigewohnt. Die Ungerechtigkeit, die dem jüdischen Offizier widerfahren war, hatte Herzl zutiefst aufgewühlt. Die Erkenntnis kam ihm, daß die Lage des europäischen Judentums kritisch war und einer Lösung bedurfte. Aber welcher Lösung? Er schlug sie in einer Broschüre vor, die 1896 unter dem Titel *Der Judenstaat* erschien und die großes Aufsehen erregte. Im folgenden Jahr berief er in Basel den ersten Zionistischen Kongreß ein, auf welchem die Zionistische Weltorganisation gegründet wurde. Das »Basler Programm« sah neben der Forderung nach einer nationalen Heimstätte einen freiwilligen finanziellen Beitrag von Juden der ganzen Welt vor, genannt »Schekel« (in Anlehnung an eine alte israelische Münze, die bereits in der Bibel erwähnt wurde).[2]
Bis 1914 fanden noch elf Zionistische Kongresse statt, und große Anstrengungen wurden gemacht, um in Palästina oder – sollte dies möglich sein – in einem anderen geeigneten Gebiet Land für eine jüdische Kolonisation zu gewinnen. Aber diese letzte Frage entfachte eine heftige Polemik, die ihren Höhepunkt im Jahre 1903 erreichte, als die britische Regierung Herzl einen Teil des Gebietes von Kenia für eine jüdische Besiedlung anbot. Dieser Plan, der fälschlich »Uganda-Projekt« genannt wurde, führte fast zur Spaltung der zionistischen Bewegung, denn ein großer Teil der führenden Männer war nicht bereit, ein anderes Land als Palästina zu akzeptieren, während Herzl und einige seiner Anhänger den britischen Vorschlag unterstützten[3], um wenigstens eine vorläufige Zufluchtsstätte für die in Rußland verfolgten Juden zu gewinnen. Schließlich mußte Herzl nachgeben. Von den Anstrengungen und Auseinandersetzungen zermürbt, starb er kurze Zeit später im Alter von 44 Jahren.

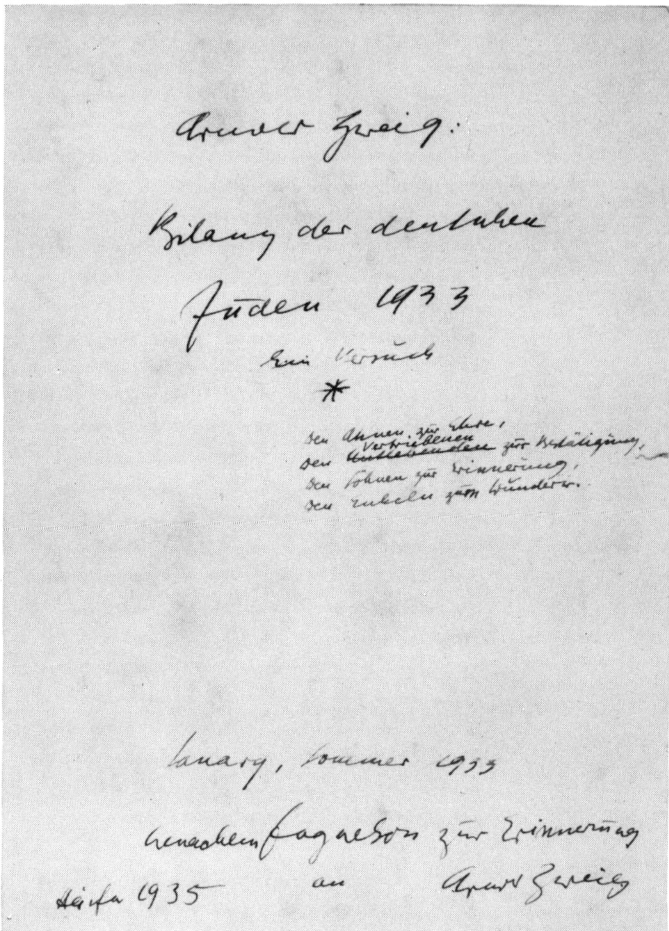
Arnold Zweig:

Bilanz der deutschen Juden 1933

Ein Versuch

*

den Ahnen zur Ehre,
den Vertriebenen zur Bestätigung,
den Söhnen zur Erinnerung,
den Enkeln zum Wundern.

Sanary, Sommer 1933

[illegible] zur Erinnerung

Haifa 1935 an Arnold Zweig

Bilanz der deutschen Juden 1933
(Handschriftliche Titelseite)

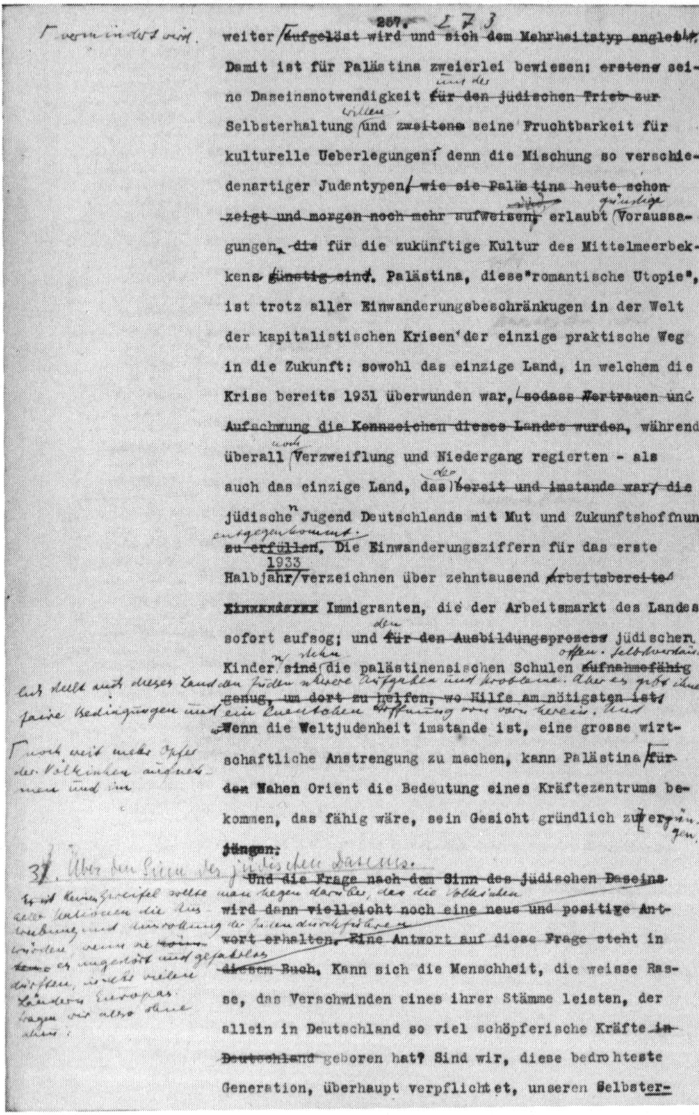

287.

weiter ~~aufgelöst wird und sich dem Mehrheitstyp angleicht~~.
Damit ist für Palästina zweierlei bewiesen: ~~erstens~~ seine Daseinsnotwendigkeit ~~für den jüdischen Trieb zur~~ Selbsterhaltung und ~~zweitens~~ seine Fruchtbarkeit für kulturelle Ueberlegungen: denn die Mischung so verschiedenartiger Judentypen~~, wie sie Palästina heute schon zeigt und morgen noch mehr aufweisen,~~ erlaubt Voraussagungen, ~~die~~ für die zukünftige Kultur des Mittelmeerbeckens ~~günstig sind~~. Palästina, diese "romantische Utopie", ist trotz aller Einwanderungsbeschränkugen in der Welt der kapitalistischen Krisen der einzige praktische Weg in die Zukunft: sowohl das einzige Land, in welchem die Krise bereits 1931 überwunden war, ~~sodass Vertrauen und Aufschwung die Kennzeichen dieses Landes wurden,~~ während überall Verzweiflung und Niedergang regierten - als auch das einzige Land, das ~~bereit und imstande war, die~~ jüdische Jugend Deutschlands mit Mut und Zukunftshoffnung ~~zu erfüllen~~. Die Einwanderungsziffern für das erste Halbjahr 1933 verzeichnen über zehntausend ~~Arbeitsbereite~~ Immigranten, die der Arbeitsmarkt des Landes sofort aufsog; und ~~für den Ausbildungsprozess~~ jüdischer Kinder ~~sind~~ die palästinensischen Schulen ~~aufnahmefähig genug, um dort zu helfen, wo Hilfe am nötigsten ist:~~ Wenn die Weltjudenheit imstande ist, eine grosse wirtschaftliche Anstrengung zu machen, kann Palästina ~~für den Nahen~~ Orient die Bedeutung eines Kräftezentrums bekommen, das fähig wäre, sein Gesicht gründlich zu ~~verjüngen~~.
~~Und die Frage nach dem Sinn des jüdischen Daseins wird dann vielleicht noch eine neue und positive Antwort erhalten. Eine Antwort auf diese Frage steht in diesem Buch.~~ Kann sich die Menschheit, die weisse Rasse, das Verschwinden eines ihrer Stämme leisten, der allein in Deutschland so viel schöpferische Kräfte ~~in Deutschland~~ geboren hat? Sind wir, diese bedrohteste Generation, überhaupt verpflichtet, unseren Selbster-

Bilanz der deutschen Juden 1933
(Handschriftlich korrigierte Manuskriptseite)

Der Kampf um die Errichtung einer nationalen Heimstätte ging weiter, aber die Hohe Pforte begegnete allen Bestrebungen, die von Minderheiten ausgingen – ganz gleich, ob es sich um Araber, Armenier oder Juden handelte – mit unverhohlenem Mißtrauen. Um 1911 begann sich der Tendenz nach ein »praktischer Zionismus« durchzusetzen, der mit dem Namen von Chaim Weizmann verbunden war, einem in England lebenden Gelehrten.[4] Diese Tendenz ging Hand in Hand mit den Bestrebungen nach einer kulturellen Erneuerung des jüdischen Volkes, die unter anderem von dem Philosophen Martin Buber inspiriert waren. Inzwischen erschien ein weiterer Faktor, der ein wichtiges Element in der Renaissance des jüdischen Volkes werden sollte: die hebräische Sprache als modernes Kommunikationsmittel.

Die Wiedergeburt der hebräischen Sprache

Hebräisch war nie eine tote Sprache gewesen. Zwar wurde sie schon vor der Zerstörung des Zweiten Tempels als gesprochene Sprache von dem Aramäischen verdrängt, aber sie wurde weiterhin beim Gottesdienst und in der Literatur verwendet. Die Mischna, das Buch der jüdischen Gesetze (vom 2. Jahrhundert v. Chr. bis ca. 200 n. Chr.), das den ältesten Bestandteil des Talmud bildet, und ihre späteren Kommentare waren in hebräischer Sprache abgefaßt, desgleichen die Bibelkommentare des Mittelalters. In der Folge entstand eine ausgedehnte hebräische Literatur theologischen, philosophischen, mystischen und poetischen Inhalts, die sich in Europa, Nordafrika und Palästina ohne Unterbrechung bis zum 19. Jahrhundert weiterentwickelte. Dann begann in Osteuropa – wo die Umgangssprache der Massen das Jiddische[5] war – eine wahre Renaissance der hebräischen Literatur, die Schriftsteller und Dichter wie Chaim Nachman Bialik (1875–1934), Saul Tschernichowski (1875–1943) und Samuel Joseph Agnon (1888–1970)[6] hervorbrachte.
Aber der biblische und literarische Wortschatz genügte noch nicht, um eine Sprache zu schaffen, die allen Anforderungen des modernen Lebens genügte. Herzl selbst war in diesem Punkte skeptisch. In dem bereits erwähnten Buch *Der Judenstaat* behandelte er auch die Frage der Landessprache und meinte: »Wir können doch nicht hebräisch miteinander reden! Wer von uns weiß genug Hebräisch, um in dieser Sprache ein Bahnbillet zu verlangen? Das gibt es nicht...«
Die Wiederbelebung des Hebräischen als moderne Sprache ist im wesentlichen das Verdienst eines Mannes, nach welchem die Hauptstraße Jerusalems benannt ist: Elieser Ben Jehuda[7] – ein Mann, der von einem

unbeugsamen Glauben an die Zukunft des jüdischen Volkes beseelt war. Er war der erste, der den Zusammenhang zwischen der Renaissance der hebräischen Sprache und der Wiedergeburt der jüdischen Nation erkannte. Er ging nun daran, seinen Traum zu verwirklichen. Als er sich 1880 anschickte, in das Gelobte Land zu fahren, rief er aus: »Wir brauchen eine gemeinsame Sprache, und diese Sprache wird das Hebräische sein.«[8] Noch bevor er in Jaffa landete, sprach er bereits mit seiner Frau Hebräisch, das er in seinem heimatlichen Litauen gelernt hatte. Sein 1882 geborener Sohn war das erste Kind der Neuzeit, dessen Muttersprache Hebräisch war.
Ben Jehuda ging es vor allem darum, neue Worte für Begriffe des modernen Lebens zu schaffen. Er suchte sie in der Bibel, in der Mischna und in der reichen hebräischen Literatur. Er bildete auch vollkommen neue Wörter aus alten Sprachwurzeln. So erfand er das Wort »Milon« für Wörterbuch, indem er dem Wort »milah« (»Wort«) anstelle der weiblichen Endung »-ah« das griechische Suffix »-on« anfügte. Ebenso erhielt er durch die Erweiterung des Wortes »et« (»Zeit«) das Wort »iton« (»Zeitung«), wobei wohl das deutsche Vorbild mitwirkte. Er nahm das Wort »mussach«, das im biblischen Hebräisch einen bedeckten Gang (»Galerie«) bezeichnet (vgl. Könige 2.16,18), und hauchte ihm neues Leben ein: es steht heute für »Garage«. So bildete sich nach und nach ein neuer Wortschatz, der sich auf altes Sprachgut stützte.
Bei den orthodoxen Juden stieß Ben Jehuda zunächst auf Verständnislosigkeit, dann auf offene Feindseligkeit. Sie betrachteten die Verwendung der heiligen Sprache für Dinge des täglichen Lebens als Profanierung. Unbeirrt davon gab er eine hebräische Wochenzeitung, *Ha-Zwi* (»Der Hirsch«), heraus und begann das Werk, das von nun an sein ganzes Leben ausfüllen sollte: ein monumentales Lexikon der hebräischen Sprache, dem Grimms Deutsches Wörterbuch als Vorbild diente. Der *Thesaurus totius Hebraitatis* (1908–1956) umfaßte schließlich 17 Bände, von denen fünf noch zu Lebzeiten Ben Jehudas erschienen.[9]
Von den türkischen Behörden mit Argwohn beobachtet, von seinen Glaubensgenossen kritisiert, setzte Ben Jehuda dennoch seine Arbeit fort. Er veröffentlichte im *Ha-Zwi* einen zündenden Aufruf, in welchem er das Hebräische als Unterrichtssprache in den Schulen des Landes vorschlug. Dieser Aufruf wurde von der jungen Generation gehört: 1892 sprachen sich die jüdischen Lehrer Palästinas für den alleinigen Gebrauch des Hebräischen in ihren Schulen aus.
Der Unterricht in den jüdischen Schulen des Landes lag damals in den Händen zweier Verbände: des »Hilfsvereins«[10], einer deutsch-jüdischen Organisation, die es sich zum Ziele gesetzt hatte, die deutsche Sprache

und Kultur zu verbreiten, und der »Alliance Israélite Universelle«[11], die die französische Kultur förderte. Diese beiden Organisationen waren bereit, in einigen ihrer Schulen Hebräisch als Unterrichtssprache einzuführen.

Hebräisch begann also die Sprache des täglichen Lebens der jüdischen Bevölkerung zu werden, als eine Krise ausbrach, die in die Geschichte des Zionismus als »Sprachenkrieg« einging. Die Ursache des Konflikts war die Tendenz des »Hilfsvereins«, in seinen Schulen wieder die deutsche Sprache zu gebrauchen. Die deutschnationale Welle, die dem Ausbruch des Ersten Weltkrieges voranging, machte auch vor den Instituten des »Hilfsvereins« nicht halt. Man ging so weit, nicht nur deutsche Geschichte und Literatur, sondern auch vaterländische Lieder zu lehren. 1913 wurde das Gebäude für eine Technische Hochschule, das »Technion«, fertiggestellt, und man beschloß, Deutsch als Unterrichtssprache einzuführen, da Hebräisch auf dem Gebiet der Technik noch nicht genügend entwickelt war. Dieser Beschluß war der Funke im Pulverfaß. Die Lehrergewerkschaft rief zum Schulstreik auf; die Schüler der »Hilfsverein«-Schulen verließen ihre Klassen, organisierten Protestkundgebungen und Unterricht unter freiem Himmel. Es war ein harter Kampf, denn der »Hilfsverein« – der ja der eigentliche Geldgeber war – weigerte sich, in diesem Punkte nachzugeben. Er wandte sich an den deutschen Konsul und sogar an die türkischen Behörden, um seine Forderungen durchzusetzen. Auf dem Höhepunkt des Konflikts versammelten sich Schüler und Lehrer vor dem Deutschen Konsulat in Jerusalem und verbrannten ihre deutschen Lehrbücher. Es war das Ende der Vorherrschaft des Deutschen in den Schulen Palästinas.

Im Februar 1914, nur wenige Monate vor Ausbruch des Ersten Weltkrieges, beschloß die Leitung des »Technion«, Hebräisch zur Unterrichtssprache zu machen und setzte gleichzeitig eine Frist von 4 Jahren fest, innerhalb welcher sich Professoren und Dozenten die notwendigen Kenntnisse des technischen Vokabulars in Hebräisch aneignen sollten.[12]

Als am 24. Juli 1918 in Jerusalem der Grundstein zu einer Universität gelegt wurde, stand die Frage der Unterrichtssprache nicht mehr zur Debatte: Hebräisch wurde einstimmig angenommen. Zwei Jahre später wurde Hebräisch von der Mandatsregierung als eine der drei offiziellen Landessprachen anerkannt.

So endete der »Sprachenkrieg«. Er hinterließ bei vielen Juden Palästinas eine Abneigung gegen die deutsche Sprache, deren Auswirkungen Arnold Zweig noch zwei Jahrzehnte später spüren sollte.

Als der Erste Weltkrieg ausbrach, lebten in Palästina 90000 Juden bei einer Gesamtbevölkerung von einer halben Million. Bei allem Leid, das der Krieg mit sich brachte, ließ er auch große Hoffnungen aufleben. Das korrupte ottomanische Reich, bei Juden und Arabern gleichermaßen verhaßt, begann zu wanken. Sollte es zusammenbrechen, so bestand die Aussicht, daß Großbritannien seine Nachfolge antreten würde, und England hatte schon immer viel Verständnis für die zionistische Sache gezeigt. Überdies ermutigte die englische Regierung die jüdische Minderheit in ihrem Kampf gegen die türkischen Behörden. Am 2. November 1917 gab Arthur James Balfour, der britische Außenminister, eine Erklärung zugunsten der Errichtung einer »Nationalen Heimstätte« für die Juden Palästinas ab.[13] Wenige Wochen darauf, am 9. Dezember 1917, zog General Edmond Allenby an der Spitze britischer Truppen in Jerusalem ein. 400 Jahre türkischer Herrschaft waren zu Ende gegangen. Ein neues Kapitel in der Geschichte des Heiligen Landes begann, als der neugegründete Völkerbund Großbritannien das Mandat über Palästina anvertraute (1920). Ein Hochkommissar sollte das Land regieren, und der erste, der dieses Amt übernahm, war ein englischer Jude, Herbert L. Samuel.[14]
Die Vorzeichen für die künftige Heimstätte waren also günstig. Zwar wurden der jüdischen Einwanderung von der britischen Verwaltung Beschränkungen auferlegt; ein System von »Einwanderer-Zertifikaten« trat in Kraft, wonach die Einwanderung nur folgenden Gruppen erlaubt war: Land- und Facharbeitern, Jugendlichen, Angehörigen von im Lande bereits ansässigen Familien und sogenannten »Kapitalisten«, die über eine Summe von 1000 Pfund verfügten. Aber trotz dieser Begrenzungen setzte die jüdische Bevölkerung des Landes ihr Aufbauwerk fort: Land wurde angekauft und bearbeitet, ein weitverzweigtes Schulsystem wurde aufgebaut (die besten Abiturienten konnten nun ihre Studien an den beiden Hochschulen fortsetzen) und eine Krankenversorgung geschaffen, die sich auf hochqualifiziertes Personal stützte. Im ersten Jahrzehnt der britischen Mandatsverwaltung kamen in mehreren Wellen etwa 100000 jüdische Einwanderer ins Land, vorwiegend aus Rußland, Polen und Rumänien. Dank ihrer harten Arbeit und Opferbereitschaft nahm das Land eine neue Gestalt an.[15]

Aber die Medaille hatte auch ihre Kehrseite ... Im Laufe des Ersten Weltkrieges hatten die Briten, um die arabischen Völker zur Rebellion gegen die türkische Herrschaft zu ermutigen, gewisse Zusagen gemacht, die darauf hinausliefen, daß die Araber, sobald sie das türkische Joch abgeschüttelt hätten, die volle Unabhängigkeit in ihren Ländern erlangen sollten – einschließlich Palästinas[16]. Der berühmte britische Agent T. E. Lawrence (»Lawrence von Arabien«), der als Ratgeber des Emirs Feisal[17] fungierte, schürte den »Aufstand in der Wüste« gegen die Türken und leitete ihn ab Juni 1916 selbst. Die Kämpfe endeten 1918 mit der Einnahme von Damaskus.

So wurde Palästina das »zweimal versprochene Land«. Die Araber Palästinas, die sich hintergangen glaubten, begegneten dem Plan einer jüdischen Heimstätte zunächst mit Mißtrauen, dann mit offener Opposition. 1921 kam es zu Angriffen auf Siedlungen und Verkehrswege, von denen die Versorgung der jüdischen Bevölkerung abhing. Im Jahre 1929 brachen erneut schwere Unruhen aus, die zahlreiche Opfer forderten. Die jüdischen Einwohner, die von den britischen Behörden nur unzureichend beschützt wurden, waren gezwungen, ihre Selbstverteidigung zu organisieren, aus der später die Untergrundbewegung »Haganah« entstand, die Keimzelle der heutigen israelischen Armee. In seinem Buch *De Vriendt kehrt heim* hat Arnold Zweig diese blutigen Ereignisse in lebendiger und dramatischer Weise beschrieben.[18]

Die britischen Behörden reagierten auf diese Unruhen nur zögernd. Um die Araber zu beschwichtigen, beschlossen sie eine weitere Begrenzung der jüdischen Einwanderungsquote und des Bodenkaufs. Diese Maßnahmen riefen heftige Reaktionen seitens der Juden hervor. Man beschuldigte die Engländer, eine kaum verhüllte Politik des »divide et impera« zu führen. Hinzu kam noch, daß eine neue Einwanderungswelle bevorstand: Am 30. Januar 1933 war Hitler in Deutschland an die Macht gekommen, und viele deutsche Juden – wenn auch bei weitem nicht alle – erkannten, daß das Land, in dem sie seit Generationen gelebt hatten, nicht mehr ihre Heimat war. Aber wohin konnten sie fliehen? Für die überzeugten Zionisten, zu denen auch Arnold Zweig gehörte, gab es kein Problem: Die neue Heimat würde Palästina sein. Für die anderen blieben die Pforten der meisten europäischen und amerikanischen Länder hermetisch verschlossen. Infolge der ernsten Wirtschaftskrise und der Arbeitslosigkeit, die seit 1929 in der Welt herrschten, waren die Regierungen nicht bereit, Einwanderer in größeren Mengen aufzunehmen. Nur die Vereinigten Staaten nahmen größere Kontingente auf, allerdings nach einem streng angewandten Quotensystem.

Somit blieb Palästina für viele deutsche Juden, selbst für Nichtzionisten, einziger Zufluchtsort. Zwischen 1932 und 1935 kamen 144000 Neueinwanderer nach Palästina, wodurch die jüdische Bevölkerung auf mehr als eine Viertelmillion anstieg. Aber Hunderttausende, die auch Einlaß begehrten, wurden zurückgewiesen. So begann die tragischste Periode in der Geschichte des jüdischen Volkes mit einem verzweifelten Kampf um das Recht, im Lande Israel leben zu dürfen – ein Kampf gegen den wachsenden arabischen Widerstand und gegen die Weltmachtinteressen Großbritanniens.

Schwierigkeiten eines Neueinwanderers

Am 21. Dezember 1933 kam Arnold Zweig im Hafen von Jaffa an; er verbrachte einige Tage in Tel Aviv, der ersten jüdischen Stadt der Neuzeit, und am Neujahrstag des Jahres 1934 ließ er sich mit seiner Familie in Haifa auf dem Karmelberg nieder.

Die Ankunft des bedeutenden Schriftstellers schien die jüdische Öffentlichkeit nicht besonders zu beeindrucken. *Ha'aretz*, die größte hebräische Tageszeitung, brachte die Nachricht am 24. Dezember 1933 auf der letzten Seite, in der Rubrik »Neuangekommene«:

> Der berühmte deutsch-jüdische Schriftsteller Arnold Zweig ist in unser Land gekommen, um sich hier niederzulassen. Seine Familie befindet sich hier bereits seit einigen Monaten.

Die Notiz im *Dawar*, dem Organ der Arbeitergewerkschaft (Histadrut), war noch kürzer.[19] Waren diese lakonischen Berichte schon Vorzeichen der Gleichgültigkeit, unter welcher Arnold Zweig in der Folge so sehr zu leiden hatte? Oder hingen sie mit den Auseinandersetzungen über den Arlosoroff-Mordprozeß[20] zusammen, die damals die Spalten der Zeitungen füllten?

Nachdem Zweig mit seiner Familie in die Pension Wollstein auf dem Karmel eingezogen war, stieß er zunächst auf Schwierigkeiten recht prosaischer Art: Das Haus, das er bewohnte, bot nicht viel Schutz vor den Unbilden des Mittelmeerwinters, dessen Kürze (Dezember bis Februar) die Ausgaben für kostspielige Heizungsanlagen nicht rechtfertigte. So enthielt der erste Brief, den er aus Palästina an Sigmund Freud abschickte, keine lyrischen Hymnen über das Gelobte Land, sondern Klagen über die fehlende Heizung und die schlecht schließenden Türen seiner Wohnung. Am 21. Januar 1934, genau einen Monat nach seiner Ankunft, schrieb er an Freud:

> Bald funktionierte die Zentralheizung nicht, bald stank der Petroleumofen, bald lief der Regen zur Tür hinein und man mußte sie abdichten, bald, wenn der Wind gewechselt hatte, zum Fenster... Der Carmel ist eine im Augenblick großartige Landschaft, gleichsam schottisch, zwischen der Bucht und dem offenen Meer gelegen, voll von Kiefern, Steinen und Regenlachen, über der ein

grauer, windiger Himmel manchmal von der Sonne zerrissen wird...

Aber das war nicht alles. Nachdem er eine Reihe von Problemen des Alltags aufgezählt hatte, bemerkte er im gleichen Schreiben:

Wir sind nicht bereit, unseren Standard aufzugeben, und das Land ist noch nicht bereit, ihn zu befriedigen...

Und er kommt zu einer äußerst pessimistischen Feststellung:

Ich mache mir nichts mehr aus dem »Lande der Väter«. Ich habe keinerlei zionistische Illusionen mehr. Ich betrachte die Notwendigkeit, hier unter Juden zu leben, ohne Enthusiasmus, ohne Verschönerungen und selbst ohne Spott.

Wie erklärt sich diese negative Einstellung, so kurze Zeit nach seiner Ankunft? Zunächst scheint klar zu sein, daß diese Äußerungen kein abschließendes Urteil darstellen – wie aus den späteren Briefen ersichtlich ist –, sondern eher Ausdruck einer depressiven Stimmung sind, die Einwanderer aller Zeiten zu Beginn ihres Aufenthaltes erfahren haben und die bei Zweig noch durch eine übermäßige Empfindlichkeit verschärft wurden. An Hand seines Briefwechsels mit Sigmund Freud kann man übrigens das Auf und Ab dieser Stimmungen beobachten.

Trotz aller kritischen Bemerkungen ließ der Schriftsteller im gleichen Brief doch noch eine hoffnungsvolle Note anklingen:

Ich bin sicher, daß auch das sich wieder normalisieren wird, daß wir gute Verbundenheitsgefühle zu Land und Leuten haben werden und die Fülle feiner und liebenswerter Menschen dankbar schätzen werden, die wir hier haben... Unsere tapferen und vernünftigen Kinder, jedes in seinem Kinderheim oder Kinderdorf, erleichtern uns die Eingewöhnung auch. Nur der Enthusiasmus, auf wohltätige Täuschung gebaut, der ist hin, und ich weine ihm keine Träne nach...

Arnold Zweig hatte noch einen weiteren Grund zur Entmutigung. Es war ein schwerer Schlag für ihn, als er erfuhr, daß seine gesamte Bibliothek, die bereits in 37 Kisten verpackt war, den Nazis in die Hände gefallen war und versteigert wurde.[21]

So leide ich jetzt schwerer unter der Depression und Melancholie des Herausgerissen- und Beraubt-worden-seins... Die Welt gefällt mir im Augenblick nicht...(10. Februar 1934)

Als Jünger Sigmund Freuds unterzog sich Zweig einer psychoanalytischen Behandlung, um sich von seinen Depressionen und Affekten zu befreien...

Indessen war die Ankunft des Schriftstellers in Palästina von britischer Seite nicht unbeachtet geblieben. Im Februar 1934 wurde er zusammen mit seiner Frau Dita zu einem »Dinner« bei dem britischen Hochkommissar Sir Arthur Wauchope geladen. Über diese Begegnung eines deutsch-jüdischen Schriftstellers mit einem Repräsentanten der britischen Regierung sind einige interessante Einzelheiten bekannt. In einem Artikel, der im April 1960 in der Zeitschrift *Revue um die Welt*[22] veröffentlicht wurde, schreibt Zweig:

> Als sich die Damen zurückgezogen hatten, saßen wir um den Kamin, rauchten, hatten den unumgänglichen Whisky-Soda vor uns und plauderten; worüber? Sir Arthur, ehemaliger General der Artillerie und 1918 kurze Zeit in Deutschland, fragte mich, was von der deutschen Regierung zu halten sei, die jetzt Berlin beherrsche. »Sie werden den Revanchekrieg vorbereiten, Exzellenz«, sagte ich in aller Ruhe... »Den Revanchekrieg? Aber das ist Hybris!« rief Sir Arthur aus. »Gewiß, Exzellenz«, bestätigte ich, »das ist Hybris, Herausforderung des Schicksals. Aber die Leute, die jetzt Deutschland regieren, sind Verrückte, ›madmen‹. Die europäischen Kabinette werden gut daran tun, sich vor ihnen in acht zu nehmen.«
>
> Als wir vor Mitternacht durch den palästinensischen Frühling zurückfuhren, lehnte ich mit meiner Frau im Wagen der Jewish Agency[23] und durfte hoffen, nicht in den Wind gesprochen zu haben.

Leider boten sich keine Gelegenheiten mehr zu solchen Aussprachen. Keine andere hohe Persönlichkeit kam auf die Idee, Rat bei Arnold Zweig einzuholen, der doch so aktiv am politischen und kulturellen Leben Deutschlands teilgenommen hatte...

Im Mai 1934 zog Zweig um und wohnte von nun an in einem geräumigeren Haus (Beth Moses). Aber seine Stimmung besserte sich nicht... In einem Schreiben an Freud (6. Juni 1934) spricht er von »1000 Widrigkeiten«. Im gleichen Brief erwähnt er, daß er am Abend desselben Tages einen Vortrag halten werde. Thema: »Die seelischen Folgen der Entwurzelung«...

»Erziehung vor Verdun«

Als Schriftsteller war Zweig keinesfalls müßig. Lily Offenstadt, seine ehemalige Sekretärin, die inzwischen einen Freund Zweigs, Hans Leuchter (hebraisiert Laor), geheiratet hatte, war ins Land gekommen und arbeitete wieder für ihn. Es war ihr gelungen, eine Anzahl von Manuskripten vor der Gestapo in Sicherheit zu bringen. Sie war ihm jetzt unentbehrlich, denn der Zustand seiner Augen hatte sich verschlechtert und nötigte ihn, alles zu diktieren. Er begann, an einem Roman zu arbeiten, den er bald nach dem Erfolg des *Grischa* in Angriff genommen hatte und der zu dem Zyklus *Der große Krieg der weißen Männer* gehört. In diesem Buch[24], dessen Handlung 1916 während der Verdun-Schlacht spielt (also vor der Grischa-Episode), begegnen wir einigen Personen wieder, die schon im *Grischa*-Roman auftreten. Aber Werner Bertin, das Sprachrohr des Autors, spielt in *Erziehung vor Verdun* eine aktivere Rolle. Hier ist er es, der ein schreiendes Unrecht, das an einem Kameraden begangen wurde, wiedergutmachen will, aber scheitert und nun seinerseits von seinen Vorgesetzten schikaniert wird. Nach und nach dämmert es ihm, daß seine idealistischen Vorstellungen von der wilhelminischen Armee mit der Wirklichkeit nichts zu tun haben und daß dort Ungerechtigkeit, Günstlingswirtschaft, Heuchelei und auch Antisemitismus herrschen. Dies zeigte sich unter anderem bei der im Oktober 1916 auf Anordnung des Kriegsministeriums durchgeführten »Judenzählung« innerhalb des deutschen Heeres, die offensichtlich den Zweck hatte, den Beitrag der jüdischen Kriegsteilnehmer zu schmälern.[25]

Das Buch *Erziehung vor Verdun* ist eine scharfe Anklage nicht nur gegen das Militär, sondern gegen den Krieg überhaupt. Die dramatische Schilderung der blutigen Kämpfe um Donaumont und der grimmigen Rivalität zwischen den Offizieren stellt dieses Werk in die große Reihe der pazifistischen Romane des 20. Jahrhunderts.

In seiner Dissertation *Arnold Zweig – der Mensch, der Jude, der Epiker*[26] bezeichnet Paul Huys *Erziehung vor Verdun* als den »schönsten und gelungensten Roman« Zweigs. Nach Ansicht von Schalom Ben-Chorin[27] (*Omer-Dawar* vom 19. 11. 1937) ist es auch ein *jüdischer* Roman, denn in ihm finden wir nicht nur Werner Bertin, den deutschen Juden, der seine politische Umerziehung in der Hölle von Donaumont durchmacht, sondern auch andere Personen jüdischen Glaubens, die bereits im *Grischa* vorkommen.

Aber als der Roman im Jahre 1935 erschien, las das deutsche Publikum nur noch Bücher, die von der NS-Zensur genehmigt waren. Hinzu kam, daß das antimilitaristische Werk *Erziehung vor Verdun* zu einem Zeitpunkt erschien, als zahlreiche Antifaschisten zu glauben begannen, daß der Krieg der einzige Weg sei, dieses Regime zu beseitigen. So war es für Arnold Zweig schwer, einen Verleger zu finden.

Das Verlagshaus Querido in Amsterdam, das schon andere Bücher emigrierter Schriftsteller gedruckt hatte, erklärte sich schließlich bereit, Zweigs Buch herauszubringen. Aber obwohl dieses bedeutende Werk in mehrere Sprachen übersetzt wurde, konnte es nur mit einem beschränkten Leserkreis rechnen, da ihm der deutsche Markt verschlossen blieb.

In einem Schreiben vom 30. Januar 1936 an Walter Zadek, Journalist und

Buchhändler in Tel Aviv[28], beklagte sich Arnold Zweig über den schwachen Absatz des Buches:

> Die Zahl der abgesetzten Exemplare von *Verdun* beweist mir, daß das Bücherverkaufen in Palästina unter demselben Gesetz der abnehmenden Leistung steht, das für die ganze Emigration maßgebend ist. Wer jetzt noch halbwegs leben kann, wird es bald nicht mehr können, wenn's so weitergeht... Das ist das Los eines emigrierten Schriftstellers, der zu den bestsituierten seiner Klasse gehört und es sich noch immer leistet, auf dem Karmel zu wohnen. Wie lange noch, muß dieses Jahr beantworten...

Zur selben Zeit schrieb Zweig an einem Theaterstück, dem er später den Titel *Bonaparte in Jaffa* gab. Das Thema beruht auf einer historischen Tatsache: Die Erschießung von dreitausend türkischen Gefangenen in Jaffa durch den General Bonaparte im Jahre 1799. Angeregt dazu wurde Zweig durch seinen Aufenthalt in Ägypten 1932 (auf dem Wege nach Palästina), die Lektüre von Emil Ludwigs *Napoleon* und schließlich durch einen Spaziergang am Strand von Jaffa am Tage seiner Ankunft im Dezember 1933. Er diktierte das Drama im Mai 1934, inmitten der Umzugsvorbereitungen. Am Tage des Einzugs in die neue Wohnung wurde es erstmalig von Lily Laor vorgelesen. Zweig legte es bald danach dem bekannten hebräischen Theater »Habimah« vor[29]. Aber die »Habimah« zeigte kein Interesse, und der enttäuschte Autor mußte sich damit begnügen, das Schauspiel an literarischen Abenden einem kleineren Zuhörerkreis vorzutragen.

Deutsche Juden in Palästina

Arnold Zweig stieß von Anfang an auf eine abweisende Haltung gerade derer, die er am meisten benötigte: der Verleger und der Theaterregisseure. Nicht, daß man das Talent des Schriftstellers anzweifelte; aber Arnold Zweig, obgleich Zionist und kompromißloser Gegner des Faschismus, betrachtete sich in erster Linie als Vertreter der deutschen Kultur. Er konnte es nicht begreifen, daß man die verbrecherische Politik einer Regierung und die Kultur eines Volkes auf eine Ebene stellte. Aber die Juden Palästinas dachten darüber anders. Sie waren dabei, ihre nationale Heimstätte zu konsolidieren – trotz der arabischen Opposition und der zweideutigen Haltung der britischen Mandatsregierung. Sie bemühten sich, Hebräisch als alleinige Sprache der jüdischen Minderheit durchzusetzen, denn sie waren überzeugt, daß diese Sprache berufen war, die Vereinigung eines lange Zeit verstreuten Volkes zu beschleunigen. Zahlreich waren diejenigen, die sich noch an den »Sprachenkrieg« erinnerten, der zwanzig Jahre zuvor zwischen dem Hebräischen und dem Deutschen geherrscht hatte. Und seit Januar 1933 war das Wort »Deutschland« gleichbedeutend mit Terror und Verfolgung. Daher wollte man nichts von deutscher Kultur oder von deutscher Sprache hören, obwohl führende Zionisten, einschließlich Theodor Herzls, sich dieser Sprache bedient hatten.

Selbst das Jiddische, die Umgangssprache von Millionen Juden Osteuropas, wurde mit diesem Bann belegt – sowohl wegen seiner Ähnlichkeit mit dem Deutschen als auch wegen seiner Reputation als »Sprache des Ghettos«[30].

So sah sich Arnold Zweig mehr und mehr in die Isolation gedrängt. Da er das Hebräische nicht beherrschte, war es ihm nicht möglich, die Rolle innerhalb der jüdischen Gemeinschaft zu spielen, von der er geträumt hatte. Diese Erkenntnis drückte er in seinem Schreiben an Freud vom 22. November 1935 aus:

> Ich bin jetzt fast zwei Jahre hier und konstatiere, daß ich für Dita[31], die Kinder und die Arbeit gut gewählt habe, daß aber meine persönliche Wirkung, politisch und kulturell, gleich Null ist. Die Leute verlangen ihr Hebräisch, und ich kann es ihnen nicht liefern. Ich bin ein deutscher Schriftsteller und ein deutscher Europäer, und diese Erkenntnis verlangt Konsequenzen...

In diesen Worten drückte er sein ganzes Dilemma aus.

Angesichts der Schwierigkeiten, mit denen der Schriftsteller in Palästina zu kämpfen hatte, muß man die Frage aufwerfen, ob es sich hier um ein individuelles Schicksal handelte oder ob alle aus Deutschland kommenden Einwanderer – die man mit dem halb wohlwollenden, halb spöttischen Namen »Jeckes«[32] bezeichnete – die gleichen Probleme hatten. In einer Untersuchung (*Die gesellschaftliche Eingliederung der deutschen Einwanderer in Israel*[33]) prüft Eva Beling die verschiedenen Aspekte der Einwanderung aus Deutschland und kommt zu interessanten Schlußfolgerungen:

> Die »Jecken« bildeten in Palästina eine Schicht, die ideologisch-politisch ebensowenig wie gesellschaftlich sich eingliedern konnte, obwohl politische Parteien aller Richtungen und einer langen geschichtlichen Tradition sich anboten. Die »Jecken« übernahmen die Rolle der Unzufriedenen im Lande, die gerne kritisierten und keine ihnen adäquate Vertretung fanden. (S. 53)

Der deutsche Jude hatte – so Eva Beling – seine Heimat verlassen in der Vorstellung, daß ihn am Ufer des Mittelmeeres ein primitives Land erwarte, in dem er dank seiner überlegenen Bildung mit Leichtigkeit sein Auskommen finden würde. Nach seiner Ankunft fühlte er sich jedoch von der jüdischen Bevölkerung des Landes unfreundlich aufgenommen.

> Man gab nichts auf seinen Namen und seine Ausbildung und verlangte dagegen ganz andere Qualitäten, z. B. sollte er bereits Hebräisch können oder rasch lernen. So sah er sich gezwungen, eine Tätigkeit zu übernehmen, die ihn nicht befriedigte und die weit unter seinem sozialen Status lag. (S. 61)

Die »Jeckes« waren Gegenstand zahlreicher Spötteleien; man belächelte ihr steifes Benehmen im täglichen Leben, ihre Ordnungsliebe, die oft ans Groteske grenzte, ihren großen Respekt vor klassischer Bildung und schließlich ihre Unkenntnis des Hebräischen.

Das Hebräische – oder besser die Unkenntnis dieser Sprache – bildete also das Haupthindernis für die rasche Eingliederung vieler Einwanderer aus Deutschland. Wie kam es, daß der deutsche Jude, der ein hohes Bildungsniveau besaß und meist noch ein oder zwei andere europäische Sprachen beherrschte, nicht die notwendige Anstrengung machte, um die hebräische Sprache zu erlernen, die zwar schwierig, aber keineswegs unzugänglich ist? Die Autorin gibt einige Gründe an:

> Bei dem Kampf um die Höhe des Existenzniveaus reichte am Anfang die Zeit nicht aus, um gründlich Hebräisch zu lernen... (S. 45) Heute fühlt er sich zu alt, um mit dem gründlichen Studium dieser Sprache erneut zu beginnen...[34] Die Beherrschung der englischen Sprache hält er für wichtiger... Sein Bildungsideal bleibt die humanistische Bildung, die ihn geformt hat... (S. 62–63)

Eva Beling bemerkt ferner, daß die »Jeckes« am kulturellen Leben des Jischuw regen Anteil nahmen. Sie besuchten Konzerte, Schauspiele und Vorträge – sofern sie nicht in Hebräisch gehalten wurden...

Ohne die Ergebnisse dieser Untersuchung in Frage zu stellen, muß hier gesagt werden, daß die deutsch-jüdische Einwanderung auch viele positive Aspekte hatte. Es seien nur einige Namen erwähnt: Martin Buber (1878–1964), der große Philosoph; Gerschom Scholem (1897–1982), Erforscher der Kabbala[35]; Ernst Simon (geb. 1899), Pädagoge und Mitarbeiter Martin Bubers; Salmann Schocken (1877–1959), der seinen Berliner Verlag nach Tel Aviv überführte und weiterhin Bücher über jüdische Kultur und Geschichte – in deutsch und hebräisch – herausgab. Sie und viele andere haben das geistige und kulturelle Leben des Jischuw bereichert.

Aber die »Jeckes« wurden auch gerade wegen jener Eigenschaften geschätzt, über die man so gerne spottete: ihr hohes kulturelles Niveau, ihr

Fleiß und ihre Pünktlichkeit, ihre Loyalität gegenüber Vorgesetzten. Die in West-Galiläa gelegene Stadt Nahariya, die 1935 von Einwanderern aus Deutschland gegründet wurde, galt aufgrund ihrer guten Verwaltung und ihrer Sauberkeit lange als Mustersiedlung.

Auch im öffentlichen Leben waren die deutschen Juden aktiv. Der erste Justizminister des Staates Israel, Pinchas Rosen (1887–1978), war ein Jurist aus Berlin; ein Rabbiner aus Dresden, Josef Burg (geb. 1909), war 35 Jahre lang (von 1951 bis 1986) Mitglied der Knesseth (des israelischen Parlaments) und Minister.

Der Beitrag der deutschen Juden zum Aufbau der jüdischen Heimstätte war somit von großer Bedeutung.[36]

Arnold Zweig stand also mit seinen Problemen nicht allein. Aber er litt wahrscheinlich mehr darunter, da er nach Palästina als überzeugter Zionist und zudem noch als bekannter Schriftsteller gekommen war. Der Zustand seiner Augen ließ im übrigen ein intensives Studium des Hebräischen nicht zu. Sein Unbehagen äußerte sich durch eine gewisse Aggressivität, über die seine Freunde manchmal klagten. So berichtet Hans Laor, daß der Kontakt mit Zweig nicht immer leicht gewesen sei. Er war von sich ziemlich eingenommen, gleichzeitig aber überaus empfindlich; seine etwas schrille Stimme und der dichte Qualm aus seiner Tabakspfeife machten die Atmosphäre um ihn herum oft schwer erträglich.

Auch Manfred Sturmann, langjähriger Freund und Bewunderer Zweigs[37], der bald nach seiner Einwanderung den Schriftsteller besuchte, war enttäuscht über sein Verhalten:

> Ich fand einen durch sein Augenleiden stark behinderten Mann vor. Sein aggressiv-aufdringliches Selbstbewußtsein war noch gewachsen. Er hatte... eine unmögliche Einstellung zum Land, war verbittert, daß ihn der Jischuw bei seiner Einwanderung nicht schon vom Schiff als einen weltberühmten Dichter gefeiert und »auf Händen getragen« hatte; daß man seine Bücher – damals!! – noch nicht ins Hebräische übersetzt und die Habimah seine Stücke nicht aufgeführt hatte. Er gab dem mir gegenüber ohne jede Zurückhaltung Ausdruck...[38]

Indessen entfaltete Arnold Zweig außerhalb des Landes eine lebhafte literarische und politische Tätigkeit. Er war Mitarbeiter an mehreren literarischen und politischen Zeitschriften, die in verschiedenen Exilländern erschienen: *Die Neue Weltbühne* in Prag, *Das Pariser Tageblatt* und *Das Wort* in Moskau. Zugleich unterhielt er – neben seinem Briefwechsel mit Sigmund Freud – regelmäßige Kontakte mit anderen im Exil lebenden Schriftstellern, darunter Thomas Mann, Hermann Kesten und Kurt Tucholsky.

Am 15. Dezember 1935 schrieb Tucholsky aus seinem schwedischen Exil einen Brief voll Zorn und Verzweiflung:

> Man hat eine Niederlage erlitten. Man ist so verprügelt worden, wie seit langer Zeit keine Partei, die alle Trümpfe in der Hand hatte...

Statt aber Selbstkritik zu üben, gefielen sich die jüdischen Emigranten, die Sozialisten und die Kommunisten in Selbstlob und gebärdeten sich – so Tucholsky – als »das bessere Deutschland«. Er aber wolle mit diesem Land nichts mehr zu tun haben:

> Möge es verrecken – möge es Rußland erobern – ich bin damit fertig.

Was die Juden angehe, so hätten sie im März 1933, statt sich verzweifelt an dieses Land zu klammern, in Massen auswandern sollen. Aber »der große Moment fand ein kleines Geschlecht«...[39]

Und Palästina? Für Tucholsky ist es kein jüdischer Staat, sondern eine englische Kolonie, in der die Juden, wie einst unter Pontius Pilatus, eine nicht sehr sympathische Rolle spielen. Es gebe nur eine Lösung: man müsse ganz von vorn anfangen...[40]

Arnold Zweig schickte sich an, auf diese Anklageschrift zu antworten, als er die tragische Nachricht erhielt, daß Tucholsky am 21. Dezember 1935 in Hindås bei Göteborg Selbstmord begangen hatte. Tief erschüttert entschloß sich Zweig dennoch zu einem Antwortschreiben, und dieser Brief an einen Toten, der zusammen mit dem Schreiben Tucholskys in der *Neuen Weltbühne* vom 6. Februar 1936 veröffentlicht wurde, ist eines der bewegendsten Dokumente der Exilliteratur.

Nachdem Arnold Zweig das Werk Tucholskys gewürdigt hatte, bemühte er sich, die gegen die jüdischen Emigranten erhobenen Vorwürfe zurückzuweisen:

> Ihre Heimat hieß Deutschland. Ihre Heimat heißt Deutschland, wo sie seit Jahrhunderten sitzen, arbeiten, in einem genau verfolgbaren Ausmaß schöpferisch werden. Das Buch, welches Sie freundschaftlicherweise zu lesen wünschten, *Bilanz der deutschen Judenheit 1933*, beschrieb diesen Prozeß...
>
> Sie trauten es den Deutschen nicht zu. Ich auch nicht. Sie glaubten nicht, daß sie diesen Müll fressen würden. Ich auch nicht. Aber siehe da, sie haben ihn mit Begeisterung gefressen... Daß wir uns so irrten, daß wir die Menschen, mit denen wir aufgewachsen waren, so überschätzten, ehrt uns nicht, aber es schändet uns auch nicht... Wir täuschten uns über den Grad von Zivilisation in den Deutschen und in der Leidenschaft der Europäer für ihre Kultur.

Im übrigen hätten die deutschen Juden im März 1933 mehr Würde gezeigt als der Marschall von Hindenburg und seine Generäle im November 1918.
Mit Bezug auf Palästina ließ Zweig durchblicken, wie weit er sich bereits von seinem zionistischen Ideal entfernt hatte: Er sei in Palästina, um mit seinem Gewissen in Ordnung zu sein...

> Sehen Sie, Tucholsky, ich betrachte diese Dinge viel gelassener als Sie. Nicht weil ich in Palästina sitze. Ich sitze in Palästina, weil ich die jüdischen Dinge in mir dadurch für geordnet halte und mich in der Lage fühle, von dieser Basis aus freier in die Welt hinein zu wirken...

Schließlich erinnert er an die Mission, die die exilierten Intellektuellen erwartet:

> Wenn wir nur sicher sind, daß der Müll sich den Weg in die Müllgrube bahnt und daß wir ihm dabei helfen... Daß er nicht Europa verschüttet, und was nach ihm kommt, das ist die Hauptsache...
> Lieber Tucholsky, schlafen Sie wohl... Wieviel stille Tränen sind schon geflossen, weil man Sie auf die Liste derer setzen muß, die wir immer vermissen werden. Sie ist schon hübsch lang, diese Liste...

Der Selbstmord Tucholskys und der Brief, der ihm vorausging, beschäftigten Arnold Zweig auch weiterhin. Er durchlebte eine schwere Krise, und am 15. Februar 1936, einen Monat nach dem symbolischen Brief an Tucholsky, vertraute er Sigmund Freud seine Zweifel und Hoffnungen an: Einerseits fühlte er sich in Palästina nicht mehr recht am Platze; andererseits hatte er den Eindruck, daß er bald woanders nützlich sein könnte:

> Ich sträube mich gegen das ganze Dasein hier in Palästina. Ich fühle mich falsch am Platze. Kleine Verhältnisse, noch verkleinert durch den hebräischen Nationalismus der Hebräer, die keine andere Sprache öffentlich zum Druck zulassen. Daher muß ich hier ein übersetztes Dasein führen. Aber wenn schon ins Englische übersetzt, warum dann hier?

Bei dieser Gelegenheit erwähnt Zweig zum ersten Male das Land, aus dem er vor drei Jahren wie ein gehetztes Wild geflohen war und das ihm bald seine Staatsbürgerschaft und seinen Paß entziehen sollte.[41]

> Wo soll ich mich ansiedeln, mit der Erwartung einiger Dauer? In Amerika, sagt mir mein Verstand. Aber mein Herz will nicht so weit weg. Es tröstet mich mit dem Chamäleonsgesicht der Hoffnungen, Deutschland werde in ein paar Jahren wieder offenstehen und mich dann gut brauchen können. Was sagen Sie dazu?

Auf diesen pessimistischen Brief antwortete Freud bereits 6 Tage später. Obwohl er dem Zionismus seit jeher reserviert gegenüberstand, rät er dem Freund, Geduld zu üben:

> Ihr Brief hat mich sehr bewegt. Es ist nicht das erste Mal, daß ich von den Schwierigkeiten des Kulturmenschen höre, sich in Palästina einzuleben. Die Geschichte hat dem Judenvolk keinen Anlaß gegeben, seine Fähigkeiten zur Bildung eines Staates und einer Gesellschaft zu entwickeln. Und natürlich bringt es alle Mängel und Laster der Kultur des verlassenen Vaterlandes in die neue Wohnstätte mit. Sie fühlen sich unbehaglich, aber ich wußte nicht, daß Sie die Isolierung so schlecht vertragen...

Und der Gelehrte, der hier schon sein eigenes Exil vorauszuahnen scheint, warnt Zweig vor einer erneuten Emigration:

> In Palästina haben Sie wenigstens persönliche Sicherheit und Ihre Menschenrechte. Und wo wollen Sie hingehen? Amerika würden Sie, nach all meinen Eindrücken, darf ich's sagen, vielmal unerträglicher finden. Überall sonst sind Sie ein kaum geduldeter Fremder. In Amerika müßten Sie auch Ihre Sprache abwerfen, nicht ein Kleidungsstück, sondern Ihre eigene Haut. Ich meine wirklich, Sie sollten zunächst bleiben, wo Sie sind.

Gegen eine eventuelle Rückkehr in ein befreites Deutschland hat Freud grundsätzlich nichts einzuwenden, aber er ist der Ansicht, daß Deutschland nie wieder dasselbe Land wie vor Hitler sein wird:

> Die Aussicht, nach einigen Jahren Deutschland wieder zugänglich zu finden, ist wirklich vorhanden. Manchmal erwarte ich, dergleichen noch selbst zu erleben... Freilich, auch nach den Nazis wird Deutschland nicht mehr das frühere sein... Aber man wird an der Aufräumungsarbeit teilnehmen dürfen.

So begann Arnold Zweig, der deutsch-jüdische Schriftsteller und langjährige Zionist, ernsthaft an eine mögliche Rückkehr nach Deutschland zu denken, um am Wiederaufbau dieses Landes mitzuhelfen. Es war auch ein Eingeständnis, daß seine Einwanderung nach Palästina ein Fehlschlag war. Konnte er ahnen, daß er noch zwölf weitere Jahre in diesem Land zubringen würde?

Andere Unannehmlichkeiten kamen hinzu, um ihm den Aufenthalt in Palästina zu erschweren. Wie bereits erwähnt, litt er seit 1927 an einem ernsten Augenleiden. Die Sehkraft seines rechten Auges hatte er gänzlich, die des linken zu drei Vierteln verloren. Ein normales Lesen war ihm unmöglich; er konnte gerade noch Zeilenfragmente erkennen und – wenn auch nur mit Mühe – Briefe schreiben. Trotz ständiger Behandlung war keine wesentliche Besserung zu verzeichnen. Im Gegenteil: Während einer Autofahrt im Februar 1936 trat eine Verschlimmerung ein, die ihn sehr beunruhigte.

Eine ernsthafte Folge dieses Leidens war, daß dem Schriftsteller die Möglichkeit genommen war, das Hebräische gründlich zu erlernen. Man warf ihm oft vor, daß es ihm an gutem Willen fehlte, und man wies auf das Beispiel zahlreicher Einwanderer mit bescheidenerem Bildungsniveau hin, die durchaus in der Lage waren, sich genügend Kenntnisse zumindest der gesprochenen Sprache anzueignen.

Nun hatte Zweig zwar in seiner Jugend klassisches Hebräisch gelernt, und laut S. Ben-Chorin war er sogar in der Lage, einige Kapitel aus der Bibel zu lesen. Aber das moderne Hebräisch enthält Tausende von Neuschöpfungen und Sprachformen, die von der klassischen Sprache sehr

למתחיל
993
שבועון בעברית קלה
ממשלת ישראל אישרה את הסכם־הביניים
המפלגות מתכוננות להצבעה בכנסת
דו"ח ראשון על הסכם־הביניים
הפיכה שקטה בפרו
נהרגו ארבעה מחבלים
ועידת לימה דורשת צעדים נגד ישראל

Ein Teil der Titelseite der Zeitung *Lamatchil* (»Für den Anfänger«), die für Neueinwanderer bestimmt ist. Überschriften und Einführungen zu den Artikeln sind mit Vokalpunkten und Vokalstrichen versehen, während die Artikel selbst ohne Vokale gedruckt sind. Im allgemeinen werden Vokale nur in der Poesie, in der Bibel und in Gebetbüchern angegeben. (Hebräisch wird – wie Arabisch – von rechts nach links geschrieben.)

verschieden sind. Daher sind die für Lernende bestimmten Vokalzeichen besonders wichtig; ohne sie kann der Anfänger kein Wort lesen, da die hebräischen Wörter fast nur aus Konsonanten bestehen. Zweig sah sich daher nicht nur außerstande, Hebräisch zu schreiben, er konnte auch keine hebräische Zeitung lesen und vor allem kein Gespräch mit dem Mann auf der Straße führen. Er äußerte sich einmal zu Ben-Chorin:

> Ich habe mir vorgestellt, daß ich am Abend, nach der Arbeit, mit meiner Pfeife am Straßenrand sitzen kann und mich mit jedem Arbeiter zu unterhalten vermag. Ich habe gar nicht bedacht, daß sich die hebräische Sprache als solches Hindernis erweisen wird.[42]

»Die sprachliche Isolierung« – meint Ben-Chorin – »war zur psychologischen geworden.« Darin sei der Grund dafür zu suchen, daß der langjährige Zionist Arnold Zweig sich mehr und mehr zu den Kommunisten hingezogen fühlte, die unter der Leitung des gleichfalls aus Deutschland geflüchteten Louis Fürnberg[43] deutschsprachige Zirkel gebildet hatten. »Das Problem der Sprache war entscheidend«, schreibt Ben-Chorin.
Nun aber traten Ereignisse ein, die das Heilige Land für lange Zeit überschatten sollten: Der arabische Aufstand gegen die Mandatsmacht, der im April 1936 ausbrach und bis zum Frühjahr 1939 andauerte.

Der arabische Aufstand

Bereits im Oktober 1933 hatte das arabische Exekutivkomitee, die Vertretung der arabischen Bevölkerung des Landes, zu Demonstrationen gegen die wachsende jüdische Einwanderung aufgerufen. Zunächst wurden sie von den britischen Behörden noch im Zaum gehalten. Von 1935 an verschärfte die weltweite Krise die Spannung auch in Palästina, während der italienische Überfall auf Äthiopien die Schwäche der britischen Politik bloßstellte. In Ägypten und Syrien kam es zu Unruhen; England und Frankreich mußten Zugeständnisse machen. Deutschland und Italien schickten ihre Agenten in den Nahen Osten, um die Unruhen weiter zu schüren. Für die Araber Palästinas schien der Moment gekommen, ihre Forderungen anzumelden. Gleichzeitig wuchs die Besorgnis bei den Juden. Es kam zu ersten Zusammenstößen, und am 19. April 1936 brach der offene Aufstand aus.
Die Araber bildeten einen Obersten Rat (»Higher Committee«), der an die Stelle des Exekutivkomitees trat; an seiner Spitze stand der Mufti von Jerusalem, Amin-el-Husseini, der schon eine führende Rolle in den Unruhen von 1921 gespielt hatte. Dieser Rat richtete drei Forderungen an die Mandatsregierung: Unterbindung der jüdischen Einwanderung;

Verbot von Bodenkäufen durch Juden; Errichtung einer repräsentativen Landesregierung. Gleichzeitig rief der Mufti zu einem Generalstreik auf.
Schon am ersten Tag des Streiks wurden neun Juden getötet und mehrere verletzt. Jüdische Häuser und Geschäfte in Jerusalem und im Grenzgebiet zwischen Jaffa und Tel Aviv wurden geplündert und in Brand gesteckt. Während der sechs Monate, die der Generalstreik dauerte, herrschte ein wahrer Terror gegen die jüdische Bevölkerung. Die Angriffe richteten sich in erster Linie gegen isolierte jüdische Siedlungen und gegen Verkehrswege, die der Versorgung der Städte dienten. Weitere Überfälle richteten sich gegen die britische Polizei und die Armee. Die britische Regierung schickte nun große Truppenkontingente ins Land und setzte Tanks und sogar Flugzeuge gegen die Terroristen ein. Als der Streik schließlich abgebrochen wurde, zählte man 80 jüdische Tote; der materielle Schaden war enorm. Es folgte eine relativ ruhige Periode.
Im Juli 1937 entsandte die britische Regierung eine Kommission unter dem Vorsitz von Lord Peel, welche die Lage eingehend untersuchte. Sie machte einen geradezu revolutionären Vorschlag: Die Teilung des Landes in einen jüdischen und einen arabischen Staat. Großbritannien sollte nur Jerusalem und einen »Korridor« zu dem Hafen Jaffa behalten.
Die britische Regierung ließ verlauten, daß sie bereit sei, diesen Teilungsplan durchzuführen. Bei den Juden waren die Ansichten geteilt. Der Arabische Oberste Rat lehnte das Teilungsprojekt ab und bestand auf seinen drei Forderungen. So konnte dieser kühne Plan nicht durchgeführt werden. Zehn Jahre später wurde ein ähnlicher Plan von den Vereinten Nationen angenommen – diesmal mit Zustimmung der Juden – und führte zur Gründung des Staates Israel, aber auch zu einem blutigen Krieg zwischen dem jungen Staat und seinen Nachbarn.
Im September 1937 flammten die Unruhen von neuem auf. Im gleichen Monat wurde der Gouverneur von Galiläa ermordet. Als Gegenmaßnahme löste die Regierung den Obersten Rat auf und deportierte seine führenden Persönlichkeiten nach den Seychellen, einer Inselgruppe im Indischen Ozean. Dem eigentlichen Anführer, Amin-el-Husseini, gelang es jedoch, nach Syrien zu entkommen, von wo aus er dann die Revolte leitete. Aber er sollte nie wieder nach Palästina zurückkehren.[44]
In der Zwischenzeit häuften sich die Terrorakte gegen die jüdische Bevölkerung. Die aus Freiwilligen bestehende »Haganah« mußte überall gegenwärtig sein, um Dörfer und Kibbuzim zu schützen. Diese Aufgabe wurde noch erschwert durch das offizielle Verbot, Waffen zu tragen. Allerdings störten die britischen Behörden diese Abwehrtätigkeit wenig.

Ein englischer Offizier, Orde Wingate, Verehrer der Bibel und des jüdischen Volkes, unternahm es sogar, Mitglieder der »Haganah« in der Terrorbekämpfung auszubilden. Mit stillschweigender Genehmigung der britischen Behörden stellte er »Nachtkommandos« auf, die die Terrorbanden, noch ehe sie zu Überfällen ansetzten, in ihren Schlupfwinkeln aufspürten.[45] So konnte die jüdische Bevölkerung, die den Direktiven ihrer eigenen »Regierung«, dem Wa'ad Leumi (Nationalkomitee) folgte, den Angriffen standhalten.
Im Frühjahr 1939 ging der arabische Aufstand zu Ende. Premierminister Neville Chamberlain hatte begonnen, der britischen Palästina-Politik eine neue Richtung zu geben, getreu den Prinzipien, denen er seit 1938 in Europa folgte, nämlich der Gewalt zu weichen und die Aggressoren zu beschwichtigen. Das Ergebnis war das »Macdonald-Weißbuch«, das praktisch das Ende der Balfour-Deklaration bedeutete.

Man kann sich die Schwierigkeiten vorstellen, denen die jüdische Bevölkerung in jenen Jahren der Unruhen und des Terrors ausgesetzt war. Aber auch inmitten der Unruhen ging die Aufbauarbeit weiter: Einwanderer kamen nach wie vor ins Land. 1936 zählte die jüdische Bevölkerung bereits 384000 (ein Viertel der Gesamtbevölkerung). 1939 wurde die halbe Million erreicht. Die meisten Einwanderer kamen jetzt aus Deutschland; sie alle hatten gehofft, in Palästina Ruhe und Sicherheit zu finden, aber sie kamen in ein Land, das sich praktisch im Kriegszustand befand. Viele fragten sich, wie es soweit kommen konnte. Auch Arnold Zweig war bitter enttäuscht:

> ... Betroffen stehe ich vor der Tatsache, daß die Grundlagen des hiesigen Aufbaus noch mehr vernachlässigt worden sind, als ich früher annahm, und ich leide sehr bei dem Gedanken, wie wenig die jüdisch-arabische Zusammenarbeit gepflegt worden ist, die doch für jeden Vernünftigen als Notwendigkeit auf der Hand lag... (Brief an Freud vom 16. 7. 1936)

Inmitten des Tumults traf der Schriftsteller Vorbereitungen für eine große Reise: Am 7. August 1936 bestieg er in Begleitung seines langjährigen Freundes, des Malers Hermann Struck[46], in Haifa das Schiff. Es war seine erste Reise nach Europa, seitdem er es Ende 1933 als Flüchtling verlassen mußte.

2. Zwischen Palästina und Europa (1936–1939)

Reisen nach Europa 1936/37

Nach einer Reise von mehreren Monaten (und einem Besuch bei Sigmund Freud) kehrte Arnold Zweig nach Palästina zurück und nahm seine literarische Tätigkeit wieder auf. Er fühlte sich jetzt besser; dank einer regelmäßigen Behandlung und einer streng eingehaltenen Diät (»Mohrrübensaft, Pillen und wenige Gramm Tabak, ein kleines Glas Rotwein allabendlich«) besserte sich der Zustand seiner Augen, was ihm das Arbeiten erleichterte. Er veröffentlichte Artikel im Ausland und nahm Kontakte mit sowjetischen Verlegern auf. Er beschäftigte sich mit Shakespeare und hielt Vorträge, von denen einer bezeichnenderweise das Thema »Emigration und Neurose« behandelte. Auch in seiner wirtschaftlichen Lage trat eine Besserung ein. Es gelang ihm, seine Finanzen zu ordnen und die Schulden zu bezahlen, die sich in den Jahren zuvor angesammelt hatten. In dieser Euphorie begann er, eine zweite Europareise für den Sommer 1937 zu planen. Alles schien sich zum Guten zu wenden...

Aber gerade zu diesem Zeitpunkt faßte Arnold Zweig den Entschluß, Palästina endgültig zu verlassen. Am 21. März 1937 schrieb er an Sigmund Freud, nachdem er ihm einen zweiten Besuch angekündigt hatte:

> ... Es wäre aber lieb, wenn Sie ihren Aufenthalt auf Erden noch ein bißchen verlängern würden. 81 ½ Jahre haben Sie uns zugestanden.[1] Dann haben wir aber nichts mehr von Ihnen, wenn wir Palästina endgültig den Rücken kehren. Und das werden wir nächsten Frühling tun. Es geht finanziell nicht mehr. Ich sitze zu weit weg von allen Gelegenheiten, zwischen zwei großen Romanen Geld zu verdienen. Wir brauchen mehr, als ich heute unter normalen Umständen verdienen kann.

Über die russischen Verleger, in die er große Hoffnungen gesetzt hatte, äußerte er sich sehr pessimistisch:

> Erstens ist noch keiner meiner Romane dort erschienen, und zweitens bin ich gegen das Chamäleonsgesicht ihres Verlagswesens skeptisch...

Diesmal war Freud davon überzeugt, daß Zweigs Entschluß ernst war, und er antwortete ihm am 2. April:

> Ich verstehe, daß Sie Palästina verlassen wollen, nicht nur abgeschlossen von Ihren Erwerbsquellen, sondern auch in der nationalistischen

> Atmosphäre vereinsamt. Ich darf also darauf rechnen, daß ich Sie im Spätsommer oder Herbst wiedersehe. Mein hereditärer Lebensanspruch läuft, wie Ihnen schon bekannt, im November ab[2] ... Alles herum wird immer dunkler, drohender, und das Bewußtsein der eigenen Hilflosigkeit immer aufdringlicher ... Also nicht aufschieben.

Der Schriftsteller ließ sich nicht länger bitten. Mit seiner Frau Beatrice und seinen beiden Söhnen Michael und Adam bestieg er am 21. Juli 1937 das Schiff nach Europa. Zum zweiten Mal verließ er Palästina, dieses von Unruhen geplagte und aufgewühlte Land. Alles deutete darauf hin, daß er diesmal nicht die Absicht hatte, zurückzukehren.

Aber die Reise schien unter einem ungünstigen Stern zu stehen. Während der Eisenbahnfahrt durch Österreich wurde Frau Zweigs Koffer gestohlen. Die Nachrichten, die der Schriftsteller von seinen Freunden und Verlegern über den Verkauf seiner Bücher – in deutscher Sprache und in Übersetzungen – erhielt, waren alles andere als ermutigend. Er mußte zur Kenntnis nehmen, daß gegen die Emigrantenliteratur heftig Propaganda gemacht wurde. Zwar waren in Polen jiddische Übersetzungen der Dramentexte *Grischa* und *Die Sendung Semaels* herausgekommen, die 1937 auch in Paris und Wien auf der Bühne gezeigt wurden (*Grischa* am 19. Juni in Paris, *Semael* am 22. Mai in Wien); aber dies konnte seine Stimmung nicht bessern. Aus Paris schrieb er am 14. Oktober 1937 an Freud:

> Bis zu dieser Stunde bin ich von allen jiddischen Beherrschern der Bühne nur bestohlen worden. Wien brachte keinen Heller, Polen bisher 200 Zloty ... Die Gegenpropaganda gegen unsere Bücher ist groß, der Absatz in England und der deutschen Ausgabe mäßig, und fürs nächste Jahr habe ich bis jetzt Aussichten recht mittlerer Natur.

Dazu litt er an Halsschmerzen und starker Müdigkeit wegen der herrschenden Hitze. Aber allmählich brachte die Reise auch Lichtblicke: Er konnte Sigmund Freud wieder in Wien besuchen und bei dieser Gelegenheit auch einen Augenspezialisten der Wiener Universität konsultieren. In der Schweiz traf er mit Thomas Mann in Küßnacht zusammen. Er besuchte Paris, London und schließlich Amsterdam. Hier fand er Zeit, den letzten Teil des Romans *Einsetzung eines Königs* zu diktieren. Als er Ende Oktober das Fazit seiner Reise zog, konnte er Freud mitteilen, daß sich die Reise gelohnt hatte. Jetzt dachte er nicht mehr daran, den Karmel zu verlassen. Er fuhr mit seiner Familie nach Triest, um nach Palästina zurückzukehren – voll Hoffnung und mit vielen Plänen für den Winter ... »Auf Wiedersehen im Frühling«, schrieb er Freud am Tage seiner Abfahrt.

Am 10. November 1937 feierte der Autor des *Grischa* seinen 50. Geburtstag. Die hebräische Presse, deren Augenmerk hauptsächlich auf die ständigen Gefahren gerichtet war, die den Jischuw bedrohten, schien sich plötzlich des Schriftstellers zu erinnern. Von allen Seiten gingen Glückwünsche und Ehrungen ein. Arnold Zweig kam aus dem Staunen nicht heraus: Auch die Zeitungen waren voll des Lobes für ihn. So schrieb Georg Herlitz[3] im *Ha'aretz* vom 12. November 1937:

> Ja, Arnold Zweig ist ein Zionist... Allerdings wissen es wenig Menschen hierzulande: Es gab eine Zeit, da er in den ersten Reihen derer stand, die für die zionistischen Ideen in Deutschland stritten... Oft habe ich ihn auf Propagandareisen begleitet, und ich werde nie vergessen, welch gewaltigen Eindruck der Redner Arnold Zweig auf seine Zuhörer machte.

Herlitz schloß seinen Artikel mit den Worten:

> Wir, die wir Sie für den Zionismus haben wirken sehen, werden es nie vergessen. Ebensowenig können wir vergessen, daß Sie nach dem Umsturz von 1933 nicht anderswo – wie viele andere jüdische Schriftsteller – eine Zuflucht gesucht haben, sondern den Weg zu Ihrem Volke und in unser Land gefunden haben...

Am 19. November widmete *Dawar*, die Tageszeitung der Histadrut-Gewerkschaft[4], dem Autor und seinem Werk eine volle Seite. Mit der ihm eigenen Sorgfalt und Genauigkeit gibt Ben-Chorin eine Übersicht über das Gesamtwerk Zweigs, angefangen von den *Aufzeichnungen über eine Familie Klopfer* bis zur *Erziehung vor Verdun*. Besonders hebt er *Caliban* hervor, worin Zweig mit dem »pathologischen Kollektiv-Phänomen« des Antisemitismus abrechnet, sowie die *Bilanz der deutschen Judenheit*, ein Werk, das »von einem starken Optimismus hinsichtlich des Schicksals des jüdischen Volkes durchdrungen ist, dem alle Calibans der Welt nichts anhaben können...« Abschließend erinnert Ben-Chorin an das Glaubensbekenntnis, das Arnold Zweig bereits als 25jähriger in einem Essay »Die Demokratie und die Seele des Juden« abgegeben hatte[5]:

> Wir glauben an den Frühling und an die Wiedergeburt und an das Volk, das nicht stirbt. Wir glauben an den Weg und den Willen. Wir gehen vorwärts.

»Diese Worte«, schließt Ben-Chorin, »sind auch heute noch aktuell.«
Sogar in Moskau feierte man das Ereignis. Die literarische Zeitschrift *Das Wort* (redigiert von Bertolt Brecht, Lion Feuchtwanger und Willi Bredel) brachte in ihrer Dezember-Nummer einen Aufsatz von Bernhard Ziegler zu Ehren Arnold Zweigs.

Neben diesen Lobeshymnen ließen sich auch einige kritische Stimmen vernehmen. So beendet Herlitz den bereits erwähnten Artikel im *Dawar* mit einem Vorwurf:

> Ihren Weg, Arnold Zweig, verfolgen wir aufmerksam in unserem Lande. Gestatten Sie uns, Ihnen zu sagen, daß Sie uns ein wenig enttäuscht haben?... Wir hatten gehofft, daß Sie hier, in unserer neuen Heimat, jenes große jüdische Werk schaffen würden, das der gesamten Welt den heldenhaften Kampf unseres Volkes um sein Überleben und seine Zukunft vor Augen führt. Wird dieses Werk eines Tages entstehen? Wir warten darauf...

»*Einsetzung eines Königs*«

Das nächste Werk Arnold Zweigs war sicher nicht geeignet, die Erwartungen von Georg Herlitz zu erfüllen. Das Buch *Einsetzung eines Königs*[6], das Ende 1937 in Holland erschien, gehört zu dem Romanzyklus *Der große Krieg der weißen Männer*. Die Handlung spielt zwischen Februar und Oktober 1918; es ist also die Fortsetzung des *Grischa*-Romans und beschreibt die Machtkämpfe und Intrigen der deutschen Offiziere in dem besetzten Baltikum. Unter dem Vorwand, Litauen die Unabhängigkeit zu verleihen, soll dort das Mitglied eines der deutschen Herrscherhäuser als König eingesetzt werden, wobei alle Beteiligten ihre eigenen Interessen verfolgen. Leutnant Winfried, der im *Grischa*-Roman das Leben des russischen Gefangenen retten wollte, ist hier die zentrale Figur. Er beginnt, die Gewinnsucht und die Expansionsgelüste seiner Vorgesetzten zu durchschauen und zu verabscheuen. Nach einer stürmischen Auseinandersetzung mit seinem vorgesetzten General wird er zum einfachen Soldaten degradiert, während im deutschen Heer bereits die Unruhe gärt...

Natürlich begegnen wir in *Einsetzung eines Königs* auch Werner Bertin und anderen jüdischen Akteuren wieder: dem Leutnant Perl[7], einem orthodoxen deutschen Juden, Verbindungsoffizier zu der in den besetzten Gebieten lebenden jüdischen Bevölkerung, und – aus dem *Grischa*-Roman – der jungen, hübschen Debora (russisch Dawja)[8], die sich bemüht, ihren Sascha, den sie inzwischen geheiratet hat, aus einem Internierungslager herauszubekommen... Die junge Frau bedient sich des Jiddischen, ihrer Muttersprache, »im Kampfe gegen das Russisch und Polnisch der Assimilanten und das Hebräisch der Zionisten«[9]. Ein Seitenhieb des Autors auf die »Hebräer«! Aber auch die deutschen Juden werden nicht gerade sanft behandelt. Ein junger Talmudstudent, Freund Dawjas, erklärt ihr –

allerdings auf Russisch, »weil Vorsicht niemals überflüssig und die jiddische Sprache den Deutschen nur allzu verständlich ist«:

> Der Leutnant Perl ist eingesetzt, uns für die Deutschen zu gewinnen. Sie glauben ja alle, daß sie hier bleiben werden – und die deutschen Juden sind genau so dumm wie die Christen!...[10]

Dennoch sind Hinweise auf das jüdische Problem weit seltener als in früheren Werken.

Anfang Dezember 1937 lag das Werk in den Buchhandlungen Palästinas aus. Obwohl das Thema nicht besonders aktuell war, fand das Buch Käufer, denn der Schriftsteller hatte nichts von seiner Erzählkunst verloren, und er hatte es verstanden, sein Thema mit einer spannenden Handlung zu umgeben, vergleichbar mit *Sergeant Grischa* und *Erziehung vor Verdun*.

Am 5. Dezember teilte Zweig dem Buchhändler Walter Zadek mit, daß er sich wieder mit dem Stück *Bonaparte in Jaffa* beschäftige, an dem er schon seit fünf Jahren arbeitete. So endete das Jahr 1937 in einer Atmosphäre der vollbrachten Leistung und des gemäßigten Optimismus. Nun verwarf er wieder den Plan, mit dem er eine Weile gespielt hatte, sich in der Nähe seines berühmten Freundes und Briefpartners in Wien niederzulassen. Am 12. Dezember schrieb er an Freud:

> Die wirtschaftliche Lage für mich wäre in Österreich nicht anders als hier in Palästina. Und so dringlich wir Wien vorzögen, schon um in Ihrer Nähe sein zu können, politisch wäre ich ebenso lahmgelegt und noch viel gefährdeter, als ich es hier bin, wo man mir zu meinem 50. Geburtstag viele Freundlichkeiten erwiesen hat...

Er sollte recht behalten. Drei Monate später zogen Hitlers Truppen in die österreichische Hauptstadt ein.

Im gleichen Brief betont Zweig, daß der »Horror« vor einer neuen Emigration bei ihm wie bei seiner Frau gleich groß sei, und schließt in fast heiterem Ton:

> Es ist jetzt 1 Uhr, ich komme aus dem Meere, es ist warm, herrliche Sonne, das Schwimmen macht mich glücklich. Überhaupt geht es mir jetzt richtig gut und allen um mich rum auch...

Vier Jahre nach seiner Ankunft scheint der Autor des *Grischa* endlich seinen Platz im Lande der Verheißung gefunden zu haben...

Anfang 1938 nahm Arnold Zweig seine schriftstellerische Arbeit wieder auf. Er legte letzte Hand an das Stück *Bonaparte in Jaffa* und bereitete gleichzeitig die Veröffentlichung eines Romans vor, den er 1908 (!) begonnen hatte: *Versunkene Tage*. Es war eines der Manuskripte, die seine Sekretärin 1933 vor der Gestapo gerettet hatte: die Geschichte des jungen Studenten Steinitz, der vor dem Ersten Weltkrieg in München studiert und Erfolg hat, inmitten einer Atmosphäre von Kultur und Romantik. Offensichtlich dachte Zweig hier an seine eigenen Münchener Jahre; für ihn war diese Stadt – die inzwischen »Hauptstadt der nationalsozialistischen Bewegung« geworden war – voll wehmütiger Erinnerungen. Er spricht von ihrem »vergoldeten Dunst«, dem »tiefblauen Himmel«, vom »Föhn, der warm und brausend von den Gebirgen des Südens herabstürzt«. Wieder übernahm der holländische Verleger Querido den Druck und die Verbreitung des Buches. [11]

Aber wen konnte Anfang 1938 ein solcher Roman interessieren? Zwölf Jahre später erklärte der Schriftsteller diesen Mißerfolg in einem Nachwort zu einer Neuausgabe[12]:

> Das Buch *Versunkene Tage*, vom Querido-Verlag in Amsterdam mit allen Traditionen holländischer Druckerkunst fertiggestellt, ging in die Welt – nur nicht nach Deutschland. Eine unpassendere Zeit hätte man ihm nicht erfinden können. Das München von 1938! Es ähnelte der hier liebevoll hingezeichneten Stadt gleichen Namens wie eine Granathülse einer Blumenvase. Niemand wollte viel von ihr hören, noch gar Liebeserklärungen an sie lesen. Nicht eine Besprechung des Romans erschien, nicht eine Übersetzung in fremde Sprachen kam zustande.

Die Gleichgültigkeit, über die sich Zweig beklagte, war durchaus verständlich. Das kultivierte Lesepublikum Europas, besonders das deutschsprachige, hatte zu jener Zeit andere Sorgen: Am 11. März 1938 hatte die deutsche Armee Österreich besetzt, und in ihrem Gefolge waren Einheiten der SA, SS und der Gestapo eingerückt. Sofort setzte in Wien und in der Provinz der Terror gegen alle Gegner des Naziregimes ein. Von nun an teilten die 200000 Juden Österreichs das Los ihrer Brüder in Deutschland. Einige Verzweifelte unter ihnen begingen Selbstmord, aber die Mehrzahl versuchte mit allen Mitteln, aus dem Lande zu fliehen.[13] Arnold Zweig, der noch vor kurzem daran gedacht hatte, sich in Österreich niederzulassen, war aufs tiefste beunruhigt. Er war daher erleichtert, als er am 4. Juni erfuhr, daß es dem 80jährigen Sigmund Freud gelungen war, mit Frau und Tochter nach England auszuwandern. Seinen Gefühlen gab er am gleichen Tage in einem Schreiben nach London Ausdruck:

Sie sind draußen und sehen auf die rauchenden Trümmer zurück wie die Entflohenen von Sodom[14]... Welch ein Jammer und was für Tragödien! Und daß Ihr alle so lange so Schuschnigg-gläubig[15] in einer Stadt sitzen bliebt... Aber nun wird alles besser und leichter sein... Wie gut haben Sie mich damals gewarnt!

Das Jahr 1938 wurde ein Schicksalsjahr. Nach dem »Anschluß« verschärfte sich die internationale Krise immer mehr, trotz der Resignation Englands und Frankreichs vor dem Fait accompli. Ein aus seiner Lethargie aufgeschrecktes Europa begann, die deutschen Hegemoniegelüste zu erkennen. Für das deutsche Judentum war es der Anfang vom Ende.

Arnold Zweig verfolgte all diese Geschehnisse mit größter Besorgnis. Er griff zur Feder, um seine Meinung und seine Befürchtungen auszudrükken. Seine Artikel erschienen in der deutschsprachigen Exilpresse: Im *Neuen Tagebuch*, das Leopold Schwarzschild in Paris und Amsterdam herausgab; im bereits erwähnten *Das Wort* in Moskau; in der *Neuen Weltbühne*, die in Prag, Zürich und Paris erschien und von Hermann Budzislawski geleitet wurde. Vor allem aber schrieb er in der *Pariser Tageszeitung*[16]. In diesem Blatt veröffentlichte er im Sommer 1938 eine Artikelserie, die sich nicht nur mit der Zukunft Europas, sondern auch mit der Lage in Palästina befaßte. Folgende Titel verdienen Erwähnung: »Das Skelett der Palästina-Situation«, »Folgerungen von heute«, »Die Wahrheit über Palästina«, »Palästina im Zeichen der Kriegswolken«. In diesen Artikeln geißelte er die westlichen Demokratien wegen ihrer nachgiebigen Haltung gegenüber den faschistischen Machthabern. Er berichtete Einzelheiten über die politische und militärische Situation Palästinas, wobei er beklagte, daß das Land nicht den Platz einnahm, der ihm in der antifaschistischen Koalition zukomme. Im übrigen bemühte er sich, sein Thema objektiv zu behandeln und auch den arabischen Standpunkt zu verstehen. Wo es ihm notwendig erschien, zögerte er nicht, die maßgeblichen Männer des Jischuw zu kritisieren.

Aber so bemerkenswert diese Objektivität ist – war sie unter den herrschenden Umständen am Platze? Viele seiner jüdischen Mitbürger – und selbst manche seiner Freunde – waren nicht dieser Meinung. Das Land war praktisch noch immer im Kriegszustand; täglich gab es Tote und Verletzte, und die jüdische Bevölkerung kämpfte um ihre Existenz. Gerade zu dieser Zeit hatten die Gewaltakte in den Städten und auf den Verkehrswegen einen neuen Höhepunkt erreicht.[17] Nicht nur der arabische Druck hatte sich in diesen Krisenmonaten verstärkt; ein neuer Faktor war hinzugekommen: Jüdische Extremisten hatten begonnen, Vergeltung zu üben. Es kam zu Bombenattentaten gegen arabische Dörfer und Städte, die ihrerseits Tote und Verwundete forderten, was wiederum unmittelbare Gegenmaßnahmen der britischen Behörden zur Folge hatte. In ihrem Bestreben, eine Politik der »strikten Neutralität« zu verfolgen, betrachteten die Briten auch die jüdischen Extremisten als Terroristen und stellten sie auf eine Stufe mit den arabischen Rebellen. So wurde ein jüdischer Extremist im Juni 1938 zum Tode verurteilt und trotz aller Proteste hingerichtet.[18] »Seit Jahrhunderten der erste Jude, der im Heiligen Land gehängt wurde«, kommentierte die *Palestine Post*. Das Ergebnis dieser Exekution war ein verstärkter Gegenterror; die Attentate häuften sich im ganzen Land.

Diese Methode der Vergeltung – »Auge um Auge, Zahn um Zahn« – wurde von der Mehrheit der jüdischen Bevölkerung nicht gebilligt. Es ergingen Aufrufe, die zur Besonnenheit mahnten, und die Führer des Jischuws warnten davor, sich zu unüberlegten Handlungen hinreißen zu lassen. Auch Arnold Zweig gehörte zu denen, die den Gegenterror verurteilten. Nach einem Sprengstoffattentat, das am 15. Juli zehn Tote unter den Arabern der Jerusalemer Altstadt gefordert hatte, schrieb er am nächsten Tag empört an Sigmund Freud:

> Und nun ist gestern in Jerusalem eine Bombe in den arabischen Shuk geworfen worden... Da das ganze Land aus Feigheit vor dem jüdischen Nationalismus die Verbeugung vor einem (leider) gehängten 18jährigen Attentäter gemacht hat, ist nicht daran zu zweifeln, daß diese Bombe von Juden geworfen worden ist. Sie wird sich an uns furchtbar rächen...

Und er fügte hinzu, daß die Juden, die nach Palästina gegen den Willen der arabischen Mehrheit gekommen seien, nur zwei Trumpfkarten hätten: die moralische Position und das passive Aushalten.[19] Wenn sie jetzt anfingen, Bomben zu werfen, seien die Aussichten für die Zukunft düster.

Diese scharfe Kritik überrascht, vor allem weil kein ähnliches Urteil über den arabischen Terrorismus ausgesprochen wurde. Der Journalist Wolfgang Yourgrau[20], der spätere Mitarbeiter Arnold Zweigs bei der Zeitschrift *Orient*, vertrat in der *Neuen Weltbühne* vom 10. November 1938 eine andere Auffassung:

> Zweieinhalb Jahre ist Palästina nun der Schauplatz von Unruhen, Aufständen, Gefechten, von Überfällen auf Fabriken, Krankenhäuser, Wächter und Arbeiter; seit zweieinhalb Jahren kämpfen Banden gegen Getreidefelder und Orangenbäume, gegen Frauen und Kinder, gegen Geistliche aller Bekenntnisse, gegen Autobusse und Eisenbahnwagen, gegen Wassertürme und Banken... Sie bezeichnen sich als die arabische nationale Regierung – sie üben eine Gewaltherrschaft aus, die das Land in Furcht und Schrecken halten soll...

Was die jüdische Bevölkerung betrifft, meint Yourgrau, so sei es ihrer Vernunft und Zurückhaltung zu verdanken, daß der arabische Terrorismus bis heute keinen Erfolg gehabt habe. Obwohl auch Yourgrau die Fälle verurteilt, in denen Juden die Methoden ihrer Gegner angewandt haben, ist er doch voll Bewunderung für den Jischuw in seiner Gesamtheit:

> Denn das ist das Unerhörte, Einmalige in diesem Land, etwas, was ein Außenstehender nur schwer begreifen kann: der jüdische Bevölkerungsanteil ignoriert den Terror. Er schützt sich gegen ihn, so gut es geht; im übrigen fährt man nach wie vor durch alle Straßen, vom Dorf zur Stadt, man arbeitet, besucht Konzerte, lebt sein Alltagsleben weiter... Die Wirtschaft leidet, die Stimmung ist gedrückt, die Nerven drohen oft zu versagen – doch setzt die jüdische Bevölkerung in einem Zustand permanenter Gefahr ihr normales Leben fort.

Man muß sich daher fragen, warum Arnold Zweig die Lage so düster darstellte. Fühlte er sich in Haifa nicht mehr sicher?[21] In seinem bereits zitierten Brief vom 16. Juli gestand er:

> Bis zum gestrigen Tage war ich ziemlich ruhig und fuhr in Haifa herum wie eh und je. Jetzt fange ich an, mich bedroht zu fühlen...

Diese Furcht war nicht unbegründet. Zweig lebte in Haifa nicht allein; seine Frau Dita, seine Söhne Adam und Michael waren bei ihm und nahmen am Leben des Landes teil: Frau Zweig als Hausfrau und Malerin, die Söhne als Schüler an einem hebräischen Gymnasium. Nicht ohne Stolz eröffnet Zweig seinem Briefpartner Freud am 5. August 1938, daß sein Sohn »Michi« in der kommenden Nacht Wachdienst haben werde. Und er zitiert die Bemerkung seiner Gattin: »Die Zeit ist sehr schnell abgelaufen. Du hast kaum den Krieg verdaut, und jetzt hast Du schon einen Sohn, der auf Wache zieht.« Im übrigen ist sich der Schriftsteller darüber klar, daß es für ihn ein großes Glück ist, jetzt in Palästina zu sein:

> Ein jüdisches Kind – schreibt er in demselben Brief – singt auf dem Nachbarbalkon so falsch, daß ich aufhören müßte zu schreiben... Es singt ein Lied »lechwod schabat«, zu Ehren des Sabbaths, der eben anbricht. Aber ich überlege mir, daß in Wien, in Berlin und sonstwo noch die jüdischen Kinder nicht mehr singen, und so lasse ich mich nicht stören...

Zweig beschäftigte sich auch mit der militärischen Lage in Europa und stellte fest, daß Hitler seit 1935 eine neue Armee geschaffen hatte, die bereits eine gewaltige Kriegsmaschine war. Er faßte daher einen erstaunlichen Entschluß: Er unterbreitete dem britischen Kriegsministerium ein Projekt zur Verbesserung der Flugbahn von Geschossen, um die Geschütze der Infanterie und der Flotte wirksamer zu machen.[22] Besaß er wirklich die notwendigen Kenntnisse der Ballistik, um seinen Rat dem War Office anbieten zu können? Oder griff er auf seine Erfahrung aus den Kämpfen um Verdun zurück? Die britischen Behörden scheinen diesem Projekt nicht viel Beachtung geschenkt zu haben; die Karriere eines Militärexperten, die der Pazifist Arnold Zweig eingeschlagen hatte, war nur von kurzer Dauer.

Aber es wäre ungerecht, die Versuche des Schriftstellers, sich nützlich zu zeigen, zu belächeln. Die seltsame Initiative Zweigs wird lediglich erwähnt, um zu zeigen, wie sehr Zweig über die allgemeine Lage beunruhigt war. Er dachte nicht nur an sein persönliches Wohlergehen, sondern auch an das Schicksal Europas und der westlichen Demokratien. Sicherlich litt er darunter, weitab vom Geschehen zu sein, ohne eine Möglichkeit zu haben, den Gang der Dinge zu beeinflussen. Ist es unter diesen Umständen überraschend, daß er jedes Jahr, wenn der lange und heiße palästinensische Sommer[23] nahte – der nicht nur die körperliche, sondern auch die geistige Arbeit erschwert –, vom Wandertrieb erfaßt wurde? Daß er wenigstens für kurze Zeit in Europa sein wollte, um den Ereignissen näher zu sein? Und daß er wieder einmal »Vater Freud« von seiner Absicht informierte, dieses harte Land zu verlassen?

> Nächstes Jahr aber wollen wir auswandern aus unserem armen Palästina, und das wird Geld genug kosten... (16. Juli 1938)

Zunächst bemühte er sich, das Geld für seine jährliche Reise nach Europa zu beschaffen. Seine finanzielle Lage war nicht gerade glänzend: Seine Verhandlungen mit amerikanischen Zeitschriften und dem Book Club in New York waren ergebnislos verlaufen. Seine Honorare gingen nur tropfenweise ein. Aber er gab die Hoffnung nicht auf, die nötige Summe zusammenzubringen. Sein Optimismus wurde schließlich belohnt: Der langersehnte Scheck traf endlich ein, allerdings nicht aus Amerika, sondern aus Rußland... Alles war nun klar für seine dritte Europa-Reise. Am 18. August 1938 bestieg er das Schiff »André Lebon«. Erste Station: Marseille.

Dritte Europareise (1938)

Europa! Nach wie vor übte dieses Wort auf Arnold Zweig einen Zauber aus. Bei der Fahrt durch die Meerenge von Messina öffnete Zweig in Gesellschaft zweier Journalisten eine Flasche Sekt, um auf das »alte Europa« anzustoßen und die faschistischen Diktatoren zur Hölle zu wünschen. Am 24. August ging er in Marseille an Land und schickte einen ersten Bericht an Freud, »freudestrahlend als Europäer«. Dann be-

suchte er Sanary, wo er bereits 1933 einige denkwürdige Monate mit den bedeutendsten Exilschriftstellern zugebracht hatte. Die meisten von ihnen waren nun in der ganzen Welt verstreut: Thomas Mann als Gastprofessor an der Princeton-University in Amerika; Bertolt Brecht in Dänemark; Ernst Toller in New York; Alfred Kerr in London als Korrespondent der großen französischen und englischen Tageszeitungen. Zweigs Freund Feuchtwanger wohnte noch in Sanary, befand sich aber oft in Paris, wo er aktiv in der Volksfrontbewegung tätig war (die allerdings ihren Elan verloren hatte)[24]; außerdem war er weiterhin mitverantwortlicher Herausgeber (mit Willi Bredel und Bertolt Brecht) der in Moskau erscheinenden Zeitschrift *Das Wort*. In Sanary traf Zweig noch Ludwig Marcuse, Franz Werfel und René Schickele[25].
Aber die Atmosphäre war gespannt, wie überall in Europa. Würde der Druck, den Deutschland auf die Tschechoslowakei ausübte, zu einem allgemeinen Krieg führen? Oder würde Hitler vor der festen Haltung der Großmächte zurückweichen, die die Grenzen dieses kleinen, aber kampfbereiten Staates garantiert hatten? Niemand dachte an eine dritte Möglichkeit. Aber knapp einen Monat später, nach der schwersten Krise, die Europa seit dem Ersten Weltkrieg erlebt hatte, einigten sich die beiden Westmächte in München mit Hitler – auf Kosten der Tschechoslowakei, die ihre Souveränität einbüßte, und ohne Sowjetrußland, das diesen Affront nicht vergessen sollte.
Nachdem sich Zweig drei Tage in Paris aufgehalten hatte, begab er sich nach London, wo er drei Wochen blieb. Groß war seine Freude, als er Sigmund Freud in seiner neuen, mitten im Grünen gelegenen Wohnung besuchen konnte. Natürlich kam es zu langen Gesprächen. Freud hatte trotz seines Gesundheitszustandes Zeit und Geduld, auf die Probleme seines Gastes einzugehen. Zweig drückte seinen Dank in einem Schreiben aus, das er am 16. Oktober von Paris absandte, bevor er die Rückreise nach Haifa antrat:

> Und nun fühle ich beglückt, daß Sie in Ihrem vorletzten Haus so hell und im Grünen untergebracht sind und daß die unablässige Urteilskraft, die Ihnen eignet, wieder an einem eigenen Schreibtisch arbeitet... Wenn ich im Frühling oder Sommer wiederkomme, freue ich mich jetzt schon auf Ihren Garten...

Nach einer angenehmen und erholsamen Schiffsreise feierte Zweig Wiedersehen mit seiner Familie und dem Karmel. Er hatte nun Muße, über das, was er in Europa gesehen hatte, nachzudenken. Das Münchener Abkommen hatte sowohl bei den Regierungen der westlichen Demokratien als auch bei ihren Völkern übergroße Hoffnungen erweckt, die in der bekannten Formulierung Neville Chamberlains »Friede für unsere Generation« zum Ausdruck kamen. Nur wenige wagten es, gegen diese Kapitulation vor Hitler zu protestieren – wie Winston Churchill, der das Münchener Abkommen eine »schmähliche Niederlage« nannte, oder Léon Blum, der von einem »feigen Aufatmen« sprach. Auch Arnold Zweig beurteilte die Situation mit Skepsis. Am 8. November 1938 schrieb er an Freud:

> Was in Europa vorgeht, ist weitaus böser und ekliger. Ich weiß nicht, ob die »Pießmacher«[26] nicht allmählich begreifen, was für einen Preis sie andere zahlen lassen – bis sie selbst ihn zahlen werden.

Und von neuem beschäftigt sich Zweig mit der Frage: Palästina verlassen oder ausharren? Er wägt das Für und Wider ab, überprüft noch einmal die Möglichkeit einer Auswanderung, besonders nach Amerika. Aber wieder schreckt er vor dem Wagnis zurück... Oder sieht er ein, daß der Moment für einen derartigen Wechsel nicht gerade günstig ist? Nachdem er alle Faktoren überdacht hat, folgert er resigniert:

> Jetzt aber, vor der Aufgabe, alles hier zu verkaufen, stehenzulassen oder zu verschenken, einschließlich der Möbel, und nach Amerika zu gehen, verzage ich. Die Fracht ist so teuer, daß unsere Übersiedlung nur mit Koffern und einigen Kisten erfolgen kann, die wichtigsten Bücher, die schönsten Grammoplatten. Das ist so symbolisch und so symptomatisch, daß mir die Arme dabei sinken...

Diesen Brief schrieb Zweig am 8. November 1938. Zwei Tage später, am 51. Geburtstag Arnold Zweigs, wurde die Welt durch eine unglaubliche Nachricht aufgerüttelt: Deutschland, eines der fortgeschrittensten Länder der modernen Welt, war zum Schauplatz des größten Pogroms seit dem Blutbad von Kischinew im Jahre 1905 und den Petljura-Massakern[27] der Jahre 1918–1919 geworden.

In der Nacht vom 9. zum 10. November 1938 – die in die Geschichte unter dem Namen »Kristallnacht«[28] eingegangen ist – wurde eine bis ins einzelne vorbereitete Aktion gegen die jüdische Bevölkerung des Landes unternommen. In kleinen Gruppen zogen SA-Leute in Zivil vor alle Synagogen und alle jüdischen Geschäfte und begannen ihr Zerstörungswerk, das sich bis in die Morgenstunden des 10. November hinzog. 119 Synagogen wurden in Brand gesteckt, 76 weitere völlig zerstört, 7500 jüdische Geschäfte wurden verwüstet. Im Verlauf dieser Nacht nahm die Gestapo 26000 jüdische Bürger fest und lieferte sie in verschiedene Konzentrationslager ein.

Ein Schreckensregiment ohne Beispiel war über die Juden Deutschlands hereingebrochen. Der Propagandaminister des Deutschen Reiches erklärte zynisch, daß das deutsche Volk »spontan« gehandelt hätte, und verhängte über die jüdische Bevölkerung eine Kollektivstrafe von einer Milliarde Mark. Weitere Verfügungen führten zum Ausschluß der Juden vom gesellschaftlichen, wirtschaftlichen und kulturellen Leben des Landes.[29] Der deutsche Jude war rechtlos und vogelfrei geworden.

In der ganzen Welt herrschte Empörung über diese Ereignisse. Die Presse aller Länder drückte ihre Mißbilligung und ihren Abscheu angesichts dieser brutalen Aggression gegen eine wehrlose Minderheit aus. Aber diese Haltung wurde nicht von den jeweiligen Regierungen geteilt. Unter dem Vorwand, daß es sich um eine innere Angelegenheit des Deutschen Reiches handle – die verfolgten Juden waren entweder deutsche Staatsbürger oder staatenlos –, erhoben sie keinerlei Protest.

Am stärksten war die Erregung in Palästina. Mit größter Unruhe fragten sich die Juden Palästinas, welches Schicksal die noch in Deutschland und Österreich befindlichen Juden erwartete, und darüber hinaus – angesichts der Expansionspolitik des Dritten Reiches – die jüdischen Minderheiten in der Tschechoslowakei (375 000), in Ungarn (445 000) und in Rumänien (etwa 900 000). Wohin sollten sie fliehen, wenn auch ihre Länder unter das Joch Hitlers geraten würden? Überall begannen sich die Tore für sie zu schließen, und auch Palästina bot den Zufluchtsuchenden wegen der schwankenden Haltung der Mandatsmacht nur geringe Hoffnung. Niemand ahnte, daß noch vor Ablauf eines Jahres auch die drei Millionen Juden Polens in ihrer Existenz bedroht sein würden.

Die »Unfälle« des Schriftstellers

Vergeblich sucht man nach einer Reaktion Arnold Zweigs auf die tragischen Vorgänge, die sich an seinem Geburtstag in seinem Geburtsland abspielten. Dafür gab es einen triftigen Grund: Als der Jischuw sich des Ausmaßes der Katastrophe bewußt wurde, befand sich der Schriftsteller nach einem schweren Autounfall im Krankenhaus. Sein von dem älteren Sohn gesteuerter Wagen war am 15. November auf der Straße Tel Aviv–Haifa von einem britischen Panzer angefahren worden. Während der Sohn unverletzt blieb, erlitt der Vater eine schwere Gehirnerschütterung und wurde in ein Tel Aviver Krankenhaus eingeliefert; erst drei Wochen später – am 5. Dezember – konnte er das Bett für eine halbe Stunde verlassen. Zwölf Tage später war er soweit wiederhergestellt, daß er die Klinik verlassen konnte. Sogleich sandte er ein Telegramm nach London: »Die herzlichsten Grüße nach der Auferstehung.« Erst im folgenden Brief (29. Dezember) erwähnte er zum ersten Mal die »Bartholomäusnacht der deutschen Juden«. Offensichtlich machten ihm die Folgen des Unfalls noch sehr zu schaffen.[30]

Dieses Mißgeschick veranlaßte ihn zu einem Artikel, den er unter dem Titel »Meine Unfälle« in der *Neuen Weltbühne* vom 2. März 1939 veröffentlichte. In teils scherzendem, teils sarkastischem Ton zählt er die neun »Unfälle« auf, die die wichtigsten Etappen seines Lebens darstellen:

1. Seine Geburt am 10. November 1887, zwölf Uhr mittags, in Glogau, einer niederschlesischen Garnisonsstadt: »Mein Leben begann also damit, daß ich in Deutschland zur Festung verurteilt wurde.«

2. Der zweite »Unfall« bestand darin, daß er der Beschneidungszeremonie unterworfen wurde, statt ins Taufbecken getaucht zu werden...

> Infolge dieser Erschwerung wurde ich lebenslängliches Mitglied der jüdischen Gemeinschaft und hatte in den nächsten Jahrzehnten alle Hände voll zu tun, diesen Unfall, gegen den es noch keine Versicherung gibt, leidlich auszugleichen...

3. Der dritte »Unfall« – diesmal ein wirklicher – machte ihn zum Revolutionär... Noch bevor der kleine Arnold das schulpflichtige Alter erreicht hatte, wurde er von dem Pferdewagen eines Gutsbesitzers überfahren, als er friedlich mit Roßäpfeln spielte... Obwohl der rotbackige Gutsherr keinerlei Schuld an dem Unfall hatte, bildete sich in Arnold eine »zarte Abneigung gegen jene Kaste« – was sein späteres Werk beeinflussen sollte.

4. Der Eintritt in eine preußische Schule, wo er lernte, die Hände zu falten und aufzustehen, wenn ein Vorgesetzter ihn anredete. Er nahm auch – ohne daß seine Eltern davon wußten – am christlichen Religionsunterricht teil. Das führte dazu, daß er begann, das Volk der Juden zu verabscheuen, von denen es im Katechismus heißt: »Da kamen sie mit Fackeln und Stangen und nahmen den Herrn Jesus gefangen...«

> Als ich später entdeckte, daß ich selber zu diesen Juden gehörte oder von ihnen abstammen sollte, fand ich diese Katastrophe von Gott ungerecht und mich bedauernswert.

5. Der Umzug der Familie Zweig im Jahre 1896. Aus Glogau, einer hellen und farbigen Kleinstadt – schon der vielen bunten Uniformen wegen – wurde er nach Kattowitz »verbannt«, einer Industriestadt »in der rauchigen und schmutzigen Öde oberschlesischer Vorstadtlandschaft«. Zweig erinnert sich vor allem an die Eisenbahnfahrt:

> Immerhin fuhren wir nach Kattowitz vierter Klasse, was mich früh und gründlich gewöhnte, in Transportfragen entsagungsvoll zu denken. In späteren Kriegsjahren sollte ich aus dieser Jugenderfahrung Nutzen ziehen.

6. »Ich fiel aus jeder geordneten Lebensbahn und wurde Schriftsteller.« Dies war das sechste Mißgeschick, das laut Zweig »fürchterliche Folgen« hatte. Seine Eltern hätten ihn gern zum Geistlichen, seine Lehrer noch lieber zum Oberlehrer, vielleicht auch zum Buchhändler gemacht – »alles Berufe, die imstande sein sollten, ihren Mann zu ernähren«.

> Aber ich war damals gar kein Mann, sondern ein Junge, Abiturient und Student, und ich kann beschwören, daß mich nicht die leiseste böse Absicht beseelte, als ich fahrlässigerweise in die Laufbahn eines deutschen Schriftstellers hineinglitt...

7. Der siebente »Unfall« übertraf alle bisherigen. Es war der Erste Weltkrieg, an dem er »trotz hochgradiger Kurzsichtigkeit« teilnahm:

> Ich erlebte in ihm eine Fülle erstaunlicher Menschen und Tatsachen, und ich wurde von ganz unten und von ganz oben Mitspieler dessen, was wirklich gespielt wurde: die große Vorprobe zum Nazifestspiel von heute und morgen...

8. Der für Zweig »entscheidendste Unfall« war der Nachruf auf den ermordeten Außenminister Walther Rathenau (24. Juni 1922), den er »in der Wut und Hitze dieser Nacht« für die *Weltbühne* schrieb und der von Rechtsradikalen im Preußischen Landtag verfälscht zitiert wurde.[31]

So war denn Arnold Zweig einer der ersten Schriftsteller, dessen Vermögen (einschließlich Manuskripten und Gemälden) 1933 beschlagnahmt wurde...

9. Den Autounfall vom 15. November 1938 bezeichnet Zweig als den ernstesten:

> Er verschaffte mir den tiefsten Urlaub, den ich jemals von der Gegenwart genommen hatte. Ja, dieser neunte Unfall brachte es mit sich, daß ich noch heute nur ganz vage weiß, was die Hitler-Wilden mit ihrem systematisch angeordneten, dienstlich befohlenen und durchgeführten Pogrom in Deutschland angerichtet haben.

Es ist bedauerlich, daß die dramatischen Ereignisse der »Kristallnacht« einen physisch und moralisch geschwächten Arnold Zweig vorfanden – sonst hätte er sich wohl ganz anders in den Kampf gestürzt. Vielleicht wäre dann auch er – wie viele andere – zu der Erkenntnis gekommen, daß ein Jude nie mehr nach Deutschland zurückkehren könne.

Zur gleichen Zeit beschäftigte den Schriftsteller noch ein anderes Thema: Spanien. Seit dem Sommer 1936 tobte dort der Bürgerkrieg zwischen dem aufständischen General Franco, wirksam unterstützt von deutschen und italienischen Truppen und Flugzeugen, und der republikanischen Regierung, die von Freiwilligen vieler Länder – den Internationalen Bri-

gaden – Hilfe erhielt. Allein Sowjetrußland lieferte der rechtmäßigen spanischen Regierung Waffen, während die Westmächte eine Politik der Nichteinmischung verfolgten.
Besonders das Baskenland hatte unter dem Bürgerkrieg zu leiden. Schon im April 1937 war die Stadt Guernica von deutschen Bombern in Schutt und Asche gelegt worden. In einem Artikel »Heute Spanien – welches Land morgen?«[32] hatte Arnold Zweig das Schicksal der Basken mit dem der spanischen Juden im Mittelalter verglichen, die vom Adel und der Geistlichkeit verfolgt und vertrieben wurden. Und er forderte die Juden Palästinas auf, den Basken und dem spanischen Volk in ihrem Befreiungskampf beizustehen.[33] Im Januar 1938 half er, eine Ausstellung über Spanien zu organisieren, die unter der Schirmherrschaft des spanischen Konsulats in Jerusalem stand. Arnold Zweig hielt die Eröffnungsrede.
Jetzt aber, zu Beginn des Jahres 1939, war er von den Ereignissen in Spanien besonders betroffen. Der Fall Barcelonas (26. Januar) hatte die Niederlage der republikanischen Regierung besiegelt. Madrid fiel am 28. März. »Spanien« – schrieb er am 6. Februar an Freud – »ist das dritte Opfer nach Österreich und der CSR, und nicht das letzte...«

Inzwischen gingen die Unruhen und der Terror in Palästina weiter, wenn auch mit verminderter Heftigkeit. Am 6. Februar 1939 berichtet Arnold Zweig nach einem Besuch bei seinem Augenarzt in Tel Aviv:

> Die ganze Zeit hindurch bin ich so deprimiert wie nie. Meine Nerven sind schlecht. Ich fürchte auf der Hinfahrt wie auf der Rückfahrt Überfälle durch Fernschüsse... Gestern wurde der Bruder unserer Hausfrau im Autobus erschossen – er war 12 Tage im Lande, aus Hitlerland entkommen...

Am Tag darauf, dem 7. Februar, eröffnete der britische Premierminister Neville Chamberlain die Londoner Konferenz, an der eine jüdische und eine arabische Delegation teilnahmen, wobei die arabische direkte Verhandlungen mit den Juden ablehnte. Nach drei Monaten fruchtloser Diskussionen beschloß die britische Regierung, ihren eigenen Lösungsvorschlag durchzusetzen. Am 17. Mai 1939 gab der Kolonialminister Malcolm Macdonald den britischen Plan für Palästina bekannt, der in die Geschichte unter dem Namen »Weißbuch 1939«[34] einging. Dieses Schriftstück bedeutete, daß die Juden in Palästina eine schwache, einflußlose Minderheit bleiben würden und daß die Einwanderung bald gestoppt werden sollte.
Als der Inhalt des »Weißbuchs« im Jischuw bekannt wurde, herrschte zunächst Bestürzung, dann Empörung. Ein Kampfruf ertönte in den

Städten, Dörfern und Kibbuzim: »Nieder mit dem Weißbuch!« Massendemonstrationen fanden statt, und es kam zu schweren Zusammenstößen mit der britischen Polizei.
Doch nichts konnte die Haltung der Mandatsmacht ändern. Alle Appelle, alle Proteste verhallten ungehört. Die Regierung Seiner Majestät hatte im übrigen andere Sorgen: Die Lage in Europa erforderte ihre volle Aufmerksamkeit, denn der alte Kontinent trieb langsam aber sicher dem Kriege zu, und England mußte feststellen, daß es nicht genügend gerüstet war... So kam es, daß zu einem Zeitpunkt, als das jüdische Volk von der größten Katastrophe seiner Geschichte bedroht war, die Pforten des Landes, auf das es seine größten Hoffnungen setzte, geschlossen wurden. Diese Situation war um so tragischer, als die europäischen Staaten gegenüber den aus Deutschland kommenden Flüchtlingen eine immer abweisendere Haltung einnahmen. Die Regierungen, die mit ihren eigenen wirtschaftlichen Problemen zu tun hatten und dazu in ständiger Furcht vor einer »fünften Kolonne« lebten, ergriffen Maßnahmen nicht nur gegen die Einwanderung, sondern auch gegen die bereits in ihren Ländern ansässigen Ausländer und Flüchtlinge.

Zweig in Amerika (1939)

Nach dem »Anschluß« Österreichs, der tschechischen Krise und vor allem nach der »Kristallnacht« stand für Arnold Zweig fest: eine Rückkehr nach Europa war bis auf weiteres ausgeschlossen. Das Wettrüsten nach dem Münchener Abkommen zwischen Deutschland – das bereits einen großen Vorsprung hatte – und den westlichen Demokratien ließ einen bewaffneten Konflikt in nicht allzu ferner Zukunft voraussehen. Dennoch hielt dies den Schriftsteller nicht davon ab, Auswanderungspläne zu schmieden. Seit dem Autounfall war seine Stimmung an einem Tiefpunkt angelangt.

> ... Ich arbeite Kleinigkeiten, bewältige Korrespondenzschulden, mache Pläne für Amerika. Bin sehr unglücklich, schon wieder heimlos sein zu sollen... (Brief an Freud vom 6. Februar).

Inzwischen erreichte ihn eine Einladung zu einem Kongreß des PEN-Clubs in New York. Seine Pläne nahmen nun konkrete Formen an. Am 27. Februar schrieb er an Freud:

> Wird Amerika von der Pest verschont bleiben? Was denken Sie darüber? Die Frage ist für uns nicht Theorie. Wir müssen hier weg, es geht ökonomisch nicht weiter. Das Land ist teuer, und ich verdiene hier nichts. Mir wäre England lieb, Ihretwegen. Aber die Zukunft der Kin-

der und die Kriegsgefahr raten Amerika. Ich bin erholungsreif, eine lange Meerfahrt ist für mich das Sanatorium...

Er vertraut seinem Freund an, daß er als Tourist und Gast des PEN-Clubs versuchen würde, ein Einwanderungsvisum zu bekommen, um dann – nach seiner Übersiedlung – seinen Sohn Michael in einer Technical School unterzubringen, was ihm ermöglichen würde, weiterzukommen und etwas Geld zu verdienen.

Freud versuchte nicht, ihn von seinen Plänen abzubringen. Am 5. März schrieb er:

> Ich meine, Sie haben das Recht, Amerika statt England zu wählen. England ist zwar in den meisten Hinsichten besser, aber man fügt sich hier sehr schwer ein, und von meiner Nähe können Sie ohnedies längere Zeit nichts haben. Amerika scheint mir ein Anti-Paradies, aber es hat soviel Raum und Möglichkeiten, und am Ende gehört man dazu...

Dieser Brief erreichte Arnold Zweig inmitten seiner Reisevorbereitungen. Die lange Seefahrt, von der er träumte, wurde nun Wirklichkeit. Kleine, aber bequeme Schiffe legten die Strecke Haifa–New York in 23 Tagen zurück. Die Abreise wurde auf den 3. April festgesetzt. Aber kurz vor dem Termin wurde der Schriftsteller wieder von Zweifeln befallen. Von neuem stellte er sich die Frage: War es vernünftig, in einer solchen Zeit alles aufzugeben und mit seiner Familie jenseits des Ozeans ein neues Leben zu beginnen? Sollte er treue Freunde verlassen, um ins Ungewisse zu fahren? Zehn Tage vor dem Abreisedatum – während sich bereits drohende Kriegswolken über Europa zusammenzogen[35] – antwortete er auf Freuds Schreiben:

> ...Überhaupt ist das Losreißen uns fürchterlich, besonders mir. Ich hatte so viele Sympathiewurzeln hier eingesenkt, so wenig wirtschaftliche wir auch schlagen konnten. Das Unbekannte würde mich gar nicht ängstigen, wenn ich hier eine beständige Wohnung zurücklassen könnte, in die zurückzukehren sich von selbst verstünde. Aber wieder alles stehen lassen, alles auflösen! So oft haben wir das schon machen müssen! (23. März 1939)

Und er erinnert sich an seine früheren Wanderungen: Als Kind von Glogau nach Kattowitz; nach dem Kriege von Berlin nach Starnberg in Bayern; dann zurück nach Berlin; von Berlin-Eichkamp nach Haifa über Sanary, und jetzt wieder westwärts:

> Was sagen Sie zu diesem Nomandentum wider Willen? Wem die Phantasie so genügte wie mir, der hätte ruhig am Orte sitzen dürfen, nicht wahr?

Solche Gedanken beschäftigten den Schriftsteller, als er sich am 3. April zusammen mit seinem Sohn Michael an Bord des Schiffes begab. Am 26. April 1939 landete Zweig in New York und betrat zum ersten Male den Boden Amerikas, wo bereits einige der berühmtesten deutschen Gelehrten und Schriftsteller eine neue Heimat gefunden hatten.

Über den Aufenthalt des Schriftstellers in Amerika sind wenig Einzelheiten bekannt. Er fand zu einer Zeit statt, in der die Welt unaufhaltsam dem Krieg zusteuerte. Erst im März 1950 schrieb Zweig einen ausführlichen Bericht über seine Amerika-Reise in der DDR-Veröffentlichung *USA in Wort und Bild*[36]. Er schilderte, wie er als Gast des PEN-Clubs in New York in einem historischen Augenblick ankam: Franklin D. Roosevelt, der bereits in seiner zweiten Amtsperiode stand, war gerade im Begriff, König Georg VI. von England zu empfangen, der von einem Staatsbesuch in Kanada kam. Arnold Zweig war beim triumphalen Einzug der beiden Staatsoberhäupter in New York anwesend:

> Wer die beiden Männer im offenen Wagen einfahren sah in die Stadt New York, bejubelt von einer Millionenmenge, der wußte schon im Mai 1939: Dieser Präsident würde wiedergewählt werden; die beiden angelsächsischen Mächte würden zusammenstehen und den deutschen Imperialismus gemeinsam abwehren wie 1917...

Am 11. Mai fand im Weißen Haus in Washington ein Empfang zu Ehren der Gäste des PEN-Clubs statt. Wegen seines Gesundheitszustands begnügte sich der Präsident damit, den anwesenden Schriftstellern die Hand zu schütteln; dann ließ er sich durch seine Frau Eleanor vertreten.

Arnold Zweig war voller Bewunderung für diesen außergewöhnlichen Staatsmann, dessen erstaunlicher Energie es gelungen war, seine schwere Krankheit – Poliomyelitis – zu überwinden.

> ... Da saß er an seinem Schreibtisch und gab uns, den an ihm Vorüberziehenden, die Hand, eine feste fleischige Männerhand, passend zu seinem rötlichen Teint, seinen blauen festblickenden Augen. Er lächelte ein amtliches Lächeln, vielleicht etwas freundlicher als bei sonstigen Geschäften, denn die Männer und Frauen, die ihm hier ins Auge sahen, ihn grüßten, sich leicht verneigten, zählten immerhin zu den besten, den freiesten Verbündeten der demokratischen Weltkräfte...

Unter den Gästen sah man – um nur einige zu nennen – Thomas Mann, Alfred Döblin, Klaus Mann, Ernst Toller...[37] Präsident Roosevelt war somit der einzige Staatsmann der Welt, der die exilierten Schriftsteller ehrte, die man anderswo kaum duldete...

Einige Bemerkungen Zweigs erinnern jedoch daran, daß dieser Bericht erst nach der Rückkehr des Schriftstellers nach Ost-Berlin geschrieben wurde. So heißt es unter anderem:

> ... Diese Hand hier, die ich drücke, hält wirklich das Steuer der Vereinigten Staaten in gutem Linkskurs. Sie hat an dieser kapitalistischen Wirtschaftswelt Sicherheitsventile angebracht und große Strecken verwüsteten Landes wieder besiedelt, bewässert, gerettet...

Außerdem, meint Zweig, wußte man schon damals, daß »das neue Rußland diplomatisch und militärisch seine Gegner ebenso überraschen werde wie das Frankreich von 1793...«[38]

Über ein Gespräch mit dem Sänger Paul Robeson[39] in dem Landhaus einer befreundeten Familie berichtet Zweig ausführlicher als über seine Begegnung mit Thomas Mann und seinen Besuch bei Albert Einstein in Princeton (zusammen mit seinem Sohn Michael). Der Sänger erzählte ihm, daß er seine Kinder nach Moskau geschickt hatte, weil »Negerkinder sonst nirgends ihres Lebens froh werden können«. Robeson fragte den Schriftsteller, ob er schon in der UdSSR gewesen sei. »Nein leider, leider nicht«, erwiderte Zweig, und erwähnte, daß er 1935 zu einem Schriftstellerkongreß in der sowjetischen Hauptstadt eingeladen war, aber daß die Ärzte ihm die Reise wegen seines Augenleidens untersagt hätten. Da es ihm aber jetzt besser gehe, würde er bei der nächsten Gelegenheit das Versäumte nachholen.[40]

Arnold Zweig war zu jener Zeit von der Person des Toussaint Louverture fasziniert, dem schwarzen General, der den Aufstand gegen Bonaparte in Haiti leitete, schließlich in Gefangenschaft geriet und in einer Festung in Frankreich interniert wurde, wo er 1803 starb. Der Schriftsteller, den das Schicksal dieses Revolutionärs und die Grausamkeit Bonapartes sehr bewegten, legte seinem Gesprächspartner einen kühnen Plan vor: Er wolle diese Episode zu einem Theaterstück oder Film verarbeiten – wenn Robeson bereit sei, die Rolle des Toussaint Louverture zu übernehmen. Aber der Künstler schien von diesem Projekt nicht sonderlich beeindruckt zu sein...

Waren es die kritischen Bemerkungen des Sängers, die Arnold Zweig bewogen, seine Einwanderungspläne aufzugeben? Oder glaubte er, daß angesichts des nahenden Krieges sein Platz bei seinen Freunden und Glaubensgenossen in Palästina sei? Jedenfalls entschied er sich auch jetzt, wie bei seinen früheren Reisen, für die Rückkehr nach Palästina. Schweren Herzens nahm er Abschied von seinem Sohn Michael, der einen Ausbildungskurs als Linienpilot in Los Angeles antrat.

Ende Mai fuhr Arnold Zweig nach England, um den bereits schwerkranken Sigmund Freud zu besuchen. Der Gelehrte überreichte ihm ein Exemplar seines religionsphilosophischen Buches *Der Mann Moses und die monotheistische Religion*, das gerade in Amsterdam erschienen war[41], mit der Widmung »Seinem lieben Meister Arnold, 1939 London«. Es war die letzte Begegnung zwischen Arnold Zweig und Sigmund Freud.

Während seines Aufenthaltes in London – wo bereits Vorbereitungen und Luftschutzmaßnahmen für den Kriegsfall im Gange waren – sprach Zweig auch vor einem kleinen Kreis deutscher Emigranten, die einen »Deutschen Kulturbund« gegründet hatten. Unter ihnen war ein besonders aufmerksamer Zuhörer: Heinz Kamnitzer, ein junger Flüchtling, der später, als sich Zweig in Ost-Berlin niederließ, sein Gefährte und Begleiter wurde. Von ihm wird noch die Rede sein.

Nach einer angenehmen Seereise, auf der er Zeit fand, das Moses-Buch zu lesen, war Arnold Zweig froh, wieder in seinem Heim auf dem Karmel zu sein. Seine Frau und sein jüngerer Sohn erwarteten ihn bereits mit Ungeduld. Am 8. August schrieb er an Freud einen Brief voll Optimismus – allerdings ohne seine Trennung von Michael zu erwähnen:

> Seit einer Woche wieder daheim und glücklich, beeile ich mich, Ihnen zu sagen, wie tief ich von Ihrem *Moses* überzeugt und bewegt bin... So gehe ich mit guten Prognosen in eine neue Arbeitsperiode. Ob und wann wir von hier wegsiedeln, wird von den Resultaten dieser Periode abhängen...

Somit wiederholte sich zwischen 1936 und 1939 alljährlich dieselbe Szene: Arnold Zweig beabsichtigt, Palästina zu verlassen und beruft sich dabei auf wirtschaftliche Gründe. Er macht Pläne, erwägt Möglichkeiten, hält Ausschau nach freien Ländern (deren Zahl ständig kleiner wird), unternimmt eine Reise, um die Lage an Ort und Stelle zu prüfen – und kehrt dann wieder nach Palästina zurück. Die drei letzten Friedensjahre sind für den Schriftsteller ein ständiges Schwanken zwischen Palästina und den Ländern der westlichen Welt. Noch im August 1939, nach seiner Rückkehr aus Amerika, spielte er mit der Idee einer Übersiedlung. Aber die dramatischen Ereignisse, die bald darauf eintraten, zwangen ihn, alle diese Pläne aufzugeben.

Der Brief, den Zweig am 8. August nach London geschrieben hatte, blieb unbeantwortet. Als das Schreiben in London eintraf, lag Sigmund Freud im Sterben. Einen Monat lang kämpfte er gegen die unerbittliche Krankheit. Am 23. September war sein Leiden zu Ende. Der Tod des berühmten Gelehrten fand nur wenig Beachtung, denn seit Anfang September – nach dem deutschen Überfall auf Polen – waren Großbritannien und Frankreich im Kriegszustand mit dem Deutschen Reich. Die Würfel waren gefallen.

Zwölf Jahre – von 1927 bis 1939 – dauerte der Briefwechsel zwischen Zweig und Freud. Er ist eine Quelle wertvoller Informationen über das Leben und Denken des Schriftstellers. Die Korrespondenz wurde 1968 veröffentlicht[42], wofür Ernst L. Freud, dem Sohn des Gelehrten, und Dr. Adam Zweig, dem Sohn des Schriftstellers, Dank gebührt. Denn wenn auch zahlreiche Briefe von Sigmund Freud (unter anderen an die Schriftstellerin Lou Andreas-Salomé[43] und an die Psychologen Karl Abraham und Oskar Pfister) veröffentlicht wurden, so gilt das nicht für Arnold Zweig. Der Briefwechsel zwischen Freud und Zweig ermöglicht es, Näheres über die materiellen und psychischen Probleme, mit denen der Schriftsteller zu kämpfen hatte, zu erfahren. Darüber hinaus findet man in ihm all die Themen, die die beiden Männer in jener dramatischen Epoche beschäftigten: zeitgenössische Literatur, die Judenfrage, ihre Reaktionen und Unruhe angesichts der Ausdehnung des Faschismus, das Leben im Exil. Auch die Psychoanalyse nimmt darin einen wichtigen Platz ein, und dies schon im ersten Brief, wo von dem Buch *Caliban – Politik und Leidenschaft* die Rede ist, das den Antisemitismus als Phänomen einer Gruppenpsychose behandelt. Zweig drückte stets seine Bewunderung für die Methode und ihren Schöpfer aus. Er selbst beschäftigte sich mit der Psychoanalyse, unterzog sich in Haifa einer Behandlung und teilte Freud seine Beobachtungen mit. Bei der Lektüre dieser Briefe wird es klar, warum psychologische Probleme so oft in seinen Werken wiederkehren.[44] Und es ist sicherlich kein Zufall, daß Dr. Adam Zweig, der jüngere Sohn des Schriftstellers, heute ein Spezialist auf dem Gebiet der Psychiatrie ist.

Außerdem interessierte sich Zweig für das Thema, das Freud in den letzten Jahren seines Lebens beschäftigte: War Moses ein Ägypter? Er unternahm selbst Forschungen, deren Ergebnisse er dem Gelehrten mitteilte und die wohlwollend aufgenommen wurden.[45]

Der Briefwechsel zwischen den beiden Männern zeichnet sich durch große Herzlichkeit, aber auch durch gegenseitige Achtung aus. Zweig gebraucht bei seinen Briefen oft die Anrede »Lieber Vater Freud«, manchmal sogar »Liebster Vater Freud«, während Freud seine Briefe von 1932 an mit »Lieber Meister Arnold« beginnt, nachdem er ihn einige Male zum Doktor »promoviert« hatte. Nicht immer sind Freud und Zweig derselben Meinung. Als Zweig, getreu seinen pazifistischen und sozialistischen Anschauungen, im November 1930 seinen Freund bittet, einen Aufruf »gegen den kapitalistischen Wirtschaftswirrwarr« zu unterzeichnen, lehnt Freud höflich, aber bestimmt ab; er möchte nicht, erklärt er, den Eindruck einer Parteinahme für das kommunistische Ideal erwekken.[46] Der Vater der Psychoanalyse äußert auch seine Bedenken, als Zweig ihm am 8. Juli 1934 seine Absicht mitteilt, einen Roman über Nietzsche, den Mißbrauch seines Werkes durch den Nationalsozialismus und die freudianischen Züge seiner Persönlichkeit zu schreiben. Es ist zu bedauern, daß Zweig daraufhin dieses heikle, aber faszinierende Thema wieder aufgab, denn vielleicht hätte er einen wertvollen Beitrag zu diesem oft diskutierten, aber ungenügend erforschten Aspekt des deutschen Philosophen geliefert. Erwähnenswert ist auch Freuds erschrockene Reaktion, als der Schriftsteller ihm vorschlägt, sein Biograph zu werden. Freuds Antwort ist kategorisch:

> Nein, ich liebe Sie viel zu sehr, um solches zu gestatten. Wer Biograph wird, verpflichtet sich zur Lüge, Verheimlichung, Heuchelei, Schönfärberei und selbst zur Verhehlung seines Unverständnisses, denn die biographische Wahrheit ist nicht zu haben, und wenn man sie hätte, wäre sie nicht zu brauchen... (31. Mai 1936)

Zweig muß also auch auf dieses Projekt verzichten. Wenn man an die monumentale Freud-Biographie von Ernest Jones denkt, kann man sich die Größe der Aufgabe vorstellen, die Zweig erwartete, wenn Freud seine Zustimmung gegeben hätte.[47]

In dem Vorwort zur französischen Ausgabe dieses Briefwechsels[48] analysiert Marthe Robert, Autorin von zwei Büchern über Freud und die Psychoanalyse[49], die tieferen Ursachen der freundschaftlichen Beziehungen zwischen den beiden Männern sowie die Faktoren, die Zweig geholfen haben, besser als viele andere die Entdeckungen Freuds zu verstehen. Sie betont auch die Zuneigung, die Freud für diesen willigen Schüler und Bewunderer empfand, und kommt schließlich zu der folgenden Feststellung: Beide hatten – mit 30 Jahren Abstand[50] – ähnliche Erlebnisse in ihrer Jugend durchgemacht: Ihre Väter waren wirtschaftlich ruiniert worden; beide erlebten nicht nur bittere Armut, sondern auch die Verachtung christlicher Mitschüler und antisemitischer Hochschulprofessoren. Schließlich hatten beide von ihren Familien her eine solide Grundlage jüdischer Tradition mitbekommen, »losgelöst von aller Religiosität«, was ihnen ermöglichte, sich den kühnsten intellektuellen Abenteuern zu widmen, sie aber gleichzeitig an eine überaus strenge humanistische Moral band.

> ... Dieser Tatsache, die vielen assimilierten deutschen Juden gemein war, waren sich beide Männer vollauf bewußt, was viel zu ihrer Annäherung beitrug.[51]

Nichtsdestoweniger waren die Meinungsverschiedenheiten zuweilen beträchtlich. Marthe Robert bringt sie auf folgende Formel:

> Instinktiv mißtraut Freud jeder Ideologie. Zweig ist bereit, jede Ideologie aufzugreifen, vorausgesetzt, daß sie ihm irgendwie einen »Fortschritt« verspricht.[52]

Das könnte die kühle Haltung Freuds gegenüber dem Zionismus und im Gegensatz dazu die ursprüngliche Begeisterung Zweigs für diese Idee erklären.[53]

Der Briefwechsel zwischen Sigmund Freud und Arnold Zweig bietet eine anregende und aufschlußreiche Lektüre, um so mehr, als diese lebendigen und spontanen Briefe nicht zu einem didaktischen Zweck oder im Hinblick auf die Nachwelt geschrieben wurden. Daher bleiben sie eine wichtige Quelle für alle, die sich für die Schriftsteller und Gelehrten interessieren, die einen Teil ihres Lebens im Exil verbringen mußten.

3. Ein Schriftsteller in Kriegszeiten (1939–1942)

Palästina und der Zweite Weltkrieg

Als am 3. September 1939 nach dem Überfall auf Polen, Großbritannien und Frankreich Hitler den Krieg erklärten, prägte David Ben Gurion, der Präsident des Exekutivkomitees der Jewish Agency, ein Wort, das in die Geschichte eingehen sollte:

> Wir werden gegen Hitler kämpfen, als ob es kein Weißbuch gäbe, und wir werden gegen das Weißbuch kämpfen, als ob es keinen Hitler gäbe.

Von Anfang an rüsteten sich die Juden Palästinas für die erste dieser Aufgaben: den Krieg gegen Hitler. 136000 Freiwillige – fast die gesamte jüdische Bevölkerung im Alter zwischen 18 und 50 – stellten sich für den Kriegseinsatz zur Verfügung. Viele der Jüngeren traten als Freiwillige in die britische Armee ein. Mit der Aufschrift »Palestine« auf ihren Achselstücken waren jüdische Soldaten bei allen Kämpfen, aber auch bei allen Niederlagen dabei, die die Briten und ihre Verbündeten in den ersten Kriegsjahren erlitten: Man sah sie in Dünkirchen, in Griechenland (wo sie als letzte evakuiert wurden, so daß tausend von ihnen den Deutschen in die Hände fielen); sie kämpften in Kreta, Tobruk, Äthiopien und El Alamein. Eine Kompanie war in Ägypten bei den französischen Truppen des General Koenig. Nach der heroischen Verteidigung von Bir-Hakeim wurde ihnen gewährt, was die britische Armee ihnen bis dahin verweigert hatte: das Recht, ihre eigene Fahne zu hissen – den Davidstern auf blauweißem Grund –, die 1948 die Flagge Israels wurde.[1]

Inzwischen begann auch die Zivilbevölkerung, die Auswirkungen des Krieges zu spüren. Der Nahe Osten, und besonders Ägypten und Palästina, verwandelte sich nach und nach in eine riesige Militärbasis und wurde der Umschlagplatz für Truppen aus allen Erdteilen. Dies wirkte sich günstig für die wirtschaftliche Lage Palästinas aus, denn die zahlreichen Militärlager beschäftigten viele Arbeitskräfte und tätigten große Einkäufe. Die ganze Gegend wurde zu einem Nachschubzentrum für die alliierten Armeen.[2] Aber dadurch wurde das Land auch zu einem wichtigen militärischen Ziel für die feindlichen Armeen. Im Juli 1940 ließ Mussolini, der nach der Kapitulation Frankreichs in den Krieg eingetreten war, Haifa bombardieren, die Stadt, in der Arnold Zweig lebte. 46 Zivilisten wurden getötet. Am 9. September wurde Tel Aviv angegriffen; man zählte 120 Tote und 151 Verletzte in den Wohngegenden. Am 21. November wurde Haifa erneut bombardiert; eine Bombe traf eine Moschee und forderte zahlreiche Opfer. Im Frühjahr 1941 näherte sich der Krieg zum ersten Mal den Grenzen Palästinas: Im syrischen Feldzug zwangen die britische Armee und die freien französischen Truppen nach harten Kämpfen den Vichy-General Dentz, mit seiner Armee zu kapitulieren.[3] Während dieses Feldzuges unterstützten Einheiten der »Haganah« die alliierten Streitkräfte durch Erkundungsaktionen im feindlichen Gebiet.

So nahm der Jischuw aktiv am Krieg gegen den Faschismus teil. Aber die englische Palästina-Politik änderte sich dadurch keineswegs. Die Verfügungen des Weißbuchs blieben weiterhin in Kraft, und die britische Flotte, die im Kampf gegen die deutschen und italienischen Luft- und Seestreitkräfte stand, machte trotzdem weiter Jagd auf die wenigen Flüchtlingsschiffe, die noch aus Europa kamen.[4]

Die Spannung zwischen dem Jischuw und der Mandatsmacht hielt also an. Es war in der Tat – wie Ben Gurion es formuliert hatte – ein »doppelter Krieg«, den die Juden Palästinas führen mußten.

Hinwendung zum Kommunismus?

Seit Beginn des Krieges sah sich Arnold Zweig mehr und mehr isoliert. Er war praktisch ohne Verbindung zu seinen Freunden und Briefpartnern in Europa. Nach dem deutschen »Blitzkrieg« im Mai-Juni 1940 verlor er auch den Kontakt mit den emigrierten Intellektuellen in Paris und vor allem mit seinen Verlegern in Holland. Das bedeutete, daß der Schriftsteller nun keine Möglichkeit mehr hatte, ein Buch oder auch nur einen Zeitungsartikel zu veröffentlichen, außer vielleicht in Moskau. Aber was sollte er von der Sowjetunion denken, die jetzt eine wohlwollende Haltung gegenüber denen einnahm, die sich stets als die größten Feinde des Kommunismus bezeichnet hatten? Nach dem Nichtangriffspakt vom 23. August 1939 hatte Stalin das besiegte Polen mit Hitler geteilt. Der Angriff auf Finnland (Dezember 1939) hatte die Weltöffentlichkeit empört und zum Ausschluß Rußlands aus dem Völkerbund geführt. Die Sowjetunion hatte der Besetzung Dänemarks, dem Überfall auf Norwegen und dem Angriff auf Holland, Belgien, Frankreich und Jugoslawien tatenlos zugesehen. Nach der Niederlage Frankreichs war es England allein, das unter Führung Winston Churchills dem Faschismus die Stirn bot. Um Hitler gefällig zu sein, hatte Sowjetrußland die Beziehungen zu den Exilregierungen der besetzten Länder abgebrochen und lieferte nun seinem Nachbar lebenswichtige Güter. Wie konnte man da prosowjetische Ansichten äußern?

Trotzdem suchte Zweig in dieser Zeit zunehmend den Kontakt mit kommunistischen Kreisen. Er besuchte ihre Versammlungen und machte Bekanntschaft mit emigrierten kommunistischen Schriftstellern und Journalisten wie Louis Fürnberg[5] und Rudolf Hirsch[6]. Schalom Ben-Chorin hat dafür folgende Erklärung:

> Die sprachliche Isolierung wurde zu einer seelischen, und so geriet der alte Zionist mehr und mehr in den Bannkreis der Kommunisten im Lande, die auch deutschsprachige Zirkel (unter Leitung von Louis Fürnberg in Jerusalem) gebildet hatten.[7]

Eine andere Ansicht vertritt Eberhard Hilscher, Arnold Zweigs Biograph in der DDR.[8] Er meint, daß der Schriftsteller einzusehen begann, daß die Wirklichkeit Palästinas nicht seinem Ideal entsprach, nämlich »einem abstrakten israelitischen ›Gerechtigkeitsstaat‹ privatgenossenschaftlich-sozialistischer Prägung«. Deshalb zögerte er nicht, eine »grundlegende weltanschauliche Neuorientierung« vorzunehmen.[9]
Gerade zu diesem Zeitpunkt (Sommer 1940) erhielt Zweig aus Moskau mehrere Broschüren, die die Grundprobleme der kommunistischen Ideologie in deutscher Sprache behandelten. Unter anderem nennt Hilscher folgende Titel:

Marx/Engels:	*Manifest der Kommunistischen Partei*
	Revolution und Konterrevolution in Deutschland
Marx:	*Die Klassenkämpfe in Frankreich 1848–50*
Engels:	*Der deutsche Bauernkrieg*
Lenin:	*Der Imperialismus als höchstes Stadium des Kapitalismus*
Marx/Engels/Lenin:	*Marxismus (ausgewählte Aufsätze)*

Laut Hilscher hatte Zweig ihm im Laufe einer Unterredung anvertraut, daß diese Lektüre auf ihn »außerordentlich befruchtend und befreiend« gewirkt habe. Der Schriftsteller habe dabei auch auf die bedeutende Rolle von Rudolf Hirsch hingewiesen, der ihm oft die Texte vorgelesen habe und in Fragen der Ideologie sein Mentor gewesen sei.[10] »Seit 1940« – meint Hilscher abschließend – »erkannte er sich als ›marxistischen Sozialisten‹«.
Diese Erklärung erscheint jedoch wenig überzeugend. Arnold Zweigs Sympathien für die Sowjetunion, und in gewissem Maße auch für den Kommunismus, waren keineswegs neu, und er hatte daraus nie einen Hehl gemacht. Bereits 10 Jahre zuvor hatte er – wie schon erwähnt – Sigmund Freud aufgefordert, einen Aufruf zugunsten der Sowjetunion zu unterschreiben.[11] Zwischen 1920 und 1930 war er Mitglied der »Ge-

sellschaft der Freunde der Sowjetunion« gewesen.[12] Nach seiner Emigration schrieb er von Juli 1936 an in der Wochenschrift *Das Neue Tage-Buch*, dem verbreitetsten Emigrantenblatt, eine Artikelserie unter dem Titel »Der spaltende Wahn«, wo er gegen die antikommunistische Propaganda protestierte, die von Deutschland aus seit dem französisch-sowjetischen Beistandspakt vom Mai 1935 betrieben wurde.[13] Der Autor betont, daß er weder für noch gegen den Kommunismus plädiere, sondern lediglich die von den »Interessenten des Trust-Kapitals« erfundenen Wahngebilde bekämpfen wolle, die sich auf die Formel bringen lassen: »Hitler wird uns viel nehmen, die Kommunisten jedoch alles.« Zweig erwidert darauf, daß selbst der radikalste Kommunismus lediglich wünsche, dem deutschen Volk das zurückzugeben, was »das Monokapital und seine Gesellschaft« diesem Volke schon zu Zeiten Wilhelms I. genommen habe. Er schließt den ersten Artikel mit einem Lob auf die neue russische Verfassung, die er als ein historisches Ereignis »von mächtiger Tragweite« betrachtet, einen Übergang zu einer neuen Form der Demokratie, wie sie Lenin immer wollte. »Wir sind der Überzeugung, daß Wahrheit, Glück und Gerechtigkeit dabei auf ihre Kosten kommen.«

Das *Neue Tage-Buch* hatte stets eine »linksliberale« Haltung eingenommen. Den Zweig-Artikel hält der Exilforscher H.-A. Walter jedoch für den Höhepunkt einer Entwicklung, und er meint, nie zuvor habe das *Neue Tage-Buch* »so weit links« gestanden. Zweigs Neutralitätsbezeugung (»weder für noch gegen den Kommunismus«) hält Walter für eine rhetorische Floskel: »Zumindest seiner Sympathie hat er unmißverständlich Ausdruck gegeben.«[14]

Es kann also kein Zweifel darüber bestehen, daß Arnold Zweigs Interesse für den Marxismus schon lange vor der Lektüre der Moskauer Broschüren und auch vor den Kontakten mit Rudolf Hirsch bestanden hat. Neu war sein Bekenntnis als »marxistischer Sozialist«.

Dabei sollte allerdings nicht übersehen werden, daß Zweig diese Erklärungen zu einer Zeit abgab, als er bereits in Ost-Berlin war. Man muß also die Frage stellen, ob nicht außer den von Ben-Chorin und Hilscher angeführten Gründen vielleicht auch noch andere Motive mitspielten, die seine Hinwendung zur Sowjetunion und zur marxistischen Doktrin erklären könnten. Wie schon erwähnt, war Arnold Zweig nach der Eroberung Westeuropas durch die deutschen Armeen von seinen Haupteinnahmequellen abgeschnitten. Die beiden Amsterdamer Verlagshäuser, welche die Bücher der exilierten Schriftsteller herausbrachten, hatten ihre Tätigkeit eingestellt, desgleichen die Emigrantenzeitungen und -zeitschriften, die in Paris herausgekommen waren. Die Postverbindungen mit England und den USA waren langsam und unsicher, die Invasion der britischen Inseln schien imminent, und die Schlacht um den Atlantik hatte gerade begonnen. Dagegen waren die Verbindungen mit Rußland über die neutralen Staaten des Nahen Ostens intakt geblieben. Aus Moskau erhielt der Schriftsteller jetzt regelmäßig Honorare. Dieses Geld sicherte ihm und seiner Familie ein Auskommen, während die Lage der meisten emigrierten Schriftsteller immer kritischer wurde.

Bevor aber Schlüsse gezogen werden, dürfte es angebracht sein, die Existenzbedingungen eines emigrierten Schriftstellers genauer zu untersuchen.

Existenzprobleme eines Schriftstellers im Exil

Im zweiten Band seines Werkes über die Exilliteratur[15] gibt Hans-Albert Walter eine Übersicht über die Lebensbedingungen der exilierten Schriftsteller und Journalisten. Trotz des Bestehens von Exilverlagen und Zeitschriften, die von Emigranten redigiert wurden, lebten die meisten von ihnen unter äußerst schwierigen materiellen Bedingungen. Man sah es schon bei Arnold Zweig: Das Fehlen eines größeren deutschsprachigen Publikums hatte zur Folge, daß die Auflagen der von Emigranten produzierten deutschen Bücher und Zeitschriften[16] meist bescheiden waren. Die zwei Amsterdamer Verleger, Querido und Allert de Lange, brachten die erste Auflage eines Buches in 3000 Exemplaren heraus. Höhere Auflagen waren selten; nur in wenigen Fällen waren es mehr als 10000. Autoren wie Erich Maria Remarque (berühmt geworden durch *Im Westen nichts Neues*) und Vicky Baum (*Menschen im Hotel*) erreichten eine Verkaufsziffer von 15–20000. Aber das waren Ausnahmen. Für Arnold Zweig bedeutete es schon einen großen Erfolg, als er erfuhr, daß wenige Wochen nach dem Erscheinen von *Erziehung vor Verdun* 3000 Exemplare abgesetzt worden waren. »Das ist heute viel, denn unsere Leser verarmen«, kommentierte er in einem Schreiben an Freud (22. November 1935).

Für die Verleger[17] war die Exilliteratur kein gutes Geschäft, zuweilen sogar ein großes Risiko. Nur die Häuser, die über genügend Kapital und hinreichenden Kredit verfügten, waren in der Lage, Bücher von deutschen Emigranten laufend und in größerer Auflage herauszubringen.[18] Obgleich die Verleger die Honorare ihrer Autoren monatlich im voraus bezahlten und darüber hinaus den in Not befindlichen Schriftstellern oft größere Summen vorschossen, reichte dieses Geld kaum für ein Existenzminimum. Die monatlichen Tantiemen lagen zwischen 150 und 200

Mark[19]; das Maximum (gezahlt an Heinrich Mann, Queridos bedeutendsten Autor) waren 400 Mark.
Auch in der Sowjetunion bestanden Verlagshäuser, die Werke exilierter deutscher Autoren herausbrachten, wie z. B. Bertolt Brecht, Egon Erwin Kisch, Anna Seghers, Lion Feuchtwanger und Heinrich Mann.[20] Aber es war für die Autoren schwierig, ihre Honorare zu kassieren, denn die sowjetischen Gesetze untersagten den Transfer von Geld ins Ausland. Doch wurden Ausnahmen gemacht, wenn es sich um bedeutende Summen handelte; in solchen Fällen erhielt der Autor alle drei Monate eine Überweisung von 300 Goldrubel – zu jener Zeit ein ziemlich großer Betrag. Große Tantiemen waren mit der Veröffentlichung eines deutschen Buches freilich nicht verbunden; die häufigste Einnahmequelle für die Schriftsteller waren Übersetzungen. »Ohne diese Tatsache« – schrieb in seiner April/Mai-Nummer 1937 das Moskauer *Wort* – »wäre diesen Schriftstellern ein Produzieren fast unmöglich«. In derselben Nummer schreibt Arnold Zweig:

> Als ich aus Deutschland floh, wußte ich, daß, was ich auch immer aufgäbe, meine Leser in der Welt, außerhalb der braunen Pest, meine Bücher weiter lesen würden. Ich hatte ein gewisses Existenzminimum verbürgt.

Zweig hatte die Lage richtig eingeschätzt, denn er gehörte zu den emigrierten Schriftstellern, deren Bücher in mindestens 10 Sprachen übersetzt wurden. Zu ihnen zählten noch Thomas und Heinrich Mann, Lion Feuchtwanger, Arthur Koestler, Erich Maria Remarque, Vicky Baum, Anna Seghers, Franz Werfel und Stefan Zweig. Eine ähnliche Auflage erreichten die Bücher von Bertolt Brecht und Alfred Döblin. Absatzmärkte für diese Übersetzungen waren seit Mitte 1940 vorwiegend die englischsprechenden Länder und die Sowjetunion (Frankreich fiel seit 1940 aus).
In England und in den USA hing die Auflagenzahl im allgemeinen davon ab, ob ein Buch von einem der großen »Buchclubs«, die eine hohe Mitgliederzahl hatten, angenommen wurde, wie zum Beispiel von der »Book Society« in London oder den zwei großen amerikanischen Clubs »Literary Guild« und »Book of the Month Club«, deren Erstauflagen oft 100000 Exemplare erreichten. Für Arnold Zweig war es ein großes Ereignis, als Ende 1936 *Erziehung vor Verdun* zum »Buch des Monats« von dem letztgenannten Club gewählt wurde. In seinem Brief an Freud vom 1. Februar 1937 spricht er von einem Wunder, das es ihm in jenen Tagen möglich machte, seine Finanzen zu sanieren. Aber das Wunder wiederholte sich nicht. Die Hoffnung, daß auch sein nächstes Werk, *Einsetzung eines Königs*, die gleiche Ehrung erhalten werde, erfüllte sich nicht. Dar-

aus geht hervor, daß selbst bei den meistübersetzten Schriftstellern die Einkünfte ungewiß waren, desgleichen die Honorare für in der Exilpresse erscheinende Artikel, denn die finanziellen Mittel der zahlreichen deutschsprachigen Emigrantenzeitungen und -zeitschriften (es gab deren etwa 400) waren begrenzt. Arnold Zweig schrieb gelegentlich – neben seinen Beiträgen für das *Pariser Tageblatt*, die *Neue Weltbühne* und *Das Wort* – Artikel für die in Deutsch oder Englisch erscheinenden Tageszeitungen Palästinas (*Jediot Chadaschot, Palestine Post*).
Eine weitere Einkommensquelle waren die Honorare für Vorträge. Manche Autoren von Weltruf (zum Beispiel Thomas Mann) konnten während einer Vortragstournee durch ein Land wie die USA beträchtliche Summen einnehmen. Arnold Zweig befand sich nicht in dieser glücklichen Lage, obwohl er zahlreiche literarische Vorträge in Haifa, Tel Aviv und Jerusalem hielt. Da war zunächst die Schwierigkeit, einen geeigneten Saal zu finden. Der Schriftsteller hielt seine Vorträge in Privatwohnungen, in Buchhandlungen, einmal sogar in einem Lampengeschäft... Die Honorare hingen von der Großzügigkeit der Zuhörer ab. »Nach der Lesung« – berichtet sein Freund Heinz Kamnitzer – »machte ein Teller die Runde und ein jeder gab, was er erübrigen konnte«.[21]
Zweig hatte es somit schwer, mit seinen Einnahmen auszukommen, vor allem, da er – zumindest bis 1939 – einen ähnlichen Lebensstandard wie in Berlin aufrechterhalten wollte. Seit 1934 bewohnte er mit seiner Familie ein einstöckiges Haus, das »Beth Moses«, mit einem Arbeitszimmer im Erdgeschoß. Eine derartige Wohnung war zwar kein Luxus, stellte aber in Palästina eine starke finanzielle Belastung dar, und die Miete verschlang wahrscheinlich einen Großteil des Budgets. Ein wenig später erstand er einen Gebrauchtwagen – bei den unzureichenden Verkehrsmitteln[22] eine Notwendigkeit für jemanden, der viel herumfuhr, aber auch mit hohen Kosten verbunden. Es ist also nicht erstaunlich, daß er am 12. August 1934 Freud mitteilte, daß er viel mehr ausgebe als einnehme... Außerdem war er auf eine ständige Sekretärin angewiesen, da er seine Bücher und Artikel diktieren mußte. Auch die Ärztehonorare waren beträchtlich, nicht nur für seine Augenbehandlung, sondern auch für die psychoanalytischen Konsultationen, zu denen er auch seine Frau und seinen Sohn Michael schickte. Als er gerade damals für sein Buch *Erziehung vor Verdun* eine ansehnliche Summe von dem »Book of the Month Club« erhielt, schrieb er an Freud:

> Ohne solche Ausnahmen kommen wir gerade so durch, weil Dita und Michi in Analyse waren, oder besser noch sind, Zahnärzte, meine Kur, und Ärztehonorare, die hohen Mieten – 14 Pfund[23] pro Monat! – und Gehälter uns sehr belasten. Ich kann mir keine Taxifahrten über Land

leisten, und so werde ich diesen Frühling wohl wenig vom Lande sehen... (1. Februar 1937)

Hinzu kam, daß er bis 1939 jedes Jahr eine Reise nach Europa – und einmal sogar nach Amerika – unternahm. Diese Reisen belasteten natürlich das Familienbudget sehr.

Seit Kriegsbeginn war der Schriftsteller genötigt, seinen Lebensstandard zu senken, denn die Honorare aus Europa und selbst aus Amerika gingen nicht mehr ein. Jetzt begannen wirklich schwere Zeiten – nicht nur für Arnold Zweig, sondern für alle emigrierten Schriftsteller. Wovon sollten vor allem die Flüchtlinge leben, die Deutschland und Österreich völlig mittellos verlassen hatten? Zum Glück gab es Hilfsaktionen für die notleidenden emigrierten Intellektuellen. Die bedeutendste war – dank der Bemühungen eines Emigranten, Hubertus Prinz zu Löwenstein – die Gründung der »American Guild for German Cultural Freedom« (April 1935), welche Unterstützung durch namhafte politische Persönlichkeiten (so übernahm zum Beispiel der Gouverneur von Connecticut das Amt des Präsidenten), Männer der Filmindustrie, Verlagshäuser und die »German Departments« der amerikanischen Universitäten erhielt. Mit Hilfe dieses Fonds konnte die »Guild« Stipendien verteilen, die den Schriftstellern ermöglichten, bereits begonnene literarische Arbeiten zum Abschluß zu bringen. Außerdem wurde eine monatliche Beihilfe von 30 Dollar festgesetzt – eine bescheidene Summe, aber für die meisten Empfänger (zu denen auch Arnold Zweig gehörte) die wichtigste Einnahmequelle.[24]

Die »American Guild« (Generalsekretär: Hubertus Prinz zu Löwenstein) war im wesentlichen eine Finanzierungsgesellschaft. Die Institution, die sich mit den kulturellen Aspekten dieser Tätigkeit befaßte – Auswahl der »Stipendiaten«, Veröffentlichung von ausgewählten Werken aus der Produktion emigrierter Schriftsteller – war die »Deutsche Akademie im Exil«, die 1936 mit Fonds der »American Guild« ins Leben gerufen wurde. Sie bestand aus einer Gruppe berühmter Schriftsteller und Gelehrten: Thomas Mann wurde zum Vorsitzenden der Abteilung »Literatur« gewählt, Sigmund Freud stand an der Spitze der Abteilung »Wissenschaften«. Der Senat der Akademie zählte im Jahre 1937 21 Mitglieder; ihre Zahl stieg mit der Zeit auf 46 im Jahre 1940, darunter Alfred Döblin, Lion Feuchtwanger, Thomas und Heinrich Mann, Robert Musil, Ernst Toller, Franz Werfel, Arnold und Stefan Zweig. Der offizielle Zweck der Akademie war, »die von der ›American Guild‹ erhaltenen Gelder bedürftigen, wertvollen künstlerischen und wissenschaftlichen Kräften, Schriftstellern, Musikern und Gelehrten zuzuführen«. Alle dem »deutschen Kulturkreis« Angehörenden hatten ein Anrecht

auf diese Stipendien, ohne Rücksicht auf Religion, Rasse, Nationalität und politische Bindung. Die für Stipendien und Beihilfe aufgebrachte Summe betrug insgesamt 30000 Dollar, die Zahl der Stipendien mindestens 160.
Die Tätigkeit dieser beiden Institutionen, die in den Annalen der Literaturgeschichte einzig dastehen, fand am 31. Dezember 1940 unter bisher ungeklärten Umständen ihr Ende.[25]

Verbannt und mißachtet?

Ab 1941 waren praktisch keine Mittel mehr verfügbar, um den emigrierten Schriftstellern zu helfen. Die großen Verlagshäuser existierten nicht mehr, die amerikanischen Quellen waren versiegt. Zwar wurden die exilierten Intellektuellen ebenso wie alle anderen Flüchtlinge von den diversen christlichen und jüdischen Hilfsorganisationen[26] mitbetreut, aber diese Unterstützung war recht bescheiden, da die Zahl der Flüchtlinge durch den Vormarsch der deutschen Armeen ständig anwuchs. Es bestand außerdem noch ein Hilfsfonds für die Mitglieder der kommunistischen und sozialistischen Parteien (d. h. der II. und III. Internationale), die sogenannte »Rote Hilfe«. Laut einem Bericht von Heinz Kamnitzer erhielt auch Arnold Zweig eine Zuwendung von der »Roten Hilfe«; Kamnitzer soll diese Summe selbst überbracht haben.[27]
Alle diese Quellen waren, wie gesagt, Anfang 1941 versiegt. Nur die sowjetischen Verleger schickten weiterhin vierteljährlich 300 Goldrubel den bedeutenderen Autoren, die in ihren Listen aufgeführt waren. Für einen Schriftsteller wie Arnold Zweig, der keine andere Möglichkeit hatte, Bücher zu veröffentlichen, war dies von 1941 an die bedeutendste Einnahme; ohne diese Zahlungen wäre er wahrscheinlich in einer sehr schwierigen Lage gewesen.
Arnold Zweig war sich dieser Tatsache wohl bewußt. Während eines Spaziergangs mit Schalom Ben-Chorin auf dem Karmel sagte er nicht ohne Bitterkeit:

> Ich bin wie der Prophet Elia, weil ich auf dem Karmel wohne. Nur ihn ernährten die Raben, mich ernähren die Russen.[28]

Es ist daher kein Wunder, daß im Laufe der Zeit ein Gefühl der Dankbarkeit für diejenigen entstand, die ihm ein zwar bescheidenes, aber doch angemessenes Auskommen verschafften.
Dies soll jedoch keineswegs heißen, daß die Sympathien Arnold Zweigs für die Sowjetunion und den Kommunismus auf rein finanziellen Erwägungen beruhten. Eine derartige Haltung stünde nicht im Einklang mit

dem Charakter des Schriftstellers; außerdem wurde bereits erwähnt, daß diese Sympathie schon lange vor dem Krieg bestanden hatte. Hier liegt vielmehr ein Zusammenwirken verschiedener Faktoren vor: die immer stärker werdende Isolierung Zweigs von seiner Umgebung, die Verschlechterung seiner wirtschaftlichen Lage, der Bann, mit dem die deutsche Sprache mehr als je belegt wurde, und schließlich die Verbindung mit den sowjetischen Verlegern.[29] Das alles mag dazu beigetragen haben, daß der Schriftsteller dem zionistischen Ideal den Rücken kehrte und den aus Moskau kommenden Worten Gehör schenkte.

Es könnte hier der Eindruck entstehen, daß Arnold Zweig in Palästina selbst keine Ressourcen hatte und von den zuständigen Stellen des Jischuw keinerlei finanzielle Unterstützung empfing. Dies war glücklicherweise nicht der Fall. Bereits am 23. Februar 1940 schrieb er an die Deutschlandabteilung der Jewish Agency mit der Bitte um eine »Zuwendung«, die ihm gestatten würde, sich ohne unmittelbare Mietsorgen seiner Arbeit zu widmen.[30] Nach einer ersten Absage – begründet durch finanzielle Schwierigkeiten der Organisation[31] – erhielt Zweig Ende 1940 einen ersten Scheck über 40 Pfund in Form eines zinslosen Darlehens. Im Februar 1941 bekam er von der Vereinigung der deutschen Einwanderer (Hitachduth Oleh Germania) ein weiteres Darlehen von 25 Pfund. Erst später, im März 1943, wurde dem Schriftsteller eine monatliche Beihilfe von 25 Pfund gewährt, die dann auf 30 Pfund erhöht wurde. Ab 1944 erhielt Zweig dann noch von der Jewish Agency zusätzlich einmal im Jahr eine Summe von 100 Pfund. Diese Beihilfe wurde ihm regelmäßig ausgezahlt; die letzte Zahlung wurde am 19. Juni 1948 geleistet, einen Monat vor seiner Rückkehr nach Europa...
Arnold Zweig verfügte nun über ein durchschnittliches Einkommen von 460 Pfund im Jahr – eine für ihn bescheidene Summe, die etwa dem Gehalt eines subalternen Beamten entsprach. Es war jedoch eine Basis, die ihm ermöglichte, die dringendsten Ausgaben zu bestreiten. Zweig konnte sich dabei auf zwei führende Persönlichkeiten der zionistischen Bewegung verlassen, mit denen er unentwegt in Kontakt stand und die alles taten, um den Schriftsteller vor der schlimmsten Not zu bewahren: Georg Landauer[32], Leiter der Deutschlandabteilung der Jewish Agency, und Nahum Goldmann[33], der sich überall in der freien Welt um die Rettung der jüdischen Flüchtlinge aus dem besetzten Europa bemühte. Beide halfen auch Zweig, Artikel und Aufsätze in der jüdischen Presse unterzubringen und einen Verleger für seinen Roman *Das Beil von Wandsbek* zu finden. Mit Nahum Goldmann blieb Zweig auch nach seiner Übersiedlung nach Ost-Berlin in freundschaftlicher Korrespondenz.

Die oft von Kritikern des Jischuws vorgebrachte Behauptung, Arnold Zweig sei völlig seinem Schicksal überlassen worden, trifft also nicht zu.

Zweigs Isolierung war seit Anfang 1940 um so spürbarer geworden, als die an der jüdischen Bevölkerung im besetzten Polen begangenen Verbrechen bekannt wurden und die deutsche Sprache immer mehr aus dem öffentlichen Leben des Jischuw verbannt wurde. Offenbar äußerte Zweig seinen Unmut darüber, was zu Differenzen mit einigen seiner Freunde und sogar mit seiner ehemaligen Sekretärin Lily Laor führte, die jetzt in Tel Aviv wohnte. Als am 29. Februar 1940 die Juden einen Generalstreik ausriefen, um gegen neue Agrargesetze zu protestieren, ließ er seinen Gefühlen freien Lauf:

> Heute ist nun Streiktag, die Weisheit der Leute bekräftigend, die das Weißbuch für eine Kulisse hielten und darauf rechneten, es werde nie in Kraft treten. Arme Juden! Sie denken noch immer, Politik sei eine Sache der Wünsche und der Träume... Oder denkst Du anders? Du bist ja in vielem jetzt anderer Meinung als ich...[34]

Sein Zorn richtet sich wieder einmal gegen die »Hebräer«, ein Wort, das in seiner Terminologie diejenigen bezeichnete, die das Hebräische als alleinige Sprache durchsetzen wollten:

> ...Was jetzt für ein Theater gegen Dr. Kupferberg[35] gemacht wurde, der eine deutsche Druckzeitung herausgeben wollte, wird später von den arabischen Nationalisten gut verwendet werden, wenn es sich darum handeln wird, Hebräisch als Amtssprache auf einen kleinen Bezirk des Landes zu beschränken...

Bedenkliche Äußerungen, die ahnen lassen, daß er nicht mehr an einen jüdischen Staat glaubte...

Ein Jahr später hatte seine Abneigung gegen das »Land seiner Väter« einen Tiefpunkt erreicht. An Symptomen fehlte es nicht. Einem jungen Intellektuellen aus Berlin, der in einem Kibbuz lebte und im März 1941 zu dem Autor des *Grischa* kam, um ihm seine ersten literarischen Arbeiten in deutscher Sprache vorzulegen, gab er folgenden Rat:

> Junger Mann, es mangelt Ihnen nicht an Talent. Aber Sie müssen wissen: Hier in diesem Lande können Sie keinen Gebrauch davon machen. Hören Sie auf meinen Rat: Erfüllen Sie Ihre Pflicht, treten Sie in die britische Armee ein, um gegen Hitler zu kämpfen, und nach dem Siege gehen Sie zurück nach Europa – oder sonstwohin. Hier wird es Ihnen nicht gelingen, sich durchzusetzen.[36]

Etwa um die gleiche Zeit schrieb Zweig ein kleines Gedicht – »Emigration«[37] – im Stil der babylonischen Klagelieder:

Wir saßen verbannt und mißachtet
Am östlichen Mittelmeer,
Im Sommer verschwitzt und verschmachtet,
Im Winter von Güssen schwer...

In der letzten der fünf Strophen erinnert er sich an seine deutsche Heimat:

Und wo im fernsten Westen
Einst unser Deutschland wuchs,
Verbluten sich die Besten
Als Opfer des Betrugs.

Der Krieg kommt näher...

Als Rußland am 22. Juni 1941 von den deutschen Armeen angegriffen wurde, konnte Arnold Zweig endlich wieder aktiv werden. Kurz nach dem Beginn dieses neuen Krieges gründete er mit einigen Freunden eine Hilfsorganisation für die Sowjetunion, die den Namen »Liga V« erhielt.[38] Zweig, der den Vorsitz führte, entfaltete eine überaus große Tätigkeit. Er besuchte Städte und Dörfer, sprach vor Arbeitern und in öffentlichen Versammlungen, »nicht nur«, wie Eberhard Hilscher sagt, »um materielle Hilfsquellen zu erschließen, sondern er wollte auch eine umfassende Aufklärungskampagne einleiten und Vorurteile beseitigen«.[39] Am 21. Dezember richtete Arnold Zweig in Tel Aviv einen zündenden Aufruf an seine Mitbürger, der mit folgenden Worten endete:

> Allen Menschen dieses Landes aber sind die Russen die nächsten Europäer: hier stimmt die Geographie mit den Tatsachen unserer Geschichte überein. Darum rufen wir euch zu: Helft uns, Bewohner von Tel Aviv, Bewohner des Landes, setzt euch ein für unsere Sammlung, baut mit an der Ambulanz für die Rote Armee.[40]

Offensichtlich hatte diese Aktion Erfolg, denn nach und nach konnten sieben motorisierte Ambulanzen, ein Operationswagen und eine Apotheke ausgerüstet und der Roten Armee über Teheran zugeleitet werden. Wie war es möglich gewesen, eine so große Summe aufzubringen? Hilscher zitiert eine Erklärung Zweigs aus dem Jahre 1957:

> Die palästinensische Arbeiterschaft aus allen europäischen und moslemischen Ländern und das jüdische Bürgertum aus allen von Hitler überfallenen Staaten beteiligten sich an der Liga V.[41]

Man könnte annehmen, daß die Zahl der kommunistischen Sympathisanten unter den Juden und Arabern Palästinas sehr groß gewesen sei. In der Tat stützte sich die große Pionierbewegung des »Haschomer Hat-

za'ir«, die viele Kibbuzim gegründet hatte, auf die marxistische Lehre, und auch unter den Einwanderern aus Osteuropa gab es manche, die mit einer gewissen Nostalgie auf die russische Revolution zurückblickten. Aber die große Mehrheit des Jischuw – und besonders die religiösen Juden – hatte keinerlei Sympathie für den Kommunismus. Bei den Arabern stellte die Unvereinbarkeit des Islam mit der marxistischen Doktrin ein fast unüberwindliches Hindernis dar.
Bis zum 22. Juni 1941 war also die Einstellung des Jischuw gegenüber der Sowjetunion alles andere als günstig. Obgleich die Sowjetunion und der Kommunismus zu jenem Zeitpunkt nicht a priori als Feinde des jüdischen Volkes betrachtet wurden, hatte man weder die zweideutige Haltung der Sowjetunion gegenüber dem Zionismus noch den Nichtangriffspakt mit Deutschland, der den faschistischen Armeen den Weg geebnet hatte, vergessen. Aber der Eintritt der Sowjetunion in den Krieg gegen Hitler rief bei den Juden Palästinas eine Welle der Sympathie für das russische Volk und seine Armee hervor.

An einem heißen Augustnachmittag 1941 läutete es an der Tür von Arnold Zweigs Haus in Haifa; ein Besucher aus Jerusalem wünschte den Schriftsteller zu sprechen. Zweig, der gerade seine Siesta hielt, reagierte verärgert und weigerte sich, den Fremden zu empfangen. Der Besucher kehrte unverrichteter Dinge nach Jerusalem zurück.
So endete die erste »Begegnung« zwischen Arnold Zweig und Louis Fürnberg. Einen Monat später war der Kontakt hergestellt: Zweig besuchte einen Vortrag, den Fürnberg in Haifa hielt. Das war der Beginn einer Freundschaft und eines Briefwechsels, die sich über sechzehn Jahre – bis zum Tode Fürnbergs – erstreckten.
Louis Fürnberg, Journalist und Schriftsteller, stammte aus Mähren. 1938 wurde er als Kommunist und Jude von der Gestapo verhaftet und mißhandelt, was einen schweren Gehörschaden zur Folge hatte. Es gelang ihm, mit seiner Frau und einigen Freunden nach der Türkei zu flüchten. Ein englisches Truppentransportschiff nahm die Gruppe tschechischer Flüchtlinge in dem kleinen Mittelmeerhafen Mersin auf und setzte sie in Haifa an Land. Fürnberg und seine Frau, die beide dem Judentum völlig gleichgültig gegenüberstanden und eingeschworene Gegner des Zionismus waren, verbrachten fünf Jahre in Palästina, ohne jemals ihre Feindseligkeit gegenüber dem Lande und seinen jüdischen Bewohnern zu verbergen. Lotte Fürnberg, die Frau des Schriftstellers, bestätigte dies viele Jahre später in dem Vorwort zu einem Buch, das dem Werke ihres Mannes gewidmet war: [42]

Fünf Jahre verbrachten wir dann in diesem eigentümlichen, von heterogensten Interessen aufgewühlten Land, dessen Einwohner und Einwanderer Opfer perfidester imperialistischer Spekulationen sind...

Fürnberg selbst drückte seinen pathologischen Haß in einem längeren Gedicht aus, das im gleichen Buch unter dem Titel »Rige od Fere No. 2« abgedruckt ist.[43] Es genügt, einige Zeilen zu zitieren:

Ein Ghettovolk, jahrhundertlang gequält,
hat nichts gelernt und fühlt sich auserwählt
zu Knutenschwingen und zu Herrenton.
Von Bomben träumt die junge Generation,
das Hakenkreuz schlingt sich zum Zionsstern...

Im Jahre 1957 – wenige Monate vor seinem Tod – wiederholte Fürnberg, der inzwischen von Prag nach Weimar übergesiedelt war[44], seine Tiraden gegen das Land Israel und seine Bewohner, und dies in einer Festschrift, die anläßlich des 70. Geburtstages von Arnold Zweig herausgegeben wurde...[45] Die israelische Journalistin Alice Schwarz protestierte in *Jediot Chadaschot* (Januar 1958) gegen Fürnbergs Anschuldigungen und fügte hinzu: »Was sollen wir diesem Herrn erwidern, für den unser Land nie etwas anderes als ein Nachtasyl war?«

Aber Fürnberg war auch ein großer Bewunderer Arnold Zweigs, der 22 Jahre älter war, und unterhielt mit ihm von 1941 bis 1957 einen regelmäßigen Briefwechsel[46], in manchen Aspekten vergleichbar mit dem Briefwechsel zwischen Arnold Zweig und Sigmund Freud – wobei diesmal Zweig die Rolle des väterlichen Freundes übernahm, der sich bemüht, den Elan des jüngeren zu zügeln. Mit bemerkenswerter Geduld geht Zweig auf die Probleme Fürnbergs ein, dessen Gesundheitszustand oft zu Besorgnis Anlaß gibt, spricht ihm Mut zu, verleiht ihm sogar in der ersten Zeit hin und wieder den Doktortitel (wie einst Vater Freud dem Meister Arnold!), bis er schließlich zum Du übergeht. Andererseits verfällt Zweig niemals in den aggressiven und oft vulgären Ton, mit dem Fürnberg Menschen und Dinge kritisierte, die ihm nicht sympathisch waren.

Fürnberg kehrte 1946 mit seiner Frau nach Prag zurück, wo er im Informationsministerium für die kulturellen Beziehungen mit deutschsprachigen Ländern tätig war, bevor er (1954) nach Weimar übersiedelte. Er hat bei der Rückkehr Zweigs nach Deutschland eine wichtige Rolle gespielt.

Im Frühjahr 1942 war die Lage weiterhin kritisch: Trotz des Kriegseintritts der USA am 7. Dezember 1941 errangen die deutschen Armeen und ihre japanischen Verbündeten Sieg auf Sieg. Im Sommer 1942 näherten sich die Deutschen der Wolga bei Stalingrad; in Libyen und Ägypten

rückte Rommels Afrika-Korps auf Alexandria und das Nildelta vor; Tobruk fiel im Juli 1942, und der Suezkanal schien bedroht. Panikstimmung begann sich in den jüdischen Gemeinden der freien Welt auszubreiten: Sollten auch die Juden Palästinas unter die Herrschaft Hitlers geraten?
Doch der Jischuw ließ sich nicht beeindrucken. Ohne auch nur einen Augenblick an dem Sieg der Alliierten zu zweifeln, rüstete er sich in ruhiger Entschlossenheit für die Verteidigung des Landes. Die Mobilisierung der Freiwilligen wurde beschleunigt: viele junge Männer standen bereits an der Front und kämpften in den Reihen der britischen Streitkräfte oder mit den französischen Truppen des General Koenig. Im Lande selbst waren fast alle Männer und viele Frauen in der Verteidigungsorganisation »Haganah« organisiert, wobei jeder seine Aufgabe für den Ernstfall kannte. So erwartete der Jischuw den Feind, entschlossen – wie England im Jahre 1940 –, jede Stadt, jedes Dorf, jedes Haus zu verteidigen.
Aber auch jetzt hielt die Spannung zwischen Jischuw und Mandatsmacht an. Im Februar 1942 hatte sich auf dem Schwarzen Meer vor Istanbul ein furchtbares Unglück ereignet: Ein kleines bulgarisches Schiff mit 760 jüdischen Flüchtlingen an Bord, das versucht hatte, die Küsten Palästinas zu erreichen, war nach einer Explosion untergegangen. Es gab nur einen Überlebenden.[47]
Als die Nachricht von der Katastrophe nach Palästina gelangte, war die Empörung unbeschreiblich. Man beschuldigte offen den Hochkommissar Harold MacMichael, für den Tod der Flüchtlinge verantwortlich zu sein. Die Spannung zwischen der jüdischen Bevölkerung und der Mandatsmacht war größer als je zuvor. Der Vormarsch Rommels drängte zunächst diesen Konflikt zurück. Doch er flammte wieder auf, als im Herbst 1942 die 8. britische Armee das Afrikakorps aus Ägypten vertrieben hatte.

4. Deutsch als Sprache des Widerstands (1942–1945)

Die deutschsprachige Presse in Palästina

Im Frühling des Jahres 1942, als das Schicksal der Welt sich auf den Schlachtfeldern entschied, entschloß sich Arnold Zweig zu einem neuartigen und kühnen Unternehmen. Während er an einem Roman über den deutschen Widerstand gegen das Hitlerregime arbeitete[1], faßte er den Plan, eine politisch-literarische Zeitschrift in deutscher Sprache zu gründen und suchte die Mitarbeit von gleichgesinnten Schriftstellern und Journalisten. Wolfgang Yourgrau, von dem bereits die Rede war[2], erklärte sich bereit, an diesem Unternehmen teilzunehmen. Als Vorbild wurde die *Weltbühne* gewählt; die Zeitschrift sollte aktuelle Fragen wie auch literarische und wirtschaftliche Probleme behandeln. Ein Name war schnell gefunden: Es bestand noch eine Lizenz, die die Regierung für eine inzwischen eingegangene Wochenschrift erteilt hatte. Man konnte von dieser Lizenz Gebrauch machen, indem man der neuen Zeitschrift den gleichen Namen gab. So erschien im April 1942 in Haifa die erste Nummer der deutschsprachigen Zeitschrift *Orient*.
Vor einer eingehenden Analyse dieses bemerkenswerten Versuchs erscheint es notwendig, einen Blick auf die Geschichte der deutschsprachigen Presse in Palästina zu werfen.

In seinem Buch *Ich lebe in Jerusalem* hat Schalom Ben-Chorin, der 1935 ins Land kam, die Verwirrung und Ratlosigkeit der Einwanderer aus Deutschland angesichts des Sprachenproblems geschildert. Aber »nichts konnte ein Weiterleben der Muttersprache von Zehntausenden hemmen«. Allen Schwierigkeiten zum Trotz wurde der Versuch unternommen, eine – wenn auch bescheiden aufgemachte – Tageszeitung in Deutsch herauszubringen. Das erste deutsche Blatt kam 1934 unter dem anspruchsvollen Namen *Orient-Express* heraus. Es wurde in Beirut gedruckt und erschien als deutsche Version der französischen Zeitung *La Syrie*. Einige Monate lang fristete es ein kümmerliches Dasein; mehrmals wurden die Verkaufsstände angegriffen, die Verkäufer bedroht. Im Juni 1935 stellte es sein Erscheinen ein.
Eine zweite Veröffentlichung erwies sich als zäher. 1935 brachte Siegfried Blumenthal, ein Einwanderer aus Berlin und früherer Mitarbeiter des Verlegers Rudolf Mosse, in Tel Aviv ein Mitteilungsblatt im Vervielfältigungsverfahren heraus. Er nannte es *S. Blumenthals Private Korrespondenz* (ab 1937: *Blumenthals Neueste Nachrichten*). Dieses Nach-

I. Jahrgang Nº 50

ADMINISTRATION UND ...

JERUSALEM, SANSSOUCI ... P.O.B. 1065

REDAKTION IN SYRIEN:

LA SYRIE, BEYROUTH, RUE DAB ...

TELEGRAMMADRESSE: SYRLA, BEYROUTH.

TELEFON: BEYROUTH ...

POSTFACH: BEYROUTH, ...

Besitzer der «La Syrie» ...

Druckerei: «La Syrie» ...

Alleinvertrieb fuer Palästina: «LITERARIA», Tel-Aviv, Haifa, Jerusalem

Mils

... DEM INHALTS:

... S.2

... S.2

...waechst S.2

... S.3

... S.3

...n Prag S.3

...en S.3

...de Seelen, ... S.3-4

TAGEBLATT

ORIENT-EXPRESS

Deutsch-sprachige Ausgabe der «La Syrie»

MITTWOCH, DEN 29. MAI 1935

JUDEN

25. IJAR

JAHR 5695

4. WOCHENTAG

MOHAMMEDANER

25. SAFAR

JAHR 1354

5. WOCHENTAG

...ng: 4,35

...gang 6,53

...: 14,20

"Juden sind keine Deutsche" sagt Goebbels

...ssolini für ...senpolitik

...ldet: Rom, 27. Mai

...lini hat in der Kammer ...se Rede über die italieni...enpolitik gehalten. ...zug auf die italienisch...hen Beziehungen erklärte ...e im ganzen als befriedi...zeichen seien. Die erste Zusammenarbeit nach ...ge zeigt, dass in der Ge...er beiden Länder ein neues ...gefangen worden ist. ...talienische Regierungschef ...eiter von den französisch-

Hitler der «Anwalt» Europas?

Berlin 27 Mai

In einer grossen national-sozialistischen Versammlung in Hamburg hielt Göbbels ein Rede, die im Ausland viel Beachtung gefunden hat. "Deutschland muss seine alte glorreiche Stellung unter den Völkern wieder erobern" sagte der Propagandaminister." Unsere Armee ist wirklich ein Volksheer im besten Sinne des Wortes, sie nimmt keine Juden auf, sondern nur Deutsche!"

Göbbels erklärte, dass der "Führer" nicht nur die Interessen Deutschlands, sondern von ganz

besatzungen sämtlicher deutscher Häfen nach Hamburg kommandiert worden waren, um an der Versammlung teilzunehmen. Die Idee liegt nahe, dass sie als unfreiwillige Propagandisten, das Heil der nationalsozialistischen Lehre auf ihren Fahrten durch die Weltmeere verbreiten uns verkünden sollen.

Die Kirchen-opposition

In Dresden war es die Hitler-Jugend, an die der Minister Dr. Frick

Goering auf dem Balkan

Havas meldet: Sofia, 27 Mai

General Göring ist mit Gefolge in drei Flugzeugen in der bulgarischen Hauptstadt eingetroffen. Trotz des privaten Charakters der Reise, man weiss, Göring befindet sich auf der Hochzeitsreise, hatten sich zu seinem Empfang viele offizielle Persönlichkeiten versammelt. Die deutsche Gesandtschaft hat einen Empfang veranstaltet, an dem die Mitglieder

Letzte Kurzmeldung

Madrid.

Die Regierung erlaubt Wiedereröffnung der sozial... Lokale, die im Oktober ... der Unruhen geschlossen worden. Nur das Volkshaus in... bleibt noch geschlossen.

Berlin

Zwei Mönche des Franz... Orden wurden wegen ... Ausfuhr von Devisen ... 1934 und Januar 1935 ...

Die Tageszeitung *Orient-Express* hatte Großformat (60 × 44 cm).

richtenblatt wurde fast heimlich vertrieben, um Zwischenfälle zu vermeiden. Die britischen Behörden hatten gegen diese Veröffentlichung nichts einzuwenden; im Gegenteil, sie sahen es nicht ungern, daß die aus Deutschland stammenden Landeseinwohner ihre Informationen von einem Lokalblatt und nicht vom deutschen Rundfunk erhielten.[3] 1943 änderte das Blatt seinen Namen in *Jediot Chadaschot* (Neueste Nachrichten) und wurde nun wie eine normale Zeitung gedruckt. Allerdings blieb sein Format auch weiterhin bescheiden; oft bestand es nur aus zwei Seiten. Dafür erschien die Wochenendnummer am Freitag mit einer beachtenswerten literarischen Beilage, dank Mitarbeitern wie Alice Schwarz[4], Romanautorin und Journalistin, Schalom Ben-Chorin[5] und Erich Gottgetreu, ehemaliger Redakteur beim *Lübecker Volksboten* und Korrespondent der Associated Press. *Jediot Chadaschot* erschien ohne Unterbrechung bis 1974; seither setzt ein deutschsprachiges Blatt mit denselben Mitarbeitern, aber unter anderem Namen (*Chadschot Israel – Israel Nachrichten*) die Tradition fort. Eine weitere Tageszeitung – *Jediot Hajom* (Nachrichten des Tages) – hatte seit 1936 mit *Jediot Chadaschot* in Wettbewerb gestanden; im Jahre 1967 stellte sie ihr Erscheinen ein.
Eine Wochenzeitung (*Mitteilungsblatt* – abgekürzt *MB*), die von der Organisation der Einwanderer aus Mitteleuropa an Abonnenten verteilt wird, konnte 1982 ihr 50jähriges Jubiläum feiern. Sie enthält aktuelle Reportagen und literarische Aufsätze von gutem Niveau. Das *MB* erfreute sich u. a. der Mitarbeit von Publizisten wie Dr. Robert Weltsch, Erich Gottgetreu, Gerda Luft[6] und Abraham Tobias. Seit 1986 erscheint es zweimal im Monat
Dr. Weltsch versuchte übrigens im März 1939, die Tradition der in Deutschland verbotenen *Jüdischen Rundschau* durch die Gründung eines wöchentlich erscheinenden Nachrichtenblattes unter dem Namen *Jüdische Weltrundschau* fortzusetzen. Das Projekt löste eine Welle von Protesten aus. »Man hat auch chauvinistische Studenten mobilisiert, die sogar einmal einen Sitzstreik auf den Treppen meines Hauses in Jerusalem veranstaltet haben, um mich zum Verzicht auf den Plan zu zwingen ...«, berichtet Dr. Weltsch.[7] Schließlich einigte sich der langjährige Zionist mit den Verantwortlichen des Jischuw auf folgende Formel: Die *Weltrundschau* wurde weiterhin in Jerusalem redigiert, aber durfte in Jerusalem nicht verkauft werden! Die Matrizen wurden also per Flugzeug nach Paris geschickt, wo das Blatt gedruckt und dann an seine Abonnenten in aller Welt – einschließlich Palästinas – versandt wurde. Diese ungewöhnliche Regelung hielt über ein Jahr an, bis die Invasion in Frankreich im Jahre 1940 ein weiteres Erscheinen unmöglich machte.
Im übrigen begnügten sich viele deutsche Juden nicht mit der deutsch-

PARISER AUSGABE

JAHRGANG 1 / Nr. 1.

JÜDISCHE WELT-RUNDSCH

Redaktion, Verlag und Anzeigen-Verwaltung: Jerusalem P.O.B. 689; 5: Ben Jehuda-Str., Telephon 3079. — Geschäftsstelle für Europa (nur Expedition und Abonnements-Annahme für Europa und Amerika): 19, rue du Croissant, Paris IIe. — Geschäftsstelle für Tel-Aviv: 5, Mikveh Israel Str., Telephon 3102. — Redaktionsschluss: jeden Montag 5 Uhr nachm. Für unverlangte Manuskripte wird keine Garantie übernommen. Jeder Einsendung oder Anfrage ist ein internationaler Antwortschein beizufügen. Zuschriften f. d. Redaktion werden nicht an Einzelpersonen, sondern an die Redaktion, Jerusalem P.O.B. 689 erbeten.

JERUSALEM

י״ט אדר תרצ״ט

PARIS, 7. MÄRZ 1939

Erscheint einmal wöchentlich. — Anzeigenannah ausschliesslich Jerusalem P.O.B. 689. Für Palästi 5, Mikveh Israel Str. — Anzeigentexte per [illegible] Anzeigen-Seite zerfällt in 6 Spalten, je 5.5 ca. 39 cm = 15½ inch. Grundpreis 1 inch = Minimalgrösse 1½ inch (3.75 cm). Einzelheiten Sondertarif für Familienanzeigen und Adressen-[illegible] -Schluss: Montag nachm. 5 Uhr, dringende Fa 11 Uhr vorm. — Bezugspreise vergl. Liste i

An unsere Leser

Die „Jüdische Welt-Rundschau“ tritt auf den Plan in einer Zeit der präzedenzlosen Krise heit, besonders des deutschsprechenden Teiles des jüdischen Volkes, einer Krise, die man in und Zuspitzung selbst während der letzten fünf Jahre noch für unmöglich gehalten hat.

Sie will zu den deutschsprechenden Juden in der ganzen Welt reden, die heute kein verbind mehr haben, in einer Zeit, wo sie eines inneren und äusseren Rückhaltes und einer umfassenden mehr bedürfen als je zuvor. Die „Jüdische Welt-Rundschau“ will zu ihnen sprechen, aber sie sprechen. Sie wird die Interessen dieser Hunderttausende entrechteter Menschen und ihren A den Wiederaufbau eines menschenwürdigen Daseins vor der Welt vertreten.

Die jüdische Presse in Deutschland ist zusammengebrochen. Sie hat fast sechs Jahre lang unter noch nie dagewesenen Bedingungen versucht, den Juden in Deutschland Kraft und Halt zu geben und eine Orientierung in dem wirbelnden Geschehen zu ermöglichen. Sie hat ihnen in ihrer Preisgegebenheit und Ratlosigkeit das Bewusstsein der inneren Verankerung im Judentum, der Solidarität des jüdischen Volkes und nicht zuletzt einer grossen, auch *ihrer* harrenden jüdischen Zukunftsaufgabe gegeben. Diese deutschen Juden, einst im Gefühl ihrer materiellen und geistigen Sicherheit dahinlebend, haben stufenweise einen Prozess der Entrechtung, der seelischen Zermürbung und physischen Gefährdung sowie schliesslich der völligen materiellen Enteignung und sozialen Deklassierung durchgemacht. Sie haben zu leiden gelernt, aber auch den grossen moralischen Wert, den die Treue zum Judentum mit sich bringt.

Die Welt steht nicht nur in einer politischen und sozialen Krise ungekannten Ausmasses, sondern auch in einer geistigen, moralischen und religiösen Krise. Und das *jüdische Volk*, gegen das sich der erste Hauptangriff richtet, ist ein Träger geistiger, moralischer und religiöser Ideen, für die es einsteht. Die „Jüdische Welt-Rundschau“ will ein *Sprachrohr des Judentums* in diesem grossen, immer mehr um sich greifenden Kampfe sein.

Die „Jüdische Welt-Rundschau“ will

die grosse und ehrenvolle Tradition,

die in deutscher Sprache jüdische Zeitungen wie die „Welt“ und die „Jüdische Rundschau“ geschaffen haben, wieder aufnehmen. Leitspruch ist uns das Wort, das Theodor Herzl vor mehr als vierzig Jahren an die Spitze der „Welt“ gesetzt hat: „Unsere Wochenschrift ist ein *Judenblatt*. Wir nehmen dieses Wort, das ein Schimpf sein soll, und wollen daraus ein *Wort der Ehre* machen“. Nachdem das jüdische Zentrum in Deutschland verschwunden ist und von dort aus keine jüdische Zeitung die verbindende Funktion zwischen den deutschsprechenden Juden wieder aufnehmen kann, nimmt die „Jüdische Welt-Rundschau“ diese Aufgabe auf sich. Welcher Punkt der Welt könnte für eine solche Aufgabe der Ausgangspunkt sein? Wir wollen nicht ein Judentum vertreten, das aus „Emigranten“ besteht, sondern Juden, die wissen, wo ihr *Zentrum* liegt. Die „Jüdische Welt-Rundschau“ *geht von Palästina aus*. Schon dies ist ein *Symbol*. Das Land des jüdischen Nationalheims ist der natürliche und gegebene Ort, von wo aus heute der *Ruf zur Einheit* ausgehen kann. Palästina und Diaspora sind zwei *Tatsachen* des jüdischen Lebens unserer Zeit. Die „Jüdische Welt-Rundschau“ wird über beides berichten, über Palästina *und* über die Länder der Zerstreuung. Besonders liegt uns am Herzen das Schicksal der ausgewanderten deutschen Juden überall in der Welt. Die „Jüdische Welt-Rundschau“ wird bestrebt sein, ein gewissenhaftes Bild der Lage und der Wandlungen zu geben, aber auch für alle konstruktiven und produktiven Versuche der Wiederaufrichtung und der Linderung der Judennot eintreten. Jedes Werk jüdischer Aufb vor allem den Einsatz und die Entschlossenheit der Juden selbst. Selbstbehauptung wollen wir wecken helfen. Die „Jüdische will den Juden das *Gefühl des Zusammenhangs* geben und i *tragen helfen*. Sie sollen die jüdische Fahne nicht sinken las

Die „Jüdische Welt-Rundschau“ spricht in erster Linie zu aber

sie wendet sich auch an die nichtjüdische Welt.

Sie will dazu beitragen, der Welt ein Bild des *neuen jüdisc* serer Zeit zu geben, des gequälten und gehetzten, aber auch Kampf gestählten, inmitten eines turbulenten Schicksals sein bewussten Juden. Sie tritt ein für Erez Israel, sie fordert d sierten Völker bei der neuen Einordnung der Juden in der Heilung der Wunden der Katastrophe der letzten Jahre.

Schliesslich empfinden wir noch eine andere Aufgabe, di *Leben* hineinreicht. In der neuen Zerstreuung, die mit solch uns hereinbrach und uns in alle Winkel der Welt trieb, weis *nicht*. Viele Verbindungen wurden zerstört.

Die „J.W.-R.“ will ein Instrument der Verbindung der Ge

In unserer Zeitung werden unsere Leser *Familiennachricht* ausgewanderten Juden, finden. Diese sind heute mehr als nur sie geben ein Bild der Wanderungen und neuen Wohnsitze. helfen, Nachrichten über einzelne Menschen und *Adressen* z wird uns dadurch erleichtert, dass wir zu Juden in 60 Ländern und mit ihnen in Verbindung stehen. Schon vor Beginn des wir so viele Zuschriften und Zustimmungerklärungen aus al dass wir daraus den Mut schöpfen, an das schwierige Unterneh Wir appellieren an alle Leser und Freunde, uns dabei zu helf

Bei einem Versuch wie dem unseren sind auch die techn tig. Wir haben mit grossen Schwierigkeiten zu kämpfen: de werden bestrebt sein, die schnellsten Postwege für die Zusendu ausfindig zu machen. Dies ist dadurch möglich geworden, d päische Stelle schaffen, die das in Palästina abgeschlossen Tage später in den wichtigsten europäischen Ländern in di bringt.

Wir fordern alle deutsch-lesenden Juden auf, sich um d Rundschau“ zu scharen. Wir brauchen die Hilfe und das [illegible] wenn wir unsere Aufgabe erfüllen sollen.

Redaktion und Ver

„JÜDISCHEN WELT-R

Die Zeitschrift *Jüdische Welt-Rundschau* wurde in Jerusalem redigiert, aber in Paris gedruckt und verkauft…

sprachigen Presse. Da sie das Hebräische meist nicht verstanden, waren sie eifrige Leser der in englischer Sprache erscheinenden Tageszeitung *Palestine Post* (seit 1949 *Jerusalem Post*), die auch das Sprachrohr der Jewish Agency war.

Angesichts des relativ bescheidenen Niveaus der deutschsprachigen Presse hatte der Versuch Arnold Zweigs und Wolfgang Yourgraus, eine politisch-literarische Wochenzeitung zu gründen, eine große Bedeutung für alle diejenigen, die seit langem von deutscher Sprache und Kultur abgeschnitten waren. Die beiden verantwortlichen Leiter unternahmen alle Anstrengungen, um die Erwartungen ihrer zukünftigen Leser nicht zu enttäuschen und ihrem Unternehmen das Schicksal der *Weltrundschau* zu ersparen.

Die bewegte Geschichte der Zeitschrift »Orient«

Der *Orient* erschien zum ersten Mal am 10. April 1942. Sein vollständiger Titel war: *ORIENT – Unabhängige Wochenschrift – Zeitfragen – Kultur – Wissenschaft.* Auf der Umschlagseite war zu lesen, daß die Zeitschrift im Orient-Verlag, Haifa, herauskam und daß das Blatt jeden Freitag erscheinen würde. In der Tat kam der *Orient* jede Woche mit erstaunlicher Regelmäßigkeit heraus, bis am 2. Februar 1943 eine Bombe seinem Erscheinen ein Ende setzte.

Wer waren die Mitarbeiter an diesem ungewöhnlichen Unternehmen? Außer Wolfgang Yourgrau und Arnold Zweig, die für jede Nummer einen Artikel lieferten, schrieben unter anderem auch Else Lasker-Schüler, Max Brod, Ludwig Strauß[8], Walter Zadek und Louis Fürnberg für das Blatt.[9] Ferner druckte man Artikel von namhaften Exil-Schriftstellern, die außerhalb Palästinas lebten, wie Hermann Hesse (Prosa und Gedichte), Lion Feuchtwanger (Nachwort zum Roman »Exil«) und Alfred Polgar.

Über die Ziele dieser Zeitschrift schrieb Wolfgang Yourgrau in der ersten Nummer in seinem Artikel »Auftakt«:

1. *Orient* heißt diese Zeitschrift. Mit diesem Namen verbinden wir ein Programm: er ist nicht nur ein geographischer Begriff, sondern auch ein geistiger Wegweiser...
2. Diese Zeitschrift wird eine unabhängige sein... Sie wird die Tribüne für alle diejenigen darstellen, die bereit sind, zu den Problemen des Landes und zu den Fragen des Zeitgeschehens sachliche Beiträge zu liefern.
3. Unsere Zeitschrift erscheint in deutscher Sprache... Dieses Blatt soll den Leser erreichen, dem die Beherrschung der hebräischen

Sprache ein für die Zeitdauer dieses Krieges unerreichbares Ziel bleiben wird. Wir wenden uns nur an diesen Kreis...

Und da Yourgrau bereits Schwierigkeiten vorausahnt, kündigt er an, daß seine Mitarbeiter und er selbst gegen »unvornehme Reaktionen einiger intoleranter Mitbürger« immun sein werden:

4. Diese Zeitschrift ist kein Organ der Emigrantenliteratur. Unsere Plattform steht dem alten zionistischen Aktiven nicht anders zur Verfügung als dem Einwanderer, der noch hierzulande um die Klärung seiner politischen Überzeugung ringt...
5. Jeder faschistischen Regung, jedem Versuch, das Recht der freien Meinungsbildung einzuschränken, das zu den ewigen Gütern der Menschheit gehört, – schärfsten Kampf sagen wir ihnen an!

Nachdem er daran erinnert hat, daß das Land über eine große Anzahl von Pädagogen, Schriftstellern, Wissenschaftlern und Volkswirtschaftlern verfügt, von denen nur ein Bruchteil in den Produktionsprozeß eingegliedert werden kann, schließt Yourgrau:

> Wir werden dieser Legion von bekannten und unbekannten Freunden in Not ein Sprachrohr, ein Ausdruck für ihre legitimen Forderungen und Wünsche sein...

Arnold Zweig hatte Yourgrau versprochen, ihm ein Jahr lang einen Beitrag für jede Nummer zu liefern, und er hielt Wort. Der erste Beitrag von Arnold Zweig folgte gleich nach dem »Auftakt«: der zweiteilige Artikel »Ein Sinai-Rätsel«. Hier wirft er die Frage auf, warum die zehn Gebote, die doch die Grundlage unserer Zivilisation sind, so wenig befolgt werden. Und er macht eine interessante Feststellung: Die einzigen Gebote, die sich im täglichen Leben durchgesetzt haben, sind diejenigen, die positiv formuliert sind, wie das vierte – »Gedenke des Ruhetages« – und das fünfte – »Ehre deinen Vater und deine Mutter«[10] –, während die anderen, die in negativer Formulierung abgefaßt sind – »Du sollst nicht den Namen des Herrn mißbrauchen«; »Du sollst nicht töten«; »Du sollst nicht stehlen«; »Du sollst nicht ehebrechen« – seit biblischen Zeiten ständig übertreten werden. »Wir mißbrauchen den Namen des Herrn: die ganze Welt flucht, schwört und scherzt mit ihm. Wir töten. Wir ehebrechen. Wir stehlen. Wir reden falsches Zeugnis. Und wir lassen uns gelüsten nach allem, was unserem Nächsten gehört. All dies tun wir mit schlechtem Gewissen, aber wir tun es. Nun hat jedoch die moderne Psychologie, die sich auf die Arbeiten der Schulen von Nancy (Bernheim), Wien (Freud) und Zürich (Bleuler) stützt, die Pädagogen stets vor Anweisungen in Form von Verboten gewarnt, die zum Widerspruch herausfordern...« Zweig kommt zu dem Schluß, daß man die zehn Gebote wirksamer

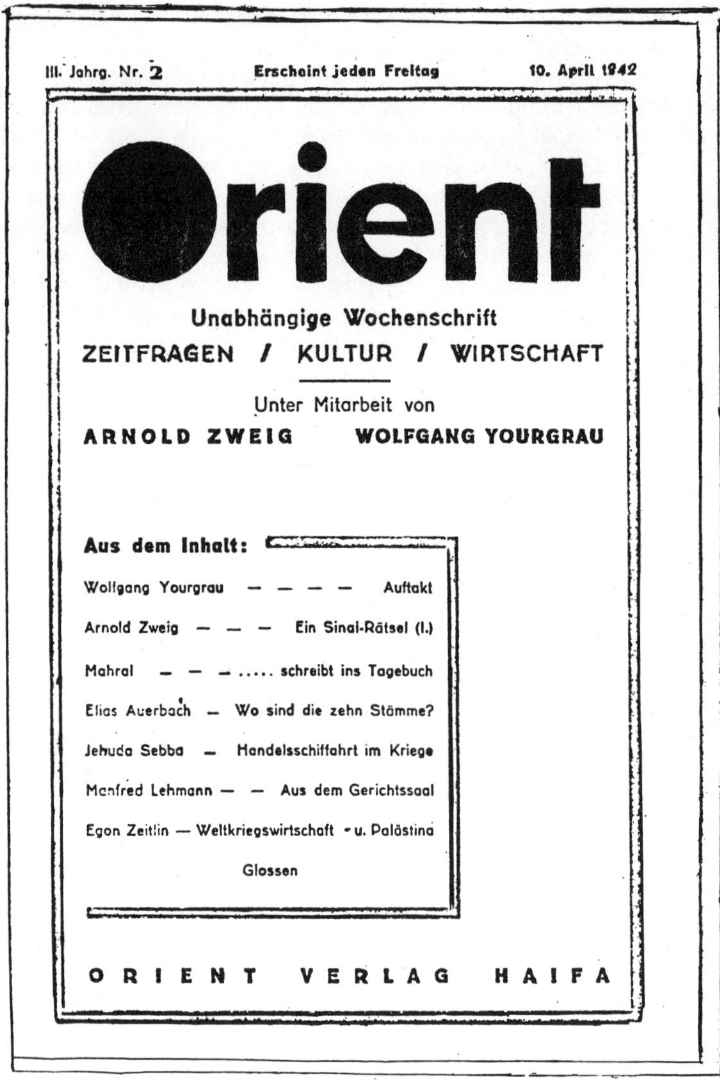
III. Jahrg. Nr. 2 Erscheint jeden Freitag 10. April 1942

Orient

Unabhängige Wochenschrift

ZEITFRAGEN / KULTUR / WIRTSCHAFT

Unter Mitarbeit von

ARNOLD ZWEIG WOLFGANG YOURGRAU

Aus dem Inhalt:

Wolfgang Yourgrau — — — — Auftakt

Arnold Zweig — — — Ein Sinai-Rätsel (I.)

Mahral — — — ..... schreibt ins Tagebuch

Elias Auerbach — Wo sind die zehn Stämme?

Jehuda Sebba — Handelsschiffahrt im Kriege

Manfred Lehmann — — Aus dem Gerichtssaal

Egon Zeitlin — Weltkriegswirtschaft u. Palästina

Glossen

ORIENT VERLAG HAIFA

Die erste Nummer der Zeitschrift *Orient* (verkleinert). Der Hinweis »III. Jahrg. Nr. 2« bedeutet, daß die Numerierung der Zeitschrift gleichen Namens, deren Lizenz man übernommen hatte, fortgesetzt wurde.

machen könnte, wenn man sie tatsächlich als *Ge*bote ausdrücken würde und nicht als *Ver*bote: »Gehe sparsam um mit dem Namen Gottes«, »Ehre das Leben in deinem Nebenmenschen«, »Begnüge dich mit deinem Eigentum«, »Liebe und freue dich deiner Frau«... (10. und 17. April 1942)
»Die Insektenseele kehrt zurück« ist eine Serie von drei Artikeln in den Nummern 15 bis 17 (Juli 1942), in denen der Schriftsteller den erschrekkenden Rückfall in die Barbarei der »von den Faschisten und den Samurai beherrschten Staaten« behandelt, jedoch vor der Tendenz warnt, den Nationalismus der Nazis mit dem Nationalcharakter der Deutschen zu verwechseln... Die Serie wird mit einem Artikel über die »Funktion der Demokratie« abgeschlossen (Nr. 20 vom 14. 8. 1942).
In der Nummer 18 widmet Zweig einen Artikel dem »Meister Emile Zola«, den er seit jeher bewunderte:

> Wir haben immer an ihn geglaubt als an einen Schutzpatron des literarischen Lebens. Seine Mannhaftigkeit stand uns zur Seite und vor Augen, wenn wir gegen den preußischen Militarismus alle Register der menschlichen Reife und des literarischen Könnens zogen...

In dem Artikel wird auch Nietzsche erwähnt. Zweig gibt zu, daß er zu denen gehört hatte, die geneigt waren, dem Philosophen überallhin zu folgen. Aber gewisse Dinge könne man nicht hinnehmen: die »Vergottung der blonden Bestie, die Verächtlichmachung des Mitleids und die Narreteien gegen Geister vom Range Emile Zolas...«
Zweig schrieb auch Nachrufe auf Schriftsteller im Exil, die – wie Kurt Tucholsky – unter tragischen Umständen ums Leben gekommen waren: Joseph Roth, der in Trunksucht verfiel und am 27. Mai 1939 in einem Pariser Spital starb (»den Ekel über diese Welt, der Joseph Roth erfaßte, sollte man verstehen«[11]); Ernst Toller, der fünf Tage vorher nach der PEN-Club-Tagung in New York, an der auch Arnold Zweig teilnahm, Selbstmord beging (»Er war Soldat und Ritter, der für das Recht kämpfte, für die gerechte Sache entbrannte mit seinem ganzen Sein«[12]); Stefan Zweig, Arnolds Namensvetter – aber nicht sein Verwandter! –, dessen Freitod in Brasilien (23. Februar 1942) noch in aller Gedächtnis war (»Seine internationale Geltung ward von keinem seiner Kollegen übertroffen...«[13]). Welche Tragik für den Schriftsteller, auf diese Weise Freunde und Schicksalsgefährten zu verlieren, die er alle in besseren Zeiten gekannt hatte!
Der bedeutendste Beitrag Zweigs in der Zeitschrift war eine Artikelserie, die sich über sieben Nummern erstreckte: »Antigermanismus« (vom 23. 10. bis zum 25. 12. 1942). Mit bemerkenswertem Weitblick tritt der Autor für eine differenzierte Sicht, die zwischen dem deutschen Volk und dem faschistischen Regime unterscheidet, ein. Man solle sich hüten, die

von den Nazis begangenen Verbrechen dem deutschen Volk zuzuschreiben – obwohl eine solche Haltung verständlich sei:

> Die Widerstandslosigkeit, mit der sich ein Sechzigmillionenvolk von der Müllawine des Nazismus zuschütten ließ, die befremdende Ohnmacht einst so mächtig scheinender Gebilde wie Parteien, Gewerkschaften, Stahlhelmbünde; die pathologische Eile, mit der sich geistige Repräsentanten den Nazis erbötig zeigten, mußten wohl einen Guß von Verachtung gegen diejenigen richten, die so repräsentiert wurden... (20. November 1942)

Aber die Verantwortlichen der Weimarer Republik hätten das Übel bei der Wurzel packen und die Westmächte auf ihre unaufrichtige Nichteinmischungspolitik verzichten sollen, die sie aus Furcht vor der Linksbewegung und dem Kommunismus betrieben... Daß diejenigen, die den Faschismus auf den Schlachtfeldern bekämpfen, einen »Antigermanismus« praktizieren, dagegen sei nichts einzuwenden; aber nicht die Schriftsteller und Journalisten:

> Der Antigermanismus der Royal Air Force ist großartig und hat unsere volle Billigung und Bewunderung. Der Antigermanismus russischer Partisanen ist 1942 genau so bewundernswert wie er es 1918 und 19 war... Aber den schriftstellerischen Antigermanismus solltet ihr bleiben lassen! (25. Dezember 1942)

Diese Zeilen sind um so bedeutsamer, als sie im Dezember 1942 niedergeschrieben wurden, während die Schlacht um Stalingrad und der Krieg in Afrika in vollem Gange war und die antideutsche Stimmung überall ihren Höhepunkt erreicht hatte.

In einer weiteren Artikelserie, »Der Krieg und der Schriftsteller«[14], beschreibt Arnold Zweig die unheilvollen Folgen eines Krieges für das Kulturleben und die Weiterentwicklung der Menschheit. Krieg zwinge den Menschen zum Gehorchen und zum Zerstören; er töte die guten Anlagen im Menschen allmählich ab. Und da jeder langandauernde oder tiefgreifende Krieg, jeder moderne Krieg derartige Folgen habe, sei es die Pflicht des Schriftstellers, diese festzuhalten und auszusprechen; damit helfe er, sie zu beseitigen. Und Zweig fordert:

> Der Krieg muß abgeschafft werden, weil er das Wachstum der Gesittung immer wieder abträgt, auch wenn er die Technik des Menschen befruchtet... (28. August 1942)

Unter den weiteren Beiträgen Zweigs im *Orient* ist das Vorwort zu einer Biographie von Eduard Beneš, dem ehemaligen Präsidenten der Tschechoslowakischen Republik und Chef der Exilregierung in London.[15] Es ist ein Protest gegen die beispiellose Hetzkampagne, die in den Jahren 1933–1938 von deutschen Zeitungen und Politikern gegen den jungen

Staat und seinen Präsidenten betrieben wurde. Dieses Thema veranlaßt den Autor zu einigen bitteren Bemerkungen über die deutsche Sprache:

> Die deutsche Sprache hat sich daran gewöhnen müssen, als Werkzeug der Verleumdung, der Lüge und der Hetze zu dienen, von dem Tage an, da die erste Nazizeitung im München der Republik erscheinen durfte...

Der *Orient* veröffentlichte auch drei Briefe von Sigmund Freud an Zweig aus dem Jahre 1930.[16] So erfuhr die Öffentlichkeit 1942 zum ersten Male, daß es einen regelmäßigen Briefwechsel zwischen Freud und Zweig gegeben hatte. Auf die Buchveröffentlichung dieser Korrespondenz mußte man allerdings noch über zwei Jahrzehnte warten...

»Eine Ode an Khayat Beach«[17] ist eine poetische Beschreibung[18] des blauen Meeres vor der Küste des Landes und insbesondere in der Bucht von Haifa. Zweig fügt einige Betrachtungen über das Meer an, das in Kriegszeiten unzählige Menschen, Freunde und Feinde, verschlingt, und schließt mit den düsteren Worten: »Ave Mare, morituri te salutant.«[19]

Der Artikel »Verwurzelung«[20] nimmt das Thema der Entfremdung wieder auf. Arnold Zweig antwortet auf den Vorwurf, daß er im Lande Israel noch nicht verwurzelt sei. Wessen Schuld sei dies denn? Einer geistigen Eingliederung müsse doch erst einmal eine wirtschaftliche vorangehen, denn »nur dort fühlt sich das Kind zuhause, wo es ernährt wird«. Aber gerade hier bleibe ihm das Land Israel verschlossen:

> Keines meiner Theaterstücke hatte den Weg zu einer hebräischen Bühne, keines meiner Bücher in den letzten zehn Jahren Zugang auf den hebräischen Büchermarkt, keine der hebräischen Zeitungen eine Brücke gefunden, sich meine regelmäßige Mitarbeit zu sichern.

Die einzige Zeitung – fährt Zweig fort –, die von Zeit zu Zeit seine Artikel bringe, sei die in englischer Sprache erscheinende *Palestine Post*. »Und dabei standen mir für meine Emigration so ziemlich alle Länder zur Wahl, in denen meine Bücher erschienen waren...« Vor allem solle man ihm wegen des Hebräischen keine Vorhaltungen machen. Eine Augentuberkulose und der schwere Autounfall, der ihm im November 1938 zugestoßen war, seien dafür verantwortlich; aber der wahre Sachverhalt, auf den er noch zurückkommen werde, liege tiefer...

Krawalle im Kino »Esther«

Von diesem »Sachverhalt« hatte Zweig schon in einem früheren Artikel gesprochen. Am 30. Mai hatte die »Liga V« zu einer Kundgebung im Kino Esther am Dizengoffplatz, im Zentrum Tel Avivs, aufgerufen. Die

Mehrheit des Publikums sprach Deutsch, die Reden wurden jedoch in jiddischer oder hebräischer Sprache gehalten. Arnold Zweig, der Hauptredner des Abends, sprach Deutsch. Augenzeugen beschrieben seine Ankunft:

> In dem Augenblick, als Arnold Zweig den Saal betrat, erhob sich das Publikum spontan und bereitete ihm eine langanhaltende Ovation...[21]

Zwei Stunden dauerten die Ansprachen. Als Arnold Zweig, der als letzter sprach, am Ende seiner Rede angelangt war, drangen mehrere junge Extremisten[22] in den Saal ein, randalierten und zerrissen alle Plakate und Spruchbänder. Die Ruhestörer wurden schließlich von den Saalordnern und der Polizei hinausgedrängt; mehrere der Angreifer wurden verletzt ins Krankenhaus eingeliefert. Aber sie hatten ihr Ziel erreicht: die Kundgebung war unterbrochen, und niemand verspürte Lust, sie fortzusetzen. Sympathiebezeugungen der herbeigeeilten Anwohner – vorwiegend deutsche Juden – waren für Arnold Zweig und seine Freunde nur ein schwacher Trost. In seinem *Orient*-Artikel[23] ließ Zweig seiner Erbitterung freien Lauf. Zunächst erklärte er, warum er im Esther-Kino Deutsch gesprochen hatte:

> Wir sprachen im Esther-Kino deutsch, weil wir unsere Menschen in seelischen Zentren anzurühren hatten, weder weil es die Sprache Goethes noch gar weil es das Gurgeln und Brüllen des Hitler ist.

Aber diesmal holt er weiter aus. Er beschuldigt die Juden Palästinas, und vor allem die Alteingesessenen aus Osteuropa, ihre aus Deutschland gekommenen Brüder unfreundlich aufgenommen zu haben:

> Hatten die Neueinwanderer aus Mitteleuropa vielleicht das Recht, Sitz und Stimme im Jischuw zu beanspruchen? Kam es darauf an, sie wirklich und brüderlich zu erfassen, einzuordnen, aufzurichten, in der einzigen Sprache anzureden, in welcher sie geistige Inhalte mitdenken konnten?... Man brauchte nicht sie, ihre Erfahrungen und Ratschläge, sondern ihr Geld...

Hierin lag das ganze Dilemma. Die ältere Generation der deutschen Einwanderer »wollte in ihrer Muttersprache angeredet, begeistert, zur Tat entflammt werden...« Das bedeute jedoch nicht, daß diese Einwanderer gegen das Hebräische wären. Im Gegenteil: »Niemand störte die Hebraisierung der Jugend.« Aber einige Sprachfanatiker versuchten, die »Liga V« für Rußland unter dem Vorwand zu sabotieren, daß man bei ihren Veranstaltungen Deutsch sprach. Und Zweig behauptete in seinem Zorn, daß diese angebliche Sorge um das Hebräische in Wirklichkeit etwas anderes verberge:

> Und hinter der Maske der Sprachbesorgnis – was entblößte sich da?

> Der alte, liebe Hang zum Faschismus – und jener Haß gegen die russische Revolution, den die Besiegten von 1917 und 18 tief im Busen hegten...

Hier schoß Arnold Zweig zweifellos über das Ziel hinaus. Die russischen und polnischen Juden – denn um sie handelte es sich hier – als »Faschisten« und »Konterrevolutionäre« zu bezeichnen, hieße die gesamte Pioniertätigkeit und das gesamte Aufbauwerk, die von den Einwanderern aus Osteuropa geleistet wurden, in Frage stellen. Diese Worte lassen sich nur aus der maßlosen Enttäuschung und dem großen Zorn erklären, der den Schriftsteller nach den beklagenswerten Vorfällen im Esther-Kino ergriffen hatte.

Die Antwort des Jischuw ließ nicht lange auf sich warten. Am 14. August 1942 veröffentlichte das *Mitteilungsblatt (MB)* unter dem Titel »Sentiment und Ressentiment« eine Entgegnung des deutsch-jüdischen Publizisten Gustav Krojanker (1891-1945) auf Zweigs Artikel »Cinema Esther Pantomime« und »Verwurzelung«, die scharfe Angriffe gegen die Zeitschrift *Orient* und Arnold Zweig enthielt:

> ... Soweit die Zeitschrift ein Gesicht hat – weite Partien sind gesichtslos: Material, das irgendwo gedruckt sein könnte –, wird es durch drei Züge bestimmt: das Sentiment der Erinnerung, das Ressentiment gegen die Umwelt und Hochmut... Es ist die Zeitschrift der *Beziehungslosen*, die aus ihrer Beziehungslosigkeit ein Programm gemacht haben.
>
> Als einer ihrer Herausgeber aber zeichnet Arnold Zweig. Die Zeitschrift bekommt dadurch mehr Gewicht, als ihr an sich zusteht... Und Arnold Zweig leugnet nicht, daß er hier ohne Beziehung geblieben ist – außer der eines starken Ressentiments...
>
> Wir hatten immer geglaubt, er sei als Zionist gekommen... Es kam der »Ritter«, der es doch gar nicht nötig hatte – es war so, »daß mir für meine Emigration ziemlich alle Länder zur Wahl standen«... Aber er hat in deutscher Sprache und für das deutsche Volk geschrieben; er hat es nie abgelehnt und würde es unter anderen Umständen auch heute nicht ablehnen, als deutscher Dichter proklamiert zu werden. Und er ist nicht hergekommen, weil die alte Heimat ihn zog, sondern weil er eine neue, irgendeine doch, gebraucht hat. Warum soll ihn da eigentlich das jüdische Volk auf Händen tragen?...

Die Beziehungen zwischen Arnold Zweig und den Juden Palästinas – vor allem den deutschsprachigen – hatten ihren Tiefpunkt erreicht...

Inzwischen hatte der *Orient* mit den größten Schwierigkeiten zu kämpfen. Es hagelte Angriffe von allen Seiten, und auch die hebräische Presse nahm gegen die »deutsche« Zeitschrift Stellung. »Warum nur gegen uns?« fragte Wolfgang Yourgrau in der Nr. 9 vom 29. Mai 1942, »wo doch mehrere Blätter in deutscher Sprache erscheinen – zwei Tageszeitungen und eine Wochenzeitung?«[24] Er dementiert die über seine Zeitschrift gemeldeten Unwahrheiten: Man verbreite systematisch das Gerücht, daß sie bald ihr Erscheinen einstellen werde; man bedrohe die Betriebe, die bereit sind, sie zu drucken.[25] Er protestiert gegen diese Form des »Kulturkampfes« und erklärt, daß kein Boykott, keine Drohung das Weitererscheinen der Zeitschrift verhindern würde.

Einige Tage darauf sollte Yourgrau einen Vortrag über das Thema »Was will der Orient?« halten. Ort der Versammlung war eine Schule in Nahariya, einer damals fast ausschließlich von deutsch-jüdischen Einwanderern bewohnten Küstenstadt. Aber der Bürgermeister verweigerte die Genehmigung. Trotz des Verbots fanden sich Yourgrau und sein Publikum am festgesetzten Abend vor der Schule ein. Man bedeutete ihnen, daß der Vortrag auf keinen Fall stattfinden dürfe; falls Yourgrau sich über das Verbot hinwegsetze, würde man die Polizei verständigen. Yourgrau berichtet über die Szene in der Nr. 10 des *Orient* (5. Juni 1942):

> Ich stand also mit meinen zahlreich erschienenen Hörern vor der Schule und sprach dann schließlich in den Dünen vor meinen Freunden, die im Sand Platz nahmen. Der Abend verlief in ruhiger und sachlicher Atmosphäre...

Unter diesen Umständen war es fast ein Wunder, daß der *Orient* sein Erscheinen fortsetzen konnte. Yourgrau und seine Mitarbeiter wollten auf keinen Fall aufgeben, denn es ging hier um das Recht der freien Meinungsäußerung und um die Möglichkeit, den Neueinwanderern wichtige Informationen über die politische und soziale Lage des Landes zu geben. Yourgrau erinnert in seinem Artikel daran, daß Thomas Mann es war, der das Wort vom »militanten Humanismus« prägte, der den Intellektuellen die Pflicht auferlegt, in den Kampf um die freie Meinungsäußerung in der vordersten Reihe zu stehen. In diesem Sinne verspricht Yourgrau, den Kampf fortzusetzen.

Aber es war ein ungleicher Kampf. Der *Orient* stieß überall auf Widerstand. Die Mehrheit der deutschen Juden, für die die Zeitschrift bestimmt war, lehnte sie wegen ihrer »prokommunistischen« Tendenz ab. Der Jischuw war ihr feindlich gesinnt, weil man sie für antizionistisch hielt, wobei der Gebrauch der deutschen Sprache erst in zweiter Linie

Was will der „ORIENT?"

Wir veranstalten für unsere Leser und Freunde

am Dienstag, 4. August 1942
auf dem Har Hacarmel

einen Aussprache-Abend

Es nehmen daran teil:

Arnold Zweig
Kathinka Küster
Dr. Wolfgang Yourgrau

Vorträge — Rezitationen — Freie Tribüne — Bilder Ausstellnug

Eintritt nur gegen Einladung, erhältlich im „Orient"-Verlag,
Haifa, Herzl Str. 40, Tel. 2183

Bezugspreis des „Orient":

Vierteljahr . . .	LP. 0.500
Monat	LP. 0.180
Einzelnummer . .	LP. 0.050

Publisher: Aranka Roth Editor: Dr. L. Briszk
Printed by "Noumann" Press, Haifa, Allenbyst. 13

Eine Seite aus dem *Orient* vom 31. Juli 1942 mit der Ankündigung eines Ausspracheabends.

Anstoß erregte. Trotz allem erschien der *Orient* regelmäßig jede Woche. Ende Januar 1943 waren bereits 43 Nummern gedruckt worden[26], was gewiß eine außergewöhnliche Leistung darstellte. Dann aber kam das dramatische Ende: Am 2. Februar abends um 8.30 Uhr erschütterte eine heftige Explosion die Druckerei des *Orient*. Durch das entstandene Feuer wurden zwei Maschinen fast gänzlich zerstört, das Papier verbrannt, Werkzeuge beschädigt. Zum Glück waren keine Opfer zu beklagen. Mit großem Mut versuchten die Mitarbeiter des Blattes, die Druckerei wieder in Gang zu setzen, um das Weitererscheinen der Zeitschrift zu ermöglichen. Aber die Hindernisse waren unüberwindlich. Yourgrau berichtet darüber in der folgenden Nummer des *Orient*, die erst neun Wochen später, am 7. April 1943, erscheinen konnte; es sollte die letzte sein.[27] Unter dem Titel »Nach einer Bombe« heißt es u. a.:

> Alle jüdischen Druckereien erhielten Drohbriefe, in denen sie gewarnt wurden, diese Zeitschrift zu drucken... Die arabischen Druckereien waren nur »informiert« worden, weigerten sich daher, den Druckauftrag zu übernehmen oder stellten unerfüllbare materielle Bedingungen... Die Zeitungshändler erhalten fortgesetzt Drohbriefe, einige Kioske wurden in Brand gesteckt; mehrere Kaufleute, die in der deutschsprachigen Presse inserieren, werden durch anonyme Briefschreiber, unter Anwendung schärfster Drohungen, gewarnt, in den deutschen Blättern zu annoncieren; die Schaufenster der wenigen Unbelehrbaren werden eingeschlagen, Caféhäuser bombardiert...

Es war das Ende, denn die Redakteure und ihre Mitarbeiter hatten eingesehen, daß es unmöglich war, die Zeitschrift weiterhin jede Woche erscheinen zu lassen; das aber war die Voraussetzung für den Erfolg des *Orient*.

So endete ein bemerkenswertes Unternehmen, das sich trotz unerhörter Schwierigkeiten ein ganzes Jahr gehalten hatte: die Herausgabe einer politischen und literarischen Zeitschrift in deutscher Sprache in einem Land, das sich mit Deutschland im Kriegszustand befand.[28]

»Zweig gab dem *Orient* Gewicht und internationales Niveau«, schrieb später Eberhard Hilscher, der ostdeutsche Biograph des Schriftstellers.[29] In der Tat schien Zweig sich mit der Zeitschrift sehr verbunden zu fühlen: 23 Artikel aus seiner Feder sind in ihr erschienen. Sie wurden oft in Fortsetzungen gedruckt, so daß jede Nummer einen Zweig-Beitrag aufzuweisen hatte. Dieser Fleiß war verständlich: Der Schriftsteller hatte endlich eine Tribüne gefunden, in der er seine Gedanken in seiner Muttersprache ausdrücken und verteidigen konnte. Zweig versuchte hier zu demonstrieren, daß Deutsch trotz Hitler eine europäische Kultursprache

IV. Jahrg. Nr. 6-7-8 — 7. April 1943

Independent Weekly

ORIENT

Unabhängige Wochenschrift

ZEITFRAGEN
KULTUR
WIRTSCHAFT

12 Piaster — ORIENT — II 6-7-8

Wolfgang Yourgrau . . . **Nach einer Bombe...**

Arnold Zweig . . . . **Stefan Zweig**

הננו!

NEU ERSCHIENEN!

Kathinka Küster . , ... *Erziehung zum Sterben*

Franz Goldstein . . . . Offenbacchanal

N[illegible] Gabriel . . . . **Der totalitaere Bazillus**

Sally Grosshut . . . . *LANDSKNECHTE*

Beitraege von: M. Vogel, Znil, A. Krzewina, H. Sahl, J. Pesch....

Die letzte Nummer des *Orient*

geblieben war. Wenn man den Faschismus bekämpfen wolle, so meinte Zweig, könne man nicht alles verleugnen, was diese Sprache und Kultur vor 1933 geschaffen hatte – von Goethe bis Thomas Mann. Vor allem hielt Zweig es für töricht, den Gebrauch der deutschen Sprache Hitler und seinen Schergen zu überlassen. Die Antifaschisten sollten diese Sprache weitergebrauchen – und sei es nur, um das von jeder objektiven Nachrichtenquelle abgeschnittene deutsche Volk zu informieren und zu beeinflussen, gemäß dem Grundsatz, den er in seinem Artikel »Antigermanismus« formuliert hatte: Deutschfeindlichkeit auf dem Schlachtfeld – gewiß; aber auf dem Gebiet der Sprache und Kultur – nein! Arnold Zweigs Schlußfolgerung ist daher eindeutig: Man kann Zionist sein, für die jüdische Heimstätte eintreten – und dennoch deutsch sprechen.
In den von Zweig im *Orient* vertretenen politischen Ideen kann man zwar Sympathien für die Sowjetunion erkennen; der Gründer der »Liga V« ergriff mit Eifer die Gelegenheit, seine Tätigkeit zugunsten der UdSSR zu erklären und zu verteidigen. Dennoch kann man nicht behaupten, er habe die Zeitschrift benutzt, um für die marxistische Ideologie zu werben. Vielmehr ging es ihm bei seinem Eintreten für die deutsche Kultur und Sprache darum, die europäische Zivilisation und das humanistische Ideal zu verteidigen, denen er sich weiterhin verbunden fühlte.

Man hätte annehmen können, daß das Scheitern des *Orient* für Arnold Zweig ein schwerer Schlag gewesen sei. Der Brief, den er vier Jahre später, am 30. April 1947, an Walter Berendsohn[30] schrieb, scheint dies nicht zu bestätigen. Er erwähnt insbesondere seinen Kollegen Yourgrau, der sich als ein »prächtiger Draufgänger« erwies, aber leider auch als ein Mann, der am liebsten alles selber machen wollte und sich gelegentlich das Recht nahm, die Artikel seiner Kollegen zu korrigieren.

> Ich hatte Yourgrau versprochen, ihm ein Jahr lang für jedes Heft einen Beitrag zu geben, und ich hielt mein Wort, obwohl er... in meinen Aufsätzen herumstrich, und zwar um politisch keinen Anstoß zu erregen, sei es bei der Jewish Agency, sei es beim Public Information Office...

Obwohl er die Arbeit seines Hauptmitarbeiters »recht anständig« fand, nahm er doch an, daß Yourgrau dadurch, daß er auf dem wöchentlichen Erscheinen des Blattes bestand, das Niveau der ersten Monate nicht halten konnte. Zweig schließt seinen Rückblick nicht ohne Zynismus: Die Bomben, die dem *Orient* ein Ende bereiteten, seien für sein Verhältnis zu der Wochenschrift gerade zur rechten Zeit gekommen...
Nach dem Eifer, mit dem er ein Jahr lang an der Zeitschrift mitarbeitete, überrascht diese Gleichgültigkeit. Wollte Zweig nur seinen Unmut über

das Scheitern des Unternehmens ausdrücken? Oder suchte er einen Sündenbock, um sich von der Spannung zu befreien, die sich Woche um Woche angestaut hatte?
Arnold Zweig benutzte die entstandene Ruhepause, um letzte Hand an einen Roman zu legen, an dem er bereits seit langem arbeitete. *Das Beil von Wandsbek* war das erste Buch Zweigs, das von einem hebräischen Verlag angenommen wurde und in hebräischer Sprache herauskam. Es sollte auch sein letztes Werk in Palästina sein.[31]

»*Das Beil von Wandsbek*«

Das Erscheinen des Romans wurde mit großem Interesse erwartet. Der Verlag Sifriat-Poalim (»Arbeiterbücherei«) hatte sich bereit erklärt, das Buch in Hebräisch zu veröffentlichen; mit der Übersetzung wurde der Schriftsteller Awigdor Hameiri betraut.[32] Im Herbst 1943 lag es in den Buchhandlungen aus. Bei einem Empfang im »Jerusalem Book Club« am 23. Januar 1944 ergriff auch Martin Buber das Wort. Else Lasker-Schüler und Louis Fürnberg waren unter den Anwesenden.
Man schreibt das Jahr 1937: Ein Schlächtermeister aus dem Hamburger Stadtteil Wandsbek[33] übernimmt gegen gute Entlohnung den Auftrag, den erkrankten Henker zu vertreten und vier wegen »Hochverrats« verurteilte Kommunisten mit dem Beil hinzurichten. Obwohl die Begebenheit streng geheim gehalten wird, wird sie in dem Stadtviertel ruchbar. Man beginnt, sein Geschäft zu boykottieren; er verliert nach und nach alle Kunden und macht schließlich seinem Leben ein Ende.
Diese Aktion eines gesamten Stadtviertels gegen einen Exekutanten des Regimes schien nicht recht glaubwürdig, und so unterschiedliche Kritiker wie Eberhard Hilscher[34] und Marcel Reich-Ranicki[35] stimmen darin überein: Dies entsprach nicht der Wirklichkeit im Hitlerdeutschland von 1937. »Das Leben im Dritten Reich war nicht so, wie Arnold Zweig es sich vorstellte«, bemerkte Reich-Ranicki.
Aber wenn auch *Das Beil von Wandsbek* nicht als ein historisches Dokument gelten kann, so muß man dennoch die exakte psychologische Analyse des Durchschnittsmenschen – insbesondere des Kleinbürgers – in einem totalitären Staat bewundern. Als Jünger Freuds widmet Zweig der psychoanalytischen Deutung eines Traumes sogar vier volle Seiten...
Wie in den meisten Romanen Arnold Zweigs spielen auch hier jüdische Probleme mit; insbesondere das Schicksal der noch unter Hitler lebenden Juden beschäftigt den Schriftsteller. Er beschreibt die teuflischen Pläne, die die Nazis schon damals gegen die jüdischen Bürger ausarbeiteten.

Gleichzeitig übt er jedoch Kritik an denjenigen seiner jüdischen Mitbürger, die 1937 noch nicht den Ernst der Lage begriffen hatten. Zwar ist einer der vier Hingerichteten ein jüdischer Buchhändler – Walter Benjamin Mengers – und der Autor bezeugt ihm seine volle Sympathie, denn Mengers hat sein Leben im Kampf gegen Hitler geopfert. Aber die anderen jüdischen Personen des Romans, wie der Rabbiner Dr. Plaut und der junge Arzt Dr. Kley, glauben noch an die »Gesetzlichkeit« des Regimes und sprechen von ihrem gemütlichen und wohlgewärmten Heim in Hamburg...

> »Auswandern in unseren Jahren – keine Kleinigkeit. Wer reißt sich leicht aus dem Boden, aus welchem er gewachsen ist.« (S. 231)

So sprach Dr. Plaut zu seinem Freund Ende 1937, knapp ein Jahr vor der »Kristallnacht«...

Und Palästina? Das Land wird zwar erwähnt, aber es scheint nicht mehr die ideale Zufluchtsstätte für jüdische Flüchtlinge zu sein. Das wird besonders deutlich bei Frau Mengers, der Mutter des Märtyrers, die sich anschickt, ihr Geburtsland für immer zu verlassen. Als Dr. Plaut ihr die übliche Frage des zionistischen Theoretikers stellt: »Sie gehen also nicht nach Palästina? Schade«, antwortet ihm Frau Mengers:

> »Nein! Mir liegt nichts daran, in noch mehr Unruhen verwickelt zu werden. Walter war immer dagegen, noch einen Nationalismus mehr auf die Beine zu stellen und dem Baldwinschen Empire[36] Geschenke zu machen. Tausend-Pfund-Kapitalisten...«[37] (S. 230)

Aber der junge Arzt gibt sich mit dieser Antwort nicht zufrieden:

> »Tausend Pfund reichen höchstens zu einem Kapitalistenvisum, zu nichts anderem. Auch in Palästina kann man nicht zaubern. Hätte mein Vater seine Stiftungen der Universität Jerusalem gemacht statt unserem Hamburg, so blühten mir vielleicht Chancen, dort weiterzuarbeiten. So aber ziehe ich es vor, in der Nähe zu bleiben. Ich gehe nach Holland. (S. 230–231)

Arnold Zweig wirft also seinen jüdischen Mitbürgern vor, sich nicht rechtzeitig für Palästina interessiert zu haben. Und es ist bezeichnend für dieses Buch, daß jedesmal, wenn eine Person des Romans die nationale Heimstätte oder den Zionismus angreift, sich ein Verteidiger findet...

Diese Tendenz wird bestätigt durch das letzte Kapitel des Romans, das in der hebräischen Fassung noch nicht enthalten war, sondern erst 1947 in der deutschen Ausgabe hinzugefügt wurde. Aber gerade dieses Schlußkapitel (unter dem Titel »Abgesang«) rief von neuem heftige Kritik bei den Juden Palästinas hervor.

Worum geht es in diesem Kapitel? Im Frühjahr 1939 legen vier russische Frachtschiffe im Hamburger Hafen an, um Waren zu löschen und aufzuladen. Die zahlreichen Menschen, die sich in den Docks aufhalten, sehen plötzlich zu ihrer Bestürzung die Namen am Heck der Schiffe: es sind – in riesigen weißen Buchstaben – die Namen der vier hingerichteten Kommunisten. Die Proteste der Hafenbehörde bleiben unbeachtet. Selbst die Drohungen einer Gruppe von SS-Männern, die an Bord des ersten Schiffes gegangen waren, um die Entfernung der Namen zu verlangen, bleiben fruchtlos. Der Kapitän (dessen Männer mit Maschinenpistolen und Eisenstangen bewaffnet sind) erinnert sie daran, daß sie sich auf russischem Boden befinden, und fordert sie auf, das Schiff unverzüglich zu verlassen. Die SS-Männer gehorchen... Das war die sowjetrussische Antwort auf die Hinrichtung der vier Kommunisten.

Nach Erscheinen dieses Schlußkapitels wurde Arnold Zweig von einigen seiner jüdischen Mitbürger erneut beschuldigt, kommunistische Propaganda zu betreiben, und Eberhard Hilscher konnte mit Genugtuung behaupten, der Roman *Das Beil von Wandsbek* enthalte ein »klares Bekenntnis Arnold Zweigs zu den kommunistischen Widerstandskämpfern und damit auch zu den Genossen, die seine Selbstverständigung im Exil entscheidend förderten«[38]. Auch Reich-Ranicki ist der Meinung, dieser Epilog plädiere ausdrücklich für den Kommunismus und die Sowjetunion, »die symbolisch verklärt wird als die geistige Heimat aller, die gegen den Faschismus kämpfen«[39].

Es scheint jedoch, daß die Kritiker dieses Kapitels nicht die Umstände berücksichtigen, unter denen dieser Zwischenfall im Hamburger Hafen dem Leser bekannt gemacht wird. Der Leser erfährt nämlich die Einzelheiten dieses Vorfalls aus dem Bericht eines britischen Offiziers in Haifa. Aber dieser Offizier ist niemand anders als der Rabbiner Plaut, und sein Gesprächspartner – ebenfalls ein britischer Offizier – ist Dr. Wilhelm Kley aus Hamburg... Es stellt sich heraus, daß beide nun doch Deutschland verlassen haben. Sie hatten schließlich begriffen, daß ihr Platz nicht länger in ihrem Geburtsland war. Sie waren nach Palästina gegangen – aus Überzeugung oder weil sie keine Wahl hatten?... Gleich vielen anderen meldeten sie sich zu Beginn des Krieges als Freiwillige bei der britischen Armee und wurden gemäß ihrer Ausbildung eingesetzt: der Rabbiner als Feldgeistlicher mit dem Rang eines Hauptmanns, der junge Mediziner als Militärarzt mit dem Rang eines Oberleutnants. Aber sie trafen sich erst 1945, nach Kriegsende, wieder – in einem britischen Erholungslager auf dem Karmel! Hier erzählt Dr. Plaut die Episode mit den vier sowjetischen Schiffen. Er war Augenzeuge des Geschehens gewesen, da er an jenem Tage in Zollangelegenheiten am Hafen zu tun hatte... Er beschreibt auch die dramatischen Umstände seiner eigenen Abreise im Frühjahr 1939. Er ließ in Hamburg zwei seiner Kollegen zurück, um die

Reste der jüdischen Gemeinde zu betreuen, die einst als »Dreigemeinde« (Altona, Hamburg, Wandsbek) zu den stolzesten Deutschlands gehörte und 1933 noch 20000 Mitglieder zählte.[40] Und voll Bitterkeit bemerkt er:

> »Ich frage mich manchmal, ob wir an all dem Furchtbaren mitschuldig sind, das Drittes Reich heißt, und ob wir durch Widerstand gegen das Hitlerregime etwas hätten ändern können. Waren ja doch bloß eine halbe Million, wir deutschen Juden...« (S. 529)

Aber am Ende setzt sich der Optimismus in seinen Worten durch – und hier überrascht Arnold Zweig wieder einmal seine Leser, denn der Schluß, zu dem Dr. Plaut kommt, ist fast ein pro-zionistisches Bekenntnis:

> »Und so haben wir's überlebt, befördert und belohnt, wir ewigen Hamburger. Denn ist's hier nicht schön im Gelobten Land, im Schatten der Oliven- und Feigenbäume?« schloß Captain Plaut, die Augen schwermütig auf all dem Glanz ruhen lassend... Und Wilhelm Kley verstand sein Gefühl. (S. 529)

Dieser Abschluß dementiert die Behauptung, daß es sich bei dem »Abgesang« um ein Bekenntnis zugunsten des Kommunismus oder der Sowjetunion handele.

Das Beil von Wandsbek wurde ein Erfolg. Nach dem Krieg wurde das Buch in mehrere Sprachen übersetzt; 1951 wurde es in der DDR verfilmt. Der DEFA-Film wurde aber noch im gleichen Jahr wieder zurückgezogen, da man beanstandete, daß die Person des Schlächtermeisters eher mitleiderregend als abstoßend dargestellt war. Zweigs Proteste waren vergeblich. Erst 1962 wurde der Film (mit geändertem Schluß) wieder gezeigt. Auch das bundesdeutsche Fernsehen strahlte 1983 eine Verfilmung des Romans aus, die mehrfach preisgekrönt wurde.

Der Erfolg des Romans kam offenbar für Arnold Zweig zu spät, um ihn die negativen Eindrücke in Palästina vergessen zu lassen. Gerade jetzt verlor er zwei seiner engsten Freunde: den Psychoanalytiker Dr. Max Eitingon (er starb am 30. Juli 1943 in Jerusalem) und den Maler Hermann Struck (am 11. Januar 1944 in Haifa). Der Tod dieser beiden Männer brachte ihm seine Vereinsamung noch schmerzlicher zum Bewußtsein.

Als Zweig im November 1943 Geburtstagsgrüße von Louis Fürnberg bekam, klagte er ihm sein Leid:

> ... Ich habe diesmal gute Wünsche nötig, weil sich die Umstände der Gegenwart immer schwerer gestalten, zumal in mir dauernd der Vorwurf nagt, daß ich aus Amerika nicht hätte zurückkommen dürfen... (21. November 1943)

Im Sommer 1943 erfuhr Arnold Zweig von der Gründung des »Nationalkomitee Freies Deutschland« in Moskau [41] unter dem Vorsitz des Schriftstellers Erich Weinert [42]. Ihm gehörten sowohl Schriftsteller wie Johannes R. Becher, Willi Bredel und Friedrich Wolf als auch Politiker wie Wilhelm Pieck [43] und Walter Ulbricht [44] an. »Jetzt wußte Zweig«, berichtet E. Hilscher, »daß es nach der Niederlage des Faschismus ein deutsches Vaterland geben würde, in dem er willkommen war.« [45]
In den biographischen Daten seines Buches bemerkt Hilscher, daß »Zweig um diese Zeit zu weltanschaulicher Klarheit gelangte und sich fortan als marxistischen Sozialisten betrachtete« [46]. Ein ähnlicher Hinweis wurde schon in bezug auf das Jahr 1940 gemacht, als der Schriftsteller verschiedene marxistische Broschüren aus Moskau erhielt, die ihm von seinem Freund Rudolf Hirsch vorgelesen und erläutert wurden. [47]
Es scheint also, daß selbst Zweigs Biograph sich des Datums seiner Hinwendung zum Marxismus nicht sicher ist, da er sie einmal in das Jahr 1940, ein anderes Mal in das Jahr 1943 verlegt – was von dem ständigen Schwanken des Schriftstellers zeugt.
Was das »Nationalkomitee Freies Deutschland« betrifft, so behauptete Zweig in einer am 28. Juli 1960 in Berlin auf einer internationalen Pressekonferenz abgegebenen Erklärung, die am Tage darauf in der Zeitung *Neues Deutschland* erschien [48], daß er erst 1945 von der Gründung dieses Komitees erfahren habe:

> Als ich im Jahre 1945 in Palästina die Nachricht bekam, daß das »Nationalkomitee Freies Deutschland« in der Nähe von Moskau gegründet worden sei und ich mir die Namen derer vorlesen ließ, die dort zusammenwirkten ..., da wußte ich: Es wird wieder ein Deutschland geben, in das ich mit meiner Frau und meinen Kindern zurückkehren kann und in dem ich meine Arbeit fortsetzen werde, soweit es mein Leben und meine Gesundheit zulassen ...

Hier handelt es sich offensichtlich um einen Irrtum, denn das »Nationalkomitee Freies Deutschland« wurde bereits im Juli 1943 gegründet, und Louis Fürnberg hatte Zweig im August 1943 mitgeteilt:

> Ich erinnere mich unseres letzten Gespräches und bin überzeugt, daß im freien Deutschland gewaltige Aufgaben auf Sie warten. Das Moskauer deutsche Komitee deutet in seiner Zusammensetzung darauf hin ...

Man kann also annehmen, daß Zweig zwar von der Existenz des »Nationalkomitee« seit 1943 gewußt hatte, daß er aber den endgültigen Entschluß, nach Deutschland zurückzukehren, erst 1945 faßte.

Freies Deutschland im Bild

ORGAN DES NATIONALKOMITEES »FREIES DEUTSCHLAND«

Nr. 9 August 1944

Generalfeldmarschall Paulus – Oberbefehlshaber der Stalingrader Armee – erhebt seine Stimme für die Rettung Deutschlands, gegen Hitler

Deutschland muss sich von Adolf Hitler lossagen und sich eine neue Staatsfuehrung geben, die den Krieg beendet und Verhältnisse herbeifuehrt, die es unserem Volke ermöglichen, weiter zu leben und mit unseren jetzigen Gegnern in friedliche, ja freundschaftliche Beziehungen zu treten.

Moskau, 8. August 1944

Paulus
Generalfeldmarschall

Die Nummer 9 (August 1944) der Zeitschrift *Freies Deutschland*.
Die Titelseite ist schwarz-weiß-rot umrandet.

Je weiter der Krieg sich von Palästina entfernte – das Afrika-Korps kapitulierte am 12. Mai 1943 in Tunis –, um so mehr verschärfte sich der Konflikt zwischen dem Jischuw und der Mandatsmacht. Mit zunehmendem Grauen begannen die Juden Palästinas, von den Massenmorden in den von der deutschen Armee besetzten Gebieten zu erfahren. Was kaum glaubhaft erschien, erhielt nun seine furchtbare Bestätigung: Mittels eines ungeheuerlichen Systems ging das Hitlerregime daran, die Juden Europas zu vernichten. Ende 1942 schätzte man die Zahl der ermordeten Juden bereits auf zwei Millionen. Im Frühjahr 1943 kamen die ersten Meldungen über den heroischen Widerstand des Warschauer Ghettos. Es wurden nun große Anstrengungen gemacht, den europäischen Juden zu Hilfe zu kommen, und die Vertreter des Jischuw richteten dringende Appelle an die britischen Behörden, sich den Versuchen, Überlebende der Katastrophe nach Palästina zu bringen, nicht länger zu widersetzen.
Nach langwierigen und zähen Verhandlungen waren die Engländer schließlich zu einem Zugeständnis bereit – nicht allein weil die »Struma«-Katastrophe noch frisch in aller Gedächtnis war, sondern auch weil es zahlreiche ungenutzte Einwanderungszertifikate gab, denn die »legale« Einwanderung hatte seit langem aufgehört. Jeder jüdische Flüchtling, der ein neutrales Land erreichte, würde ein Einwanderungszertifikat erhalten, vorausgesetzt, daß die Jewish Agency für die Transportkosten und die Betreuung der Einwanderer aufkommen würde.
So konnte Ende 1943, mitten im Krieg, eine begrenzte Anzahl jüdischer Flüchtlinge, die sich hatten retten können, in spanischen oder rumänischen Häfen kleine Schiffe besteigen, die von der Jewish Agency gekauft oder gechartert worden waren, und nach einer Überfahrt voller Gefahren in Palästina landen. 60000 Juden entrannen so dem sicheren Tode. Hier war also der Beweis erbracht, daß es Mittel und Wege gab, den Flüchtlingen zu helfen, selbst mitten im Kriege. Aber jetzt warfen die Juden Palästinas den Engländern vor, diesen guten Willen zu spät gezeigt zu haben. Die Ironie des Schicksal wollte es, daß gerade als die Mandatsmacht bereit schien, ihre Einwanderungsgesetze zu lockern, die Angriffe gegen England und gegen das noch immer gültige Weißbuch immer heftiger wurden. Zu diesem Zeitpunkt erfolgten auch die ersten Bombenattentate auf Installationen der britischen Behörden, unter anderem das für die Erteilung von Einwanderer-Zertifikaten zuständige Immigration Office. Ein wenig später, im Juni 1944 – Rom war gefallen und die Alliierten hatten in der Normandie Fuß gefaßt – entging der Hochkommissar Sir Harold MacMichael mit knapper Not einem Attentat.[49]
So trat ein neuer Faktor in das Leben des Jischuw: der Terrorismus, der

angesichts der gespannten Lage an Intensität zunahm und schließlich eine tiefgehende Spaltung innerhalb der jüdischen Gemeinschaft verursachte.

Im Sommer 1944 waren die Armeen Hitlers überall auf dem Rückzug: Im Osten drangen die Sowjettruppen in Polen ein und näherten sich Warschau, im Westen befreiten die Alliierten Paris und landeten in der Provence. In Italien verfolgten die achte britische und die fünfte amerikanische Armee – verstärkt durch französische, polnische, indische, südafrikanische, neuseeländische und australische Kontingente – den Feind nach Norden. Nur die zahlreichen jüdischen Soldaten hatten kein eigenes Regiment, obwohl sie es seit langem gefordert hatten. Erst im September 1944 kam die Nachricht, daß Churchill die Aufstellung eines autonomen jüdischen Regiments im Rahmen der achten britischen Armee genehmigt hatte.[50] Brigadegeneral Ernest Benjamin, ein jüdischer Offizier aus England, übernahm das Kommando, und jeder Soldat trug an den Achselstücken seiner Uniform das Emblem dieser Einheit: einen goldfarbenen Davidstern auf blau-weißem Grund. Zum ersten Mal seit der Römerzeit kämpften jüdische Soldaten unter ihrem eigenen Befehlshaber und unter ihrer eigenen Flagge.[51]
Anfang 1945 wurde die Brigade an die italienische Front geschickt, wo sie an den Kämpfen teilnahm, die zur Kapitulation der deutschen Armeen führten. Nach dem Waffenstillstand im Mai 1945 beteiligten sich die Soldaten der Brigade aktiv an der Suche nach jüdischen Überlebenden in Europa.
So war ein Traum Wirklichkeit geworden: Die Juden hatten ihre eigene Truppe, die eines Tages den Kern einer regelrechten jüdischen Armee bilden konnte. Auch Arnold Zweig hatte einmal diesen Traum gehegt: Schon 1921 hatte er anläßlich der blutigen Pogrome der Petljura-Banden[52] die Aufstellung einer aus Juden bestehenden bewaffneten Schutztruppe empfohlen. In der deutschsprachigen Zeitschrift *Freie Zionistische Blätter* schrieb er unter anderem:

> Tausend jüdische Soldaten in deutscher, französischer, russischer, österreichischer, britischer und amerikanischer Uniform, drei leichte Batterien und ein Panzerwagen hätten sich in der »befreiten« weißen Ukraine befinden sollen... und kein Held wäre selig von Pogrom, Folter, Weiberschändung und Ladenraub gegen das Judenvolk aufgestanden... Wir wissen all das von Herzen gut.[53]

Aber im September 1944 sucht man vergeblich nach einer Reaktion des Schriftstellers auf das historische Ereignis – die Teilnahme einer jüdischen Brigade am Krieg gegen den Faschismus.

Trotzdem interessierte sich Arnold Zweig weiterhin für das militärische und politische Tagesgeschehen. Er schrieb Artikel für das Informationsbulletin *Chug* (»Kreis«) des im April 1943 gegründeten »Kreis für Bücherfreunde«, dessen Haupttätigkeit der Import von Büchern, Zeitschriften und Zeitungen aus der Sowjetunion war, die an Mitglieder zu ermäßigten Preisen abgegeben wurden. Das Verlagshaus befand sich in Tel Aviv und hieß »Levant Publishing Company« (abgekürzt »LEPAC«). Dieser Verlag stand in direkter Verbindung mit dem »Jüdischen Antifaschistischen Komitee« in Moskau, das ihm regelmäßig Nachrichten telegraphierte, die dann von der LEPAC oder der lokalen Presse veröffentlicht wurden. Selbstverständlich unterstützte die LEPAC voll und ganz die Kampagne für die »Liga V«. Im Januar 1945 wurde das *Chug*-Bulletin in eine regelmäßig erscheinende Monatszeitschrift umgewandelt – wenn auch in bescheidener Auflage – und hieß von nun an *Heute und Morgen – Antifaschistische Revue.* Aus diesem Anlaß schrieb Arnold Zweig einen Willkommensgruß. Wie zuvor waren alle Artikel dieser Zeitschrift in Deutsch geschrieben, aber da ihre Verbreitung sozusagen »intern« war und sie nur an Mitglieder des »Bücherkreises« unentgeltlich verteilt wurde, stieß sie nicht auf den Widerstand, der den *Orient* zu Fall gebracht hatte. Es wurde auch kein verantwortlicher Chefredakteur genannt.[54] In dieser Monatsschrift wurden vor allem Artikel gedruckt, die bereits in der ausländischen Presse erschienen waren. Neben Thomas Mann fand man Namen wie Theodor Plivier (Auszüge aus seinem 1945 erschienenen Buch *Stalingrad*), Bodo Uhse (»Demütigung und Wiederaufrichtung«), Anna Seghers (deren berühmter Roman *Das siebte Kreuz* auch in Palästina bekannt zu werden begann), Eve Curie (»Eine Messe in Kuybischew«), William Shirer[55](»Vergeßt nicht Spanien«), Alexander Abusch[56](»Über gemäßigten Fortschritt«), Palmiro Togliatti[57](»Italien heute und morgen«) und andere.

Auch von Arnold Zweig wurde hier ein Auszug aus seinem jüngst erschienenen Roman *Das Beil von Wandsbek* veröffentlicht. Da das Buch bereits in Hebräisch erschienen war, warteten viele deutschsprachige Leser bereits ungeduldig auf die deutsche Fassung, die übrigens erst 1947 herauskam. Kurz nach Kriegsende schrieb er einen Artikel »Das Aufatmen von 1945«, von dem noch die Rede sein wird.

Im Januar 1944 meldet das *Chug*-Bulletin, daß Arnold Zweig am 6. Dezember 1943 einen Vortrag über Romain Rolland hielt, dessen Tod man gerade erfahren hatte.[58] Vor überfülltem Saal würdigte er den großen französischen Schriftsteller und Pazifisten, »der auch wußte, die Tren-

HEUTE und Morgen

ANTIFASCHISTISCHE REVUE

HERAUSGEGEBEN VOM KREIS DER BUECHERFREUNDE

Januar 1945

Aus dem Inhalt:

INTERN

LEPAC, LEVANT PUBLISHING COMP. LTD., TEL-AVIV

Tel-Aviv, 96 Allenby Rd., P.O.B. 1186, Haifa P.O.B. 371, Jerusalem P.O.B 7012

Die »antifaschistische Revue« *Heute und Morgen*

nungslinie zwischen dem deutschen Volk und den Nazis und ihren Brotherren zu ziehen... Romain Rolland ist in dem Konzentrationslager Pétain-Frankreich umgekommen«[59].

In der gleichen Ausgabe vom Januar 1944 wird bedauert, daß die »Liga V«, die immerhin 10–15 000 Mitglieder zählte, ein wenig eingeschlummert sei. Andererseits hatte die »Histadrut«, die große jüdische Gewerkschaftszentrale, beschlossen, zu einem Hilfsfonds für die Sowjetunion beizutragen, der von der »Liga V« verwaltet werden sollte. Das Geld (man sprach von einer Anfangssumme von 10 000 Pfund) sollte dazu dienen, die Not in den von der Roten Armee wiedereroberten Gebieten zu lindern.

In diesem Zusammenhang mag auch ein anderer in der gleichen Nummer erschienener Artikel erwähnt werden: »Die Lage der Juden in der Sowjetunion«[60]. Der Autor dieses Beitrags zitiert Artikel aus der sowjetischen Verfassung und versucht nachzuweisen, daß die russischen Juden im Besitze aller Rechte im wirtschaftlichen, politischen, sozialen und kulturellen Leben der Sowjetunion sind:

> Antisemitismus ist ein Verbrechen, wenn auch bei älteren Leuten sich noch Spuren finden mögen; er ist so gut wie tot, da ihm der Boden entzogen ist, und keine ausbeutende Klasse mehr existiert, die ein Interesse an seiner Förderung haben könnte...

Nach mehreren Beispielen, die die aktive Rolle der Juden in der Sowjetunion veranschaulichen sollen, schließt der Artikel mit der folgenden optimistischen Feststellung:

> Der Sozialismus hat das jüdische Problem innerhalb der UdSSR gelöst. Er wird dieses Problem in anderen Ländern lösen, wenn die Völker zur Macht kommen. Die Form der Lösung wird schwanken je nach den Bedingungen in den verschiedenen Ländern und entsprechend der jeweiligen Wirtschaftslage der Juden. Im wesentlichen wird die Lösung jedenfalls die gleiche sein.

Dieser Optimismus fand in den Nachkriegsjahren keine Bestätigung.[61]

Aus den Artikeln der meisten Schriftsteller und Journalisten, die in *Heute und Morgen* schrieben, geht hervor, daß sich die Zeitschrift eindeutig zugunsten der Sowjetunion und auch des Kommunismus engagiert hatte – weit stärker, als dies beim *Orient* der Fall gewesen war. Arnold Zweig gab dem Unternehmen seine volle Unterstützung, wie er es seit jeher für die »Liga V« getan hatte.

Am 8. Mai 1945 erfuhr die Welt, daß der blutigste Krieg der Weltgeschichte zu Ende war. In einem Artikel »Wer siegte in diesem Krieg?«[62] sprach Arnold Zweig zu denen, die nie an der Niederlage des Faschismus gezweifelt hatten, und warnte sie vor überschwenglichem Jubel. Eher sollten sie mit Dankbarkeit und einem Gefühl der Erleichterung um sich blicken und die Konsequenzen aus dem Geschehen ziehen, bevor sie wieder an ihre Arbeit gingen. Gleichzeitig stellt er die Frage: »Was gab den Unsrigen die Überlegenheit und den Sieg?« Seine Antwort:

> Auf unserer Seite marschierte und kämpfte alles mit, was menschliche Gesittung seit der Antike in den Seelen entwickelt hatte: die Zehn Gebote vom Sinai, die Caritas und das Humanitätsideal des Christentums, die Erklärung der Menschenrechte von 1789, jeder politische Freiheitskampf kleiner Völker und Gruppen des neunzehnten Jahrhunderts von Missolunghi[63] bis Sarajewo[64] und die ganze proletarische Aufwärtsbewegung, die 1905 in Petersburg ihre große Schlacht schlug...

Vor allem, fährt der Autor fort, hatten die »Herren der Fabriken und Regimenter« nicht mit dem Freiheitsbedürfnis des Mannes auf der Straße und der Frau im Hause gerechnet:

> Sie vermochten alle Schrecken ihrer Folterlager, ihrer Bombenangriffe und ihrer Tankeinbrüche loszulassen – aber in die menschliche Substanz, in die Seelen der Millionen vermochten sie nicht einzubrechen... Sie konnten die Ukraine oder Polen in ein Todeslager verwandeln, jedes vierte Haus in London unbewohnbar machen, Holland überschwemmen, Tausende von braven Seeleuten im eisigen Ozean ertränken, aber einen Zweifel an unserem Endsieg aufkommen lassen, das konnten sie nicht, allen Organisationen und Rundfunksendern zum Trotz.

Einen Monat später fordert Arnold Zweig in *Heute und Morgen* – nach einem Rückblick auf die zwischen beiden Kriegen begangenen Irrtümer –, daß es von nun an keine »Gespenster« über den Gräbern der geopferten Millionen geben dürfe – »weder das des Bolschewistenschrecks noch das des Judenhasses noch das der plutokratischen Weltverschwörung noch das des Antigermanismus...« Diese »Gespenster«, meint Arnold Zweig, sollte man »mit wissenschaftlicher Analyse anstrahlen und vertreiben«[65].

Der Artikel hatte die Überschrift: »Das Aufatmen von 1945«. Aber konnte im Frühling 1945 bei den Juden – auch bei den in Palästina lebenden – wirklich von einem Aufatmen die Rede sein?

5. Der Krieg ist zu Ende – der Kampf geht weiter (1945-1947)

Europa nach dem Krieg

Die erste Reaktion der Juden in Palästina und der übrigen Welt war dieselbe wie bei allen anderen Völkern: ein unermeßliches Gefühl der Erleichterung, daß das Gemetzel endlich vorüber war. Aber bald darauf stellte sich die große Unruhe ein: Was war aus den Angehörigen und Freunden geworden, die während des Krieges in Europa geblieben waren? Jetzt erst begann man, Genaueres über die furchtbaren Ereignisse zu erfahren, die sich in den eroberten Gebieten abgespielt hatten, in den Todeslagern von Auschwitz, Bergen-Belsen, Buchenwald, Dachau, Mauthausen, Maidanek, Ravensbrück, Theresienstadt, Struthof... Was man nicht glauben wollte, wurde nun Gewißheit: zwei Drittel der jüdischen Bevölkerung Europas, die vor dem Kriege über neun Millionen gezählt hatte, waren vernichtet worden – nicht nur die jüdischen Gemeinden Deutschlands, sondern auch die Polens (mit mehr als drei Millionen die größte Europas), Jugoslawiens, Ungarns, Griechenlands, Hollands und Belgiens. Die Juden Frankreichs, Rumäniens, der baltischen Länder und der Ukraine waren dezimiert. Die Überlebenden hatten nur einen Wunsch: Europa zu verlassen, den durchlebten Alptraum zu vergessen und ein neues Leben zu beginnen. Aber wo? Diejenigen, die Angehörige in den Vereinigten Staaten hatten, bereiteten sich für die lange Reise vor; für die anderen blieb nur ein Ziel: Erez-Israel, das Land Israel...

Überall in Mittel- und Osteuropa begannen die jüdischen Flüchtlinge, nach Westen zu wandern; sie wollten nicht länger in den Ländern leben, deren Bewohner oft den Deutschen bei der Verfolgung der Juden geholfen hatten. Sie wollten ihrem Ziel näherkommen. Die Tatsache, daß in all diesen Ländern kommunistische Regime im Gefolge der Roten Armee entstanden waren, verstärkte ihren Entschluß noch mehr. Die ersten Stationen waren Deutschland (insbesondere die amerikanische Zone), Österreich und Italien. Große Auffanglager wurden eingerichtet, um die Flüchtlinge, die man als »Displaced Persons« bezeichnete, vorübergehend aufzunehmen.

Inzwischen bereiteten sich die Juden Palästinas auf eine Masseneinwanderung ihrer europäischen Brüder vor. Seit Juli 1945 gab es in London eine neue Regierung unter Clement Attlee. Trotz der großen Bewunderung, die man für Winston Churchill hatte, wußte man, daß er an die

Politik der Konservativen Partei gebunden war. Dagegen hatte die Arbeiterpartei seit langem ihre Sympathie für die zionistische Sache bezeugt, und der Jischuw begrüßte daher den Regierungswechsel. Die jüdische Bevölkerung Palästinas war in der Zwischenzeit auf 600000 angewachsen, und es war noch Platz für viele mehr...

Es gab auch Juden, die daran dachten, die Nationale Heimstätte zu verlassen. Dazu gehörten nicht nur diejenigen, die nach Palästina mangels anderer Emigrationsmöglichkeiten gekommen waren. Selbst unter denen, die in das Land aus Idealismus gekommen waren – und Zweig gehörte zu ihnen –, verspürten manche den Drang, Klima und Umgebung zu wechseln. Das war nicht verwunderlich. Man nehme als Beispiel einen Einwanderer aus Deutschland, der 1933 oder 1934 ins Land gekommen war. Nach einer schwierigen Anpassungsperiode, die besonders mit den Sprachschwierigkeiten und der reservierten Haltung des Jischuw zusammenhing, hatte er drei Jahre – 1936 bis 1939 – in einer ständigen Bürgerkriegsatmosphäre gelebt, wo jede Busreise mit Lebensgefahr verbunden war. Dann kam der Krieg – eine für das Land relativ ruhige Zeit (wenn man von dem Jahr 1942 absieht, als die Deutschen nach Ägypten vorstießen) –, wo aber jede Tätigkeit den Sicherheitsbedürfnissen untergeordnet war. Man denke auch an den langen palästinensischen Sommer, von Anfang Juni bis Ende September, und die Tage des Chamsin[1], die die kurze Frühjahrs- und Herbstzeit unterbrechen. Und nach vier heißen Monaten fröstelte man im ansonsten milden Winter (von Dezember bis Februar) in den schlecht geheizten Häusern. Unter den älteren »Jeckes« ging ein Bonmot um: »Das Klima des Landes läßt sich ertragen, wenn man den Sommer im Libanon und den Winter in Ägypten verbringen kann...«

Aber das verwüstete Europa von 1945 konnte kein Zufluchtsort für die sein, die aus dem »Exil« zurückkehren wollten. Selbst in den »Siegerstaaten« fehlte es an allem, besonders an Wohnungen, und die Lebensmittelrationierung blieb weiter in Kraft. Deutschland war ein Trümmerhaufen, wo Zehntausende von jüdischen Flüchtlingen von Rationen der UNRRA[2] und des American Joint[3] lebten, während die Deutschen nur minimale Rationen und – wenn sie Glück hatten – CARE-Pakete[4] bekamen. Berlin, wo Zweig so viele Jahre gelebt hatte, war eine in vier Besatzungszonen aufgeteilte Stadt; es war dort gewiß kein Bedarf an Schriftstellern... Das »Nationalkomitee Freies Deutschland«, auf das Zweig so große Hoffnungen gesetzt hatte, hatte seine Tätigkeit am 26. April 1945 beendet, als die Rote Armee in Deutschland eindrang. Jeder Emigrant, der hierher zurückkehrte, würde nur die Zahl derer vermehren, die von der Wohlfahrt oder vom schwarzen Markt lebten. Es hieß also, sich zunächst mit der Lage abzufinden und zu bleiben, wo man war, bis Europa sich aus seinen Trümmern erhoben und das Problem der Flüchtlinge eine Lösung gefunden hatte.

Die Lage ist ernst – das Leben geht weiter

Die Masseneinwanderung fand nicht statt. Die Hoffnungen, die die Juden auf die Labour-Regierung gesetzt hatten, wurden bald enttäuscht. Die Jewish Agency hatte eine sofortige Zuteilung von 100000 Einwanderungszertifikaten gefordert. Die Antwort des neuen Außenministers Ernest Bevin war eindeutig: Die Regierung Seiner Majestät halte sich an die Bestimmungen des Weißbuchs. Während Zehntausende von Juden in Europa auf ein Schiff nach Palästina warteten, waren nur wenige Einwanderungszertifikate verfügbar...[5]

Die führenden Männer des Jischuw hatten diese Eventualität vorausgesehen: Die Flüchtlinge, die nach Palästina wollten, wurden nach französischen oder italienischen Häfen gebracht und traten von dort die Reise auf gecharterten oder gekauften Schiffen an. So begann die größte »illegale« Einwanderung aller Zeiten – ein neuer Exodus...

Aber auch die britische Regierung war gerüstet: Torpedoboote, Flugzeuge, eine Armee von 100000 Mann und Tausende von Polizisten wurden mobilisiert, um die Schiffe abzufangen und ihre Passagiere festzunehmen. Gleichzeitig begannen wieder Sabotageakte gegen britische Einrichtungen, besonders gegen Eisenbahnen und die Küstenwacht. Die Lage verschlimmerte sich zusehends; das Wirtschaftsleben stagnierte. So endete das Jahr 1945 in Palästina in einem Klima der Ungewißheit und der Spannung.

War es in einer solchen Atmosphäre für einen Schriftsteller noch möglich, produktive Arbeit zu leisten? Arnold Zweig versuchte es. Er ging daran, das 1934 entstandene Drama *Bonaparte in Jaffa* zu überarbeiten.[6] Hauptfigur ist nun der Militärarzt Desgenettes[7], der gegen die unter den Soldaten grassierende Pest ankämpft und sich gleichzeitig dem unmenschlichen Befehl des Ersten Konsuls widersetzt, 3000 türkische Gefangene am Strand von Jaffa zu erschießen. Aber die militärische Notwendigkeit überwiegt: Man hat weder die nötigen Schiffe, um die Gefangenen nach Frankreich zu bringen, noch genügend Lebensmittel, um sie zu ernähren. Folglich muß man sich ihrer entledigen... Zweig will deutlich machen, daß Bonaparte vom militärischen Standpunkt aus keine Wahl hatte, weil der ganze ägyptische Feldzug sinnlos war, wenn man von der Arbeit der begleitenden Wissenschaftler absieht.

Aber »die Aggression zwingt zur Barbarei«[8]; Bonaparte hätte dieses abenteuerliche Unternehmen nie beginnen dürfen; der Arzt Desgenettes, der selbst ein Opfer der Epidemie wird, geht als moralischer Sieger des Dramas hervor.
Wie bereits erwähnt, wurde dieses Stück nie auf einer palästinensischen Bühne gezeigt. Erst im Jahre 1954 wurde es in Ost-Berlin uraufgeführt.[9]
1946 begann Arnold Zweig, einen neuen Roman zu entwerfen, dessen Titel bereits feststand: *Traum ist teuer*. Held des Buches sollte ein griechischer Freiwilliger in der britischen Armee sein, der wegen seiner prokommunistischen Haltung die Schikanen seiner Vorgesetzten ertragen muß. Der Roman – der erst 1962 erschien – sollte vor allem eine »Abrechnung« mit dem Zionismus und insbesondere mit dem Jischuw in Palästina darstellen.[10]

Die Wochenzeitung der deutschen Gefangenen

Etwa zur gleichen Zeit entstand ein bemerkenswertes journalistisches Unternehmen. Seit Kriegsende gab es in Ägypten zahlreiche deutsche Gefangene, die zum Teil dem ehemaligen Afrikakorps angehört hatten; andere waren während der letzten Kriegsmonate aus Italien gebracht worden. Alle diese Gefangenen, etwa 80000 an der Zahl, waren im Camp No. 307, einem riesigen Lager bei Fanara, unweit des Suezkanals, untergebracht worden. Tagsüber arbeiteten viele von ihnen in den englischen Militärlagern und halfen in der Küche oder in der Wäscherei. Ein deutscher Jude aus Haifa, Dr. Adolf Sindler, Kinderarzt und jetzt Captain der englischen Armee, hatte die Idee, für diese Gefangenen eine aktuelle und kulturelle Wochenzeitschrift herauszugeben, die *Tribüne – Wochenblatt des Lagers 307.* Die Nummer 24 vom 5. Oktober 1946 war Arnold Zweig und seinem Werk gewidmet. Auf dem Titelblatt erscheint ein gezeichnetes Portrait des Schriftstellers mit seiner Unterschrift. In einem langen Artikel aus der Feder seines Freundes Grosshut[11] werden Zweigs Werke analysiert, vor allem die seit 1933 geschaffenen: *Erziehung vor Verdun*, *Einsetzung eines Königs*, *Das Beil von Wandsbek*, *Bonaparte in Jaffa*. All diese Werke, die – neben dem *Grischa* – wohl zu den bedeutendsten des Dichters zählen, waren auf dem Karmel entstanden. Der Verfasser des Artikels betont, daß dies kein Zufall sei; die Schönheit der Landschaft habe den Dichter inspiriert. Er schlägt dabei einen fast lyrischen Ton an:

> Hier auf dem Karmel, wo die überwältigende Schönheit des Ausblicks, die Woge aus Licht und Flut beseligend in das zu gestaltende Werk

TRIBÜNE

WOCHENBLATT DES LAGERS 307

TRIBÜNE · 24. FOLGE · 5. OKTOBER
1946

Tribüne – Das Wochenblatt der Kriegsgefangenen

> dringen, ist der Roman *Erziehung vor Verdun*, dem Grischa-Roman durchaus ebenbürtig, vollendet worden...

Eine bedeutsame Aussage, die der Autor gewiß nicht ohne Zustimmung Arnold Zweigs gemacht hätte. Seine eingehende Analyse gipfelt in folgendem Satz:

> Und jährt sich im kommenden Jahr zum zwanzigsten Mal der Tag, an dem Zweigs *Streit um den Sergeanten Grischa* erschien, so böte sich zu Arnold Zweigs 60. Geburtstag kein geeigneterer Anlaß, sein geistiges Werk für den Nobel-Preis vorzuschlagen.

Man kann sich das Erstaunen der jungen Leser ausmalen, die noch nie von einem deutschen Schriftsteller namens Arnold Zweig gehört hatten, und das der älteren Gefangenen, denen der Autor des *Grischa* als »Feind des deutschen Volkes« bekannt war und dessen Werke 1933 öffentlich verbrannt worden waren!

Jedenfalls kann man Dr. Sindler, dem englischen Captain deutsch-jüdischer Herkunft, zu dieser kühnen Initiative beglückwünschen, vor allem, wenn man an die Mühe und Arbeit denkt, die die Herstellung und die Verteilung dieses Wochenblattes mit sich brachte. Sindler verfügte nur über private Quellen; für den Versand standen ihm die Transportmittel der britischen Armee zur Verfügung.

Die Zusammenarbeit zwischen den Briten und den Juden Palästinas ging jedoch ihrem Ende entgegen: Im Sommer 1946 begann die britische Armee, alle jüdischen Offiziere und Soldaten Palästinas zu entlassen, auch die Angehörigen der »Jewish Brigade«. Viele von ihnen wurden nach ihrer Heimkehr in die Verteidigungsorganisation »Haganah« eingegliedert; der Jischuw brauchte ihre Erfahrung, denn die Lage im Lande verschlimmerte sich von Tag zu Tag.

Das Leben auf dem Pulverfaß

Anfang 1946 wiederholte der britische Außenminister Ernest Bevin[12] seine Weigerung, das Weißbuch von 1939 für ungültig zu erklären. Gleichzeitig gab er bekannt, daß eine amerikanische Untersuchungskommission nach Palästina kommen würde, um die Lage zu prüfen. In der Zwischenzeit wurde die monatliche Quote für Einwandererzertifikate auf 1500 festgesetzt.

1500 im Monat! Eine Flut von Protesten überschwemmte das Land. Unruhen flackerten in den jüdischen Städten auf; neue Bombenattentate wurden verübt. Die Engländer reagierten mit großer Härte und unternahmen Suchaktionen in den Städten und Kibbuzim, um Waffenverstecke zu finden. Es gab Widerstand; acht Juden wurden bei den Durchsuchungen getötet. Neun englische Polizisten fielen einem Überfall jüdischer Extremisten zum Opfer. Das Ausgehverbot, von dem man seit 1939 nicht mehr gehört hatte, wurde wieder verhängt, diesmal in den jüdischen Städten und Siedlungen.

Wieder einmal lebte das Land in einer Atmosphäre des Bürgerkriegs, nur war es diesmal der Konflikt zwischen Juden und Engländern, während die Araber sich abseits hielten. Sie hatten auch keinerlei Grund, mit der englischen Politik unzufrieden zu sein, die die Einwanderung der Juden rigoros einschränkte. Hinzu kam, daß die arabischen Länder, die bisher unter der Kolonialherrschaft Großbritanniens und Frankreichs gelebt hatten, ihrer Unabhängigkeit entgegensahen. Sieben Länder – Agypten, Syrien, Libanon, Jordanien, Irak, Jemen und Saudi-Arabien – hatten sich im März 1945 unter britischer Schirmherrschaft zur »Arabischen Liga« zusammengeschlossen, die politisch, wirtschaftlich und militärisch mit England zusammenarbeiten sollte. Natürlich beobachteten diese Länder sehr aufmerksam die Lage ihrer Brüder in Palästina.[13] Abba Eban beschreibt die Situation in seinem Buch *Dies ist mein Volk*:

> Schrecklich und drohend zeichnete sich die Möglichkeit ab, daß allen Völkern, die unter der Tyrannei gelitten hatten, Unabhängigkeit garantiert würde, nur dem Volk nicht, das am meisten betroffen war. Alle Opfer der Tyrannei sollten Souveränität erhalten, nur das nicht, das am härtesten verfolgt und am schlimmsten getroffen worden war.[14]

Am 29. Juni 1946 – einem Sabbat – wurde eine militärische Großaktion gegen den Jischuw, die Jewish Agency und die »Haganah« durchgeführt. Mehr als 2000 Personen, darunter sämtliche Führer der Jewish Agency, wurden verhaftet und in einem Lager bei Latrun, an der Straße von Tel Aviv nach Jerusalem, interniert. Der Jischuw antwortete mit einem Generalstreik. Erst nach Intervention des Hochkommissars Sir Alan Cunningham, der sich im Flugzeug nach London begab, kündigte die britische Regierung einen Monat später die schrittweise Freilassung der Internierten an. Aber die Atmosphäre im Lande blieb weiter gespannt.

Am 22. Juli 1946 explodierte eine Bombe im Hotel »King David« in Jerusalem, dem Hauptquartier der englischen Zivil- und Militärverwaltung, und forderte eine große Zahl von Opfern, Militärs und Zivilisten – Engländer, Araber und Juden. Für den Anschlag erklärte sich die Untergrundorganisation »Irgun Zevai Leumi«[15] verantwortlich, die im Kampf gegen die britischen Behörden eine immer größere Rolle spielte und deren Tätigkeit bald ein ernstes Problem für die Einheit des Jischuw werden sollte. Denn die Meinungen der jüdischen Bevölkerung über diese Widerstandsorganisationen waren geteilt. Während über die vitale Bedeutung der »Haganah« Einmütigkeit herrschte, schwankten die Meinungen über den »Irgun« zwischen offener Sympathie und harter Kritik. Man billigte im allgemeinen den Kampf gegen die britische »Palestine Police«, die die Mandatsmacht symbolisierte. Aber warum wurden auch britische Soldaten angegriffen, die entweder junge Rekruten aus England oder Veteranen des Kriegs gegen Hitler waren?

Auch Arnold Zweig verurteilte die Terrorakte, vor allem wenn sie das Leben von Zivilpersonen gefährdeten. Diese Ansicht hatte er schon 1938 vertreten, als ein jüdischer Extremist von den Engländern hingerichtet worden war.[16] Im Jahre 1948, nach seiner Ankunft in Prag, erklärte er in einem Interview dem Journalisten Theun de Vries:[17]

> Eine traurige Angelegenheit. Der Irgun hat nie recht getaugt; eine Art jüdischer Faschismus... Vielleicht haben diese Leute es einmal gut gemeint, aber in der Praxis sind sie einen falschen Weg gegangen...

Es kam schließlich zu einem furchtbaren Racheakt. Am 2. April 1948 stellten Angehörige der Palestine Police (angeblich handelte es sich um Deserteure) drei mit Sprengstoff beladene LKWs im Zentrum Jerusalems ab. Wenige Minuten später verwüstete eine gewaltige Explosion die Ben-Jehuda-Straße; aus den Trümmern der Häuser wurden über 50 Tote geborgen.

So lebte der Jischuw ständig zwischen Hoffnung und Furcht. Nur wenige glaubten noch an die Gründung eines jüdischen Staates in der nahen Zukunft. Es gab »Tage der Unzufriedenheit und Hilflosigkeit, Tage der Besorgnis, der Verwirrung und einer bedrückenden Angst«[18]. Es war ein Wunder, daß das tägliche Leben schlecht und recht weiterging. Aber für viele war die dauernde Spannung, in der das Land lebte, immer schwerer zu ertragen.

Zukunftspläne...

Arnold Zweig war zu diesem Zeitpunkt nicht der einzige, der die Möglichkeit erwog, sich an friedlichere Gestade zu begeben. Aber für ihn war das Problem noch dringender geworden, seitdem sich seine Familie zerstreut hatte und er mit seiner Gattin Dita allein in Haifa war. Michael, der ältere Sohn, befand sich in West-Berlin – als Soldat der amerikanischen Armee.[19] Adam hatte in Zürich das Medizinstudium begonnen, mit der Absicht – laut seinem Vater –, seinen Beruf einmal später in Palästina auszuüben. »Das bindet uns natürlich dauernd mit einem Fuße an diese schöne, mißhandelte Landschaft«, schrieb Zweig an Walter Berendsohn am 1. Mai 1947.

Dennoch begann er, die Möglichkeit seiner Abreise ins Auge zu fassen. Für den folgenden Sommer erwartete er den Besuch seines älteren Sohnes, um von ihm einen genauen Bericht über die Lage in Berlin zu erhalten, denn er befürchtete, daß in Palästina Ereignisse eintreten könnten, die ein ruhiges Arbeiten für ihn unmöglich machen würden. Sein Freund Fürnberg hatte bereits Ende November 1946 Palästina verlassen und schrieb ihm begeisterte Briefe aus Prag...

Indessen wurde er von verschiedenen Seiten, auch von Walter Berendsohn, vor einer Rückkehr nach Deutschland gewarnt. Man teilte ihm mit, daß er zur Zeit nicht damit rechnen könne, in Berlin elektrisches Licht und Heizung zu haben... Was sollte er beginnen? Der 59jährige hatte noch große Pläne; unter anderem dachte er an eine Universitätskarriere. Er schrieb an Berendsohn:

> Natürlich verlangt uns alle nach öffentlicher Wirksamkeit – ich bin eigentlich reif für einen Lehrstuhl der Gesellschafts-Wissenschaft und Literatur-Wissenschaft; aber während der nächsten 2 Jahre weder hier noch in Deutschland ruhig arbeiten zu können, das kann ich mir nicht leisten, auch wenn ich vorhabe, den Kollegen Hamsun[20] an Alter zu überrunden... (15. Juli 1947).

Er zog also vor, weitere Nachrichten aus Deutschland abzuwarten, bevor er eine Entscheidung traf. Er sehnte sich um so mehr nach Tätigkeit, als sich der Zustand seiner Augen stabilisiert hatte. Die Behandlung durch seinen Augenarzt und die salzlose »Gerson-Diät« hatten den Fortschritt der Erkrankung, an der er so lange gelitten hatte, aufgehalten. Hingegen hatte sich seine finanzielle Lage weiter verschlechtert. Während andere emigrierte Schriftsteller nun ihre Arbeit in einer relativ ruhigen Atmosphäre fortsetzen und ihre Rückkehr nach Deutschland abwarten konnten, lebte Arnold Zweig in einem von Bombenexplosionen erschütterten Land, wo die Spannung oft unerträglich war. Der Schriftsteller und seine Frau verfügten nur noch über ein beschränktes Budget; der Wagen war längst verkauft worden; wer hätte ihn auch steuern können? Auch Zweigs Sekretärin Ruth Klinger, die seit 1946 bei ihm arbeitete, war nach Prag übersiedelt. Von dort schrieb sie ihm am 27. März 1947:

> Diesmal habe ich ein paar gute Nachrichten für Sie... Der Svoboda-Verlag will alle Ihre Bücher, die noch nicht tschechisch erschienen sind, herausgeben und bittet vor allem um die Expreß-Sendung Ihres *Beils*. Sie wissen gar nicht, wie sehr man sich freute, von mir Näheres über Sie zu hören, wie man Sie hier verehrt!...[21]

Im Februar 1947 mußte Zweig seine Wohnung verlassen, denn die Engländer hatten ein ganzes Stadtviertel auf dem Karmel requiriert, um dort ihre höheren Offiziere und Beamten unterzubringen. Die Evakuierten hatten dafür freigewordene Wohnungen in dem Viertel »German Colony« erhalten. Es war zwar ein angenehmes Wohnviertel, lag aber dem Lärm der Stadt näher. Zum Glück war Zweigs neue Wohnung schöner und geräumiger als die frühere, aber der Umzug bedeutete eine Unterbrechung seiner schriftstellerischen Arbeit:

> Noch sind meine Bücher nicht wieder so geordnet, daß ich mich ihrer frei bedienen kann, aber der Gedanke, von hier wieder wegzugehen, weil hier Ereignisse eintreten könnten, die ruhiges Arbeiten verhindern würden, macht mich müde. Es war zuviel während dieser letzten 4 Jahre seit der Beendigung des *Beils von Wandsbek*, was meine Nerven anspannte und beanspruchte... (1. Mai 1947 an Walter Berendsohn)

Inzwischen hoffte er, daß die deutsche Ausgabe von *Das Beil von Wandsbek* bald bei einem englischen Verleger erscheinen würde: »Vielleicht gibt mir das wieder neuen Auftrieb, lieber Berendsohn, ich hätte ihn recht nötig...«[22]

Zweig sprach mit Freunden und Bekannten über seine Probleme. Bald gingen Gerüchte über eine bevorstehende Auswanderung des Schriftstellers um, vielleicht genährt durch die Abreise seiner Söhne. Zweig, der immer noch nicht an ein endgültiges Verlassen des Landes dachte, war verärgert und ließ im September 1946 ein Dementi in der *Palestine Post* veröffentlichen.[23]

Aber er war nun offensichtlich am Ende seiner Geduld angelangt. In einem der kleinen Gedichte, die er gelegentlich schrieb, stehen folgende Zeilen:[24]

> Ich komm' ja noch mal ins Steigen,
> mein Amt ist noch nicht getan;
> Sie reden noch mal von Zweigen
> in Bus und Bahn.
> Doch hat's gelohnt?...

Noch bitterer ist der Schluß des Gedichts:

> Ich lief mit Idealen
> tat selber, was ich vertrat;
> nun muß ich's mit Jahren bezahlen
> mit Unfall, Boykott und Verrat.

Die düstere Stimmung Arnold Zweigs entsprach der allgemeinen Situation. Die Bahnhöfe von Haifa-Ost und Jerusalem waren durch zwei Bombenattentate zerstört worden. Die Briten legten riesige Lager in Zypern an, um die »illegalen« Einwanderer aufzufangen. Und als das Jahr 1946 zu Ende ging, wiederholten sich die gleichen Szenen: Während im Land der Terror herrschte und der »Irgun« einen regelrechten Kleinkrieg gegen die Engländer führte, fuhren diese unbeirrt fort, die aufgegriffenen Flüchtlinge nach Zypern zu deportieren.[25] Nach einer Serie von Attentaten, die 20 Tote und 30 Verletzte forderten, wurde Anfang 1947 das Kriegsrecht über einen Teil des Landes verhängt.

Die britische Regierung schien nun den totalen Fehlschlag ihrer Politik einzusehen und beschloß, das Palästina-Problem vor die Vereinten Nationen zu bringen. Die UNO entsandte eine aus elf Mitgliedern bestehende Untersuchungskommission, die UNSCOP[26], um die Lage an Ort und Stelle zu prüfen. Sie begann ihre Arbeit im Juni 1947. Es war die siebente Kommission seit der Errichtung des Mandats in Palästina.

6. Geburt des Staates Israel – Arnold Zweig nimmt Abschied (1947–1948)

Vorbereitungen für die Rückkehr

Am 1. September veröffentlichte die UNSCOP das Resultat ihrer Untersuchung. Sie machte den Vorschlag, auf dem Territorium Palästinas einen arabischen und einen jüdischen Staat zu errichten. Der Küstenstrich nördlich von Haifa bis südlich von Tel Aviv, das östliche Galiläa und der Negev sollten zum jüdischen Staat gehören; Judäa, Samaria, West-Galiläa und der Gazastreifen sollten arabisch werden, Jerusalem würde internationalen Status erhalten.
Die britische Regierung erklärte, daß sie nicht in der Lage wäre, den Teilungsplan durchzuführen, und kündigte das Ende des Mandats für den 15. Mai 1948 an. Die arabischen Führer verwarfen ebenfalls diesen Vorschlag, denn der vorgesehene palästinensische Staat entsprach keineswegs ihren Erwartungen; außerdem war für sie die Existenz eines jüdischen Staates im Nahen Osten undenkbar. Die Juden waren zur Annahme des Plans bereit, trotz der mangelnden Homogenität und der langen Grenzen des zukünftigen Staates, und trotz ihrer heftigen Opposition gegen eine Internationalisierung Jerusalems. Denn wie klein auch das dem jüdischen Staat zugeteilte Gebiet war, würde es ihnen doch ermöglichen, alle jüdischen Flüchtlinge aufzunehmen, die in den Lagern Europas und Zyperns warteten. Aber die Empfehlung der Kommission mußte erst noch von der Generalversammlung der Vereinten Nationen in New York bestätigt werden. Die Debatte über Palästina dauerte bis Ende November.

Am 28. Juli 1947 wendet sich Arnold Zweig an Fürnberg mit der Bitte, ihm bei der »Rücksiedlung« nach Europa behilflich zu sein. Er wolle seine Bibliothek nach Prag schicken, bis sich eine Gelegenheit biete, nach Deutschland zurückzukehren. Ein wenig später, am 16. August 1947, teilt Arnold Zweig Walter Berendsohn auf einer Postkarte mit, daß er beabsichtige, im kommenden Frühjahr Europa zu besuchen und auch nach Schweden zu kommen. Vor allem wolle er die Möglichkeit prüfen, die zahlreichen Manuskripte, die sich in letzter Zeit bei ihm angesammelt hatten, zu veröffentlichen:

> Ungedruckt liegen 2 Spiele; 2 Historien (1799, 1745) für die Bühne[1]; mehrere Essays politisch-antifaschistischer Sache; eine Menge Aufsätze, um ein gutes Palästinabuch zu machen; eine Masse anderer

Aufsätze zu den Epochen des Zweiten Krieges... und dergleichen. Endlich will ich, sobald ich Zeit habe, meine Gedichte sichten und veröffentlichen, Musik aus vierzig Jahren...[2]

Außerdem arbeitete Zweig an dem Buch *Traum ist teuer* und an dem Manuskript *Freundschaft mit Freud*. Der Autor des *Grischa* litt also nicht an mangelnder Beschäftigung...

In ihrem Buch *Zeugin einer Zeit* beschreibt Ruth Klinger, die von 1943 bis 1946 Zweigs Sekretärin war, die Arbeitsmethode des Schriftstellers:

Ich sehe Zweig in seiner ›splendid isolation‹ im Hause des Arabers Tuffik Reno am Carmel so, wie er leibte und lebte. Er sitzt auf seinem Sofa, lehnt sich etwas zurück, streicht sich mit der Hand über den Kopf – eine seiner charakteristischen Gebärden – und ich höre seine leise Stimme, die immer etwas belegt war, er spricht über seine Gedankengänge, die er zu verarbeiten beabsichtigt und mir bald diktieren wird...

Ich erwähnte bereits Zweigs schlechten Augenzustand. Er hatte vor langer Zeit eine Augentuberkulose gehabt, die er durch streng eingehaltene »Gerson-Rohkost-Diät« zum Stillstand brachte, aber er konnte nur Farbflecke seines Gegenübers sehen, die sich jeweils verschoben. Wenn er las, hielt er das gedruckte Blatt so nahe an seine Augen, daß die Nasenspitze das Papier berührte. Zweig war nicht nur auf eine Sekretärin angewiesen, er war, in gewissem Sinne, von ihr abhängig. Ähnlich erging es ihm mit dem Wetter. Was er diktierte, welches Thema er wählte, bestimmte der Wetterhahn auf dem Dach des Nebenhauses, den er von seinem Schreibtisch aus beobachten konnte. Zeigte der Wetterhahn Ostwind an, »Chamsin« (heißer Wüstenwind), diktierte er nur Briefe, war der Wind jedoch günstig, so kam sein Roman an die Reihe. Dann pflegte er sich auf sein Sofa hinzulegen (den Handrücken über der Stirne) und ich schob das Schreibmaschinentischchen ganz in seine Nähe, um jedes Wort deutlich zu vernehmen und ihn in seiner Konzentration nicht unterbrechen zu müssen. Er diktierte mit einer fast monoton-nüchternen Stimme, fließend und ohne Pausen. Nie suchte er nach einem passenden Ausdruck, immer wußte er zu Beginn des Satzes genau, wie er enden werde, selbst wenn er sich über mehrere Nebensätze erstreckte. ...

Aber nicht immer war Zweig in Ruhestellung. Wenn er einen Vortrag oder einen Aufsatz für eine Zeitschrift diktierte, lenkte er sich dabei gerne durch manuelle Tätigkeit ab, was, wie er sagte, das geistige Schaffen begünstige. Dann widmete er sich umständlich dem Putzen von Pfeifen, oder der Brillenreinigung. Er konnte auch mitten im Satz

> aufstehen, in die Küche gehen, sich eine Scheibe trockenen Schwarzbrotes holen, sie genüßlich kauen und dann ohne Umschweife den begonnenen Satz fortsetzen. Sein Diktat war so, als löse sich etwas Auswendiggelerntes von der Zunge ab. Sein Studien-Material bestand aus einigen hingekritzelten Stichworten auf einem kleinen Zettel.[3]

Etwa zur gleichen Zeit gab Alice Schwarz, Schriftstellerin und später Redakteurin der Tageszeitung *Jediot Chadaschot*, einen kleinen Novellenband in deutscher Sprache heraus.[4] Arnold Zweig begrüßte diese literarische Initiative und schrieb zu dem Buch ein Vorwort, in dem er folgende Meinung äußerte:

> Es gehört Mut und Charakter dazu, sich heute noch immer zum deutschen Schriftsteller auszubilden, in einer Zeit, in der Verachtung und Mißhandlung Wehrloser, ausgeübt von deutschen Faschisten an ihren jüdischen Opfern, die unwahrscheinlichsten Dimensionen angenommen hat, die ein so tierischer Affekt jemals annehmen konnte. Aber der Geist läßt sich von der Brutalität nicht einschüchtern ... (Vorwort, S. V).

Und er richtet einen Appell an die so zahlreichen deutschsprachigen Leser:

> Dutzende von begabten jungen Menschen unserer Herkunft bereichern heute die hebräische, die englische, die russische Sprache; darum soll der deutsche Leser sich aufschließen und nicht abwenden, wenn er jetzt am Ende des Krieges, inmitten der Entzweiung und sehr gerechten Abwehrgefühle ein solches deutsches Buch in die Hand nimmt, wie dieses *Labyrinth der Leidenschaften*... (Vorwort, S. V–VI).

Trotzdem blieb er bei seiner Überzeugung, daß es für einen deutschschreibenden Schriftsteller keine Zukunft in Palästina gäbe. Kurz nach dem Erscheinen ihres Buches begegnete Alice Schwarz dem Schriftsteller auf der Straße – »er hatte wie immer, seine Baskenmütze auf dem Kopf, wie immer hinter den dicken Brillengläsern verschmitzt lächelnd«[5] – und er sagte ihr ganz offen, daß er im Begriff sei, nach Europa zurückzukehren. Er lud sie ein, seinem Beispiel zu folgen und erklärte ihr, daß »nur in Europa ein Schriftsteller deutscher Zunge seiner Bestimmung leben kann«.

Alice Schwarz, die Zweig seit 1942 kannte, zeigte sich erstaunt, aber sie nahm ihm die Aufforderung, das von Unruhen heimgesuchte Land zu verlassen, nicht übel. Sie wußte, daß Zweigs Lage alles andere als gut war; hinter der Fassade eines bürgerlichen Komforts fehlte es am Nötigsten. Es war bekannt, daß Freunde und Nachbarn der Zweigs ihnen oft diskret aushalfen.[6] Wie konnte man also dem Autor des *Grischa* vorwer-

fen, an seine Auswanderung zu denken? Oft dachte Zweig an sein Leben vor der Hitlerzeit, an die Achtung, die er genoß, an sein Haus in Eichkamp, seine schönen Möbel... Als er eines Tages in der *Palestine Post*[7] las, daß die Amerikaner beschlossen hatten, die von den Nationalsozialisten gestohlenen Objekte, deren Eigentümer nicht mehr ermittelt werden konnten, in die USA zu überführen, um sie dort zugunsten der Hitler-Opfer versteigern zu lassen, schrieb er an Erich Gottgetreu, den Korrespondenten der United Press in Jerusalem, und bat ihn, die Öffentlichkeit vor einem zu schnellen Vorgehen zu warnen.[8] Er schlug vor, allen von den Nazis Geschädigten – also auch ihm – die Gelegenheit zu geben, die Bilder und alten Möbel zu besichtigen, bevor sie auf immer in den USA verschwänden. Man sollte im Jahre 1948, »dem Jahrhundert-Jubiläum der niedergeschlagenen 48er Revolution«, irgendwo in Deutschland eine Ausstellung dieser Beute veranstalten. Dann, so meinte er, könnten viele »Touristen« aus Europa und auch aus Palästina ihre ehemalige Heimat besuchen, um eventuell Möbel und Bilder, die ihnen gehörten, zu identifizieren... Er zählte einige aus seinem Haus gestohlene Objekte auf: »Ein großes, besonders schönes Pastell von Lesser Ury[9], fünf besonders schöne Frühbilder von Ludwig Meidner[10], Ölbilder (zwei davon auf den beiden Seiten der gleichen Leinwand gemalt), ferner große chinesische und mittelgroße kaukasische Teppiche, und sehr schöne Möbel, süddeutsche Renaissance und süd- und mitteldeutscher Barock...«
Nach vierzehn Jahren Exil erinnerte sich Zweig noch an alle Einzelheiten seines Heims in Berlin-Eichkamp...

Arnold Zweig 60 Jahre

Am 10. November 1947 feierte Arnold Zweig seinen sechzigsten Geburtstag. Obwohl die Augen des ganzen Landes auf die Generalversammlung der UNO in New York gerichtet waren, wurde dieser Tag keineswegs übersehen. Von allen Seiten liefen Glückwünsche ein, wie schon bei seinem 50. Geburtstag. Die Presse erwähnte das Ereignis, und wie zehn Jahre zuvor widmete Schalom Ben-Chorin in *Jediot Chadaschot* vom 7. November eine ganze Seite dem Leben und Werk des Dichters. Ben-Chorin erinnerte auch an die tragische Bedeutung dieses Datums – des 10. November 1938, der »Kristallnacht«, die das Ende einer Epoche bedeutete...
Bei dieser Gelegenheit sprach Ben-Chorin – der in München geboren und aufgewachsen ist – auch über sein Lieblingsbuch, den Roman *Versunkene*

Tage, der so eindrucksvoll die schöne Stadt beschreibt, die einst seine Heimat war, und die heute nur noch ein »riesiger Trümmerhaufen« sei.[11] Dann kehrt er zur Gegenwart zurück; für *Das Beil von Wandsbek* zollt er ihm höchstes Lob:

> Wir, Ihre Freunde, wußten, daß es Ihnen nicht leicht wurde, in Erez-Israel, dem Lande, das Sie mit all seinen Problemen so gültig und unvergeßlich in *De Vriendt kehrt heim* beschrieben, Wurzeln zu schlagen. Aber mit *Das Beil von Wandsbek* haben Sie sich einen bleibenden Platz in den Herzen der hebräischen Leser erworben... Versuchen Sie nur einmal, das Buch in einer Arbeiterbibliothek zu bekommen, in der Stadt oder im Kibbuz, Sie werden kein Glück haben... Sie müssen im »Tor« [dt. »Reihe«] warten, denn es ist – heute noch! – immer ausgeliehen...

Arnold Zweig hätte es vielleicht lieber gesehen, wenn der Verkauf des Buches so gut gegangen wäre wie der Verleih... Trotzdem dürfte er tiefe Befriedigung empfunden haben, als sich die Briefe und Glückwünsche auf seinem Tisch häuften – er zählte 120!

In seinem Glückwunschschreiben erinnert ihn der Schriftsteller Hermann Kesten[12] an die glücklichen Tage in Sanary. Zweig antwortete, daß er vielleicht im Frühling oder im Sommer wieder einen Sprung in das Paradies von einst machen werde...[13]

Auch von Martin Buber kam ein Brief. Seit langem gab es keine regelmäßigen Kontakte mehr zwischen den beiden Freunden, die einmal so eng zusammengearbeitet und die gleichen Anschauungen vertreten hatten. In seinem Schreiben vom 8. November erinnert Buber seinen alten Freund und Schüler an »das gute Stück Weg«, das sie zusammen gegangen waren:

> Gut war's: Es war gewiß gut, diesen gescheiten Kopf, dieses tapfere Herz, diesen redlichen Mund mit dabei zu haben, in Reichweite sozusagen, man brauchte bloß die Hand auszustrecken...

Dann stellte er ihm konkrete Fragen:

> Und jetzt? Ja, wie ist das jetzt? Hat man Sie noch irgendwie mit dabei? Gewiß nicht auf einem Weg – es sieht ja überhaupt nicht nach Wegen aus –, aber in einer Situation, die ich *trotz* allem als meine eigene, mir auferlegte und aufgetragene empfinde – tun Sie's nicht doch auch?...

Zweig antwortete am 16. November, während er mit Wohnungs- und Umzugsproblemen beschäftigt war, über die er übrigens Buber berichtet. Dennoch läßt er auf der zweiten Seite des Briefes durchblicken, wie sehr sich seine Anschauungen seit der Berliner Zeit gewandelt haben:

> ... Was uns trennt, ist eine tiefe und schwere Frage, die nach dem, was

> real und nötig ist. Ich bin in vielem ganz bei Ihnen und Magnes[14], aber ich habe vom Durchleben des Gelebten gelernt, daß es nicht der Geist ist, der sich den Körper baut – wie ich noch 1931 dachte. Das gesellschaftliche Sein bestimmt das Bewußtsein; das habe ich hier auf Schritt und Tritt erfahren. Davon bin ich vorwärts getrieben worden, sehen Sie – sonst wären wir wieder zusammenmarschiert...

»Vorwärts getrieben...« Fühlt sich Arnold Zweig jetzt fortschrittlicher als sein alter Freund und Wegweiser?

Wie um seine Äußerungen ein wenig abzuschwächen, schrieb er Buber von neuem drei Monate später (am 10. Februar 1948). Der Gelehrte hatte gerade aus Anlaß seines 70. Geburtstages einen Aufruf für Frieden und Verständigung zwischen Juden und Arabern veröffentlicht. Zweig bejahte den Appell von ganzem Herzen und entwarf ein Zukunftsbild, das im Februar 1948 fast utopisch erscheinen mußte:

> Nun zeigt mir das *Mitteilungsblatt*[15] Ihr Bild, Ihren und Ihrer beiden Kameraden tapferen Aufruf, und ich muß Ihnen sagen, daß mein Herz bei Ihnen ist. Wenn wir nur über dieses furchtbare Riff hinübergespült werden, könnten Jahre des Aufbaus folgen und Ihnen wieder Recht geben und Ihren Mut fruchtbar werden lassen...

Geburt des jüdischen Staates

Am 29. November 1947 schritt nach langwierigen und stürmischen Debatten die Generalversammlung der UNO – die damals aus 56 Staaten bestand – zur Abstimmung: 33 waren für die Teilung, 13 dagegen, 10 enthielten sich der Stimme.[16] Die Zweidrittelmehrheit war erreicht. Zweitausend Jahre nach der Zerstörung des Zweiten Tempels sollten die Juden wieder ihren Staat haben.

Es war zehn Uhr abends in Jerusalem, als man in Lake Success begann, die Stimmen zu zählen. In den Straßen der jüdischen Städte und Siedlungen drängten sich dichte Menschenmengen. In Tel Aviv übertrugen die Zeitungen durch Lautsprecher den Verlauf der Sitzung. Als der Ansager das Votum der einzelnen Länder in alphabetischer Reihenfolge angab, zählten 600000 Männer, Frauen und Kinder mit. Bei der Verkündung des Abstimmungsergebnisses brach ein Jubel los, wie man ihn in diesem von Unruhen heimgesuchten Lande noch nicht erlebt hatte. Die Menge sang die Hatikwah (»die Hoffnung«), die jüdische Nationalhymne; Gruppen bildeten sich spontan auf den Straßen, und man tanzte die Hora, den nationalen Tanz Israels. Und das Fest dauerte die ganze Nacht...

Als nach der längsten Nacht in der Geschichte Israels der Morgen dämmerte, fielen die ersten Schüsse, und man meldete die ersten Toten. Der

Arabische Oberste Rat, der schon die Unruhen von 1936 organisiert hatte, hatte den Generalstreik ausgerufen. Am gleichen Tag wurde das jüdische Handelszentrum Jerusalems, das dicht am arabischen Sektor der Stadt lag, vom Mob geplündert und in Brand gesteckt, ohne daß Armee und Polizei einschritten. »Der Weg zum jüdischen Staat war noch lang und voller Blut und Tränen«, schrieb Abba Eban, der spätere Außenminister Israels.[17]

Die Wochen und Monate nach der Abstimmung in den Vereinten Nationen waren die dramatischsten und blutigsten, die der Jischuw seit seinem Bestehen durchlebte. 1936 hatte sich der arabische Aufstand gegen die Engländer und erst in zweiter Linie gegen die Juden gerichtet. Diesmal war das Ziel der Angriffe die jüdische Bevölkerung, während die Engländer sich in eine oft feindselige Neutralität zurückzogen. Es gab keinen Tag ohne Tote oder Verwundete; am 6. Januar, fünf Wochen nach dem Beschluß der Vereinten Nationen, waren bereits 600 jüdische und arabische Todesopfer zu beklagen.[18] Es herrschte ein totales Chaos ...[19]
Araber und Juden verschanzten sich in ihren Städten oder Stadtvierteln unter dem Schutz ihrer eigenen »Bürgerwehren«. Die Lage war besonders kritisch in Jerusalem, das praktisch vom Rest des Landes abgeschnitten war, denn die Straße nach Tel Aviv lag ständig unter Feuer und war oft blockiert, während das jüdische Viertel der Altstadt von allen Seiten umzingelt war. Im Verlauf der Kampfhandlungen kam es zu entsetzlichen Massakern. Im April 1948 – dem gleichen Monat, in dem das Sprengstoffattentat im Zentrum der Stadt verübt wurde – wurde eine Fahrzeugkolonne, die jüdische Ärzte und Krankenschwestern zum Hadassah-Spital auf dem Skopusberg bringen sollte, trotz Polizeischutz von arabischen Terroristen überfallen und in Brand gesteckt; 88 Menschen kamen in den Flammen um. Etwa zur gleichen Zeit gab es bei einem Angriff auf das arabische Dorf Deir Yassin (in der Nähe Jerusalems), der von Mitgliedern des »Irgun« und der »Stern«-Gruppe durchgeführt wurde, über 200 Tote unter der Zivilbevölkerung. Diese tragischen Ereignisse belasten noch heute das Verhältnis zwischen den Juden Israels und ihren arabischen Nachbarn.
Auch in Haifa tobten die Kämpfe. Die Lage der Stadt auf den Abhängen des Karmelgebirges, auf denen die jüdischen und arabischen Viertel neben- und übereinander lagen, begünstigte den Kleinkrieg. Die jüdischen Viertel und der Straßenverkehr waren ständig feindlichen Kugeln ausgesetzt, und fast täglich waren Opfer zu beklagen. Auch die »German Colony« war eine gefährdete Zone. Am 24. Februar 1948 schrieb Arnold Zweig an Martin Buber einen Brief, der seine Stimmung wiedergibt:

Die furchtbaren Taten, welche jetzt auf die furchtbaren Taten des vorigen Jahres antworten, brächten mich ganz durcheinander, wäre ich nicht ein solcher Experte von Krieg und Kriegsfolgen geworden... Dennoch möchte ich diesen Brief nicht durch Gefühlsäußerungen verlängern – kleine Tötungen und Attentate vollzogen sich zweimal in den letzten 14 Tagen vor unseren Fenstern – und möchte nur wünschen, daß das Ergebnis dieser Übergangszeit nicht ganz so sinnlos ausfiele wie diese selbst.

In einem Schreiben an Walter Berendsohn[20] hatte Zweig drei Aufgaben genannt, die ihn zur Zeit beschäftigten: die Arbeit an dem Buch *Freundschaft mit Freud*, der Kampf um seine Wohnung, welche die britischen Behörden requirieren wollten, und »die Aufrechterhaltung meines seelischen Gleichgewichts und meiner Arbeitsstimmung trotz der andauernden Beunruhigungen...« So stark war Arnold Zweig mit seinen persönlichen Problemen beschäftigt, daß ihm anscheinend nicht klar war, daß der Jischuw und das gesamte jüdische Volk eine entscheidende Phase seiner Geschichte durchlebte.

Unterdessen bereitete er eifrig seine Europareise vor, die er mehrmals aufschieben mußte. Am 19. Februar informierte er Berendsohn erneut über seine Pläne: Er wolle nun nicht mehr im Frühjahr 1948 kommen, sondern erst Anfang September, und er werde zunächst in Prag bleiben, um dort das Buch über Freud fertigzustellen.[21] Prag oder Wien – das stehe noch nicht ganz fest. Dann würde er in Schweden eine Reihe von Vorträgen halten. Die Themen seien schon gewählt: »Urgrund und Wandlungen des Antisemitismus«; »Die Brüder Mann«; »Sigmund Freud und das kommende Zeitalter«; »Die deutsche Literatur und das deutsche Volk (1648–1948)« und andere. Aber er verriet keine Absicht, Palästina für immer den Rücken zu kehren:

Darum auch werde ich mein Hauptquartier in Europa aufschlagen mindestens bis zum Winter und erst Ende November nach Palästina zurückkommen, wo dann hoffentlich Ruhe eingetreten sein wird. Daß mich der jüdische Staat, falls es dazu kommt, in irgendeiner Weise besser stellen wird, als er es bisher getan hat, das, lieber Berendsohn, gehört zwar zu den Wünschbarkeiten, aber inwieweit es wirklich wird, warten wir besser ab...[22]

Inzwischen jedoch sprachen die Waffen. Als das Ende des britischen Mandats näherkam, beschloß die »Haganah«, die seit Beginn der Feindseligkeiten fast 50000 Männer und Frauen mobilisiert hatte, die Initiative zu ergreifen, um den Arabern nicht die von den Briten geräumten Installationen und Militärlager zu überlassen. Haifa war das erste Ziel. Um die kritische Situation in der Stadt zu beenden – die auch der Einschiffungshafen für die britische Armee war –, ging die »Haganah« zum Angriff über. Nach erbitterten Kämpfen fiel am 20. April die gesamte Stadt in die Hände der jüdischen Truppen. Der englische Kommandant Haifas griff nicht ein, war jedoch bei den Besprechungen zwischen arabischen und jüdischen Führern anwesend, um die Einstellung des Feuers zu erreichen. Während das Abkommen unterzeichnet wurde, flüchtete der Großteil der arabischen Bewohner Haifas nach Norden. Es war die erste Massenflucht der arabischen Bevölkerung; dies führte schließlich zu dem tragischen Problem der palästinensischen Flüchtlinge, das noch immer einer gerechten Lösung harrt.

In Jerusalem dagegen gelang es der Arabischen Legion[23], das völlig abgeschnittene jüdische Viertel der Altstadt trotz verzweifeltem Widerstand zu erobern.[24]

Am 14. Mai 1948 fand in Tel Aviv das größte Ereignis in der modernen jüdischen Geschichte statt. Während der britische Hochkommissar in Haifa an Bord ging, um nach England zurückzukehren, rief Ben Gurion, der Präsident der Jewish Agency[25], den neuen Staat Israel aus.

Diesmal gab es kein Feiern, denn man wußte – die arabischen Staaten hatten es lange vorher angekündigt –, daß ein jüdischer Staat Krieg bedeutete. In der Tat eröffneten die Armeen der Arabischen Liga sofort die Feindseligkeiten gegen den jungen Staat. Am Morgen des 15. Mai fielen die ersten Bomben auf Tel Aviv. Die »Haganah«, die nun zur »Verteidigungsarmee« Israels wurde, hatte die schwere Aufgabe, die Abwehr an mehreren Fronten zugleich zu organisieren. Trotz großer Verluste gelang es ihr, die Invasion aufzuhalten. Die ägyptische Armee wurde 35 km vor Tel Aviv zum Stehen gebracht, die syrischen Tanks vor dem Kibbuz Degania in Galiläa. Aber die Arabische Legion hielt Latrun, an der Straße nach Jerusalem, und alle Versuche, sie von dort zu vertreiben, schlugen fehl.[26]

Am 11. Juni begann unter der Aufsicht des Sicherheitsrates der Vereinten Nationen eine dreiwöchige Feuerpause. Während dieses Zeitraums wurden die Tore der Internierungslager in Zypern geöffnet, und eine andere »Invasion« begann. Tausende von Männern, Frauen und Kindern kamen in den in aller Eile angelegten Durchgangslagern in Israel an. Es entstanden enorme Versorgungs- und Wohnungsprobleme, und Jahre hindurch blieb die Bevölkerung Israels Einschränkungen und Rationierungen aller Art unterworfen.

Während der Feuerpause bemühten sich beide Seiten fieberhaft, ihre Waffenlager aufzustocken, denn eine »zweite Runde« schien unvermeidlich. Zur gleichen Zeit erklärten sich die Führer des »Irgun« bereit, ihre Truppen in die israelische Armee einzugliedern. Ein ernster Konfliktstoff innerhalb des Jischuw war damit beseitigt.

Indessen schien Arnold Zweig weitab vom aktuellen Geschehen zu leben. Für ihn hatte jetzt die Reise nach Europa absoluten Vorrang. Das erste Ziel stand bereits fest: Prag. Von seinem Freund Louis Fürnberg erfuhr er, daß in der Tschechoslowakei, wo bis März 1948 noch eine liberale Regierung an der Macht war (der Name Jan Masaryk[27] bürgte dafür), für aus dem Exil zurückkehrende Schriftsteller die Möglichkeit bestand, in einem ehemaligen Schloß bei Prag, das in ein Erholungsheim umgestaltet worden war, zu wohnen und zu arbeiten.

Fürnberg leitete schließlich alles in die Wege, um Zweigs Einreise in die Tschechoslowakei zu ermöglichen. Am 4. Juni teilte er Zweig mit, daß es ihm gelungen sei, eine offizielle Einladung des tschechischen Informationsministeriums zu bekommen. Dies bedeutete, daß der Schriftsteller und seine Frau die Reise nach Prag kostenlos unternehmen konnten. Zweig wollte allerdings zunächst einer Einladung des Jüdisch-Demokratischen Komitees in Bukarest Folge leisten. Aber die geplante Seereise mußte annulliert werden, da infolge des Kriegszustandes das Visum nicht rechtzeitig ankam. Daraufhin bemühten sich sowohl Fürnberg als auch Ruth Klinger, dem Ehepaar Zweig Plätze in einem tschechischen Flugzeug zu beschaffen, was ihnen aufgrund der offiziellen Einladung auch gelang.[28]

Zur gleichen Zeit stellte Arnold Zweig auch einen Antrag für ein Visum nach England. Diese Demarche war keineswegs überraschend. Der Schriftsteller hegte seit jeher Bewunderung für Großbritannien, für Winston Churchill und für die englische Literatur.[29] Aber das Visum wurde ihm verweigert, denn die Engländer mißtrauten damals den »Palästinensern«. Zweig nahm die Ablehnung mit großer Bitterkeit zur Kenntnis.[30]

Wenige Tage vor der Proklamierung des Staates Israel sandte Arnold Zweig ein Rundschreiben an seine Freunde: Es war ein Abschiedsbrief, in dem er sich bemühte, die Gründe seiner Abreise zu erklären, ohne jedoch die Möglichkeit einer Rückkehr auszuschließen. Unter der Überschrift »Ein Schriftsteller nimmt Urlaub«[31] zieht er zunächst einen dramatischen Vergleich zwischen Verdun 1916 und Haifa 1948:

> Vierzehn Monate Verdun waren seinerzeit für einen geistigen Menschen genug, um eine Pause zu erzwingen. Vierzehn Monate Deutsche Kolonie in Haifa besorgten diesmal das Gleiche. Ihr werdet darum, liebe Freunde, weder verwundert noch unwillig aufhorchen, wenn ihr erfahrt: diesmal ist es soweit.

Es folgen einige Erklärungen, die seine gegenwärtige Stimmung wiedergeben:

> Irgendwo muß man einen Schreibtisch aufstellen können, um ein zur Hälfte vorliegendes Buch zu Ende zu schreiben. Irgendwo muß die schöpferische Stille sich ausbreiten dürfen zwischen vier noch so bescheidenen Wänden: Man muß nicht gezwungen sein, statt an den Gang der Arbeit an befreundete Menschen zu denken... In vielen Punkten dieses Landes arbeiten und kämpfen die Kinder der Freunde, man kann sich nicht auf das Kapitel eines Buches konzentrieren, wenn man hört, gerade in jener Gegend sei es gestern scharf hergegangen...

Zweig zitiert dann weitere Gründe:

> Außerdem muß ein Schriftsteller Post bekommen... Auf einem Kriegsschauplatz kann nicht gedruckt werden. Und nur durch die Post also laufen Honorare ein. Bleiben die aber aus, so muß man an seine Freunde appellieren, und es ist schön und wärmt das Herz, daß dies nicht vergeblich geschieht. Aber ein Zustand ist das nicht, den man längere Zeit aufrecht erhalten kann, das gebt Ihr mir zu. Und darum muß es sein, daß wir uns vorläufig trennen.

Er bedauere es, schreibt er weiter, weggehen zu müssen, ohne sich persönlich zu verabschieden – Nerven und Mut fehlten ihm, um sich mit seinen Augen den Ungewißheiten der Landstraße auszusetzen. Vor allem wolle er bei den Freunden nicht den Eindruck hinterlassen, daß er sie vergessen habe und sie dem »Chaos« überlasse. Gerne hätte er noch jedem die Hand gedrückt...

> ... Aber es kann nicht sein, und so sagt man, ehe man auf Urlaub geht, den Freunden ein öffentliches Lebewohl. Habt Dank für all das Gute, das Ihr in Gesinnungen und Taten einem Sechzigjährigen bewieset. Tragt Euren Mut weiter voran und Eure Zuversicht, daß aus diesem Wirrwarr wieder ein erträgliches Leben erstehen werde.

Aber eine letzte Warnung wollte er ihnen allen noch zurufen:

> Hütet Euch, wenn ich das noch sagen darf, vor den Ausschweifungen der Hoffnungen und Wunschträume, zu denen das Feuer des Kampfes, und so erfolgreichen Kampfes, leicht verführt. Und, Freunde, laßt es Euch gut gehen, damit wir uns wiedersehen können, noch ehe dieses Schicksalsjahr 1948 sich rundet...

Während der alte Traum der Zionisten, ja des ganzen jüdischen Volkes, Wirklichkeit zu werden beginnt, sagt Arnold Zweig dem Staat Israel Lebewohl...

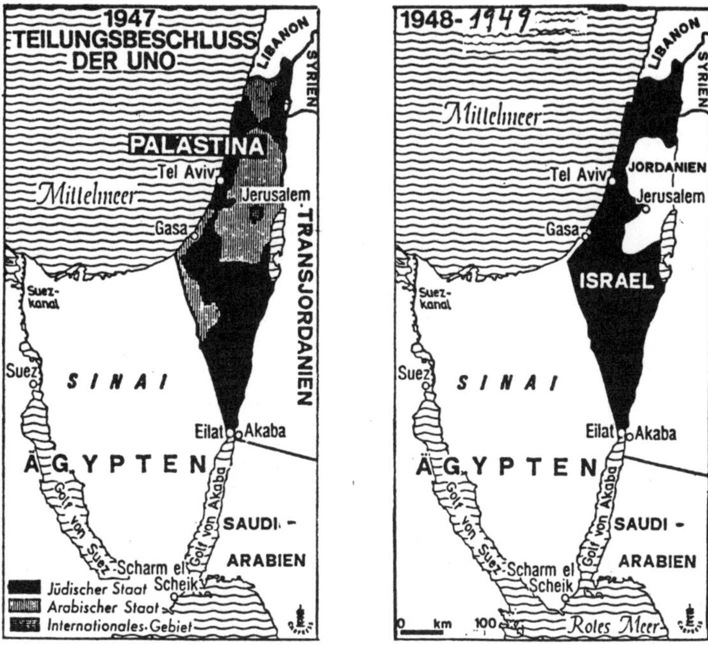

Israel vor und nach dem Unabhängigkeitskrieg
(Aus: *Süddeutsche Zeitung*, Nr. 107, 11. Mai 1978)

Am 8. Juli flackerten die Kämpfe wieder auf; sie dauerten nur zehn Tage. In diesem Zeitraum errang die israelische Armee bedeutende Erfolge und konsolidierte ihre Positionen. Jedoch alle Versuche, das jüdische Viertel der Jerusalemer Altstadt zurückzuerobern und Latrun zu entsetzen, scheiterten. Eine neue Feuerpause wurde vom Sicherheitsrat für den 18. Juli festgesetzt. Das war das vorläufige Ende des »Unabhängigkeitskrieges«, der den jungen Staat 6000 Tote gekostet hatte.[32]

Am 15. Juli 1948, während noch die Kämpfe tobten, schritt auf dem Flugplatz von Tel Aviv ein 60jähriger, leicht gebeugter Mann auf ein tschechisches Flugzeug zu. Der heiße Wind zerzauste seine dünnen weißen Haare. Eine etwa gleichaltrige Frau begleitete ihn. Wenige Minuten später hatten beide in der Maschine Platz genommen, die sofort startete und sich in Richtung Zypern entfernte. Arnold Zweig und seine Gattin hatten Israel verlassen – diesmal für immer.

Einige Stunden später landeten sie in Prag. Dem Journalisten Theun de Vries, der sie in ihrem Hotel aufsuchte, erklärte Zweig:

> Das Schicksal des jüdischen Volkes und Palästinas berührt mich verständlicherweise tief. Ein Palästinenser bin ich aber doch nicht geworden: ich wuchs ja auf in Deutschland, in Europa; der größte Teil meines Lebenswerkes ist mit dem alten Erdteil verbunden...[33]

Deutschsprachige Schriftsteller in Palästina

An dieser Stelle erscheint es angebracht, etwas über das Schicksal der anderen deutschsprachigen Schriftsteller zu erfahren, die sich in Palästina niedergelassen hatten. Die Aussagen vieler Personen, denen Arnold Zweig bekannt war, vermitteln nämlich den Eindruck, der Autor des *Grischa* sei der einzige eingewanderte deutsch-jüdische Schriftsteller gewesen, der nicht imstande war, sich in den Jischuw der Jahre 1933–1948 einzugliedern. Bei dieser Gelegenheit werden die berühmten Gelehrten Martin Buber und Gerschom Scholem sowie der Schriftsteller Max Brod als Vorbilder genannt.

Es liegt auf der Hand, daß es für Persönlichkeiten wie Martin Buber und Gerschom Scholem keine Integrationsprobleme gab. Die Reputation Bubers auf dem Gebiet der jüdischen Religion und des Zionismus stand schon vor seiner Einwanderung nach Palästina im Jahre 1938 fest, während der durch seine kabbalistischen Forschungen bekannte Scholem bereits 1923, im Alter von 26 Jahren, nach Jerusalem kam.

Über Brod und andere deutschsprachige Schriftsteller findet man interessante Informationen in dem Artikel »Heimat und Exil« von Ben-Chorin, der 1963 in der Zeitschrift *Die Tribüne*[34] erschien. Ben-Chorin war 1935 als 22jähriger nach Jerusalem gekommen und konnte sich dank seiner Jugend und seinem Talent in das Leben des Jischuw einfügen. In seinem Artikel untersucht er mit Verständnis und Takt das Schicksal anderer deutschsprachiger Schriftsteller und bemüht sich herauszufinden, warum sie im allgemeinen weniger glücklich als er selbst waren, denn in den meisten Fällen konnten sich die »deutschen« Schriftsteller in Palästina nicht durchsetzen.

Ben-Chorin unterscheidet zunächst zwischen den jüdischen Schriftstellern, die irgendein Zufluchtsland gewählt hatten, und denen, die nach Palästina gekommen waren:

> Viel komplizierter aber lag der Fall für uns, die wir nicht nach irgendeinem Lande ausgewandert waren, das uns nur ein Nachtasyl bieten sollte, bis der Sturm sich ausgetobt hatte, sondern die wir in das Land

unserer Väter heimgekehrt waren, zumal wenn wir uns klar und deutlich schon früher als Zionisten bekannt hatten, wie Arnold Zweig oder Max Brod, oder – in gebührendem Abstand – der junge Mann, der ich damals war...

Die Realität war aber weit problematischer, fährt Ben-Chorin fort. Und diesen Zusammenstoß zwischen Traum und Wirklichkeit empfand vielleicht am tiefsten Arnold Zweig, »der als Fünfzigjähriger[35] nach dem Lande Israel kam, das er in seinem Roman *De Vriendt kehrt heim* so großartig geschildert hatte...« Angesichts der Feindseligkeit gegenüber der deutschen Sprache wiesen Zweig und auch die anderen Schriftsteller aus Deutschland darauf hin, daß Deutsch nicht nur die Sprache Goethes, sondern auch die Sprache Theodor Herzls war – vergebens. Man erwiderte ihnen, es sei auch die Sprache Hitlers...

Arnold Zweig mußte erkennen, daß nur der *hebräische* Dichter wirklich als Repräsentant der Nation gewürdigt würde. Ein schweres Augenleiden verhinderte Zweig daran, die hebräische Sprache noch wirklich zu erlernen. Und so wurde er eben literarisch stumm... Er saß grollend in seiner bescheidenen Wohnung auf dem Berge Karmel über der schönen Hafenstadt Haifa...

Max Brod[36], der 1939 im Alter von 55 Jahren nach Palästina kam, hatte die gleichen Schwierigkeiten mit Hebräisch, aber er zeigte sich flexibler als Zweig. Ben-Chorin berichtet, daß Brod bei seiner Ankunft in Haifa von Journalisten erwartet wurde (eine Ehre, die Zweig 6 Jahre zuvor nicht zuteil wurde) und eine kurze hebräische Ansprache hielt, die er zuvor auf einem Blatt Papier in lateinischen Buchstaben notiert hatte. Als er später Dramaturg am hebräischen Nationaltheater »Habimah« wurde, hielt er sogar hebräische Vorträge nach der gleichen Methode. Er sagte einmal zu Ben-Chorin: »Ich spreche hier über die höchsten Probleme der Menschheit und habe Angst, daß mich hernach jemand fragen könnte, wieviel Uhr es ist.« Im übrigen schrieb Brod außer seiner Autobiographie kein bedeutendes Werk mehr.

Ben-Gavriel[37], der zur gleichen Generation wie Arnold Zweig und Max Brod gehörte (er machte seinen ersten »Besuch« in Jerusalem 1917 als österreichischer Offizier!), war es immerhin gelungen, sich den Lebensbedingungen in Palästina anzupassen, denn er war bereits 1927 als relativ junger Mann (36 Jahre) ins Land gekommen. Sein bekanntestes Buch schrieb er nach dem Krieg: *Das Haus in der Karpfengasse* (München 1958). Es berichtet über die letzten Tage der traditionsreichen jüdischen Gemeinde von Prag unter dem Hitlerregime und hatte – wie auch seine anderen Romane und Erzählungen, die sich meist in Israel abspielten – großen Erfolg in der Bundesrepublik.

Das Schicksal der anderen Exilschriftsteller deutscher Sprache ähnelte dem Arnold Zweigs, selbst wenn sie die hebräische Sprache beherrschten. Allerdings waren sie alle über 40 Jahre alt, als sie nach Palästina auswanderten. Else Lasker-Schüler[38] war sogar über 60, als sie 1938 nach Jerusalem kam. Für diese außergewöhnliche Dichterin war der Zusammenstoß mit der palästinensischen Realität noch tragischer als für Arnold Zweig. Obwohl sie eine der schönsten (und traurigsten) Gedichtsammlungen *(Mein blaues Klavier)* in Jerusalem schrieb, konnte sie sich niemals dort einleben.

> ... Einsam, eine »Verscheuchte«, geisterte sie durch die Straßen Jerusalems, saß sie in ihrem Stamm-Café Sichel an der Ben-Yehudastraße, das durch sie eine Art Nachfolger des Romanischen Cafés in Berlin geworden war...

Sie gründete einen kleinen literarischen Zirkel, den sie »Kral« nannte, wo sie ihre Gedichte einem kleinen Kreis von Kennern vorlas und auch manchmal anderen Autoren ein Forum gab. Sie starb im Januar 1945 und wurde auf dem Ölberg beigesetzt. Ben-Chorin nennt sie »die ungekrönte Königin derer, die zwischen Heimat und Exil in Jerusalem lebten...«

Auf dem Karmel lebte in unmittelbarer Nachbarschaft Arnold Zweigs der Biograph Joseph Kastein.[39] Er war 1933 mit 43 Jahren aus Deutschland gekommen und setzte seine literarische Tätigkeit in Haifa fort. Aber der Erfolg stellte sich nicht ein, und er wurde einsam und verbittert. Schließlich gab er – Ironie des Schicksals! – Unterricht in der hebräischen Sprache, um seinen Lebensunterhalt zu verdienen. Nach dem Krieg wollte er nach Amerika auswandern, als ihn der Tod in Haifa überraschte.

Leo Perutz[40], Verfasser von phantastischen Erzählungen und historischen Novellen, lebte fast unbeachtet in Tel Aviv. Hier schrieb er seine schönsten Erzählungen, deren Rahmen das alte Prager Ghetto ist *(Nachts unter den steinernen Brücken)*. Nach dem Krieg verbrachte er jedes Jahr einige Monate in Österreich, wo er 1957 starb.

Zwei Schriftsteller, die – wie Max Brod und Leo Perutz – aus Prag stammten, der Antizionist Louis Fürnberg, von dem bereits die Rede war, und der Zionist Heinz Politzer[41], waren beide unter 30, als sie nach Palästina kamen. Sie verließen das Land nach Kriegsende: Fürnberg ging nach Prag, dann nach Weimar, wo er 1957 starb; Politzer übersiedelte nach Amerika, wo er bis zu seinem Tode (1978) Professor für deutsche Literatur an der Universität Berkeley in Kalifornien war.

Zu den Schriftstellern, die trotz aller Schwierigkeiten im Lande blieben und ihr literarisches Werk fortsetzten, gehörten auch Ludwig Strauß[42], ein Schwiegersohn Martin Bubers, der als einziger sogar hebräische Verse schrieb, der Dramaturg Max Zweig[43] und die Lyriker Manfred

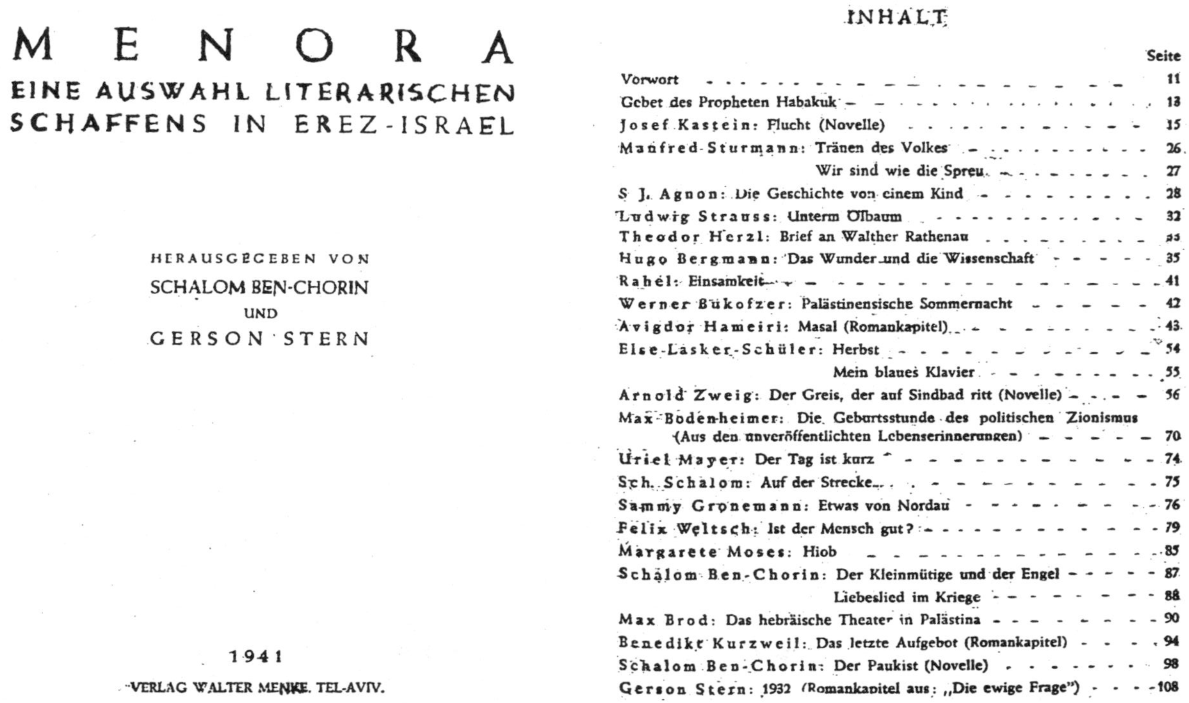

MENORA

EINE AUSWAHL LITERARISCHEN SCHAFFENS IN EREZ-ISRAEL

HERAUSGEGEBEN VON

SCHALOM BEN-CHORIN

UND

GERSON STERN

1941

VERLAG WALTER MENKE. TEL-AVIV.

INHALT

Die ersten Seiten der Anthologie *Menora*

Sturmann[44] und Werner Kraft[45]. Obwohl für sie viele Jahre keine Möglichkeit bestand, ihre Werke bekannt zu machen, schrieben sie mit erstaunlicher Beharrlichkeit weiter in deutsch. Erst nach dem Kriege wurden ihre Bücher in der Bundesrepublik gedruckt. Als Werner Kraft anläßlich seines achtzigsten Geburtstags im Juni 1976 vom Deutschen Kulturzentrum in Tel Aviv empfangen und beglückwünscht wurde, erinnerte er seine zahlreichen Zuhörer an die Zeit, als sein Arbeitszimmer und sein Schreibtisch seine ganze Welt waren. Und er gestand, daß es nicht immer leicht war, »in der Leere zu schreiben ...«
Schalom Ben-Chorin bemerkt abschließend in seinem Artikel:

> Es gab Autoren, die im Lande verblieben, aber mit ihrem Werk im Land ihrer Herkunft lebten, und es gab Schriftsteller, die das Land wieder verließen und ihm im Werke Denkmäler setzen.

An dieser Stelle scheint es angebracht, auch den jüdischen Schriftstellern deutscher Sprache ein Denkmal zu setzen, indem wir an drei deutsche Anthologien bescheidenen Umfangs erinnern, die in Palästina gedruckt wurden: Die bedeutendste, *Menora*[46], erschien 1941 in Tel Aviv und war 124 Seiten stark. 21 Schriftsteller, Lyriker und Journalisten – darunter Arnold Zweig, Joseph Kastein, Else Lasker-Schüler, Max Brod und Schalom Ben-Chorin – lieferten ihre Beiträge in Form von Novellen, Gedichten und Artikeln, von denen einige noch unveröffentlicht waren. Im Vorwort heißt es:

> In unserer bewegten Zeit ist diese Sammlung entstanden, um Zeuge zu sein für den unzähmbaren schöpferischen Willen der intellektuellen Schaffenden Palästinas ...

Auch in den Heften *Ariel*[47] (erschienen 1941 in Jerusalem) und *Die Ernte*[48] (1936 in Jerusalem gedruckt) findet man die Namen Arnold Zweig, Max Brod, Lasker-Schüler und Ben-Chorin, desgleichen Ben-Gavriel, Werner Kraft, Heinz Politzer und Ludwig Strauß. Auf der ersten Seite des Büchleins *Die Ernte* wird das Ziel dieser Initiative verkündet:

> Die jüdische Dichtung in deutscher Sprache ist heimatlos geworden. Mit diesem Heft soll der Versuch gewagt werden, dieser Dichtung ein neues Heim zu schaffen.

Die drei Anthologien sind ein bewegendes Zeugnis für die literarische Tätigkeit der jüdischen Intellektuellen in Palästina, die sich – allen Schwierigkeiten zum Trotz – der deutschen Sprache als Kommunikationsmittel für ihre Gedanken bedienten.

DRITTER TEIL

DER WEG ZURÜCK

1. Arnold Zweig – gefeierter Dichter der DDR (1948–1962)

Erste Etappe: Prag

Der erste, dem Arnold Zweig kurz nach seiner Ankunft in Prag ein Interview gab, war der holländische Schriftsteller und Journalist Theun de Vries.[1] Das Ehepaar Zweig war im Hotel Alcron abgestiegen und bereitete sich vor, nach Dobříš – unweit der Hauptstadt – zu reisen, wo die Regierung den aus dem Exil zurückgekehrten Schriftstellern ein ehemaliges Schloß zur Verfügung gestellt hatte. Sie konnten dort wohnen und arbeiten, bevor sie sich endgültig in dem Land ihrer Wahl niederließen.

In einem Artikel »Arnold Zweig kehrt zurück«, der im August 1948 in der holländischen Monatszeitschrift *De Vrije Katheder*[2] erschien, gab De Vries, ein Bewunderer Zweigs, einen Bericht über seinen Besuch bei dem Schriftsteller:

> ... Arnold Zweig muß ungefähr sechzig Jahre sein, aber er machte einen reisemüden Eindruck. Vielleicht wird dieser Eindruck durch das weiße Haar und die dicken Linsen seiner Brille, hinter denen seine Augen fast zu verschwinden scheinen, erweckt. Jedenfalls steht dieses Aussehen vollkommen im Widerspruch zur vibrierenden Lebenskraft seiner Bücher und Ideen.

Trotz seiner Müdigkeit stellte sich Zweig bereitwillig diesem Interview, das er in englischer Sprache und im Beisein eines literarischen Mitarbeiters von Radio Prag gab. Er machte es sich auf der Couch bequem – in derselben Haltung, in der er seine Romane diktierte. Er eröffnete das Gespräch:

> Ich werde vielleicht einige Zeit hier bleiben. Ich wäre gern weitergereist nach England, doch hat man mir das Visum verweigert...

Man stellt ihm Fragen über Palästina. Er zeigt sich pessimistisch:

> Dieser Krieg ist ein wahres Unglück. Eben habe ich gehört, daß der Sicherheitsausschuß der Vereinten Nationen befohlen hat, das Feuer einzustellen.[3] Ich habe die Nachricht ziemlich skeptisch aufgenommen. Der Konflikt sitzt zu tief...

Welche Lösung käme also in Betracht? Zweig sah nur eine einzige: die ökonomische Einheit zwischen Juden und Arabern und den gemeinsamen Aufbau des Landes. Was aber stand dieser Lösung im Wege? Die Antwort des Schriftstellers war eindeutig: Der Widerstand komme weder von den jüdischen Siedlern noch vom arabischen Volk, sondern von den arabischen Feudalherren:

> Es sind in erster Linie die Effendis, die ihr entgegenarbeiten, das heißt die arabischen Häuptlinge, die sich in der britischen Sympathie sonnen... Das Hemmnis kommt nicht vom arabischen Volk, das ja – wie Sie wohl wissen – mit den jüdischen Kolonisten immer sehr gut stand und von diesen Kolonisten mit emanzipiert wurde... Die Effendis ziehen die ausländische Intervention ins Land...

Eine etwas überraschende Behauptung, wenn man bedenkt, daß Zweig oft die jüdischen Nationalisten als verantwortlich für den Konflikt bezeichnet hatte, der das Land nicht zur Ruhe kommen ließ... Dann fragte ihn der Reporter von Radio Prag, ob die Sowjetunion etwas Positives zugunsten der Juden des Landes tun könnte:

> Ich glaube nicht. Jede konkrete Hilfe der Sowjets würde die Frage nur komplizieren. Und Sie haben keine Ahnung, wie kompliziert diese Frage schon ist...

Und er machte eine Bemerkung, die nichts von ihrer Aktualität eingebüßt hat:

> Alles stinkt nach Öl... Und daher: Jedes Land, das am Öl interessiert ist, intrigiert lustig mit...

Er kritisiert die Länder des Nahen Ostens, die besser täten, ihre eigene Wirtschaft auf die Beine zu stellen und ihren Völkern ein menschenwürdiges Dasein zu sichern:

> Ein ägyptischer Fellah verdienst fünf Piaster pro Tag, das heißt etwa einen britischen Schilling; der Bauer in Palästina verdient sechsmal soviel!

Die Lage im Nahen Osten sei sehr kompliziert, meint Zweig abschließend, weil dort zwei Welten miteinander ringen, und das Alte werde unwiderruflich den kürzeren ziehen...

Es ist bemerkenswert, mit welch klarem Blick Arnold Zweig im Sommer 1948 die Lage im Nahen Osten beurteilte. Offenbar sah er, fern von den dramatischen Ereignissen und der dauernden Spannung, die Dinge mit größerer Gelassenheit und Objektivität.

Die letzte Frage betraf seine Zukunftspläne. Nachdem er einmal mehr betont hatte, wie sehr er sich Europa verbunden fühle, ließ er etwas von seinen Absichten durchblicken:

> Ich liebe das alte Deutschland; ich selbst bin ja ein alter Deutscher, obwohl ich sehnsüchtig nach einem neuen Deutschland Ausschau halte. Ja, ich habe Palästina verlassen, um mich zu vergewissern, ob meine Lebenslinie sich hier fortsetzen läßt...

Arnold Zweig und seine Frau hielten sich fast zwei Monate in dem Schloß von Dobřiš auf. Zu ihrer großen Freude erhielten sie dort den Besuch ihres Sohnes Adam, der sich als »Sekretär« seines Vaters nützlich machte. Alle drei ergriffen die Gelegenheit, ins nahe Städtchen Přibor (Freiberg) zu fahren, um Freuds Geburtshaus zu besuchen. Hier suchte er auch weitere Ideen für sein Projekt *Freundschaft mit Freud*; schon vor seiner Abreise aus Israel hatte er an Fürnberg geschrieben:

> Was aber *Freundschaft mit Freud* anlangt, so möchte ich sein Geburtshaus in Přibor und seine Jugendlandschaft selber besuchen und möglicherweise in dem Kapitel, das diesen Besuch beschreiben würde, etwas über die tragische Situation der deutschen Juden seiner Epoche aufzeigen, die ja sich ganz und gar als Deutsche fühlten und dadurch am Kontakt mit den Volkstümern verhindert wurden, bei denen sie besser aufgehoben gewesen wären, nämlich dem slawischen und dem jüdischen... (Brief vom 11. März 1948)

Am 18. Oktober 1948 bestieg Arnold Zweig den Zug nach Ost-Berlin, begleitet von der Literaturkritikerin und Essayistin Johanna Rudolph.[4]
Arnold Zweigs Ankunft in Berlin wurde von der gesamten Presse der sowjetischen Besatzungszone gefeiert. Auf dem Bahnhof wurde er von dem Schriftsteller Johannes R. Becher empfangen, der ihn als erstes zum »Club der Kulturschaffenden« fuhr, wo ein Empfang zu seinen Ehren stattfand. Es war ein regnerischer Herbsttag, der durch die zahlreichen Ruinen noch düsterer wirkte. Dennoch war Zweig die Stadt sympathischer als an jenem sonnigen Tage im Jahre 1933, als er sie verlassen hatte...

Zunächst teilte er der Presse mit, daß er in Berlin vorerst etwa zehn Tage zu bleiben gedenke. Aber bald darauf beschloß er, seinen Wohnsitz in der ehemaligen Reichshauptstadt zu nehmen, und am 5. November verkündete er in der *Täglichen Rundschau*, daß er Pläne für Arbeiten habe, die ihn mindestens zwanzig Jahre beschäftigen würden.[5]

Am 13. November 1948 schrieb er an Walter Berendsohn, daß er in Berlin für einen Teil des Jahres seinen Aufenthalt nehmen werde. Sein früheres Atelierhaus (das sich in West-Berlin befand) hatte er wiedergefunden.[6] Aber er dachte nun voller Sorge an die 25 Kisten mit Büchern und Manuskripten, die noch in Haifa waren, und deren Transport er gern persönlich überwacht hätte. Vor allem beschäftigte ihn das Schicksal seiner Freunde in Palästina:

> Ich gehöre nämlich zu den wenigen, die von der militärischen Entwicklung nicht überrascht sind... Um so mehr bedrücken mich die Verluste

an wertvollsten Individuen, die jede dieser kriegerischen Aktionen kostet. Von den Freunden und Schulkameraden meines Sohnes Adam und von meinen Bekannten sind schon ein halbes Dutzend gefallen – schwer auszudenken, was übrig bleibt, um den Aufbau fortzusetzen, wenn's so fortgeht...

Seine Zukunft in Berlin sieht er jedoch optimistisch:

Eine große und lohnende Aufgabe, sehr gute Kameraden, eine höchst verständige Unterstützung durch die russische Verwaltung in der Ostzone – das ist schon was, lieber Berendsohn!...

Gleichzeitig befürchtet er, daß die Wintermonate seinen Augen schlecht bekommen würden, und er würde es vorziehen, vom November bis Januar oder Februar wieder »auf dem Karmel zu logieren...«

Bis zum Sommer 1949 wohnte er im Hotel Adlon[7] in der Wilhelmstraße. Seine Frau Beatrice war inzwischen in Berlin eingetroffen, hatte aber von Anfang an große Schwierigkeiten, sich in der zerstörten Stadt und dem neuen Gesellschaftskreis zurechtzufinden. Sie litt an Depressionen und wurde schließlich ernsthaft krank. Arnold Zweig war tief betroffen. Am 2. April 1949 schrieb er an Lion Feuchtwanger:

...Erst jetzt sehe ich, wie gut ich's bis zum 14. 7. 48 auf Erden hatte. Alles gilt nichts oder fast nichts, was ich durchzustehen hatte, verglichen mit der Verwirrung Ditas, eines so klaren Herzens und Geistes... Sie will nur zurück, nur nicht hier leben müssen, in den Trümmern und bei diesen Menschen, die so viel Grausiges getan haben. Nur wieder nach Israel will sie, in dem jungen Staat leben, am Aufbau teilhaben...

Aber Zweig war nicht bereit, Berlin wieder aufzugeben, obwohl der physische und psychische Zustand seiner Frau sich ständig verschlechterte. Er strebte einen Kompromiß an und schrieb am 26. Juli 1949 an Walter Berendsohn:

...Ich werde weder Berlin noch Haifa als Wohn- und Arbeitsort preisgeben und mich vielleicht für einen Teil des Jahres von meiner Frau trennen müssen, da sie an einer dauernden Rückkehr nach dem Karmel unbeirrbar hängt und dort den Zeitpunkt erwarten will, an welchem sich unser jüngerer Sohn Adam daselbst als Mediziner niederlassen kann...

Drei Tage später bezog er seine neue Wohnung, die ihm von den Behörden Ost-Berlins zur Verfügung gestellt wurde: eine Villa in Pankow, unweit des Schlosses Niederschönhausen, wenige Schritte vom Haus Wilhelm Piecks, des ersten Präsidenten der im Oktober 1949 gegründeten DDR.[8] Im Juni 1950 trafen die ersten Kisten mit seinen Büchern und Manuskripten aus Haifa ein. Arnold Zweig hatte nun alles, was er brauchte, um ungestört leben und arbeiten zu können, da sich nun auch der Gesundheitszustand seiner Frau gebessert hatte; sie begann wieder zu malen und lernte sogar Auto fahren. Die Pläne für eine Rückkehr nach Israel wurden zunächst verschoben, dann endgültig zurückgestellt... Von nun an gehörte der Autor des *Grischa* voll und ganz der Deutschen Demokratischen Republik.

Preise und Auszeichnungen

Es muß hier gesagt werden, daß der Schriftsteller sich zu dem Staat, der ihn nach seiner Rückkehr aus dem »Exil« aufgenommen hatte, von Anfang an loyal verhielt. Er hat sich stets mit der von der DDR verfolgten »antiimperialistischen« Politik solidarisch erklärt. Er schrieb zahlreiche Artikel und Essays, die teils gegen den amerikanischen »Imperialismus«, teils gegen die Bundesrepublik gerichtet sind.[9] Zwar übte er gelegentlich Kritik an der Kulturpolitik der DDR[10], aber die Loyalitätserklärung, die er am 28. Juli 1960 auf einer internationalen Pressekonferenz abgab[11], läßt an Deutlichkeit nichts zu wünschen übrig. Dies bestätigen die folgenden Auszüge:

> ... Wäre nicht nach der Gründung der SED dieser Staat, die DDR gegründet worden..., so hätte ich nicht gewußt, wo ich meine Bleibe aufschlagen sollte... So sehen Sie, daß ich hierher zurückgekommen bin und hier bleiben werde und nirgendwo anders leben könnte als eben in dieser DDR...

Und um jede Verwechslung mit dem anderen deutschen Staat auszuschließen, fügt er hinzu:

> ... Aber Sie müssen sich ganz klar darüber sein, wenn über die DDR gesprochen wird: Hier ist Deutschland! Hier können deutsche Schriftsteller atmen, arbeiten und planen! Hier ist die Basis dafür gegeben, daß sich der Rückrutsch in die Barbarei, den wir in Deutschland niemals für möglich gehalten hätten, nicht wiederholen kann, auch kein Dritter Weltkrieg, weil jetzt unsere Front die stärkere Partei ist...

Im übrigen hatte Arnold Zweig wenig Anlaß, in seiner neuen Umgebung unzufrieden zu sein. Die für die Kulturpolitik der DDR Verantwortlichen wußten, was sie dem berühmten Schriftsteller schuldeten: Sie hatten ihm nicht nur eine Villa zur Verfügung gestellt, sondern auch eine hervorragende Sekretärin und Archivarin, Ilse Lange, die zwanzig Jahre hindurch eine treue und unentbehrliche Mitarbeiterin war und heute den Nachlaß des Dichters betreut. 1949 wurde er als Delegierter zum Friedenskongreß nach Paris gesandt. Außerdem wurden ihm die Vorbereitungen zur

Gründung der Deutschen Akademie der Künste übertragen, deren erster Präsident ursprünglich Heinrich Mann sein sollte. Aber Heinrich Mann befand sich damals in Kalifornien; da er krank war, konnte er dieses Amt nicht übernehmen. Er starb im gleichen Jahre, in dem die Akademie eingeweiht wurde (1950). So wurde Arnold Zweig ihr erster Präsident. Er behielt diese Stellung bis 1953 und wurde dann zum Ehrenpräsidenten ernannt. Arnold Zweig erhielt noch weitere Ehrungen und Preise in der DDR:

1949: Abgeordneter der Volkskammer der DDR
1950: Nationalpreis 1. Klasse
1952: Doktor honoris causa der Universität Leipzig[12]
1957: Wahl zum Präsidenten des PEN-Zentrums Ost und West[13]
1958: Internationaler Lenin-Friedenspreis
1961: Johannes-R.-Becher-Medaille in Gold
1962: Professor-Titel
Vaterländischer Verdienstorden in Gold

Wenn man bedenkt, daß Arnold Zweig in seiner ganzen Schriftstellerkarriere vor 1949 nur einen einzigen Literatur-Preis erhalten hatte – den Kleist-Preis im Jahre 1915! –, kann man sich vorstellen, was diese Auszeichnungen für sein Prestige und seinen Stolz bedeuteten. Im übrigen lebte er keineswegs in einem kulturellen Vakuum: Schriftsteller von Ruf – Bertolt Brecht (der drei Tage vor Arnold Zweig aus dem Exil zurückgekehrt war), Johannes R. Becher, Anna Seghers, Friedrich Wolf, Alfred Kantorowicz und der Philosoph Ernst Bloch – hatten gleichfalls für die DDR optiert, um dort ihre literarische Tätigkeit fortzusetzen.

Erinnerungen an den Karmel

Dennoch fiel es Arnold Zweig schwer, die fünfzehn Jahre, die er auf dem Karmel zugebracht hatte, zu vergessen. Seine alten Freunde aus Haifa, die ihn in seiner Villa in Niederschönhausen besuchten, wurden dort stets herzlich aufgenommen, und Arnold Zweig versäumte es nie, sich über die Situation im jungen Staat Israel zu erkundigen. Dabei verbarg er nicht seine Enttäuschung über seine Jahre in Haifa, aber seine Worte waren meist ohne Bitterkeit.
Auch manches von dem, was er schrieb, wies darauf hin, daß Palästina für ihn mehr bedeutet hatte als ein bloßes Exil. Symptomatisch dafür ist das Tagebuch, das er während seines ersten Besuches in der Sowjetunion im Frühjahr 1952 führte. Während der zweimonatigen Reise notierte der

Schriftsteller sorgfältig alle Eindrücke. Das Tagebuch wurde im November des gleichen Jahres in einer Sondernummer der literarischen Zeitschrift *Sinn und Form*[14], die anläßlich seines 65. Geburtstages erschien, veröffentlicht. Die Reise führte ihn auch nach Sinferopol, der Hauptstadt der Krim, wo er drei Wochen in einem Erholungsheim verbrachte, um sich einer neuen Augenbehandlung zu unterziehen. An einem schönen Frühlingstag, einem Sonnabend – es war der 29. März –, erinnert er sich plötzlich beim Anblick des blauen Meeres an Haifa und den Karmel, an den »Schabbat« im Heiligen Land, der die fieberhafte Tätigkeit und die Aufregungen der Woche vergessen läßt und an dem die Gläubigen sich früh am Morgen in festlichem Gewand zur Synagoge begeben, während der Meeresstrand vom Frühjahr bis zum Herbst von Badelustigen wimmelt:

> Sehr muß ich heute an den Karmel denken, wo wir's vierzehn Jahre fast so gut hatten wie heute hier – bloß daß die Menschen dort nur in unserem persönlichen Umkreis so freundschaftlich waren wie hier die ganze offizielle Staats- und Autorengemeinschaft...[15]

Er erinnert sich an seine Freunde und Nachbarn:

> ... An Grete Nobel und ihre Hanna-Ruth aus Leipzig muß ich denken, an Bodenheimer, an Wilinskis (einst Berlin), an die reizende Berta Fränkel, die hier irgendwo geboren wurde. Heute, am Schabbat, dürfte ihre Tageseinteilung der unseren gleich sein, auch die Leuchters, die Jams oder Obermaiers...

Und er zieht die Bilanz der fünfzehn Jahre in Palästina... Eine Bilanz, die keineswegs negativ ist. Da waren seine antifaschistischen Aktionen, von der Spanienausstellung bis zur Gründung der »Liga V«... Und wie viele Arbeiten – Veröffentlichtes und Unveröffentlichtes – hatte er mit Hilfe hervorragender Sekretärinnen vollenden können! Bücher, Theaterstücke, Essays, Novellen, Artikel, dazu noch seine Privatkorrespondenz und seine Gedichte:

> ... Das geistige Leben dieser Emigrationszeit war ebensowenig verloren wie das menschliche, aber das gesellschaftliche kam erst nach 1948 wieder ins Spiel, nach der Rückkehr in die Heimat... Was ich auf deutschen Universitäten während siebenjährigen Studiums versäumen mußte, habe ich auf dem Karmel nachgeholt, und ich bin noch immer dabei, zu lernen...

Was jedoch den Zionismus anbetrifft, so hatte sich seine negative Meinung nicht geändert: Für ihn war der Zionismus (und mit ihm der Staat Israel) zu einem Werkzeug des amerikanischen »Imperialismus« geworden. Während der Suez-Krise im November 1956, als Israel die im Sinai zusammengezogene ägyptische Armee angriff, während gleichzeitig

England und Frankreich eine militärische Aktion unternahmen, um den Suez-Kanal wiederzugewinnen, den der Präsident Nasser einige Monate zuvor verstaatlicht hatte, schrieb Zweig in der Wochenzeitung *Sonntag* vom 4. November:

> Jetzt enthüllt sich, was jene Westmächte in Wirklichkeit vorbereiteten, als sie den frischgegründeten Staat Israel mit Waffen, Geld und Instruktoren speisten...

Diese Erklärung überrascht, denn der wichtigste Waffenlieferant Israels während des Unabhängigkeitskrieges war die Tschechoslowakei, und Zweig mußte es wissen. In diesem Artikel fehlt auch jede Erwähnung des ungarischen Aufstandes, der gerade in jenen Tagen von russischen Panzern niedergeschlagen wurde.

Aussagen dieser Art waren allerdings selten und schienen eher für den »internen Gebrauch« bestimmt zu sein. Ernster zu nehmen sind die Vorwürfe, die Arnold Zweig in Gegenwart Walter Zadeks äußerte, als dieser ihn bei seinem Besuch in Berlin im Sommer 1957 ganz offen fragte, warum er dem Zionismus den Rücken gekehrt habe:[16]

> Ihr seid eingewandert, ohne die palästinensische Bevölkerung zu befragen. Aber ihr könnt nur mit den Arabern existieren. Gewiß ist dem Zionismus zu verdanken, daß ihr vor der Vernichtung bewahrt bliebt und daß die schöpferische Substanz des Judentums noch an einer anderen Stelle erhalten bleibt wie in den USA. Die alten geistigen Fähigkeiten der in Wüstenstämmen verdorrten afrikanischen Judenheit werden in Israel wieder aufblühen. Als Sammelbecken wäre es zu begrüßen, wenn es nur nicht durch die heute ausschlaggebenden Parteien zur Mordfalle würde.

Walter Zadek, einst Mitarbeiter Zweigs beim *Orient*, reagierte zunächst gelassen. Als aber Zweig eine Lobeshymne auf König Saud von Arabien[17] anstimmte, »diesen fortschrittlichen König, der Arabien aus dem Joch der Imperialisten erlöst hat«, war Zadek äußerst betroffen:

> Entsetzt sperre ich den Mund auf. Das kann Zweig doch nicht aus freien Stücken sagen! Ist er hypnotisiert? Hat er Angst? Mein Blick irrt durch den Raum. Überall könnten Mikrophone versteckt sein und den seit Brechts Tode wichtigsten Literaten Ostdeutschlands beschatten...

Versteckte Mikrophone in Zweigs Wohnung? Eine kaum glaubhafte Hypothese... Offenbar äußerte hier Zweig seine persönliche Meinung, die er sich aufgrund der ihm zugänglichen Informationen gebildet hatte. Im Laufe des Gesprächs warf Dita Zweig ein:

> Er war wie ein großer Fisch in einem zu kleinen Behälter. Man staunte ihn an, gab ihm aber keine Bewegungsfreiheit.

Und Arnold Zweig fügte hinzu: »Ich war der bestwillige Immigrant, als ich nach Palästina kam.«
Walter Zadek kommt zu einer für ihn gewiß schmerzlichen Schlußfolgerung:

> ... Vielleicht würde er es offener zugeben [daß er sich als Jude und Zionist fühlt], wenn er seinerzeit bei uns dasselbe gefunden hätte wie jetzt im Ostsektor: wirtschaftliche Geltung, gesinnungsmäßige Sympathie und eine Umwelt, die seine Schaffenskraft anspornt. Aber das jüdische Volk hat diesem Schriftsteller aus dem deutschen Kulturkreis nicht wohlwollend gegenübergestanden. Es hat ihn in der von ihm erträumten Heimat nicht zur Auswirkung kommen lassen.

Arnold Zweig bestätigte seine kritische Haltung gegenüber Israel in einem an Alice Schwarz gerichteten Schreiben (20. Oktober 1958):

> Die Heimat eines Dichters ist das Gebiet, in dem er aufgewachsen ist und aus dem er und seine Ahnen stammen... Palästina ist in keiner Weise ein Vaterland für zugereiste Emigranten, es hat nichts zu tun mit den wortreichen Erklärungen von Zionisten oder Israeli. Chamissos Vaterland war Frankreich, meines ist Deutschland, das Max Brods Böhmen und Prag, das Theodor Herzls Budapest und Wien...

Nach einer kurzen historischen Analyse des Heiligen Landes, die bis zu Josua zurückgeht, kommt Zweig zu dem Schluß, daß das heutige Israel nur ein Emigrationsziel sein könne, »was immer wir als Schüler Bubers in unserer Jugend auch davon schwärmten«, und erklärt in aller Deutlichkeit, daß es heute auf der Erde nur zwei Nationen gebe: »Die Imperialisten und ihr Widerspiel, das große sozialistische Lager...«
Dennoch hat Zweig die Brücken nie ganz abgebrochen. Im gleichen Brief verspricht er Alice Schwarz, alles zu tun, um ihren Roman *Schiff ohne Anker*, der die Tragödie des Flüchtlingsschiffes »Struma« behandelt, in der DDR herauszubringen.[18] Und als sie ihn kurz danach in Berlin besuchte, erklärte er zwar zunächst, daß er in Palästina ein »Ausgestoßener« gewesen sei, gestand ihr aber dann mit einem melancholischen Lächeln, daß er manchmal große Sehnsucht nach dem schönen Karmel habe, und daß er im kommenden Jahr bestimmt zu Besuch kommen werde. Dazu bemerkt Alice Schwarz:

> Er ist nie gekommen... In meinem Ohr aber klingt anklagend der Satz nach: »Drüben war ich ein Ausgestoßener.« Ich schäme mich ein wenig für Haifa... Allem zum Trotz bewahren wir den Autor des *Grischa* und der *Novellen um Claudia* in unserem Gedächtnis...[19]

Das Bedauern der beiden israelischen Journalisten ist um so begreiflicher, als es beiden klar war, daß der Schriftsteller trotz seiner Kritik ein unentwegter Verteidiger des Judentums war. Er bewies es von neuem 1958 in einem Vorwort zu dem Buch *Im Feuer vergangen – Tagebücher aus dem Ghetto*[20]. Mit Bezug auf die Enthüllung eines Mahnmals für die Opfer von Buchenwald, die kurz vorher stattgefunden hatte, schließt er mit einem freimütigen Bekenntnis zum jüdischen Volk:

> Unter den 21 Fahnen, welche sich auf dem Ettersberg[21] zusammenfanden, um das unauslöschliche Gedenken der Helden und Märtyrer mit dem Kampfruf gegen die Wiederkehr der Barbarei zu verbinden, fehlte die Fahne mit dem uralten Emblem des Davidsterns, welches die jüdischen Opfer des faschistischen Terrors vertreten hätte. Hier, in diesem Buche, ist sie neben der roten gehißt...

Aber Alice Schwarz und Walter Zadek waren nicht die einzigen, die sich über Zweigs Rückkehr nach Deutschland Gedanken machten. Als der Schriftsteller 1958 den Lenin-Friedenspreis erhielt, wurde ein junger israelischer Journalist – Rafael Baschan – aufmerksam. Er wußte, daß der Lenin-Preis nicht dem erstbesten Autor verliehen wird und fragte sich, warum der Arnold Zweig, der so lange in Palästina geblieben war, dieses Land für immer verlassen hatte, um in Ost-Berlin zu leben. Er begab sich auf den Karmel und hielt unter den dort noch wohnenden »Jeckes« eine Umfrage. Das Ergebnis veröffentlichte er am 28. November 1958 in der großen Abendzeitung *Ma'ariw.*

Natürlich erinnerte man sich auf dem Karmel an den »grauhaarigen Schriftsteller mit dem runden Gesicht«, der 1933 ins Land gekommen war, begleitet vom Ruhm seines *Sergeanten Grischa,* und der dann »in die graue Anonymität versunken war...« Baschan erfuhr, daß Zweig alle möglichen Gelegenheitsarbeiten angenommen hatte (z. B. Übersetzungen und Textbearbeitungen), um seine Familie zu ernähren. Ehemalige Freunde und Nachbarn machten den Schriftsteller selbst für sein Mißgeschick verantwortlich:

> ...Arnold Zweigs Ehe mit dem Lande war von Anfang an ein Fehlschlag. Man erzählte mir, daß er nicht imstande war, Hebräisch zu lernen, sich in seinen Winkel zurückzog und von der Achtung der deutschen Emigranten zehrte, die sich seiner Vergangenheit erinnerten...

Aber Baschan begnügte sich nicht mit diesen Aussagen. Er setzte seine Untersuchung fort und hörte bald andere, weniger bekannte Töne:

> Ich bin Leuten begegnet, die behaupteten, daß auch der Jischuw, seine Kulturinstitutionen, die Buchverleger und Zeitungsherausgeber einen Teil der Verantwortung tragen. Sie alle haben den Schriftsteller unfreundlich behandelt; sie haben nicht versucht, ihn in das entstehende Kulturleben des Landes einzugliedern. Manche zeigten sogar Gering-

schätzung und erklärten: »Solange er kein Hebräisch lernt, können wir nicht mit ihm diskutieren...«

Eine schwere Anklage gegen den Jischuw und seine kulturellen Institutionen! Baschan erfuhr auch, daß Zweig bei einer öffentlichen Kundgebung in Haifa, wo er das Wort ergreifen sollte, niedergeschrien wurde: »Runter von der Tribüne! Nieder mit der Sprache der Mörder!« Einmal wurde sogar eine Bananenschale auf ihn geworfen...

Der Journalist erwähnt außerdem den Bericht von Walter Gabai, einem Freund Zweigs, der ihn in Ost-Berlin besucht hatte. Gabai hatte festgestellt, daß Zweig jetzt in guten Verhältnissen lebte, und fragte ihn:

Lieber Freund, denken Sie daran, Israel noch einmal zu besuchen? Schließlich haben Sie bei uns fünfzehn Jahre gewohnt und seither hat sich bei uns so manches geändert!

Arnold Zweig antwortete ausweichend:

Ich habe vor, nächstens eine Europareise zu unternehmen. Bei der Gelegenheit will ich auch einen Sprung nach Israel machen.

»Es scheint, daß diese Gelegenheit sich nicht geboten hat, denn bis heute ist aus diesem ›Sprung‹ nichts geworden«, schließt der Journalist seinen Bericht. Nach allem, was Zweig während seines Karmelaufenthaltes erlebt hatte, war seine Verbitterung nur zu verständlich. Diese Gefühle veranlaßten ihn auch, einen Roman zu schreiben, der eine »Abrechnung« mit Palästina sein sollte. Seit seiner Rückkehr nach Berlin hatte er zwei Romane geschrieben, beide für den Zyklus *Der große Krieg der weißen Männer*: *Die Feuerpause* und *Die Zeit ist reif*.

Die Feuerpause spielt in dem Zeitraum von November 1917 bis Anfang 1918, als in Brest-Litowsk die deutsch-russischen Friedensgespräche stattfanden. In der inneren Chronologie des Zyklus stellt *Die Feuerpause* quasi die Fortsetzung des *Grischa*-Romans dar. In seinen Inhalten geht der Roman jedoch auf die Ereignisse vor Verdun im Jahre 1916 zurück, indem Werner Bertin, der inzwischen an politischer Erfahrung gewonnen hat, seine Kriegserlebnisse mit kritischer Distanz betrachtet und seinen Kameraden davon erzählt. Der Leser, der den Roman *Erziehung vor Verdun* kennt, wird hier so manchen alten Bekannten wiederfinden. *Die Zeit ist reif* spielt im München der Vorkriegszeit, wie es Zweig als Student erlebt hat. Dieser Roman, mit dem der Autor beabsichtigte, die gesellschaftlichen und historischen Ursachen des Ersten Weltkrieges zu ergründen, eröffnet den Zyklus der Anti-Kriegs-Romane.

1960 war Arnold Zweig 72 Jahre alt; seine Kräfte begannen nachzulassen, seine Sehkraft nahm erneut ab; er fürchtete, daß er in wenigen Jahren fast gänzlich erblinden würde. Der Titel seines neuen Romans stand bereits fest: *Traum ist teuer*...

Inzwischen gab er seine Loyalitätserklärung für die Deutsche Demokratische Republik ab (»Hier ist Deutschland!«)[25]. Bald darauf, am 8. April 1961, wiederholte er diese Erklärung auf einer Tagung des PEN-Clubs in der Hamburger Universität, wobei er sich überraschend als »Jasager« bekannte:

> ... Ich bin ein ausgesprochener Jasager, der zurückgekommen ist aus der Emigration in Palästina im Jahre 1948, nachdem sich 1945 der Hauptgrund unserer Niederlage hat beseitigen lassen: die Spaltung der Arbeiterschaft... Wir haben die unbedingte Absicht und Überzeugung gehabt, das deutsche Schrifttum wieder zu einer antifaschistischen Waffe im geistigen Kampf der Menschheit zu machen...[26]

1962 war der Roman *Der Traum ist teuer* abgeschlossen. Es sollte Zweigs letztes Werk sein.[27]

»*Traum ist teuer*«

»Wohl selten hat der Dichter so unerbittlich mit seiner Vergangenheit abgerechnet wie in diesem Roman«[28] – so urteilt Eberhard Hilscher über das Buch *Traum ist teuer*[29]. Zweig wollte mit diesem Buch eine »Abrechnung« vornehmen. Aber Abrechnung mit wem? Zunächst mit denen, die er beschuldigte, seinen Traum eines binationalen Staates mit einer klassenlosen Gesellschaft zerstört zu haben, nämlich den ehemaligen Verantwortlichen des Jischuw, aber auch mit dem anglo-amerikanischen »Imperialismus«. In den Mittelpunkt der Handlung stellte er den deutschsprechenden jüdischen Arzt Dr. Karthaus aus Czernowitz[30], der als Freiwilliger bei der englischen Armee dient (und die Ansichten des Autors vertritt), und einen jungen griechischen Antifaschisten, Kephalides, der bei den britischen Truppen Unteroffizier ist. Der junge Grieche wird von Dr. Karthaus wegen »Gedächtnisstörungen« behandelt (er konnte sich vor dem Kriegsgericht absolut nicht daran erinnern, einen profaschistischen griechischen Offizier geohrfeigt zu haben...). Der Arzt, der volles Verständnis für den »Kranken« zeigt, unterzieht ihn einer psychoanalytischen Behandlung, in deren Verlauf er einen seiner Träume zu deuten versucht. Mittels dieser beiden durch Freundschaft verbundenen Personen kann der Autor seine Pfeile je nach Bedarf abschießen – einmal sind es die Engländer, die er beschuldigt, antifaschistische griechische Kämpfer liquidieren zu wollen, ein andermal die amerikanischen »Plutokraten« (»Es gibt in Wallstreet Leute, sagt man mir, die den Präsidenten Roosevelt verfluchen, weil er mit Stalin geht und nicht mit Hitler« – S. 284). Bei den Juden Palästinas kritisiert er »diese Kleinstädterei, aus

Polen oder Litauen ans Mittelmeer verpflanzt und mit hebräischen Vokabeln beflaggt« (S. 345). Dann scheint dem Autor wieder der Atem auszugehen; man hat den Eindruck, daß er das Hauptthema des Buches vergißt, um zu loben, was er gerade verdammt hat: Er besingt den Mut und die Zähigkeit der Männer und Frauen des britischen Empire, »die einzigen, die 1940 unser Recht auf Leben und Geist gegen die braune Sintflut verteidigten« (S. 379), rühmt den Wehrwillen der Juden und ihrer »Haganah«-Organisation (»Bis zu dreißigtausend Mann zuverlässige Hitlerfeinde!« – S. 217), und entdeckt schließlich die großen Tugenden Amerikas:

> Welche Weiten zwischen den Riesenstädten, durchschnitten von Eisen- und Autobahnen! Welcher Zusammenklang von Bevölkerungen, die alle dort eingewandert waren und zu Amerikanern verschmolzen! Welche Fülle schöpferischer Gesichter überall, die der Kampf um den täglichen Dollar nicht am Lachen hinderte! Und über all diesen Augenpaaren vom glänzenden Schwarz zum hellen Blau, all den Gesichtern, vom chinesischen Gelb bis zum skandinavischen Weiß: der Mann hinter dem Schreibtisch, dem ich im Weißen Haus die Hand drücken durfte... (S. 252)

Hingegen wird Stalin gerügt, weil er 1941 die Warnungen Churchills in den Wind schlug und die Verteidigung seiner Grenzen vernachlässigte (S. 327). An anderer Stelle greift der Autor ohne ersichtlichen Grund den Schriftsteller Stefan Zweig an, dem er 1942 im *Orient* einen so ergreifenden Nachruf gewidmet hatte. Ohne seinen Namen zu nennen, kritisiert er die Gründe, die Stefan Zweig zum Selbstmord getrieben hatten... Der Leser verliert schließlich den Überblick; die Handlung schleppt sich mühselig voran, und die langerwartete »Abrechnung« kommt erst gegen Ende des Buches, aber in nicht sehr überzeugender Form: An einem Sommertage des Jahres 1943 steht Dr. Karthaus auf der Terrasse des Hotels »King David«, von wo sich ihm ein herrlicher Blick auf Jerusalem bietet. Es ist fünf Uhr nachmittags, der Westwind bringt erfrischende Kühle, und der Arzt gibt sich seinen Betrachtungen hin:

> »... Niemals ist Jerusalem schöner; niemals leuchten seine Kuppeln, Kirchtürme und Minaretts unirdischer...« (S. 378)

Aber er weiß, daß er in diesem Land nicht bleiben kann, und voll Bedauern nennt er seine Beweggründe:

> ... Und ich sollte hier weg, wo ich mir eine neue Heimat hatte bauen wollen, wo ich den Traum meines Exils angesiedelt hatte, den Traum vom Aufbruch in eine neue, jugendliche Welt, dem Aufbau einer klassenlosen Gesellschaft, einer Heimat für die Heimatlosen... Und jetzt sollte sich das mühselig geplante Haus auflösen wie diese Wolke oben,

> gleich dem Kikajon, dem Rizinusbaum des Propheten Jona[31], der in einer Nacht emporgewachsen war und in der nächsten wieder verfallen? Eine Nacht von zehnjähriger Dauer, aber nur eine Nacht![32] (S. 382–383)

Hier tritt der Autor Zweig an die Stelle des Dr. Karthaus und erinnert sich an seine Enttäuschungen in Palästina:

> ... Und um diesen Traum zu bezahlen, hatten alle Verbindungen mit der Wissenschaft unter den Tisch geworfen werden müssen, unsere Sprache, unsere drei oder vier Zeitschriften ... (S. 383)

Letzten Endes hat das Buch *Traum ist teuer* nichts bewiesen und niemanden überzeugt. Selbst Eberhard Hilscher, Zweigs Biograph und Bewunderer, konnte seine Enttäuschung nicht verbergen:

> ... Nachdem auf diese Weise die Spannung des Lesers geweckt ist, versickert der Fabelstrom rund hundert Seiten lang ... Der Zufall (nicht die sorgsame Motivierung) spielt überhaupt eine unmäßige Rolle im Handlungsgefüge.[33]

Hilscher kritisiert dann »manche Widersprüche in der Beurteilung der Zionisten und Alliierten« und auch die »unkritischen Bezugnahmen auf die Lehren von Sigmund Freud«. Marcel Reich-Ranickis Kritik ist noch deutlicher:

> ... Das ganze Buch zeugt von einer ausgesprochenen Sympathie für die Engländer und ihre Armee, in der es offenbar sehr liberal, human und demokratisch zuging ... Die Bemühungen der Juden, auf palästinensischem Boden einen eigenen Staat zu gründen, werden von Zweig an vielen Stellen mit größtem Wohlwollen geschildert. Seinem Helden gefällt die dortige Welt; nicht ohne Bewunderung und Stolz erwähnt er allerlei Errungenschaften ...[34]

Und dennoch, stellt Reich-Ranicki fest, kehrt Karthaus (alias Zweig) den Engländern ein für allemal den Rücken und distanziert sich entschieden von der Idee des jüdischen Nationalstaats. »Das epische Plädoyer in eigener Sache erweist sich als ein Buch des schlechten Gewissens.«

Auch die anderen bundesdeutschen Rezensenten hatten über dieses Werk nicht viel Gutes zu sagen. Unter der Überschrift »Er schwimmt mit dem Strom« verurteilt die Literaturkritikerin der *Frankfurter Allgemeinen Zeitung*, Sabine Brandt, den Schriftsteller aufs schärfste. Die Journalistin erinnert an die Verfolgung der in den Ostblockstaaten lebenden Juden zu Beginn der fünfziger Jahre – unter dem Motto: »Kampf gegen Kosmopolitismus und Zionismus« –, die 1952 im Slansky-Prozeß[35] in Prag und der Hinrichtung von 26 jiddischschreibenden Schriftstellern in der Sowjetunion gipfelte. Sabine Brandt weist darauf hin, daß gerade die DDR jede Form von Wiedergutmachung für die Opfer des Dritten Reiches bis heute ablehnt, und daß sie darüber hinaus eine »zügellose Hetze« gegen den jüdischen Staat betreibt. Über den Autor gibt sie ein sehr hartes Urteil ab:

> In Wirklichkeit ist das, was uns hier vorexerziert wird, ein Akt der Selbstüberzeugung... Zweig hat gewählt. In seinem neuen Buch verwirft er nicht nur sein Judentum, er tritt es mit Füßen... (8. Juni 1963)

Dennoch findet man in dem Buch – wie Marcel Reich-Ranicki mit Recht unterstreicht – zahlreiche positive Bemerkungen über Judentum und Zionismus. Eine weitere, ausgewogenere und tiefgehendere Analyse erschien am 26. Oktober 1963 in der *Süddeutschen Zeitung* aus der Feder von Fritz J. Raddatz. Aber auch seine Bilanz ist negativ:

> ... Da Zweigs Mühlen langsam mahlen, muß man 400 Seiten lang das ermüdende und gleichgültige Schicksal dieses Griechen und seines deutsch-jüdischen – deswegen aber keinesfalls interessanteren – Freundes ertragen. Wozu eigentlich?... Ohne gedankliche und sprachliche Disziplin plaudert hier ein Mann, der ein langes Leben hinter sich hat, voller Träume und Enttäuschungen, voller Kompromisse auch... Überlieferungswert ist es nie...

In Israel, auf dem Karmel, bei den Juden deutscher Herkunft, war man betroffen. Einige Personen des Romans wiesen Ähnlichkeiten mit ehemaligen Freunden des Schriftstellers auf: Jeanne, zum Beispiel, Dr. Karthaus' Sekretärin, mit der er ein Verhältnis hat, wird mit Lily Offenstadt, Zweigs ehemaliger Sekretärin, in Verbindung gebracht. Man notierte die kritischen Passagen, man merkte die Absicht und war verstimmt. »Ein schmutziges Buch«, kommentierte Hans Laor, der Ehemann der verstorbenen Lily, trotz der Sympathie, die er stets für den Schriftsteller hatte.[36] Andererseits weist der Journalist Mosche Tsipor in der Tel Aviver Tageszeitung *Mischmar* vom 4. Dezember 1964 auf die Widersprüche hin, die das Buch enthält, und schließt seine Analyse wie folgt:

> Selbst heute ist Arnold Zweig, der Jude und der zum Antizionisten gewordene ehemalige Zionist, noch kein echter deutscher Kommunist geworden, und sein Alterswerk bezeugt es: Er suchte eine Zufluchtsstätte für seine Seele, aber mit seiner Rückkehr nach Deutschland hat er sich, so sehr er sich als Antifaschist und Kommunist fühlt, nicht abgefunden...

Dr. Robert Weltsch, der ehemalige Chefredakteur der *Jüdischen Rundschau*, kommentierte im *Ha'aretz* vom 2. August 1963: »Man geht vielleicht nicht fehl in der Annahme, daß der Roman eigentlich nicht für das Publikum in der DDR, sondern für imaginäre israelische Leser geschrieben wurde...« Jedenfalls sei die komplizierte Handlung völlig unglaubwürdig. Was Zweigs Kritik am Zionismus und an Palästina betreffe – so Dr. Weltsch –, habe man bisweilen den Eindruck, daß es dem Schriftsteller Zweig ähnlich ergangen sei wie dem Propheten Bileam, der auszog, um Israel zu verwünschen und statt dessen Lobreden hielt...

Die einzige positive Kritik kam von dem langjährigen Freund Walter A. Berendsohn. Aus dem fernen Schweden sandte er seine Rezension an das Tel Aviver *MB*, das sie in seiner Nummer vom 8. März 1963 veröffentlichte. Er stellt zwar fest, daß Zweig in seinem Buch »Dichtung und Wahrheit mischt«, würdigt aber die Art und Weise, in der der Schriftsteller seine Erinnerungen »freimütig, frisch und warmherzig« preisgibt. Um einige Stellen zu rechtfertigen, die manchen Leser vielleicht schokkiert hatten, fügt Berendsohn hinzu:

> Zweig ist ein enragierter Erzähler, leidenschaftlicher Antifaschist von Anbeginn, und er macht aus seiner Sympathie für die gegen Hitler kämpfende Sowjetunion kein Hehl. Man erlebt, wie er und seine Freunde allmählich angesichts der fürchterlichen Untaten der Faschisten aller Art zum Kommunismus geführt werden, während die Diktatur in den kommunistischen Ländern andere Menschen ins faschistische Lager treibt...

Aber auch dieser Kommentar kann nicht den peinlichen Eindruck verwischen, den *Traum ist teuer* auf die früheren Freunde des Schriftstellers gemacht hatte. Es ist unbestreitbar: Zweigs »Abrechnung« verfehlt ihr Ziel, obwohl er an dem Stoff über fünfzehn Jahre gearbeitet hatte. Einige Kritiker sehen den Grund dafür im Alter des Schriftstellers. Aber vielleicht gibt es eine andere Erklärung: Ist es ein Zufall, daß Zweigs einziger literarischer Mißerfolg ein kritisches Buch über Palästina und den Zionismus war? Man kann sich des Eindrucks nicht erwehren, daß der Autor von seiner eigenen »These« nicht recht überzeugt war und daher seine »Abrechnung« nur halbherzig durchführte...

2. Der einsame Mann von Pankow (1962–1968)

Ein Schriftsteller zieht sich zurück...

Nach der Veröffentlichung von *Traum ist teuer* ging die politische und literarische Tätigkeit Arnold Zweigs ständig zurück; offensichtlich hatte Zweig seinem Werk nichts mehr hinzuzufügen. Von 1963 an erschienen von ihm weder Artikel noch sonstige Stellungnahmen zur Judenfrage, zum Zionismus oder zum Staat Israel. Dieses Schweigen überrascht nicht. Es sei nur daran erinnert, daß die DDR von Anfang an gegen den Zionismus und den Staat Israel Stellung genommen hatte. Zwar war Antisemitismus verboten und unter Strafe gestellt, aber bei einer Bevölkerungsgruppe von 1500 Juden (0,01 % der Gesamtbevölkerung)[1] kam diesem Problem praktisch keine Bedeutung mehr zu. Die feindselige Haltung der DDR gegenüber dem Zionismus und die gelegentlich von Presse und Rundfunk gegen den jüdischen Staat geführten Kampagnen riefen in Israel Befremden und Empörung hervor. Um sich von der Art der Informationen, die die Öffentlichkeit in der DDR über den Staat Israel erhielt, eine Vorstellung zu machen, genügt es, einen Blick in das vom Bibliographischen Institut in Leipzig herausgegebene *Meyers Neues Lexikon* zu werfen. In der Ausgabe von 1965 kann man unter dem Stichwort »Israel« (Band 4, Seite 459) folgendes lesen:

> ... Die Ausrufung des Staates erfolgte durch die vom amerikanischen und britischen Imperialismus unterstützte zionistische Bourgeoisie (1. zionistische Koalitionsregierung unter Ben Gurion) vor allem, um eine aggressive Kraft gegen die arabische Befreiungsbewegung und für die Verteidigung der imperialistischen Erdölinteressen im Nahen Osten zu schaffen...

In einer solchen Atmosphäre war es verständlich, daß Arnold Zweig es vorzog, Stillschweigen zu bewahren. Außerdem zwang ihn nun auch sein Gesundheitszustand, sich von jeder anstrengenden Tätigkeit fernzuhalten.

Einen Bericht über die letzten zwei Jahrzehnte des Dichters verdanken wir seinem Freund Heinz Kamnitzer[2]. Wie schon erwähnt, begegneten sie sich vor dem Kriege zweimal; das erste Mal 1936 in Haifa, als Kamnitzer Zweig ein Geschenk der »Roten Hilfe« übermittelte, und ein zweites Mal 1939 in einem Londoner Kellergeschoß. Kamnitzer war – wie Fürnberg – Kommunist und Antizionist. Aus seiner Biographie geht hervor, daß er schon mit 14 Jahren politisch tätig war und 1933 nach England ins

Exil ging. In den Jahren 1935/1936 – er war damals 18 Jahre alt – hielt er sich eine Zeitlang in Palästina auf, wo er als Hilfsarbeiter und Tischlerlehrling tätig war. Zur gleichen Zeit schloß er sich der kommunistischen Partei an und war »Verbindungsbeauftragter zu den arabischen Genossen«[3]. Für ihn war das Jahr 1936 »die Zeit, da die arabische Einwohnerschaft sich verzweifelt dagegen wehrte, Minderheit im eigenen Land zu werden«[4]. Er ging dann wieder nach London und blieb dort bis 1946. Die ganze Zeit hindurch war er aktiver Kommunist und arbeitete gelegentlich als Journalist. 1946 kehrte er nach Berlin zurück. Kamnitzer war Zweigs ständiger Begleiter und Gesprächspartner. In seinem Büchlein *Der Tod des Dichters*[5] berichtet er über die letzten zehn Jahre des Schriftstellers (1958–1968) und schildert bis dahin unbekannte Einzelheiten über Zweigs Leben und Denken.

Aus Kamnitzers Darstellung geht hervor, daß Arnold Zweig alles in allem ein einsamer Mensch war, trotz der Anwesenheit seiner Gattin und trotz aller ihm erwiesenen Ehren. Diese Einsamkeit wurde für ihn noch fühlbarer, als sein Gesundheitszustand sich weiter verschlechterte und er einen Freund nach dem anderen sterben sah:

> ... Er war zurückgekommen aus dem Exil und fand kaum jemand vor, der ihm früher nahe war. Viele seiner Altersgenossen hatten den Ersten Weltkrieg nicht überlebt. Von den Verwandten und Freunden aus den Jahren der Weimarer Republik war niemand mehr übrig. Die meisten sind in Auschwitz und anderswo geblieben. Wer sich retten konnte, wollte meist nicht wieder zurück. Er jedoch war wiedergekommen in die Trümmer seiner Heimat und richtete sich in einer Totenlandschaft ein... (S. 94)

Besonders schwer traf ihn der Tod seines Freundes Lion Feuchtwanger. In all den Jahren hatte er nie die Hoffnung aufgegeben, daß er Feuchtwanger eines Tages wiedersehen würde. Kaum ein Brief, in dem er ihn nicht aufforderte, nach Berlin zu kommen, wo man ihn mit Ehren überhäufen würde. Aber Feuchtwanger zögerte: Sein Gesundheitszustand und die Furcht, sein Anrecht auf die amerikanische Staatsbürgerschaft zu verlieren – als sogenannter »sowjetfreundlicher« Schriftsteller wurde sein Antrag von den U.S.-Behörden nur schleppend behandelt –, hielten ihn in Kalifornien zurück, wo er am 21. Dezember 1958 starb.

Kein Wunder, daß Zweig immer wieder Sehnsucht nach dem Karmel verspürte. Gewiß war er dort nicht sehr glücklich gewesen, aber er hatte immerhin in jüdischer Umgebung gelebt, umgeben von lebendigen Freunden; dort hatte er auch einige seiner besten Werke geschrieben.

Aber für Kamnitzer hat dies keine Bedeutung. Er erwähnt nur, daß Zweig, nachdem er aus seinem Heimatlande hatte fliehen müssen, auf dem Kar-

mel »das bittere Brot des Exils aß« (S. 94). Dann wählt Kamnitzer aus den Briefen an Freud einige aus, die besonders kritisch über Palästina sind – wie z. B. das Schreiben vom 21. Januar 1934, einen Monat nach seiner Ankunft –[6], um zu beweisen, daß das Land Israel für Zweig niemals mehr als ein Exil gewesen sei (S. 115–116). Aber – fragt Kamnitzer – warum hat Zweig nie versucht, öffentlich die Gründe bekanntzugeben, die ihn veranlaßten, dem Zionismus den Rücken zu kehren? Vielleicht wollte er nicht seine ehemaligen Weggenossen verletzen, Gefährten auf einem Wege, der in den Augen Kamnitzers ein Irrweg war... Oder befürchtete er, daß seine Worte »mißverstanden und mißbraucht werden könnten von jenen, die Judentum und Zionismus nicht voneinander zu trennen wissen?« (S. 116).
Kamnitzer ist also mit seinem berühmten Freund nicht recht zufrieden. Er rät ihm, seine Autobiographie zu schreiben; aber davon will Zweig nichts wissen. Hinzu kommt noch, daß Zweig mit seiner Bewunderung für Sigmund Freud nicht zurückhält, obwohl der Vater der Psychoanalyse sich in den kommunistischen Ländern keiner großen Beliebtheit erfreut. Zwar hat Zweig 1955 einen Essay geschrieben, der von dem »bürgerlichen Liberalismus« des Gelehrten abrückt[7], aber er hat nie daran gedacht, ihn zu verleugnen, und in seinem letzten Buch (*Traum ist teuer*) wird der Name Freuds mehrmals erwähnt. Kamnitzer klagt darüber:

> ... Fast wie ein Hausgott, jedenfalls als Vaterfigur wurde der Seelenarzt verehrt. Selten ging ein Gespräch vorüber, in das er Freud nicht einbezogen, kaum ein Vortrag, in dem er ihn unerwähnt ließ. (S. 112–113)

Auf Zweigs Schreibtisch standen – bis zum Tage seines Todes – das Portrait Freuds zusammen mit einem Photo Lenins und einer Lebendmaske Goethes.
Ein weiteres Streitobjekt war das Buch *Traum ist teuer*, mit dem Zweig offensichtlich kein Glück hatte. Kamnitzers Kritik ist im großen und ganzen gemäßigt: scharf wird sie, wenn es um die im Roman vorkommenden Anspielungen auf ein Verhältnis zwischen dem Autor und seiner ehemaligen Sekretärin geht. Hier wird Kamnitzer zum Moralisten: Er protestiert energisch gegen die Idealisierung des »harmonischen Triumvirats«[8], das ein häufiges Motiv in Zweigs Romanen sei. Er ist der Meinung, daß der Schriftsteller damit sein Familienleben gefährdet habe und daß das Liebesverhältnis zwischen Dr. Karthaus und einem Mädchen in Uniform, »zumal in der Wüste«, nicht nur »Kolportage schlechthin« sei, sondern auch »Kitsch nach dem Vorbild der Courths-Mahler und der Marlitt«...[9] (S. 90). Kamnitzer ereifert sich gegenüber Zweig derart, daß der Schriftsteller am Ende genötigt ist, eine als besonders anstößig emp-

fundene Stelle zu streichen, nachdem Kamnitzer gedroht hatte, daß er öffentlich darüber schreiben würde, wenn dieser »Schmarren« im Druck erscheinen sollte...

Kamnitzer berichtet ferner, daß er 1959 einen delikaten Auftrag übernahm. Auf Wunsch des Schriftstellers begab er sich nach Tel Aviv, um Lily Laor Grüße und eine schriftliche Botschaft zu überbringen. Da man in Tel Aviv Kamnitzers Einstellung zum jüdischen Staat kannte, wurde er von Zweigs ehemaliger Sekretärin kühl empfangen.

> Sie nahm den Brief entgegen und öffnete ihn nicht. Ich bestellte Grüße, sie blieben ohne Antwort. Sie fragte nichts. Ich mußte reden... (S. 84)

Aber sein Bericht über Zweigs Leben und Erfolge ruft keinerlei Reaktion hervor:

> ... Es war noch nicht einmal, daß ich gegen eine Wand spräche, denn was ich sagte, blieb ohne Echo. Mir wurde klar, es war zwecklos... Sie habe nichts zu sagen, erklärte sie...

Bevor Kamnitzer Abschied nimmt, erinnert er sich, daß er noch einen Auftrag auszuführen hat. Er bittet Lily Laor, ihm die Briefe, die ihr Arnold Zweig geschrieben hat, zu übergeben – »natürlich nicht umsonst« –, um sie der Akademie der Künste der DDR zukommen zu lassen... »Eher würde ich sie verbrennen«, erwidert Frau Laor.

Was hatte Zweig zu einem solchen Schritt bewogen? Wollte er alte Erinnerungen wieder aufleben lassen, oder war er lediglich auf der Suche nach »Material« für seinen Roman *Traum ist teuer*? Was auch seine Gründe gewesen sein mögen – man kann seine Bitterkeit über den endgültigen Bruch dieser alten Freundschaft verstehen und seinen Wunsch, dies in seinem Buch zum Ausdruck zu bringen.

In seiner Haltung zum Judentum blieb Zweig sich stets treu. »Er hatte nie seine Abstammung verleugnet«, bestätigt Kamnitzer (S. 101). Im übrigen war jeder aus Israel kommende Besucher ein gern gesehener Gast. Frau Anya Schragenheim und ihr Gatte, alte Freunde Arnold Zweigs, waren sogar überzeugt, daß der Schriftsteller den Kontakt mit Israel aufrecht erhalten wollte:

> ... Wir haben ihn seit 1956 fast jedes Jahr besucht. Das Ehepaar Zweig wartete schon immer auf uns, besonders weil es eine Verbindung zu Israel war. Das Haus war voller Bilder aus Israel, die Frau Beatrice Zweig gemalt hatte... Wir sahen Arnold Zweig noch zwei Monate vor seinem Tod, wo er noch von seiner Sehnsucht nach Israel sprach...[10]

Im Juni 1965 verbrachte Schalom Ben-Chorin ein paar Stunden in Ost-Berlin, doch fehlte ihm die Zeit, den langen Weg zu Arnold Zweigs Wohnung in Niederschönhausen zu machen. Er rief an, um sich zu entschuldigen; er wollte noch das Pergamon-Museum mit seinem berühmten Altar besuchen... Arnold Zweig war hocherfreut, die vertraute Stimme seines Freundes zu hören und antwortete:

> Sehen Sie sich den Altar nur gut an, aber der unsichtbare Altar, den wir in Jerusalem errichtet haben, ist noch bedeutender...[11]

Zweig war auch der Mensch geblieben, der stets bereit war, denen zu helfen, die nach seiner Ansicht Unrecht erlitten hatten. Kamnitzer bemerkt hierzu:

> Schwer lastete auf ihm, wenn er von irgendeinem Unrecht erfuhr. Man schrieb ihm, bat um Rat, oft um Hilfe. Er antwortete jedem und auf alles. Viel Kummer wurde an ihn herangetragen, und er hat mehr getan, als man weiß...

Er trat sogar für die Strafgefangenen ein:

> Sein Mitgefühl für Menschen hinter Gittern war stets so intensiv, daß er sich nicht scheute, Staatsmänner zu bitten, noch einmal zu überprüfen, ob man nicht milder sein konnte. Politische Straftäter waren von seiner Fürsorge keineswegs ausgeschlossen, obwohl sich in diesen Fällen zwei Seelen in seiner Brust stritten... (S. 97–98)

Wer das Verhalten Arnold Zweigs in der DDR beurteilen will, darf über diese Tatsachen nicht hinweggehen.

Der Sechstagekrieg und die Springer-Affäre

Arnold Zweig schien langsam in Vergessenheit zu geraten, als ein historisches Ereignis den Autor des *Grischa* in den Brennpunkt der Aktualität stellte.

Am 5. Juni 1967 brach im Nahen Osten von neuem der Krieg aus. Auf Verlangen des Präsidenten Nasser waren die UNO-Einheiten, die seit 1956 zwischen den ägyptischen und israelischen Streitkräften standen, zurückgezogen worden, und Elath, der einzige israelische Hafen, der den Zugang zum Roten Meer und zum Indischen Ozean sicherte, wurde von ägyptischen Kriegsschiffen blockiert. Darauf beschloß Israel, das wochenlang in einem regelrechten Belagerungszustand gelebt hatte, anzugreifen und die Armeen, die an seinen Grenzen aufmarschiert waren, zurückzuschlagen.

Von Anfang an nahmen Regierung und Presse der DDR Partei für die arabischen Staaten; die Schlagzeilen der Zeitungen bezeichneten die Israelis als Aggressoren, Räuber und sogar als Mörder. Führende Persönlichkeiten der DDR nahmen öffentlich Stellung; Berufsverbände – wie der der Journalisten – erklärten ihre Solidarität mit den arabischen Staaten. Am 9. Juni veröffentlichten die Tageszeitung *Neues Deutschland* und andere Blätter eine »Erklärung jüdischer Bürger der DDR«, die die »israelische Aggression« aufs schärfste verurteilte. Darin hieß es unter anderem:

> Nach allen schrecklichen Lehren der Vergangenheit genügte es den Machthabern Israels nicht, ein verhängnisvolles und widernatürliches Bündnis mit dem Imperialismus einzugehen, sondern darüber hinaus arbeiten sie noch offen mit den Nazimördern des jüdischen Volkes, mit den westdeutschen Imperialisten in Bonn, auf das allerengste zusammen...

Diese Erklärung trug die Unterschriften von zehn Persönlichkeiten, darunter ein Jurist, zwei Maler, zwei Professoren und zwei Ärzte. Aber die Unterschrift des berühmtesten jüdischen Bürgers der DDR fehlte...
Überraschend war dies allerdings nicht. Wie hätte auch Arnold Zweig seinen Namen unter den folgenden Absatz setzen können:

> ... Schon die Geburt des Staates Israel ist behaftet mit Wortbruch und Annexion. Die Resolution der UNO vom November 1947 zur Bildung eines arabischen und eines jüdischen Staates auf dem Gebiet des damaligen Palästina wurde gebrochen. Unter Mißachtung der UNO-Festlegung wurde von den reaktionären Kreisen der Staat Israel gegründet, der unrechtmäßig und in kriegerischen Handlungen 80 Prozent des Territoriums des ehemaligen Palästina okkupierte...

Arnold Zweig wußte besser als jeder andere, daß 1948 die Araber Palästinas sich der UNO-Resolution mit Gewalt widersetzt hatten, da sie weder einen arabischen noch einen jüdischen Staat wollten. Der Schriftsteller hatte also guten Grund, sich von dieser Erklärung zu distanzieren.
Bei den Juden Israels rief die Haltung der DDR Bestürzung und Empörung hervor. Die Zeitung *Jediot Chadaschot* veröffentlichte am 14. Juli einen offenen Brief von Ben-Chorin an Arnold Zweig, in dem er ihn aufforderte, Mißdeutungen im Ostblock über Israel aufzuklären. Der Brief blieb unbeantwortet.
Nun begann die westliche Presse, sich für den Fall zu interessieren. Die Journalisten wollten mehr wissen. Was war der eigentliche Grund, der Arnold Zweig bewegt hatte, die antiisraelische Erklärung nicht zu unterzeichnen? Hatte er sich geweigert oder war er nicht dazu aufgefordert worden? Und wenn er sich geweigert hatte, wie war die Reaktion der DDR-Behörden? Vor allem die Zeitungen des Springer-Konzerns verfolgten aufmerksam diese Affäre. Das Fehlen von Zweigs Namen unter einer israelfeindlichen Erklärung mußte Fragen aufwerfen. Da keine Informationen darüber zu bekommen waren, wurden sie erfunden. Am 9. Sep-

tember 1967 veröffentlichten drei Springer-Zeitungen – die *Berliner Morgenpost*, das *Hamburger Abendblatt* und der Düsseldorfer *Mittag* – einen von Arnold Zweig an den israelischen Schriftstellerverband gerichteten Brief, in dem er sich über die in der DDR herrschenden Zustände beklagt. Der Brief ist in einem außergewöhnlich scharfen Ton gehalten, wie aus den folgenden Sätzen hervorgeht:

> ... Das Leben in der Deutschen Demokratischen Republik ist die Hölle. Sie ist nicht deutsch, noch demokratisch, noch Republik, sondern ein russischer Satrap, der nach Moskaus Pfeife tanzt... Könnte ich nur die Uhr um zwanzig Jahre zurückdrehen, ich würde jeden Stein des Berges Karmel küssen. Ich verfluche mich, daß ich Haifa verließ...

Journalisten und politische Beobachter des Westens meldeten sofort Zweifel an der Echtheit des Briefes an. Warum sollte der einsame alte Mann in Pankow die DDR-Behörden plötzlich herausfordern? Zwei Behauptungen der Springer-Zeitungen waren besonders dazu angetan, die Glaubwürdigkeit der Nachricht in Frage zu stellen: Arnold Zweig wurde als Bruder von Stefan Zweig bezeichnet, und der Schriftsteller hätte seinen Lehrstuhl an der Humboldt-Universität verloren. Es bestand jedoch bekanntlich keinerlei Verwandtschaft zwischen Arnold Zweig und seinem Namensvetter, und einen Lehrstuhl an der Humboldt-Universität hatte Zweig nie innegehabt.[12]

Schon am darauffolgenden Tag veröffentlichte Arnold Zweig im *Neuen Deutschland* ein kategorisches Dementi. Er protestierte gegen derartige »faustdicke Lügen« und fügte hinzu:

> Seit Jahren habe ich erklärt, daß ich mich nirgendwo so heimisch fühle wie in unserer Deutschen Demokratischen Republik...

Gleichzeitig richteten die DDR-Blätter massive Angriffe auf die westdeutschen Medien im allgemeinen und die Springer-Presse im besonderen: »Sie hassen ihn, seit er den *Grischa* schrieb«, war die Schlagzeile im *Neuen Deutschland* vom 11. September.

Die DDR-Presse hatte leichtes Spiel, denn die drei Zeitungen, die die Nachricht verbreitet hatten, konnten keinerlei Beweise liefern. Man versuchte, den angeblichen Adressaten des Briefes ausfindig zu machen. Aber der Vorsitzende des israelischen Schriftstellerverbandes bestritt den Erhalt eines solchen Schreibens, und der israelische Journalist, von dem die Nachricht ausgegangen sein sollte, war unauffindbar...

Die Affäre war so peinlich, daß der bekannte Schriftsteller Günter Grass es für nötig hielt, sich bei Arnold Zweig zu entschuldigen. Er tat dies in einer am 15. Oktober in der Zeitschrift *Voltaire-Flugschriften*[13] abgegebenen Erklärung.

Unverschämte Verleumdung Arnold Zweigs durch Springer-Presse

DDR-Presse

Berlin (ADN). Einige Springer-Zeitungen, so die „Morgenpost“ (Westberlin) und der Düsseldorfer „Mittag“, und auch die Westberliner „nachtdepesche“ haben im Rahmen ihrer verschärften Hetzkampagne gegen die Deutsche Demokratische Republik berichtet, daß der berühmte Schriftsteller Arnold Zweig nicht mehr mit der Politik der DDR einverstanden sei und daß er sich in der DDR nicht mehr wohl fühle. Frech und unverschämt lügen diese Zeitungen, daß Arnold Zweig der Lehrstuhl für Literatur an der Berliner Humboldt-Universität aberkannt worden sei.

Der international bekannte und anerkannte große Romancier übergab in Beantwortung dieser Lügen dem Allgemeinen Deutschen Nachrichtendienst folgende Erklärung:

Erklärung

Noch niemals, selbst nicht im braunen Reich des Herrn Goebbels, sind derartig faustdicke Lügen über mich verbreitet worden.

Jedes Wort, selbst die Interpunktionszeichen, sind erfunden.

Seit Jahren habe ich erklärt, daß ich mich nirgendwo so heimisch fühle wie in unserer Deutschen Demokratischen Republik. Die Schwindler bestätigen mir wieder einmal die Richtigkeit meiner Entscheidung.

[illegible]. September 1967

Daß die Verleumdungen gegen den größten lebenden Schriftsteller deutscher Sprache durch die Springer-Presse von keinerlei Sachkenntnis getragen sind, beweisen allein schon die Behauptungen, daß Arnold Zweig ein Bruder von Stephan Zweig sei und daß er einen Lehrstuhl für Literatur an der Humboldt-Universität innehabe. Diese Methoden zeigen erneut, daß die Springer-Zeitungen nicht davor zurückschrecken, die großen Repräsentanten der Literatur in den Schmutz zu ziehen.

Arnold Zweigs Dementi, das am 10. September 1967 in der Zeitung *Neues Deutschland* veröffentlicht wurde.

Am Tage nach der Veröffentlichung von Zweigs »sensationellem Brief« begab sich der Journalist Christian Geissler[14], Mitarbeiter des Hamburger *Spiegel*, nach Ostberlin, um zu versuchen, die Meinung des Schriftstellers über diese Affäre zu erkunden. Arnold Zweig empfing ihn freundlich und wiederholte sein Dementi. Als Geissler den Satz erwähnte, den er angeblich geschrieben hatte, nämlich daß er jeden Stein auf dem Karmel küssen würde, erwiderte Zweig mit einem verschmitzten Lächeln: »Küssen – gern, ja, aber niemals Steine, bitte!« Darauf fragte ihn der Journalist, warum er die antiisraelische Erklärung vom 9. Juni nicht mitunterzeichnet habe. Der Schriftsteller antwortete mit einem kurzen Satz, der an Klarheit nichts zu wünschen übrig ließ: »Ich denke, man muß nicht alles unterschreiben...«
»Man muß nicht alles unterschreiben!« Diese Worte wurden sowohl in der Bundesrepublik als auch in Israel gehört. Der langjährige Kämpfer gegen den Faschismus hatte bewiesen, daß er keineswegs ein »Jasager« war...

Wieder einmal stellten sich die Zeitungen in der Bundesrepublik und vor allem in Israel Fragen über Arnold Zweig. Gewiß wagte niemand zu behaupten, daß er seinem zionistischen Ideal treu geblieben sei; aber vielleicht fühlte er sich doch noch dem Land der Juden verbunden? Die Verweigerung einer antiisraelischen Erklärung in einem kommunistischen Staat – das bedeutete bereits für viele eine proisraelische Einstellung...
Eine kommunistische Zeitung in Israel, *Kol-Ha'am*, brachte am 9. Januar 1968 ein Interview mit Arnold Zweig in Berlin, in welchem der Schriftsteller und seine Frau ihr »Verständnis ausdrücken für den Kampf, den Israel im Juni 1967 geführt hatte«. Zweig erklärt dann dem Journalisten A. Yesha:

> Wir müssen – das heißt, Israel muß versuchen, die arabischen Führer davon zu überzeugen, daß wir den Frieden wollen, und daß ein Konflikt zwischen uns keineswegs notwendig ist. Wenn Israel das wirklich tut, dann glaube ich, daß der Friede nahe ist. Aber wenn die Ereignisse zu einem Krieg führen, dann muß man zunächst die Lage überprüfen, wie sie wirklich ist. Und wenn das Schicksal will, daß das jüdische Volk um seine Existenz kämpft...

Hier hält Zweig inne; seine Frau Dita vollendet den Satz:

> Dann muß man sich verteidigen!

Es war, wie erwähnt, eine kommunistische Zeitung, die dieses Interview abdruckte, wobei das Wörtchen »wir« im Munde Zweigs besondere Bedeutung gewinnt...

Für die Behörden der DDR war Arnold Zweig weiterhin ein loyaler Bürger ihres Staates. Um dies noch einmal zu demonstrieren, sollte der 80. Geburtstag des Schriftstellers besonders feierlich begangen werden. Bereits im August 1967 gründete der Kulturminister ein Komitee, dem bedeutende Persönlichkeiten aus dem politischen und kulturellen Leben der DDR angehörten und das mit der Organisation der Festlichkeiten beauftragt wurde. Dazu gehörten eine Ausstellung über Arnold Zweigs Leben und Werk in der Berliner Stadtbibliothek und Ehrungen des Dichters in allen Bezirken der DDR, »womit eine klare Antwort auf den unwürdigen Feldzug und die üble Hetze der Springer-Presse gegeben wird«, schrieb die *Berliner Zeitung* am 16. September.

Als jedoch am 10. November nachmittags, nach den offiziellen Feierlichkeiten, Zweigs Freunde zum Tee in seiner Villa zusammenkamen, war der Nahostkonflikt das Hauptgesprächsthema. Einer der Gäste, Bruno Frei, österreichischer Schriftsteller und Journalist[15], berichtet darüber in seiner Autobiographie[16]:

> Wir saßen am Geburtstagstisch von Arnold Zweig und tranken Tee... In der Villa von Niederschönhausen lastete der Antagonismus um den Konflikt im Mittleren Osten auf den Gemütern. Eine Entladung war unvermeidlich. Den Zornausbruch eines »Linientreuen« ließ ich über mich ergehen. Um des Tischfriedens willen. Da preßte der alte Mann hervor: »Ich brenne von Widerspruch.« (S. 391)

Weiter kam er nicht. Eine der anwesenden Damen unterbrach ihn und wechselte rasch das Thema. In heiterem Ton beanspruchte Zweig das »Recht des Altersstarrsinns«, worauf Frei wissen wollte, wie sich denn dieser Starrsinn äußere. »Indem ich absolut nicht das will, was man will, das ich wollen soll«, entgegnete der Gastgeber...

Aber das Leben des Dichters näherte sich seinem Ende. Sein Gesundheitszustand verschlechterte sich zusehens. Kamnitzer notiert:

> Vollends wurde er sich überdrüssig, als ein Organ nach dem anderen den Dienst verweigerte. Er mußte angekleidet, gewaschen, gebadet, getragen, gefüttert werden... (S. 138)

Kamnitzer ließ zwei Medizinstudenten kommen, die sich abwechselnd mit dem Kranken beschäftigten. Aber für Zweig hatte das Dasein keinen Sinn mehr, so daß er manchmal den Wunsch äußerte, seinem Leben ein Ende zu machen.

Am 26. November 1968, sechzehn Tage nach seinem 81. Geburtstag, erfuhr die Welt die Nachricht vom Tode Arnold Zweigs. Er erhielt ein

Staatsbegräbnis und wurde auf dem Dorotheenstädtischen Kirchhof bestattet, neben seinen Freunden und Gefährten Bodo Uhse, Johannes R. Becher, Bertolt Brecht und Heinrich Mann[17].

Zum letzten Mal hatte die Presse der Länder, in denen Arnold Zweig bekannt war – der beiden deutschen Staaten und Israels – Gelegenheit, über sein Leben und Werk aus aktuellem Anlaß zu berichten. In Israel spiegelten die Überschriften der Nachrufe die gemischten Gefühle und auch die Verlegenheit der Israelis gegenüber ihrem ehemaligen Landsmann wider: »In Haifa erinnert man sich an Arnold Zweig«, schrieb Arieh Nesher im *Ha'aretz* (2.12.68); »Arnold Zweigs Irrungen und Wirrungen«, »Mit dem bedauernden und doch bewundernden Blick...« (Erich Gottgetreu in der *Jerusalem Post* und im *MB* 6. 12. 68); »Arnold Zweig – ein Nahestehender, der sich entfernte« (Abraham Tobias in *Gilionot*[18]). In der Bundesrepublik schrieb Marcel Reich-Ranicki: »... Ein Schriftsteller unseres Jahrhunderts, der oft gerühmt und verkannt, gefeiert und gehaßt und schließlich verklärt und verleumdet wurde.« (*Die Zeit*, 6.12.68); »Unentschlossen zwischen Freud und Marx« (Fritz J. Raddatz in der *Süddeutschen Zeitung*, 7./8.12.68); »Mehr liberal als rot« (Curt Hohoff im *Rheinischen Merkur*, Nr. 49/1968). Allein die DDR-Presse zollte Zweig uneingeschränktes Lob: »... Er fehlt uns und wird uns fehlen: mit seinem Mut, seiner leicht entflammbaren Leidenschaft, seiner humanen Gesinnung, seiner väterlichen Freundschaft«; »... Dank Arnold Zweig wissen wir, was wir auf dieser Welt zu suchen haben.«; »Sein Werk ist unvergänglich.« (Stephan Hermlin, Hermann Kant und Walter Felsenstein in *Neues Deutschland*, 29.11.68).
Aber drei Fragen blieben weiterhin unbeantwortet: Warum hatte Arnold Zweig, der als Zionist nach Palästina kam, dort keine Heimat gefunden? Warum ging er nicht zurück nach West-Berlin, das er 1933 verlassen hatte? War für ihn die »Heimkehr« nach Ost-Berlin die einzig mögliche Lösung?

Schlußwort

Ein Wanderer zwischen zwei Welten

Arnold Zweig verließ Israel, wo er fast fünfzehn Jahre gelebt hatte, weil er dort nicht die Heimat gefunden hatte, die er suchte. Unsere Studie hat gezeigt, daß dieser Fehlschlag nicht allein dem Schriftsteller anzulasten ist.

Drei »Vergehen« wurden ihm von seinen Mitbürgern in Palästina vorgehalten: Im Gegensatz zu anderen deutsch-jüdischen Schriftstellern sei er nicht in der Lage gewesen, sich in das Leben des Jischuw einzugliedern; er habe sich nicht bemüht, das Hebräische zu erlernen, und schließlich sei er kurz nach der Staatsgründung aus dem Lande gegangen, um nach Deutschland zurückzukehren.

Was den ersten der drei Punkte betrifft, so hat die Untersuchung von Schalom Ben-Chorin gezeigt, daß Zweig keineswegs der einzige deutsch-jüdische Schriftsteller war, dem es nicht gelang, sich den Lebensbedingungen des Landes anzupassen. Warum wurde aber nur der Autor des *Grischa* mit diesem Vorwurf bedacht, während man seine »Leidensgefährten« verschonte? Die Antwort ist offenkundig: Zweig war kein Mann der Flexibilität und Nachgiebigkeit. Trotz der Sprachschwierigkeiten bestand er darauf, am politischen Leben des Jischuw teilzunehmen und laut seine Meinung zu sagen. »Er stand wie Heinrich Mann vom ersten Tage an in der Front der kämpfenden Emigranten.«[1]

Während die anderen sich mit ihrem Los abfanden, wollte der antifaschistische Kämpfer und ehemalige Frontsoldat nicht resignieren; er verteidigte sich, wenn man ihn angriff, und schlug auch zurück – oft mit übermäßiger Härte. Dadurch machte er sich bei einem Teil des Jischuw unbeliebt; und was man bei anderen stillschweigend duldete – den Gebrauch der deutschen Sprache –, wollte man ihm untersagen...

Für seine »Weigerung«, Hebräisch zu lernen, gab es gewichtige Gründe; schließlich konnten Tausende von Einwanderern aus Deutschland diese Sprache nur schwer oder gar nicht erlernen. Kann man dann einen Schriftsteller, der als 46jähriger mit einem schweren Augenleiden ins Land kam und dessen normale Umgangssprache Deutsch war, deswegen verurteilen? Es ist gewiß nicht zu rechtfertigen, daß dieser Mann, der ein aufrechter Jude und Zionist war, wegen des Gebrauchs seiner Muttersprache kritisiert und sogar beleidigt wurde.

Ben-Chorins Studie hat gezeigt, daß zahlreiche Intellektuelle Israel nach der Staatsgründung verließen, obwohl sie überzeugte Zionisten gewesen waren. Zwar wurde die Emigration aus Israel, der »Abstieg« in die Diaspora, lange Zeit einem »Verrat« gleichgestellt. Auswanderung hat es jedoch immer gegeben, besonders in Zeiten wirtschaftlicher Not oder als Rückschlag nach einer Einwanderungswelle.[2] Wenn man weiß, unter welchen Bedingungen der Schriftsteller in den letzten Jahren seines Aufenthaltes im Lande Israel gelebt hat, kann man seine Entscheidung verstehen. Im übrigen sind viele andere seinem Beispiel gefolgt: Statistiken lassen erkennen, daß in den 25 Jahren nach der Staatsgründung etwa 200000 Personen das Land verlassen haben – 8000 pro Jahr.[3] Aber was die Israelis heute als einen unvermeidlichen Aspekt einer demokratischen Gesellschaft ansehen, war für den damaligen Jischuw, der um seine Existenz kämpfte, unannehmbar. Als im August 1967 der französische Schriftsteller Elie Wiesel[4] im israelischen Rundfunk bekanntgab, daß er jeweils sechs Monate im Jahr in Jerusalem wohnen wolle, wurde seine Erklärung mit Wohlwollen aufgenommen. Ein solches Vorhaben wäre 20 Jahre zuvor undenkbar gewesen. Auch hatte damals der Jischuw keinen Bedarf an Schriftstellern... Mit der Entwicklung des jüdischen Staates und dem wirtschaftlichen und kulturellen Fortschritt der israelischen Gesellschaft wurde jedoch der Mangel an Intellektuellen und Akademikern immer fühlbarer. Wäre Arnold Zweig nach 1950 ins Land gekommen – oder wäre er im Lande geblieben, statt auszuwandern –, so hätte er sicherlich die ihm gebührende Anerkennung gefunden. Dies ist auch die Meinung des Journalisten Erich Gottgetreu, der mit dem Schriftsteller in Verbindung stand:

> Wäre Zweig in Palästina geblieben – das sehr bald nach seiner Abreise aus Haifa zum Staat Israel wurde – wäre ihm sicher das Seine, d. h. auch die verdiente Anerkennung und Ehrerbietung [zuteil] geworden, so wie er sie in der DDR und im auszeichnungsfreudigen Ostblock überhaupt gefunden hat. Eine neue, weniger emotionelle Generation von »Sabres« hätte auch längst Verständnis dafür, daß er sein Dichterleben in keiner anderen Sprache als der deutschen, seiner Muttersprache, zu Ende führen will und kann...[5]

Welche Möglichkeiten hätten sich Arnold Zweig geboten! Dieser Humanist hätte eine hervorragende Rolle im kulturellen Leben des Landes spielen können, auch ohne Beherrschung der hebräischen Sprache, zum Beispiel als Professor für deutsche Literatur und Zeitgeschichte. Aber um das zu erreichen, hätte er sich gedulden – oder vor 1933 einwandern müssen, als Deutsch noch keine verfemte Sprache war. »Ich hätte früher kommen müssen oder etwas später«[6] – die Worte des unglücklichen De Vriendt treffen auch auf den Autor des Romans zu...

Israel war für Arnold Zweig nicht die Heimat, die er erhofft hatte. Achtung und Erfolg, die er in der nationalen jüdischen Heimstätte erwartete, wurden ihm erst in der Deutschen Demokratischen Republik zuteil. War nun Palästina für ihn wirklich nichts anderes als ein Exil? Da er in sein Geburtsland zurückkehrte, betrachten Literaturhistoriker seinen Aufenthalt im Heiligen Land als Exil, und alles, was er in dieser Zeit geschaffen hat, gehört »offiziell« zur Exilliteratur. Und doch darf man nicht vergessen, daß Arnold Zweig ein vollberechtigter Bürger Palästinas war und trotz aller Anpassungsschwierigkeiten am kulturellen und politischen Leben des Jischuw regen Anteil nahm. In dieser Zeit schrieb er einige seiner besten Werke. »Zweig ist in den Jahren nach 1933 künstlerisch gewachsen«, bestätigt Georg Lukács im Jahre 1947[7]. Und wenn er auch dem Zionismus den Rücken kehrte, so hat er doch die Brücken zu Israel und zu seinen Freunden auf dem Karmel nie abgebrochen – trotz der unverhohlen feindseligen Politik der DDR gegenüber dem jüdischen Staat – und hat sich schließlich geweigert, eine antiisraelische Erklärung zu unterschreiben. Man kann daher bei Zweig nicht von einem echten Exil, und schon gar nicht von einem Asyl sprechen. Selbst der überzeugte Antizionist Kamnitzer mußte zugeben, daß Palästina für Zweig mehr als ein Asyl war ...[8] Sollte man sich daher mit der Formel abfinden: Weder Heimat noch Exil? Es wäre zutreffender, zu sagen, daß Palästina für Zweig weniger war als eine Heimat, aber gewiß viel mehr als ein Exil.
Arnold Zweig verkörpert das Leiden all derer, die wie er Deutschland verlassen mußten und sich nur mühsam – wenn überhaupt – in Palästina einleben konnten. Zweig und Menschen seiner Art stellen in ihrem Leben und Werk einen der dramatischen Widersprüche der israelischen Realität dar, denn es handelt sich bei ihnen um die Träger der deutschen Kulturtradition zu einer Zeit, als Deutschland die Juden verfolgte und ihre Vernichtung anstrebte. In einer solchen Epoche gleichzeitig Deutscher und Zionist zu sein – diese doppelte Aufgabe war kaum zu bewältigen ...
Arnold Zweig, ein Mann des Widerspruchs und der inneren Zerrissenheit, Zionist und mit der deutschen Kultur verbunden, verließ Israel, um sich in Ost-Berlin niederzulassen, wo er in einer antizionistischen und dem jüdischen Staat feindlichen Atmosphäre lebte. Seine Situation in der DDR konnte daher nicht befriedigend sein. Vergeblich versuchte er, in Berlin – zumindest in seinem Hause – einen Kreis zu bilden, der nicht antiisraelisch eingestellt war, und wenn er auch den Mut hatte, die Erklärung gegen Israel nicht zu unterschreiben, so hatte er sich doch lange vorher verpflichtet gefühlt, sich öffentlich als guter Bürger der DDR zu bekennen. Erst der Tod erlöste ihn aus diesem Zwiespalt. Er war wie ein

unruhiger Wanderer, den weder der Abschied noch die Rückkehr glücklich macht.
In Israel, wo seit den siebziger Jahren das Studium der deutschen Sprache und Literatur einen neuen Auftrieb erhalten hat, sollte man nicht vergessen, daß Zweig einer der wenigen deutsch-jüdischen Schriftsteller war, die als Zionisten nach Palästina kamen. Die Diskussionen, die er entfachte und die seine Mitbürger oft in Aufregung versetzten – wie das Problem der Koexistenz mit der arabischen Bevölkerung –, haben nichts von ihrer Aktualität eingebüßt.[9]
Und die Kritiker in der Bundesrepublik, die dem Schriftsteller seine Übersiedlung nach Ost-Berlin zum Vorwurf machen, seien daran erinnert, daß keine offizielle bundesdeutsche Stelle jemals Arnold Zweig – oder überhaupt einen Exilschriftsteller – zur Heimkehr aufgefordert hat.[10] Kein Wunder also, daß Zweig die Einladung aus Ost-Berlin annahm, wo er mit Ehren überhäuft wurde. Dort befanden sich bereits mehrere namhafte Schriftsteller, die aus dem Exil zurückgekehrt waren; dort hoffte auch er, einen seinen eigenen Ideen entsprechenden Sozialismus vorzufinden.
Den westdeutschen Rezensenten, die Arnold Zweig allenfalls als einen vollendeten Geschichtenerzähler anerkennen wollen, gibt der Historiker Walter Laqueur eine klare Antwort:

> Dies ist ein ungerechtes Urteil, denn trotz all seiner irregeleiteten intellektuellen Ansprüche, seiner Anwandlungen von Eitelkeit und Unaufrichtigkeit sollte sein Platz in der deutschen Literatur gesichert sein; man findet kaum eine so umfassende Romanfolge ähnlicher Art, in der sich eine ganze Epoche deutscher Geschichte spiegelt.[11]

Arnold Zweig verteidigte die deutsche Kultur, als sie in den meisten Ländern der Welt abgelehnt wurde, und weigerte sich, das ganze deutsche Volk mit Hitler zu identifizieren. In Deutschland hatte er Verständnis für die Juden gefordert; von den Juden Palästinas verlangte er dasselbe Verständnis für die Deutschen: »Weder Antisemitismus und Antigermanismus.« Es ist daher zu hoffen, daß der Schriftsteller, der im November 1987 hundert Jahre alt geworden wäre, bald wieder den ihm gebührenden Platz einnehmen wird – sowohl in der Bundesrepublik als auch in Israel. Auch wenn die Haltung Zweigs im Laufe seines bewegten Lebens oft widersprüchlich war und er gelegentlich zu Kompromissen bereit schien, die nicht im Einklang mit seinen Anschauungen standen, so bewies er doch Mut und Entschlossenheit, wenn es darum ging, für die deutsche Kulturtradition einzutreten und das Judentum zu verteidigen, auf das er stolz war.

Anmerkungen

Einleitung: Arnold Zweig – ein umstrittener Schriftsteller

1 Erez-Israel (»das Land Israel«) war die hebräische Bezeichnung für Palästina vor der Gründung des Staates Israel (1948).
2 Jischuw (»Siedlung«): hebräische Bezeichnung für die jüdische Bevölkerung Palästinas bis 1948.
3 Bis 1945 waren nur 3 Bücher von Arnold Zweig in Hebräisch erschienen: *Der Streit um den Sergeanten Grischa, Der Spiegel des großen Kaisers* und *Das Beil von Wandsbek*.
4 Marcel Reich-Ranicki: »Der preußische Jude Arnold Zweig«. In: *Deutsche Literatur in West und Ost*. Rowohlt, Reinbek 1970, S. 189–214.
5 Seit 1974 hat der Fischer Taschenbuch Verlag die meisten Romane, Erzählungen und Dramen Arnold Zweigs veröffentlicht. Bis dahin wurden seine Bücher nur durch den Aufbau-Verlag, Berlin und Weimar/DDR, vertrieben.

Erster Teil: An den Quellen Europas

1. Kapitel: Arnold Zweig – jüdischer Schriftsteller und deutscher Patriot (1911–1918)

1 Heute Glogów (Polen).
2 Eberhard Hilscher: *Arnold Zweig – Leben und Werk*. Verlag Volk und Wissen, Berlin/DDR 1967, S. 8.
3 Heute Katowice (Polen).
4 Arnold Zweig: *Aufzeichnungen über eine Familie Klopfer*. Langen-Verlag, München 1911.
5 Arnold Zweig: *Früchtekorb – Jüngste Ernte*. Greifen-Verlag, Rudolstadt/DDR 1956, S. 154–155.
6 Dieser Roman wurde erst 1938 beim Querido-Verlag (Amsterdam) unter dem Titel *Versunkene Tage – Roman aus dem Jahre 1908* veröffentlicht.
7 Arnold Zweig: *Früchtekorb – Jüngste Ernte*. S. 155–156.
8 Arnold Zweig: *Quartettsatz von Schönberg*. In: *Geschichtenbuch*. Langen-Verlag, München 1916, S. 203–212.
9 Der Held dieser Novelle heißt Eli Saamen, und der Pogrom, dem er mit knapper Not entrann, wird in einer anderen Novelle (*Episode*) beschrieben (s. S. 23).

10 Moritz Goldstein: »Arnold Zweig«. In: *Juden in der deutschen Literatur*. (Herausgegeben von Gustav Krojanker.) Welt-Verlag, Berlin 1922, S. 242–250.

11 Die düstere Erwartung des Dr. Heinrich Klopfer trat übrigens nicht ein. 20 Jahre später tritt er in dem Roman *De Vriendt kehrt heim* als Professor an der Hebräischen Universität in Jerusalem auf...

12 »Kantonisten« waren jüdische Kinder, die im Alter von 12 Jahren zum Militärdienst in der Armee des Zaren gezwungen wurden. Der Dienst dauerte 25 (!) Jahre; während dieser Zeit wurden sie oft zum Christentum bekehrt. Jede Gemeinde hatte ein bestimmtes Kontingent zu stellen. Dieses barbarische System war von 1827 bis 1856 in Kraft.

13 Über die Geschichte des Zionismus s. S. 55ff.

14 Die Bezeichnung »Ostjuden« bezog sich insbesondere auf die aus Rußland, Polen und Rumänien stammenden Juden.

15 Arnold Zweig: *Drei Erzählungen*. Welt-Verlag, Berlin 1920.

16 Eine der großen Leistungen Martin Bubers (geb. in Wien 1878, gest. in Jerusalem 1965) war eine neue deutsche Übersetzung der Bibel, die unter Mitarbeit des Philosophen Franz Rosenzweig (1886–1929) entstand.

17 Der Chassidismus ist eine mystisch-religiöse Bewegung, die im 18. Jahrhundert in Osteuropa entstand. Die Chassidim betonen u. a. die Inbrunst des Gebets und die Lebensfreude (die chassidische Musik z. B. ist voll Schwung und Rhythmus).

18 Diese Korrespondenz befindet sich in der National- und Universitätsbibliothek in Jerusalem und wurde mir freundlicherweise von der Bibliothekarin, Frau Margot Cohn, zur Verfügung gestellt.

19 5. Jahrgang 1921–1922 (vier Artikel).

20 Franz Oppenheimer (geb. 1864 in Berlin, gest. 1943 in Los Angeles) schrieb u. a. *Der Staat* (1908) und *System der Soziologie* (4 Bände, 1922–1929).

21 Gustav Landauer (1870–1919) war Kultusminister der bayerischen Räterepublik im April/Mai 1919. Nach dem Sturz des Regimes wurde er ermordet (s. S. 33).

22 Arnold Zweig: *Die Novellen um Claudia*. Verlag Wolff, Leipzig 1912.

23 Arnold Zweig: *Abigail und Nabal*. Tragödie in drei Akten. Rowohlt, Leipzig 1913.

24 Arnold Zweig: *Ritualmord in Ungarn*. Jüdische Tragödie in fünf Aufzügen. Hyperion-Verlag, Berlin 1914.

25 Dies entspricht nicht den historischen Tatsachen.

26 Baal-Schem (hebr. »Meister des göttlichen Namens«): ein Beiname für jüdische Gelehrte, die man für fähig hielt, Wunder zu tun. Auch der Gründer des Chassidismus, Israel Ben Elieser (etwa 1700–1760), erhielt den Beinamen »Baal-Schem Tow« (»der Gute«). Akiba ben Joseph (genannt Rabbi Akiba), Gelehrter und Volksheld (etwa 50–135), beteiligte

sich an der Revolte gegen die Römer im Jahre 135 n. Chr. und starb den Märtyrertod.

27 Arnold Zweig: *Die Sendung Semaels*. Verlag Wolff, Leipzig 1918.

28 Der Kleist-Preis wurde von 1912 bis 1932 jedes Jahr von der Kleist-Stiftung an junge begabte Schriftsteller verliehen. Preisträger waren u. a. Fritz v. Unruh (1914), Carl Zuckmayer (1925), Anna Seghers (1928), Ödön v. Horvath (1931), Else Lasker-Schüler (1932). Der Kleist-Preis wurde erst 1985 wieder vergeben; Preisträger war Alexander Kluge.

29 Arnold Zweig: *Die Bestie*. Erzählungen. Langen-Verlag, München 1914.

30 Arnold Zweig: *Westlandsaga*. Rütten & Loening, Berlin (DDR) 1952.

31 »Begegnungen mit Frankreich«. In: *Fazit – Ein Querschnitt durch die deutsche Publizistik*. Herausgegeben von Ernst Glaeser. Enoch-Verlag, Hamburg 1929, S. 177–185.

32 Jules Bastien-Lepage (geb. 1848 in Damvillers, gest. 1884 in Paris), französischer Landschaftsmaler. Das Rodin-Denkmal befindet sich auch heute noch in Damvillers.

33 Arnold Zweig: *Früchtekorb – Jüngste Ernte*, S. 156.

34 Es handelt sich um den Roman *Erziehung vor Verdun* (s. S. 66ff.).

35 Beatrice (Dita) Zweig starb 1971 in Berlin (DDR).

36 »Ober-Ost« (Abkürzung für Oberbefehlshaber-Ost) wurde das ausgedehnte Etappengebiet östlich der Weichsel genannt. Es unterstand dem General Ludendorff, der in den Kriegsromanen Arnold Zweigs als General Schieffenzahn auftritt.

37 Sammy Gronemann (1875–1952), deutsch-jüdischer Schriftsteller. Seine Kriegserinnerungen sind in dem Buch *Hawdoloh und Zapfenstreich* niedergeschrieben (s. S. 29). Er war Zionist und ging 1936 nach Palästina.

38 Hermann Struck (1876–1944), Maler und Radierer, lebte seit 1922 auf dem Karmel. 1975 wurde sein Haus in ein Museum umgewandelt.

39 Arnold Zweig: *Früchtekorb – Jüngste Ernte*, S. 156.

40 Das Jiddische hat seinen Ursprung bei den deutschen Juden des Mittelalters. Es entstand aus dem Mittelhochdeutschen, wird jedoch mit hebräischen Buchstaben geschrieben und enthält zahlreiche hebräische und slawische Wörter. Bis zum Zweiten Weltkrieg war es die Umgangssprache des osteuropäischen Judentums. Das Jiddische besitzt eine reiche Literatur. 1978 erhielt der in den USA lebende jiddische Schriftsteller Isaac Bashevis Singer (geb. 1904) den Nobelpreis.

41 Sammy Gronemann: *Hawdoloh und Zapfenstreich – Erinnerungen an die ostjüdische Etappe 1916–1918*. Jüdischer Verlag, Berlin 1924. »Hawdoloh« (hebr. Hawdalah = »Unterscheidung«) ist die kurze religiöse Zeremonie am Ausgang des Sabbats.

42 »Hatikwah« (hebr. »die Hoffnung«) ist heute die Nationalhymne Israels.

43 Arnold Zweig: *Das ostjüdische Antlitz*. Welt-Verlag, Berlin 1920.
44 Arnold Zweig: *Das ostjüdische Antlitz*, S. 98–99.
45 s. S. aff.

2. Kapitel: Der militante Zionist und Pazifist (1918–1933)

1 Insbesondere Lily Offenstadt (in Berlin und Haifa), Ruth Klinger und Alice Hausdorff (in Haifa) und Ilse Lange (in Ost-Berlin).
2 Von 1919 bis 1922 wurden von Rechtsextremisten 354 Morde begangen; 326 blieben ungesühnt. Die wenigen Täter, die gefaßt wurden, erhielten meist kurze Gefängnis- oder Geldstrafen. (s. Emil J. Gumbel: *4 Jahre politischer Mord*. Malik-Verlag, Berlin 1922.)
3 Zwei Monate vor seinem Tode hatte Rathenau in Rapallo ein Freundschafts- und Wirtschaftsabkommen mit der Sowjetunion unterzeichnet.
4 *Die Weltbühne* war das politische und kulturelle Organ der Linksintellektuellen, »der Hecht im Karpfenteich« in der Weimarer Republik. Sie war 1905 von Siegfried Jacobsohn als Theaterzeitschrift unter dem Namen *Schaubühne* gegründet worden. Die Zeitschrift wurde 1933 verboten, setzte aber ihr Erscheinen zuerst in Prag, dann in Paris fort (bis zum 31. August 1939), und zwar unter dem Namen *Die Neue Weltbühne*. Ihr Chefredakteur nach dem Tod Siegfried Jacobsohns (1926) war Kurt Tucholsky, ab Mai 1927 Carl v. Ossietzky.
5 Die *Jüdische Rundschau* erschien von 1896 bis 1938 zweimal wöchentlich. Sie erreichte eine Auflage von über 32000 Exemplaren.
6 Arnold Zweig: *Das Neue Kanaan. Eine Untersuchung über Land und Geist*. Verlag Horodisch & Marz, Berlin 1925; Wien 1929.
7 S. 218. Der Nedschd, ein von der mohammedanischen Sekte der Wahhabiten gegründetes Reich, wurde 1926 mit dem Königreich Hedschas vereinigt und ist seit 1932 Teil von Saudi-Arabien.
8 Der Begriff »Levantinertum« wird heute in Israel in abwertendem Sinn gebraucht. Man bezeichnet damit den orientalischen Schlendrian.
9 Arnold Zweig: *Herkunft und Zukunft – Zwei Essays zum Schicksal eines Volkes*. Phaidon-Verlag, Wien 1928.
10 Arnold Zweig: *Die Umkehr des Abtrünnigen*. Soncino-Verlag, Darmstadt 1925.
11 Baal-Schem: s. S. 210, Anm. 26.
12 Arnold Zweig: *Der Spiegel des großen Kaisers*. Kiepenheuer, Potsdam 1926.
13 Arnold Zweig: *Der Streit um den Sergeanten Grischa*. Kiepenheuer, Potsdam 1927. Bereits 1921 hatte Zweig ein Drama in 5 Akten unter dem Titel *Das Spiel vom Sergeanten Grischa* entworfen. Es wurde erst 1956 in

dem Band *Soldatenspiele. Drei dramatische Historien* (Aufbau-Verlag, Berlin und Weimar) veröffentlicht.

14 s. S. 211, Anm. 36.

15 »Mit Täwje Frum hat Zweig der versinkenden Welt des Ostjudentums ein bleibendes poetisches Denkmal gesetzt.« (Eva Kaufmann in: *Arnold Zweigs Weg zum Roman*. Rütten & Loening, Berlin/DDR 1967, S. 222).

16 Am 9. Dezember 1917 zog der britische General Edmond Allenby in Jerusalem ein, nachdem sich die geschlagene türkische Armee zurückgezogen hatte. Kurz vorher, am 2. November 1917, hatte die britische Regierung ihre Zustimmung zur Errichtung einer nationalen Heimstätte für die Juden Palästinas gegeben (Balfour-Deklaration, so genannt nach dem damaligen britischen Außenminister Arthur J. Balfour).

17 *Berliner Tageblatt*, 9. November 1927.

18 *Die Weltbühne*, 13. Dezember 1927.

19 So nannte z. B. das *Deutsche Adelsblatt* den Autor des *Grischa* einen »asiatischen Schmutzfinken«. Der Schutzverband Deutscher Schriftsteller, dessen Vorsitzender Arnold Zweig war, erstattete Anzeige wegen Beleidigung. Der Chefredakteur des Blattes wurde zu einer Geldstrafe von 600 Mark verurteilt... (s. Moritz Goldstein: »Neuer Streit um den Sergeanten Grischa« in der *Vossischen Zeitung* Nr. 229 vom 19. 9. 29 und *Berliner Jahre – Erinnerungen von 1880–1933*, Verlag Dokumentation, München 1977, S. 173–175).

20 Emanuel bin Gorion: *Ceterum recenseo – Kritische Aufsätze und Reden*. Fischer Verlag, Tübingen 1929. Bin Gorion ging 1936 nach Palästina. Hebräischer Schriftsteller und Mitherausgeber des *Lexikon des Judentums* (Bertelsmann, Gütersloh 1967).

21 Arnold Zweig: *Caliban oder Politik und Leidenschaft – Versuch über die menschlichen Gruppenleidenschaften, dargetan am Antisemitismus*. Kiepenheuer, Potsdam 1927.

22 s. S. 24.

23 Vgl. die ausführliche Analyse der Korrespondenz Freud/Zweig auf S. 100ff.

24 Dieser Aufsatz wurde erst nach dem Kriege veröffentlicht. (s. Arnold Zweig: *Essays*, 1. Band: *Literatur und Theater*. Aufbau-Verlag, Berlin und Weimar 1959, S. 333–341).

25 Zweigs Brief vom 5. November und Freuds Antwort vom 26. November 1930.

26 Zweigs Ansprache wurde von dem »Verband russischer Juden in Deutschland« als Broschüre unter dem Titel *Das Los der Geflüchteten* veröffentlicht.

27 Der SDS wurde 1908 gegründet und 1933 aufgelöst. Im gleichen Jahr wurde der Verband in Paris neu gebildet, mit Zweigstellen in Prag, Brüs-

sel, Kopenhagen, London und (seit 1938) in New York. Der SDS vertrat, soweit dies möglich war, die Belange der exilierten Schriftsteller.

28 Arnold Zweig: *Junge Frau von 1914*. Kiepenheuer, Berlin 1931.

29 André François-Poncet (1887–1978) war 1931–1938 französischer Botschafter in Berlin und 1938–1940 in Rom, 1949–1953 Hochkommissar in Deutschland, dann (bis 1955) wieder Botschafter in Bonn. Seit 1952 Mitglied der Académie française.

30 Carl Severing (1875–1952) war preußischer Innenminister. Im Juli 1932 wurde er mit der gesamten preußischen Regierung vom Reichskanzler v. Papen abgesetzt. Gegen diese verfassungswidrige Maßnahme leistete er keinen Widerstand.

31 Dieses Gespräch wurde von Zweig erst nach dem Krieg veröffentlicht (s. Arnold Zweig: *Essays*, 2. Band, Aufbau-Verlag, Berlin und Weimar/DDR 1967, S. 282).

32 Es ging um das Recht der orthodoxen Juden, ihre Gebete an der Klagemauer zu verrichten, die sich im arabischen Teil der Jerusalemer Altstadt befand.

33 Carl v. Ossietzky (1889–1938), Pazifist, seit 1927 Chefredakteur der *Weltbühne*, die in einem Artikel die geheime Aufrüstung der Reichswehr enthüllt hatte. Wurde nach dem Reichstagsbrand (Februar 1933) ins Konzentrationslager gebracht und starb am 4. Mai 1938 an den Folgen der Haft. Erhielt 1936 den Friedensnobelpreis, durfte ihn aber nicht in Empfang nehmen.

34 Die Agudat-Israel-Bewegung (Agudat-Israel = »Bund Israels«) blieb bis zum Jahre 1948 antizionistisch eingestellt. Nach der Gründung des Staates Israel änderte sie ihre Haltung und wurde eine politische Partei. 1980 zählte sie 5 Abgeordnete im israelischen Parlament.

35 Arnold Zweig: *De Vriendt kehrt heim*. Kiepenheuer, Berlin 1932.

36 Berichtet von Frau Leonie Frank, einer Nachbarin der Zweig-Familie, die Zeugin der Diskussion war.

37 Brief vom 22. Dezember 1947 an Erich Gottgetreu, der ihn mir freundlicherweise zur Verfügung stellte. Erich Gottgetreu (1903–1981) war bis 1933 Redakteur beim *Lübecker Volksboten*, dann Korrespondent der Associated Press und (nach dem Krieg) der Deutschen Presse-Agentur. Er war regelmäßiger Mitarbeiter der *Palestine Post* (später *Jerusalem Post*) und der deutschsprachigen Zeitungen in Israel. Lebte seit 1933 in Jerusalem und schrieb: *Das Land der Söhne – Palästina nahegerückt*. Richard Lanyi, Wien 1934.

38 Vgl. Ben-Zion Dinur: *Toldot Haganah* (Geschichte der Haganah). Ma'arachot (Verlag der Israelischen Armee) 1963, S. 251–253 und 1142. Dort befindet sich auch folgende Fußnote: »Die Affäre de Haan wurde auch von Arnold Zweig beschrieben, der gleichfalls zu denen gehörte, die zwischen zwei Welten wanderten.« Vgl. auch den Artikel von Chaviv Ka-

naan: »Who killed Jacob de Haan?« in: *Jewish Observer and Middle East Review*, London, 31. Juli 1964, S. 16–18.

39 Chaim Arlosoroff (geb. 1899 in Rußland) wuchs in Berlin auf und ging 1924 nach Palästina. 1933 war er vor allem um die Rettung der deutschen Juden bemüht.

40 *Jewish Frontier*, herausgegeben von der »League for Labor Palestine«, New York, Bd. III, Nr. 6 (1936), S. 21–22.

41 40 Jahre später, am 10. Juli 1973, waren die Morde an de Haan und Arlosoroff Gegenstand einer Debatte in der israelischen Knesseth. Dabei kam es zu lebhaften Auseinandersetzungen zwischen Abgeordneten der Arbeiterpartei, der Agudat-Israel und der Cherut-Partei, der Nachfolgerin der »revisionistischen« Bewegung.
Im März 1982 wurden die beiden Affären in der Presse und in der Knesseth von neuem aufgerollt. Im Fall Arlosoroff wurde von der Regierung die Einsetzung einer staatlichen Untersuchungskommission beschlossen (s. *Ma'ariw*, Tel Aviv, und die deutschsprachige Wochenzeitung *MB* vom 19. März 1982). Über die Affäre de Haan erschien 1985 in Israel ein Buch von Shlomo Nakdinim und Shaul Mayzlich: *De Haan-harétzach hapoliti harishon be'eretz Israel* (»De Haan – Der erste politische Mord in Palästina«). Moday, Tel Aviv.

42 Brief vom 13. Juli 1933 aus Sanary (Frankreich). Veröffentlicht in: *Deutsche Literatur im Exil – Briefe europäischer Autoren 1933–1949.* Herausgegeben von Hermann Kesten. Kurt Desch, München 1964, S. 52.

43 »Mehr als 30 Jahre nach der Veröffentlichung von *De Vriendt* hat das Buch nichts von seiner Aktualität eingebüßt; zusammen mit Arthur Koestlers *Diebe in der Nacht* ist es einer der wenigen originellen und wirkungsvollen Romane über Palästina und den Zionismus.« (George Salamon: *Arnold Zweig*. Boston/USA 1975, S. 135).

44 Ehemalige Frontkämpfer waren zunächst noch ausgenommen.

45 Kurt Rosenfeld (1877–1943), Sozialdemokrat, war preußischer Justizminister 1918–1919 und Mitglied des Reichstags 1919–1932. Emigrierte 1934 in die USA.

46 Ludwig Marcuse: *Mein zwanzigstes Jahrhundert. Auf dem Weg zu einer Autobiographie*. Diogenes Verlag, Zürich 1975, S. 180.

47 Lion Feuchtwanger (geb. 1884 in München, gest. 1958 in Los Angeles) wurde 1940 nach dem Einmarsch der Deutschen in Frankreich interniert. Noch im gleichen Jahr gelang es ihm, nach den USA zu flüchten. Seine Erlebnisse beschrieb er in seinem Buch *Der Teufel in Frankreich*. Rudolstadt/DDR 1954.

48 Arnold Zweig/Lion Feuchtwanger: *Die Aufgabe des Judentums*. Europäischer Merkur, Paris 1933.

49 Der Briefwechsel wurde 1984 veröffentlicht. Lion Feuchtwanger/Arnold

Zweig: *Briefwechsel 1933–1958* (2 Bände). Herausgegeben von Harold von Hofe. Aufbau-Verlag, Berlin und Weimar 1984.

50 Arnold Zweig: *Juden auf der deutschen Bühne.* Der Heine-Bund, Berlin 1927.

51 Arnold Zweig: *Bilanz der deutschen Judenheit.* Querido, Amsterdam 1934.

52 Eberhard Hilscher: *Arnold Zweig – Leben und Werk.* Verlag Volk und Wissen, Berlin (DDR) 1967, S. 128.

53 Eine Neuausgabe, die 1961 bei dem Kölner Verlag Joseph Melzer erschien, begegnete keinem besonderen Interesse beim deutschen Lesepublikum. Es kam zu keiner zweiten Auflage.

54 Dieser Brief wurde mir von Hans Laor, Ehemann der 1967 verstorbenen Lily Laor (geb. Offenstadt), zur Verfügung gestellt.

55 s. Erich Gottgetreu: »Arnold Zweigs Wanderung von Berlin nach Berlin«. In: *EMUNA. Blätter für christlich-jüdische Zusammenarbeit.* IV. Jahrgang, Nr. 1, Februar 1969. Der Journalist Gottgetreu traf Anfang Februar 1934 in Jerusalem mit Arnold Zweig zusammen.

Zweiter Teil: Traum und Wirklichkeit im »Land der Väter«

1. Kapitel: Die ersten Jahre in Palästina (1933–1936)

1 Haganah: Eine halblegale Selbstschutzorganisation, die in den Jahren vor der Staatsgründung eine wichtige Rolle spielte (haganah = »Verteidigung«).

2 Nach Ex. 30,13 wurde der Schekel zur Zahlung der Tempelsteuer verwendet. Seit 1980 Bezeichnung für die israelische Währung: 1 Schekel (Plural: Schekalim) = 100 Agorot.

3 In seinem Buch *De Vriendt kehrt heim* zeigt sich Arnold Zweig als Befürworter der »Uganda«-Lösung.

4 Chaim Weizmann (1874–1952), zionistischer Führer, Chemiker von Weltruf, 1920–1929 und 1935–1946 Präsident der Zionistischen Weltorganisation. 1948–1952 erster Präsident des Staates Israel.

5 Vgl. S. 211, Anm. 40.

6 S. J. Agnon erhielt 1966 den Nobelpreis für Literatur.

7 Elieser Ben Jehuda wurde 1858 in Rußland geboren und starb 1922 in Jerusalem. Sein Leben und Werk sind beschrieben in: Robert St. John, *Die Sprache der Propheten – Die Lebensgeschichte des Elieser Ben Jehuda, des Schöpfers der neuhebräischen Sprache.* Aus dem Englischen übersetzt von Gerta Brost. Bleicher-Verlag, Gerlingen 1985.

8 Robert St. John, op. cit., S. 40.

9 Die ersten Bände wurden vom Langenscheidt-Verlag in Berlin herausgegeben.
10 Der »Hilfsverein der deutschen Juden« übte seine soziale und kulturelle Tätigkeit bis 1939 aus (nach 1933 vor allem auf dem Gebiet der Auswanderungshilfe).
11 Die »Alliance Israélite Universelle« hatte bereits 1870 unter Leitung von Charles Netter die erste landwirtschaftliche Schule in Mikweh-Israel – in der Nähe von Jaffa – gegründet. Diese Schule hatte einen großen Anteil an der Entwicklung der Landwirtschaft in Palästina. Heute zählt sie über 1000 Lehrer, Schüler und Beschäftigte.
12 Der Lehrbetrieb wurde erst 1924 aufgenommen.
13 Vgl. S. 213, Anm. 16.
14 H. L. Samuel amtierte von 1920–1925.
15 1931 befanden sich in Palästina (laut einer offiziellen Zählung) 174000 Juden, 760000 Moslems und 90000 Christen.
16 Dieses Versprechen beruhte auf einem Übereinkommen zwischen Sir McMahon, dem britischen Hochkommissar in Ägypten, und dem Scherif Hussein von Mekka. Sir McMahon bestritt später, daß Palästina in dem Abkommen miteinbezogen war.
17 Der zukünftige König Feisal I. von Irak (1921–1933).
18 s. S. 44ff.
19 Hier fehlt selbst das Adjektiv »berühmt« (21. Dezember 1933).
20 Vgl. S. 47.
21 Als Freud von dem Verlust erfuhr, den sein Freund erlitten hatte, stellte er ihm spontan die elf Bände seiner sämtlichen Werke zur Verfügung. »Daß die Nazis im Besitze Ihrer schönen Bibliothek sind, hat uns allen sehr weh getan...« (Brief vom 25. Februar 1934).
22 Nachgedruckt in Arnold Zweig: *Essays*, 2. Band (*Aufsätze zu Krieg und Frieden*), Aufbau-Verlag, Berlin u. Weimar 1967, S. 426.
23 Die »Jewish Agency« war seit 1929 die Vertretung der Juden Palästinas bei den britischen Behörden. Seit der Gründung des Staates Israel befaßt sie sich vornehmlich mit der Integration der Einwanderer.
24 Arnold Zweig: *Erziehung vor Verdun*. Querido, Amsterdam 1935.
25 s. Hermann Greive: *Geschichte des modernen Antisemitismus in Deutschland*. Wissenschaftliche Buchgesellschaft, Darmstadt 1983, S. 101–102. Die Ergebnisse der Zählung wurden nicht veröffentlicht.
26 Paul Huys: *Arnold Zweig – der Mensch, der Jude, der Epiker*. Diss. Universität Gent 1959, S. 147.
27 Schalom Ben-Chorin (geb. 1913 in München), Schriftsteller, Journalist und Theologe. Schrieb mehrere Bücher über jüdische und jüdisch-christliche Themen. Lebt in Jerusalem (s. auch S. 170ff.)
28 Walter Zadek (geb. 1900 in Berlin) kam 1933 nach Palästina. Seine deutsche Buchhandlung, die bis 1972 bestand, war die letzte in Israel, die sich

nur mit deutschsprachigen Büchern befaßte. Walter Zadek ist Mitglied des deutschen PEN-Zentrums; er lebt in Tel Aviv und in Frankfurt/Main.

29 Das Theater »Habimah« (hebr. »die Bühne«) entstand 1916 in Moskau und spielte dort als jiddisches und hebräisches Schauspielhaus bis 1926, trotz vieler Schwierigkeiten seitens der Behörden. Dann übersiedelte es nach Palästina. 1954 erhielt es sein eigenes Gebäude und ist seit 1956 das israelische Nationaltheater.

30 Vgl. S. 211, Anm. 40.

31 Dita, d. h. Beatrice Zweig, die Gattin des Schriftstellers.

32 Der Ursprung des Wortes »Jecke« ist nicht geklärt. Es soll angeblich von der »Jacke« herkommen, die von den deutschen Juden viel getragen wurde. Andererseits wurde dieses Wort bereits in Europa von den Juden der osteuropäischen Länder als Bezeichnung für die deutschen Juden gebraucht. (Der nach dem Vorbild des Jiddischen gebildete Plural ist »Jekkes«; die von Eva Beling benutzte Form »Jecken« ist nicht gebräuchlich.)

33 Eva Beling: *Die gesellschaftliche Eingliederung der deutschen Einwanderer in Israel (1933–1945).* Europäische Verlagsanstalt, Frankfurt 1967. Mit dem gleichen Thema beschäftigen sich auch folgende Veröffentlichungen: Gerda Luft, *Heimkehr ins Unbekannte. Eine Darstellung der Einwanderung von Juden aus Deutschland nach Palästina 1933–1939.* Mit einem Vorwort von Willy Brandt. Peter Hammer Verlag, Wuppertal 1977. Curt D. Wormann: »German Jews in Israel. Their Cultural Situation.« In: *Year Book XV*, Leo Baeck Institute, London – Jerusalem – New York 1970, S. 73–103.

34 Das Durchschnittsalter des jüdischen Einwanderers aus Deutschland lag bei 35 Jahren.

35 Kabbala (hebr. »Überlieferung«): Lehre von der jüdischen Mystik. Literatur und Forschung seit dem Mittelalter (Zentrum war die Stadt Safed in Galiläa).

36 Dies war auch die Meinung von Golda Meir, zionistische Pionierin, israelische Außenministerin (1956–1965) und Regierungschefin (1969–1974): »Es waren hochgebildete, fleißige, energische Menschen, und ihr Beitrag zum Jischuw war unvorstellbar groß.« Golda Meir: *Mein Leben.* (Aus dem Englischen von H. Degner und H.-J. Maass.) Hoffmann & Campe, Hamburg 1975, S. 146. (S. auch Shlomo Erel: *Neue Wurzeln – 50 Jahre Immigration deutschsprachiger Juden in Israel.* Bleicher-Verlag, Gerlingen 1983.)

37 Manfred Sturmann (geb. 1903 in Königsberg) lebte von 1922 bis 1938 in München, von wo er nach Palästina auswanderte. Schrieb zahlreiche Gedichte, u. a. *Althebräische Lyrik* (Nachdichtungen, 1923); *Wunder der Erde* (1943); *Gedichte* (1941); *Die Sanduhr* (St. Gallen 1954); *Abschied*

von Europa (Geschichten aus Israel), Berlin 1963. Erhielt bereits 1929 den Lyrikpreis der Stadt München. Lebt in Jerusalem.

38 Brief vom 28. März 1976 an den Verfasser.

39 In Anlehnung an Schillers Distichon »Der Zeitpunkt« in den *Xenien* (im *Musenalmanach für das Jahr 1797*): »Eine große Epoche hat das Jahrhundert geboren; aber der große Moment findet ein kleines Geschlecht.«

40 Das SS-Organ *Das Schwarze Korps* druckte am 27. Februar 1936 Tucholskys Brief unter dem Titel »Jüdische Schlußbilanz« ab. Das antisemitische Hetzblatt wertete den Brief als Bestätigung für die Rassenpolitik des NS-Regimes!

41 Zwei Wochen später – am 29. Februar 1936 – wurde Arnold Zweig ausgebürgert. Er wurde aber nicht staatenlos wie die meisten Emigranten, denn als »legaler« Einwanderer hatte er Anrecht auf einen palästinensischen Paß (mit der Aufschrift: »British Passport – Palestine«).

42 Ben-Chorins Brief vom 28. Oktober 1954 an Paul Huys.

43 Louis Fürnberg (1909–1957), kommunistischer Journalist und Schriftsteller aus Mähren (Tschechoslowakei) war mit Arnold Zweig befreundet und spielte bei der Rückkehr Zweigs nach Europa eine wichtige Rolle (s. S. 115).

44 Während des Zweiten Weltkrieges beteiligte sich Amin-el-Husseini – nach einer Begegnung mit Hitler – an der Rekrutierung kroatischer Moslems für die Waffen-SS. 1946 gelang es ihm, sich nach Kairo, dann nach Beirut abzusetzen, wo er 1973 starb.

45 Die »Special Night Squads« setzten sich aus britischen Soldaten und jüdischen Freiwilligen zusammen. 1939 wurde Wingate aus Palästina abberufen. Während des Krieges zeichnete er sich in Äthiopien und Burma aus. Er starb 1944 bei einem Flugzeugabsturz in Burma. Die Juden Palästinas ehrten sein Andenken, indem sie eine Sporthochschule (»Wingate-Institut«) und ein Jugenddorf (»Jemin Orde«) nach ihm benannten.

46 1920 hatte Hermann Struck zusammen mit Arnold Zweig an dem Buch *Das ostjüdische Antlitz* gearbeitet (s. S. 29).

2. Kapitel: Zwischen Palästina und Europa (1936–1939)

1 Freud hatte am 17. Juni 1936 geschrieben: »Ich verstehe, höre es aber ungern aus prinzipiellen Gründen, daß sich Ihre Reise nach Europa verschiebt. Vater und Bruder Emanuel sind nur 81½ Jahre alt geworden...«

2 Freud wurde am 6. Mai 1856 geboren. Im November 1937 wäre er also 81½ Jahre alt...

3 Georg Herlitz (1885–1968) leitete von 1933 bis 1955 das Zionistische Zentralarchiv in Jerusalem. Er gründete die Organisation der deutschen

Einwanderer »Oleh Germania« und war Mitherausgeber des *Jüdischen Lexikons* (5 Bände, 1927–1930).

4 Histadrut Ha'owdim (»Verband der Werktätigen«) ist die größte Gewerkschaft des Landes. Sie wurde 1920 gegründet und umfaßt 85 % aller Arbeitnehmer. Sie unterhält einen kostenlosen Gesundheitsdienst und verwaltet zahlreiche Genossenschaften, Kibbuzim und sogar Industrieunternehmen.

5 Arnold Zweig: »Die Demokratie und die Seele des Juden« in: *Vom Judentum.* Kurt Wolff Verlag, Leipzig 1913, S. 210–235.
In ihrem Buch *Arnold Zweigs Weg zum Roman* beklagt die DDR-Autorin Eva Kaufmann die »negative Einstellung des Schriftstellers zur Demokratie« in diesem Essay. Diese Einstellung sei auf den Einfluß Nietzsches zurückzuführen, dem Arnold Zweig unterlegen sei, als er in Göttingen studierte, wo die Philosophen Edmund Husserl und Max Scheler lehrten. (Eva Kaufmann: *Arnold Zweigs Weg zum Roman.* Rütten & Loening, Berlin/DDR 1967, S. 34–35.)

6 Arnold Zweig: *Einsetzung eines Königs.* Querido, Amsterdam 1937.

7 In diesem Offizier kann man Zweigs Freund, den Maler Hermann Struck, erkennen.

8 Vgl. S. 37.

9 Arnold Zweig: *Einsetzung eines Königs*, S. 108.

10 Arnold Zweig, op. cit., S. 107–108.

11 Arnold Zweig: *Versunkene Tage. Roman aus dem Jahre 1908.* Querido, Amsterdam 1938.

12 Der Münchener Verleger Kurt Desch veröffentlichte das Buch 1950 unter dem abgeänderten Titel *Verklungene Tage.*

13 Etwa 80000 Juden gelang die Flucht aus Österreich.

14 Zweig vergißt, daß es den aus Sodom Entflohenen verboten war, zurückzublicken. Lots Frau, die es dennoch tat, erstarrte zur Salzsäule...

15 Kurt Schuschnigg (1897–1977), österreichischer Bundeskanzler 1934 bis 1938.

16 Es gab in Paris über 6 Jahre lang eine deutsche antifaschistische Tageszeitung: Erst das *Pariser Tageblatt*, das unter der Leitung von Georg Bernhard vom 12. Dezember 1933 bis zum 11. Juni 1936 erschien, dann die *Pariser Tageszeitung* (Chefredakteur bis Ende 1937 Georg Bernhard, dann Carl Misch), die bis Februar 1940 herauskam.
Über Zweigs Beiträge in den Pariser deutschsprachigen Zeitungen s. David Midgley: *Arnold Zweig – Zu Werk und Wandlung 1927–1948*, Athenäum-Verlag, Königstein/Ts. 1980, S. 123–158. Im gleichen Buch wird auch Arnold Zweigs Einstellung zum Zionismus einer kritischen Analyse unterzogen (»›Heimkehr‹ – Zwischen Berlin und Jerusalem«, S. 59 bis 91).

17 Vom 1. Juli bis 30. September 1938 gab es 1762 Tote und Verwundete –

Araber, Juden und Engländer. Allein im September wurden 240 Sabotageakte gegen Regierungsgebäude, 152 Brandstiftungen und Hunderte von bewaffneten Überfällen verzeichnet (vgl. *Jerusalem Post* vom 7. 12. 1972, Sondernummer zum 40. Jubiläum).

18 Mehrere Todesurteile waren bereits gegen arabische Rebellen ausgesprochen und vollstreckt worden.

19 Diese Gedanken hatte Arnold Zweig schon 1927 in seinem Buch *Caliban* ausgedrückt.

20 Wolfgang Yourgrau (geb. 1908 in Kattowitz, gest. 1979 in Denver) war bis 1933 Physikstudent in Berlin. Emigrierte über Polen und Lettland nach Palästina. 1942–1943 Herausgeber des *Orient*, dann Redakteur der deutschen Sendung beim BBC-Mittelmeersender. Nach dem Krieg Universitätsdozent in Südafrika und (seit 1963) Professor an der Universität Denver, Colorado.

21 Am 7. Juli 1938 hatte eine Bombenexplosion in Haifa 27 Todesopfer gefordert.

22 Brief an Freud vom 16. Juli 1938.

23 Der palästinensische Sommer beginnt in der Regel Mitte Mai. Bis Mitte Oktober fällt kein Regen mehr. Klimaanlagen und selbst Kühlschränke waren damals der hohen Preise wegen eine Seltenheit.

24 Lion Feuchtwanger und Arnold Zweig gehörten dem »Ausschuß zur Vorbereitung einer deutschen Volksfront« an, der sich im Juni 1936 unter Heinrich Manns Vorsitz in Paris konstituiert hatte.

25 René Schickele (1883–1940), deutschschreibender elsässischer Schriftsteller, schrieb u. a. den Roman *Der Fremde* (1909), das Drama *Hans im Schnakenloch* (1915) und das Gedicht *Mein Herz, mein Land* (1915).

26 »Pießmacher«: Wortspiel mit dem deutschen »Miesmacher« und dem englischen »peacemaker«, in Anspielung auf die »Beschwichtigungspolitik« (appeasement policy) der Westmächte gegenüber Hitler.

27 Simon Petljura war der Hetman der Ukraine, dessen Banden während der russischen Bürgerkriege (1918/1919) Tausende von Juden umbrachten. Petljura wurde 1925 in Paris von dem Sohn eines seiner Opfer erschossen. Der Täter wurde in einem aufsehenerregenden Prozeß freigesprochen.

28 So genannt nach den Glasscherben, mit denen die Straßen der deutschen Städte am nächsten Morgen übersät waren.

29 Es wurde ihnen sogar der Besuch von Kinos und Theatern sowie die Benutzung der Bänke in öffentlichen Parks verboten.

30 Zehn Jahre später, am 20. Oktober 1948, erklärte er in einer Rede vor dem »Club der Kulturschaffenden« in Ost-Berlin, daß er noch immer an den Folgen dieses Unfalls leide...

31 Vgl. S. 33.

32 Dieser Artikel wurde am 1. Mai 1937 geschrieben, aber erst nach dem

Krieg veröffentlicht (*Essays*, 2. Band: *Aufsätze zu Krieg und Frieden* Aufbau-Verlag, Berlin & Weimar 1967, S. 138–139).

33 Eine Anzahl palästinensischer Juden kämpfte in den Reihen der Internationalen Brigaden auf der Seite der Republikaner.

34 Das »Weißbuch« enthielt drei wichtige Bestimmungen:
a) Begrenzung der Zahl der noch aufzunehmenden Juden auf 75000.
b) Beschränkung und Verbot des Landkaufs in den meisten Gegenden Palästinas.
c) Errichtung eines unabhängigen palästinensischen Staates innerhalb von zehn Jahren.

35 Am 15. März 1939 hatten die Armeen Hitlers die durch das Münchener Abkommen (September 1938) entwaffnete Tschechoslowakei besetzt.

36 Arnold Zweig: »Begegnungen in USA« in: *USA in Wort und Bild*, Berlin/DDR, März 1950. Nachgedruckt in *Essays*, 2. Band: *Aufsätze zu Krieg und Frieden*. Aufbau-Verlag, Berlin und Weimar 1967, S. 389–394.

37 Anwesend waren auch Jules Romains, der den in New York tagenden PEN-Kongreß leitete, und der chinesische Schriftsteller Lin Yutang. Ernst Toller, der an Depressionen litt, nahm sich wenige Tage nach dem Kongreß in seinem New Yorker Hotel das Leben. Arnold Zweig widmete ihm einen ergreifenden Nachruf (s. S. 125).

38 Einer der seltenen Hinweise Zweigs auf den deutsch-sowjetischen Nichtangriffspakt vom 23. August 1939.

39 Paul Robeson (1898–1976), Schauspieler und Opernsänger, spezialisierte sich später auf Negro Spirituals und beteiligte sich oft an Veranstaltungen von kommunistischen oder progressistischen Gruppen.

40 Die Gelegenheit zu einem Besuch in Sowjetrußland kam erst 13 Jahre später, im Februar 1952. Zweig beschreibt diesen Besuch in seinem »Sowjetischen Tagebuch« (s. S. 182).

41 Sigmund Freud: *Der Mann Moses und die monotheistische Religion*. Verlag A. de Lange, Amsterdam 1939.

42 Sigmund Freud/Arnold Zweig: *Briefwechsel*. Fischer Verlag, Frankfurt 1968. Vgl. auch die Rezension von Hans Mayer »Meister Arnold, Vater Freud« im *Spiegel* Nr. 39/1968, S. 182–186, und meine Rezension in *Etudes germaniques*, Paris 1973, Nr. 2, S. 205–208.

43 Lou Andreas-Salomé (1861–1937), Schriftstellerin russischer Herkunft, befreundet mit Nietzsche, Rilke und Freud. Schrieb zahlreiche Kurzgeschichten.

44 Arnold Zweig war auch in ständigem Kontakt mit dem Psychoanalytiker Dr. Max Eitingon (1881–1943), einem langjährigen Mitarbeiter Sigmund Freuds, der sich 1933 in Jerusalem niedergelassen und dort die Psychoanalytische Gesellschaft Palästinas gegründet hatte. Zweig erwähnt ihn wiederholt in seinem Briefwechsel mit Freud.

45 Wie bereits erwähnt, erschien das Buch *Der Mann Moses und die monotheistische Religion* 1939 in Amsterdam (s. Anm. 41).

46 Vgl. S. 41.

47 8 Jahre später, im Juli 1944, ging Zweig dennoch – auf Anregung von Anna Freud, der Tochter des Gelehrten – daran, ein biographisches Buch (*Freundschaft mit Freud*) zu schreiben. Aber obwohl Zweig fast 20 Jahre an diesem Projekt arbeitete, wurde es nie veröffentlicht. 1955 übergab er die Kopien der Freud-Briefe Ernest Jones für seine Freud-Biographie (Anmerkung von Ernst Freud im Vorwort zur englischen Ausgabe des Briefwechsels Freud/Zweig).
Vorabdrucke aus dem Manuskript von *Freundschaft mit Freud* erschienen u. a. in *Jediot Chadaschot*, Tel Aviv (3. Oktober 1947), und in *Ost und West*, Berlin/DDR (3. Jg., Heft 9, 1949). Das Vorwort und zwei Kapitel (das 7. und 8.) wurden in dem Buch *Arnold Zweig 1887–1968. Werk und Leben in Bildern und Dokumenten* veröffentlicht, das anläßlich seines 90. Geburtstags erschien (herausgegeben von Georg Wenzel, Aufbau-Verlag, Berlin und Weimar 1978, S. 623–637). Das abgeschlossene Manuskript befindet sich im Arnold-Zweig-Archiv in Berlin/DDR.

48 Sigmund Freud/Arnold Zweig: *Correspondance 1927–1939.* (Traduit de l'allemand par Luc Weibel.) Préface de Marthe Robert. Editions Gallimard, Paris 1973.

49 Marthe Robert: *La Révolution psychoanalytique – La vie et l'œuvre de Sigmund Freud.* 2 Bände. Payot, Paris 1974. *D'Oedipe à Moïse – Freud et la conscience juive.* Calmann-Lévy, Paris 1974.

50 Freud wurde 1856, Zweig 1887 geboren.

51 Marthe Robert, op. cit., S. 17.

52 Marthe Robert, op. cit., S. 17.

53 Im übrigen kritisiert Marthe Robert in diesem Vorwort die Tatsache, daß Zweigs Briefe zum Teil lückenhaft veröffentlicht wurden. Hierzu hatte Ernst Freud im Vorwort zur englischen Ausgabe erklärt, daß Zweig selbst einige der »persönlichsten« Stellen gestrichen habe. Aber auch Ernst Freud hatte es für notwendig gehalten, im Einvernehmen mit Dr. Adam Zweig Streichungen vorzunehmen. Dabei habe es sich – so E. Freud – einerseits um »zu ausführliche Berichte über seine Neurose und deren Analyse«, andererseits um »zu häufiges und übertriebenes Lob für den Gelehrten« gehandelt. Marthe Robert ist der Ansicht, daß die analytischen Berichte und die »übertriebenen Huldigungen« keineswegs überflüssige Details, sondern eher das Wesentliche dieses Briefwechsels darstellen.

1 »Sie haben gut gekämpft; daher habe ich ihnen erlaubt, ihre Fahne zu hissen.« Diese Worte äußerte der General Pierre Koenig (1898–1970) nach dem Kriege in einem Gespräch mit Professor Grappin und in einer am 22. Juni 1967 in Paris gehaltenen Ansprache.

2 Einzelheiten über die Rolle des Nahen Ostens als Nachschubzentrum für die alliierten Armeen findet man in dem Buch von Martin Wiznitzer-Wilmington: *The Middle East Supply Centre*. Edited by Laurence Evans. State University of New York Press, Albany 1971, und London University Press, London 1972.

3 Die französischen Behörden in Syrien, die der Regierung Pétain und folglich den Deutschen unterstanden, hatten u. a. den Flüchtlingen, die auf dem Landweg über die Türkei nach Palästina gelangen wollten, die Durchreise durch Syrien verweigert.

4 Die aufgebrachten Schiffe wurden nach Haifa eskortiert und die Flüchtlinge in einem Lager interniert. Im Dezember 1940 sank das Flüchtlingsschiff »Patria« im Hafen von Haifa nach einer Explosion; 200 Personen ertranken. Das Wrack war noch jahrelang von der oberen Stadt aus zu sehen.

5 Über Louis Fürnberg s. S. 115.

6 Rudolf Hirsch (geb. 1907), war 1937 und von 1939 bis Kriegsende in Palästina. Seit 1949 Gerichtsreporter der *Wochenpost* in Berlin/DDR. Verfasser des antizionistischen Romans *Patria Israel*. Persona-Verlag, Mannheim 1985.

7 Brief von Schalom Ben-Chorin an Paul Huys vom 28. 10. 1954.

8 Eberhard Hilscher: *Arnold Zweig – Leben und Werk*. Aufbau-Verlag, Berlin und Weimar/DDR 1968. Diese Biographie enthält interessante Einzelheiten über Zweigs Leben und »Exil«, ist aber tendenziös gefärbt von Hilschers Feindseligkeit gegenüber dem Zionismus und dem Jischuw in Palästina. So verschweigt er den bedeutenden Beitrag der Juden Palästinas im Kampf gegen Hitler und ihre unaufhörlichen Bemühungen, die Tore Palästinas für die jüdischen Flüchtlinge zu öffnen.

9 Eberhard Hilscher, op. cit., S. 130.

10 Rudolf Hirsch war seit jeher einer der erbittertsten Gegner des Zionismus und der Juden Palästinas. In seinem unversöhnlichen Haß schreckte er vor keiner Verleumdung zurück: In seinem Buch *Exil in der Tschechoslowakei, in Großbritannien, Skandinavien und Palästina* (Verlag Philip Reclam jun., Leipzig 1980) behauptet er in seinem Beitrag »Exil in Palästina« (S. 559–622), daß die Zionisten aufs engste mit den Nazis (!) zusammengearbeitet hätten. Als »Beweis« für diese ungeheuerliche Beschuldigung zitiert er ein Abkommen zwischen einer Bankgesellschaft in Tel Aviv (»Ha'awarah« = Transfer) und dem damaligen Reichswirt-

schaftsministerium, das in den Jahren 1933–1939 vielen deutschen Juden ermöglichte, einen Teil ihres Vermögens zu retten und auf diese Weise ein Einwanderungszertifikat (ein sog. »Kapitalisten-Visum«) für Palästina zu bekommen. Das Geld wurde auf ein Treuhandkonto überwiesen, und aus diesem Konto wurden deutsche Waren bezahlt, die nach Palästina geliefert wurden; die Immigranten erhielten nach ihrer Ankunft von der »Ha'awarah« den Gegenwert in palästinensischen Pfunden. Etwa 60000 deutsche Juden (darunter auch Nichtkapitalisten und Jugendliche) konnten so gerettet werden. Trotzdem stieß dieses Abkommen teilweise auf Widerspruch, weil es den jüdischen Boykott gegen Nazi-Deutschland schwächte. Auch Arnold Zweig kritisierte die »Ha'awarah« (s. auch David Midgley: op. cit., S. 129, und Eva Beling, op. cit., S. 20–22).
Es sei hier erwähnt, daß bis zum Kriegsausbruch alle Staaten regen Handel mit Hitlerdeutschland trieben; die Sowjetunion lieferte sogar bis zum Vortag des deutschen Überfalls dem NS-Regime lebenswichtige Güter.

11 Vgl. S. 41.

12 Vgl. Heinz Kamnitzer: *Der Tod des Dichters*. Verlag Der Morgen, Berlin/DDR 1974, S. 148.

13 Hans-Albert Walter: *Deutsche Exilliteratur 1933–1950*. Band 7: *Exilpresse*. Verlag Luchterhand, Darmstadt und Neuwied 1974, S. 145.

14 Hans-Albert Walter, op. cit., S. 146. Zweig war auch der Mitunterzeichner eines Aufrufs zur Bildung einer »Deutschen Volksfront« (14. Januar 1937). 71 deutsche Politiker und Schriftsteller hatten diesen Aufruf unterschrieben, darunter Walter Ulbricht, Willy Brandt, Johannes R. Becher, Ernst Bloch, Lion Feuchtwanger, Heinrich und Klaus Mann, Ernst Toller (H.-A. Walter, op. cit., S. 86–87).

15 Hans-Albert Walter: *Deutsche Exilliteratur 1933–1950*. Band 2: *Asylpraxis und Lebensbedingungen in Europa*. Verlag Luchterhand, Darmstadt und Neuwied 1974. Vgl. auch Walter Berendsohn: *Die humanistische Front. Einführung in die deutsche Emigrantenliteratur* (s. S. 230, Anm. 30).

16 Es gab ab 1933 etwa 400 Zeitschriften, die von deutschsprachigen Emigranten herausgegeben wurden.

17 Außer den bereits erwähnten größeren Verlagshäusern Querido und Allert de Lange gab es noch zwei weitere bedeutende Verlage: Emil Oprecht in Zürich und New York; Bermann Fischer in Wien, dann in Stockholm, und ab 1936 in Amsterdam, wo er mit den zwei holländischen Exilverlagen zusammenarbeitete.

18 Hier einige Zahlen: Querido druckte vom Herbst 1933 bis zum Frühjahr 1940 etwa 105 Bücher von 50 Exilautoren; Allert de Lange gab während der gleichen Periode 80 Bücher von 40 Autoren heraus. Oprecht konnte von 1933 bis 1946 mindestens 145 Titel, Bermann-Fischer von 1936 bis

1940 40 Bücher und 35 Übersetzungen veröffentlichen. Die Produktion der kleineren Verlage (z. B. des »Europäischen Merkur«) war bedeutend geringer oder bestand nur aus Broschüren (z. B. Editions Carrefour, der Verlag, der 1933 das bekannte *Braunbuch* von Willi Münzenberg über den Reichstagsbrand und den Naziterror herausbrachte).

19 Diese Summe entsprach dem monatlichen Gehalt eines kleinen Angestellten.

20 Das größte Verlagshaus, Vegaar, druckte insgesamt 114 Werke von Exilautoren. Zwei weitere Verlage, »Meshdunarodnaja Kniga« und der »Verlag für fremdsprachliche Literatur«, brachten je 46 Bücher heraus.

21 Hans-Albert Walter, op. cit., Band 2, S. 290–291. Der Inhaber des Lampengeschäfts war Dr. Arnold Czempin, der 1944 die Zeitschrift *Heute und Morgen* herausgab (s. S. 143 ff.)

22 Das öffentliche Verkehrswesen war (und ist noch heute) das Monopol einer Bus-Kooperative (»Egged«). Außerdem gab es schon damals einen Kollektiv-Taxiservice (»Scherut«). Züge waren spärlich und langsam; die Bahnlinie Kairo–Beirut (über Haifa) wurde meist von der britischen Armee benutzt.

23 Das palästinensische Pfund entsprach damals in etwa dem englischen.

24 Hans-Albert Walter, op. cit., Band 2, S. 290–293.

25 Zu den Ursachen der vorzeitigen Auflösung der »American Guild« gehörten – laut H.-A. Walter – Meinungsverschiedenheiten zwischen Thomas Mann und dem Generalsekretär Hubertus Prinz zu Löwenstein.
Hubertus Prinz zu Löwenstein (1906–1985), Schriftsteller und Politiker, distanzierte sich von Anfang an vom Hitlerregime und floh 1933 über Österreich, Frankreich und England in die USA. Dort setzte er sich für die verfolgten deutschen Intellektuellen ein. 1946 kehrte er nach München zurück. Schrieb u. a. *Die Tragödie eines Volkes – Deutschland 1918–1934* (Amsterdam 1934) und *Botschafter ohne Auftrag – Lebensbericht* (Düsseldorf 1972).

26 Die bekanntesten Hilfsorganisationen waren das Internationale Rote Kreuz in Genf, der Weltbund der YMCA in Genf und das jüdische American Joint Distribution Committee in New York (s. auch S. 233, Anm. 3).

27 Heinz Kamnitzer, der sich 1935/1936 in Palästina aufhielt, erwähnt diese Hilfsaktion in seinem Artikel »Die Wandlungen Arnold Zweigs«, erschienen in der Münchener Literaturzeitschrift *Kürbiskern* (Januar 1972, S. 119).

28 Schalom Ben-Chorin: *Ich lebe in Jerusalem.* Paul List Verlag, München 1972, S. 153. Vgl. auch Ben-Chorins Brief an Paul Huys vom 28. Oktober 1954.
Der Prophet Elia(s) wohnte zwar zeitweilig in einer Höhle auf dem Karmel, aber die »Speisung« durch die Raben geschah am Bach Kerit, in der Nähe des Jordans (I. Könige, 17.5).

29 Es wurde bereits erwähnt, daß Zweig im August 1938 dank einem rechtzeitig aus Rußland eingetroffenen Scheck seine Europareise antreten konnte.

30 Diese Korrespondenz und die betreffenden Unterlagen befinden sich im Zionistischen Zentralarchiv in Jerusalem und wurden mir freundlicherweise zur Einsicht überlassen.

31 Brief der Jewish Agency an Arnold Zweig vom 24. März 1940.

32 Georg Landauer (1895–1954) war von 1934 bis 1948 Direktor des »Zentralbüros der Jewish Agency« (kurz genannt »German Department«). Von 1948 bis 1954 war er der Präsident der Vereinigung deutscher Einwanderer (»Hitachdut Oleh Germania«).

33 Nahum Goldmann (geb. 1894 in Rußland, gest. 1982 in Bad Reichenhall), zionistischer Politiker, lebte 1900 bis 1933 in Deutschland, dann in den USA und in Israel. 1935–1939 Repräsentant der Jewish Agency beim Völkerbund. 1956–1968 Präsident der Zionistischen Weltorganisation. Während des Krieges setzte sich Goldmann für die Rettung der Juden im besetzten Europa ein. Er führte den Decknamen D. Tanne, unter welchem er auch mit Arnold Zweig korrespondierte. Goldmann schrieb u. a. *Mein Leben als deutscher Jude*, Langen-Müller, München 1979. *Mein Leben – U.S.A. – Europa – Israel*, Langen-Müller, München 1982.

34 Brief von Arnold Zweig an Lily Laor (29. Februar 1940), den mir Herr Laor auszugsweise zur Verfügung stellte.

35 Dr. Alfred Kupferberg, ehemaliger Journalist bei Ullstein in Berlin, war einer der Mitbegründer der deutschsprachigen Tageszeitung *Blumenthals Neueste Nachrichten* (später umbenannt in *Jediot Chadaschot*).

36 Berichtet von Dr. Shimon Sachs, heute Professor für Sonderpädagogik an der Universität Tel Aviv. Schrieb *Der grüne Traum – Jugend in Israel*, Juventa-Verlag, München 1966. Erhielt 1980 den Preis der Deutschen Korczak-Gesellschaft, benannt nach dem polnisch-jüdischen Erzieher Janusz Korczak (1878–1942), der den ihm anvertrauten Waisenkindern freiwillig in das Vernichtungslager Auschwitz folgte.

37 Veröffentlicht in dem Gedichtband *Jahresringe (Gedichte und Spiele)*, Aufbau-Verlag, Berlin und Weimar/DDR 1964, S. 211.

38 »V« für »Victory«: Indikativ der BBC London (drei kurze Paukenschläge, ein langer), der allen Sendungen für die besetzten Länder vorausging. Zu den Mitgliedern der »Liga V« gehörten u. a. auch der Schriftsteller Max Brod und der Psychoanalytiker Dr. Max Eitingon.

39 Eberhard Hilscher, op. cit., S. 133.

40 Abgedruckt in Arnold Zweig: *Essays*, 2. Band (*Aufsätze zu Krieg und Frieden*), Aufbau-Verlag, Berlin und Weimar/DDR 1967, S. 212–213.

41 Hilscher teilt mit, daß er diese Information im Oktober 1957 direkt von Arnold Zweig erhalten habe (Eberhard Hilscher, op. cit., S. 180, Anm. 213).

42 Hans Böhm: *Fürnberg – Ein Lesebuch für unsere Zeit.* Aufbau-Verlag, Berlin und Weimar 1969.

43 Hans Böhm, op. cit., S. 193. In der Rige od Fere, einer Straße in Belgrad, wohnte der serbische Dichter Marco Ristić (geb. 1902), dem Fürnberg sein Gedicht widmete.

44 Fürnberg war in Weimar stellvertretender Direktor der Nationalen Forschungs- und Gedenkstätten.

45 Louis Fürnberg: »Kleines Blatt der Erinnerung«, in der Festschrift: *Arnold Zweig zum 70. Geburtstag (10. November 1957).*

46 Einige dieser Briefe wurden 1967 in der literarischen Zeitschrift *Weimarer Beiträge,* deren Chefredakteur Fürnberg war, veröffentlicht (Nr. 3/1967, S. 335–372). Der gesamte Briefwechsel erschien 1978 in Berlin/DDR unter dem Titel: *Der Briefwechsel zwischen Louis Fürnberg und Arnold Zweig – Dokumente einer Freundschaft.* Aufbau-Verlag, Berlin und Weimar 1978.

47 Trotz verzweifelter Appelle der Jewish Agency und anderer Organisationen hatte es die britische Regierung abgelehnt, den Flüchtlingen Einwanderungsvisa für Palästina zu erteilen. Daher untersagten die türkischen Behörden die Landung in Istanbul. Die Katastrophe der »Struma« war ein Beispiel für die empörende Gleichgültigkeit der kriegführenden und neutralen Länder gegenüber dem Schicksal der jüdischen Flüchtlinge.

4. Kapitel: Deutsch als Sprache des Widerstands (1942–1945)

1 Arnold Zweig: *Das Beil von Wandsbek.* (s. S. 135ff).

2 Über Wolfgang Yourgrau s. S. 221, Anm. 20.

3 Die regelmäßigen Sendungen der BBC in deutscher Sprache begannen erst 1939.

4 Alice Schwarz (auch Schwarz-Gardos), geb. in Wien, kam 1940 nach Palästina. Sie schrieb u. a. *Das Labyrinth der Leidenschaften.* Fünf Novellen. (Haifa 1947); *Schiff ohne Anker* (Ner Tamid Verlag, Frankfurt 1962), vor dem Hintergrund der »Struma«-Tragödie; *Entscheidung im Jordantal* (Franckh'sche Verlagshandlung, Stuttgart 1965); *Frauen in Israel* (Herder-Verlag, Freiburg/Br. 1979); *Paradies mit Schönheitsfehlern* (Freiburg/Br. 1982). Von 1949 bis 1962 Redakteurin bei *Jediot Hajom,* dann (bis 1973) bei *Jediot Chadaschot.* Seit 1974 Schriftleiterin der *Chadschot Israel – Israel Nachrichten.*

5 Schalom Ben-Chorin leitete ab 1939 das Jerusalemer Büro der Zeitung *Jediot Chadaschot.*

6 Gerda Luft (geb. in Königsberg, gest. 1986 in Jerusalem), Journalistin, war in erster Ehe mit Chaim Arlosoroff (s. S. 47) verheiratet und kam mit ihm 1924 nach Palästina. Korrespondentin der *Jüdischen Rundschau,* der

Neuen Zürcher Zeitung und des Londoner *Economist*. Mitbegründerin und ständige Mitarbeiterin des *MB*. Schrieb *Heimkehr ins Unbekannte* (s. S. 218 Anm. 33) und *Chronik eines Lebens für Israel*. Thienemann, Stuttgart 1983.

7 Brief vom 31. März 1976 an den Verfasser. Dr. Robert Weltsch (geb. 1891 in Prag, gest. 1982 in Jerusalem) war bis 1979 Direktor des Leo-Baeck-Institutes in London. (Das Institut befaßt sich mit der Geschichte des deutschen Judentums und hat Forschungszentren in Jerusalem, London und New York.) Von 1919 bis 1938 war Dr. Weltsch Chefredakteur der zionistischen *Jüdischen Rundschau* in Berlin (an welcher auch Arnold Zweig mitarbeitete). Zum 1. April 1933, Tag des Boykotts der jüdischen Geschäfte, schrieb er einen berühmt gewordenen Leitartikel: »Tragt ihn mit Stolz, den gelben Fleck!« Ging 1938 nach Palästina und 1946 nach London. Seit 1979 wieder in Jerusalem.

8 Ludwig Strauß (1892–1953) war der Schwiegersohn Martin Bubers. Er schrieb Gedichte und Erzählungen in Deutsch und Hebräisch.

9 Eine Bibliographie des *Orient* wurde 1973 veröffentlicht. (Volker Riedel: *Orient – Haifa 1942/1943. Bibliographie einer Zeitschrift*. Aufbau-Verlag, Berlin/DDR 1973). Ein Nachdruck aller *Orient*-Nummern (2 Bände – Einleitung von H.-A. Walter) erschien 1982 im Gerstenberg-Verlag, Hildesheim, und beim Zentralantiquariat der DDR, Leipzig (Einleitung von V. Riedel).

10 In der christlichen Religion handelt es sich um das *dritte* und *vierte* Gebot, denn die ersten zwei Gebote der Juden sind bei den Christen ein einziges Gebot – das erste –, während das neunte und zehnte Gebot der Christen in der jüdischen Religion als eines gelten, nämlich das zehnte.

11 *Orient* Nr. 6 vom 8. Mai 1942.

12 *Orient* Nr. 7 vom 15. Mai 1942.

13 *Orient* Nr. 6 – 7 – 8 vom 7. April 1943.

14 Nr. 21–24 vom 21. 8.–11. 9. 1942. Zweig hatte diese Artikelserie in den Jahren 1932–1934 verfaßt.

15 Von Heinz Stroh. *Orient* Nr. 10 vom 5. 6. 1942. Erstmals veröffentlicht unter dem Titel *Der große Europäer – Eduard Beneš*. Verlag Julius Kittls Nachf., Mähr.-Ostrau 1938.

16 *Orient* Nr. 6 vom 8. Mai 1942.

17 Khayat Beach ist der frühere Name des schmalen Küstenstreifens zwischen dem Karmelgebirge und dem Meer, südlich von Haifa (heute: Chof Hakarmel = »Karmelstrand«).

18 *Orient* Nr. 9 vom 29. Mai 1942.

19 Anspielung auf den bekannten Ausruf der römischen Gladiatoren: »Ave Caesar, morituri te salutant.« (»Heil Dir, Caesar, die Todgeweihten begrüßen Dich.«) »Mare« = »Meer«.

20 *Orient* Nr. 14 vom 3. Juli 1942.

21 Berichtet von Abraham Tobias und Efraim Pickholz, die an der Versammlung teilnahmen.
22 Es handelte sich vorwiegend um Mitglieder des »Betar«, der Jugendbewegung der zionistisch-revisionistischen Partei.
23 »Cinema Esther Pantomime« in: *Orient* Nr. 13 vom 26. Juni 1942.
24 Die Tageszeitungen waren *Jediot Chadaschot* und *Jediot Hajom*, die Wochenzeitung war das *Mitteilungsblatt* (*MB*).
25 Die Ausgabe des *Orient* vom 29. Mai 1942 konnte übrigens nur hektographiert erscheinen.
26 Darunter 4 Doppelnummern.
27 Es war die Nr. 6 – 7 – 8, also eine »dreifache« Ausgabe, die auch hektographiert werden mußte. Sie enthielt u. a. den Nachruf auf Stefan Zweig und einen Beitrag (»Prosa«) von Hermann Hesse.
28 Über die Auflagenhöhe des *Orient* gibt es keine genauen Statistiken. Sie soll – laut Yourgrau – etwa 1000 betragen haben. (Hans-Albert Walter: *Deutsche Exilliteratur 1933–1950*, Band 4: *Exilpresse*. Metzlersche Verlagsbuchhandlung, Stuttgart 1978, S. 681).
29 Eberhard Hilscher: »Arnold Zweig in Palästina«, in *Neue Deutsche Literatur*, Berlin/DDR, Heft 11/1957, S. 146.
30 Walter A. Berendsohn, ein deutsch-jüdischer Germanist (1884–1984), seit 1933 im Exil, erst in Dänemark, dann in Schweden, wo er im Alter von 99 Jahren starb. Er schrieb 1946 das erste bedeutende Werk über die Exilliteratur: *Die humanistische Front – Einführung in die deutsche Emigranten-Literatur*. Teil 1 (*Von 1933 bis zum Kriegsausbruch*) erschien 1946 im Europa-Verlag, Zürich. Teil 2 (*Vom Kriegsausbruch 1939 bis Ende 1946*) kam 1976 beim Georg Heintz Verlag in Worms heraus.
Walter A. Berendsohn war der Nestor der deutschen Germanisten.
31 Der gleiche Verlag gab 1947 auch die hebräische Übersetzung der Erzählung *Der Spiegel des großen Kaisers* (s. S. 36) heraus.
Das Beil von Wandsbek und *Der Spiegel des großen Kaisers* waren die einzigen Bücher Zweigs, die während seines Aufenthalts in Palästina (1933–1948) ins Hebräische übersetzt wurden. Außerhalb dieser Epoche wurde nur noch der *Grischa* übersetzt (Verlag Mizpa, Tel Aviv 1930/31).
32 *Hakardom schel Wandsbek*. Sifriat Poalim, Merchavia 1943. Angeregt wurde Arnold Zweig durch einen Bericht in der Kommunistischen Prager *Deutschen Volkszeitung* (18. April 1937) über den Selbstmord eines Schlächtermeisters aus Altona, der angeblich als »Ersatzhenker« vier zum Tode verurteilte Kommunisten hingerichtet hatte. (Vgl. H.-A. Walter: *Im Anfang war die Tat. Arnold Zweigs »Beil von Wandsbek.«* Büchergilde Gutenberg, Frankfurt a. M., S. 34–49.
33 Wandsbek war auch der Geburtsort von Sigmund Freuds Frau, die in dem Buch kurz erwähnt wird. Dies hat zweifellos die Wahl des Titels mitbestimmt.

34 Eberhard Hilscher, op. cit., S. 142–143.
35 Marcel Reich-Ranicki, op. cit., S. 208.
36 Stanley Baldwin war britischer Premier von 1935 bis 1937.
37 Anspielung auf die Einwanderungszertifikate für sogenannte »Kapitalisten«, die über mindestens 1000 palästinensische Pfund verfügten. Auch Arnold Zweig kam mit einem solchen Zertifikat nach Palästina.
38 Eberhard Hilscher, op. cit., S. 146.
39 Marcel Reich-Ranicki, op. cit., S. 209.
40 Die letzten Angehörigen dieser Gemeinde wurden 1941 deportiert.
41 Das »Nationalkomitee Freies Deutschland« wurde am 12. Juli 1943 in Krasnogorsk bei Moskau gegründet, um Kontakt mit den zahlreichen deutschen Kriegsgefangenen aufzunehmen. Es gab eine Monatszeitschrift, *Freies Deutschland*, heraus. Am 8. Dezember 1944 veröffentlichten 50 deutsche gefangene Generäle, darunter der Verlierer von Stalingrad, General Paulus, einen Aufruf an das deutsche Volk, den Krieg zu beenden und sich von der Naziherrschaft zu befreien. Die Tätigkeit des Komitees endete am 26. April 1945, nach dem Einmarsch der Roten Armee in Deutschland.
42 Erich Weinert (1890–1953), deutscher kommunistischer Dichter und Schriftsteller. Lebte von 1935 bis 1945 im Exil in Sowjetrußland.
43 Wilhelm Pieck (1876–1960) war der erste Präsident der DDR (von 1949 bis 1960).
44 Walter Ulbricht (1893–1973) wurde 1950 Generalsekretär der SED und 1960 Vorsitzender des Staatsrats. Er bestimmte fast 20 Jahre lang die Politik der DDR.
45 Eberhard Hilscher, op. cit., S. 147.
46 Eberhard Hilscher, op. cit., S. 164.
47 Eberhard Hilscher, op. cit., S. 131: »Seit 1940 erkannte er sich als ›marxistischen Sozialisten‹.«
48 Vgl. S. 158ff.
49 Harold MacMichael wurde im August 1944 von Feldmarschall John S. Gort abgelöst, der seit 1942 Gouverneur von Malta war. Von November 1944 bis zum Ende des britischen Mandats (Mai 1948) war General Alan G. Cunningham Hochkommissar für Palästina.
50 Der offizielle Name des Regiments war »Jewish Brigade Group«.
51 Während des Ersten Weltkrieges bildeten etwa 5000 jüdische Freiwillige aus Palästina die »Jewish Legion«. Der Initiator war ein russischer Jude, Vladimir Jabotinsky (1880–1940), der später die zionistisch-revisionistische Partei gründete. Die Legion nahm an den Kämpfen gegen die Türken teil. »Jewish Legion« war jedoch keine offizielle Bezeichnung; innerhalb der britischen Armee waren es drei Regimenter (Nr. 38, 39 und 40) der Royal Fusiliers, die von britischen Offizieren kommandiert wurden.
Das gleiche gilt von den 650 jüdischen Freiwilligen aus Palästina, die wäh-

rend der Gallipoli-Expedition (1915) den Auftrag hatten, Munition auf Mauleseln an die Front zu transportieren. Das Regiment, das sich den pittoresken Namen »Zion Mule Corps« gab, wurde nach dem Scheitern des Feldzuges aufgelöst.

52 Vgl. S. 221, Anm. 27.

53 »Schweigen«. In: *Freie Zionistische Blätter*, Heidelberg, Heft 1, Januar 1921, S. 58. Abgedruckt im *Orient* vom 29. Januar 1943.

54 Der eigentliche verantwortliche Chefredakteur war Dr. Arnold Czempin, der nach dem Krieg nach Amerika auswanderte, wo er 1974 starb. Er zeichnete seine Artikel mit »Paratus«.

55 William Shirer schrieb nach dem Krieg das bedeutende historische Werk *Der Aufstieg und Fall des Dritten Reichs*. (Aus dem Englischen übersetzt von Wilhelm u. Modeste Pferdekamp.) Kiepenheuer & Witsch, Köln 1961.

56 Alexander Abusch (geb. 1902), Schriftsteller und Publizist. 1933–1946 im Exil (Frankreich und Mexiko). 1958–1961 Kulturminister der DDR.

57 Palmiro Togliatti (1893–1964), Vorsitzender und Mitbegründer der Kommunistischen Partei Italiens. Seit 1926 im Exil (ab 1940 in Moskau). 1944–1945 Stellvertretender Ministerpräsident, 1945–1946 Justizminister.

58 Es war eine Falschmeldung: Romain Rolland starb erst ein Jahr später, am 30. Dezember 1944, in Vézelay.

59 Zweig hatte gute Gründe, das Frankreich von Pétain und Laval mit einem Konzentrationslager zu vergleichen: Jüdische Einwohner waren mit Hilfe der französischen Polizei in »Sammellager« gebracht worden, wo sie von den Deutschen übernommen und in die Vernichtungslager deportiert wurden. Etwa 120000 (darunter 4000 Kinder) kehrten nicht zurück. Außerdem hatte sich die Vichy-Regierung laut Klausel 19 des Waffenstillstandsabkommens verpflichtet, politische Flüchtlinge deutscher Herkunft der Gestapo auszuliefern.

60 Der Artikel (gezeichnet J. Rennap) ist ein Auszug aus dem Buch *Antisemitism and the Jewish Question*, Lawrence & Wishart, London 1943.

61 Am Ende des Zweiten Weltkrieges gab es in der Sowjetunion 2½ bis 3 Millionen Juden. Seit 1970, als eine begrenzte Auswanderung möglich wurde, haben etwa 250000 Juden Sowjetrußland verlassen; die meisten von ihnen gingen nach Israel oder in die USA. (Vgl. *Neue Kronen-Zeitung*, Wien, vom 1. November 1981.)
Im Jahre 1928 unternahm die sowjetische Regierung einen Versuch, im fernen Osten des Landes ein »Jüdisches Autonomes Gebiet« mit der Hauptstadt Birobidschan zu errichten, mit Jiddisch als offizieller Sprache. Das Unternehmen mißlang; 1973 lebten dort nur noch 14000 Juden bei einer Gesamtbevölkerung von 162000.

62 Der Artikel wurde 1945 in Haifa geschrieben, aber erst am 8. Mai 1965 in der *Berliner Zeitung* (DDR) veröffentlicht.
63 Missolunghi: griechische Stadt, berühmt durch ihren Widerstand gegen die Türken während des Unabhängigkeitskrieges 1821–1832. Der englische Dichter Lord Byron, ein begeisterter Kämpfer für Griechenlands Unabhängigkeit, starb dort 1824.
64 Sarajevo: Stadt in Bosnien (heute Jugoslawien), Schauplatz des Attentats auf den österreichischen Thronfolger Franz Ferdinand am 28. Juni 1914, das den Ersten Weltkrieg auslöste.
65 *Heute und Morgen*, Juni 1945.

5. Kapitel: Der Krieg ist zu Ende – der Kampf geht weiter (1945–1947)

1 Chamsin: ein heißer, trockener Wüstenwind, der feinen Staub mit sich führt. Er kann drei Tage und mehr anhalten und tritt besonders im Frühling und Herbst auf.
2 Die UNRRA (United Nations Relief and Rehabilitation Administration) war die erste Hilfsorganisation der Vereinten Nationen. Sie versorgte bis 1947 die nichtdeutschen Flüchtlinge mit Lebensmitteln, Kleidern und Medikamenten.
3 Das American Joint Distribution Committee (kurz »Joint« genannt), eine aus freiwilligen Spenden finanzierte Hilfsorganisation, betreute während des Krieges und in der Nachkriegszeit Zehntausende von jüdischen Flüchtlingen in Europa. Eine weitere jüdische Organisation, die HIAS (Hebrew Immigrant Aid Society), half ihnen bei ihrer Einwanderung nach Amerika. Beide Organisationen bestehen noch heute, wenn auch in geringerem Umfang.
4 CARE (Cooperative for American Remittances to Europe): 1946 gegründetes amerikanisches Hilfswerk, das bis 1960 Hunderttausende von Lebensmittelpaketen nach Deutschland und (bis 1963) nach West-Berlin verschickte.
5 Ende 1945 gab es etwa 100000 Juden in den »D.P.«-Lagern in Deutschland, Österreich und Italien. Zwei Jahre später war ihre Zahl auf 250000 angewachsen. (Paul Goodman: *History of the Jews*. Dent, London 1956, S. 255.)
6 s. S. 68.
7 Baron Desgenettes (1762–1837), Chefarzt der französischen Armee in Ägypten, bewies großen Mut bei der Bekämpfung der Pest. Er nahm später am russischen Feldzug und an der Schlacht von Waterloo teil. Sein frühzeitiger Tod in Zweigs Drama entspricht also nicht den historischen Tatsachen.
8 Eberhard Hilscher, op. cit., S. 140.

9 *Bonaparte in Jaffa.* Historisches Schauspiel. Aufbau-Verlag, Berlin (DDR) 1949. Zwei »Lese-Aufführungen« fanden 1945 in Haifa und Tel Aviv statt.

10 Vgl. Zweigs Brief an Walter Berendsohn vom 1. Mai 1947. Die unveröffentlichten Briefe von Arnold Zweig an Walter Berendsohn wurden mir freundlicherweise von Dr. Werner Berthold, Direktor der Abteilung »Exilliteratur« der Deutschen Bibliothek in Frankfurt, zur Verfügung gestellt.

11 Friedrich Sally Grosshut (1906–1969), Journalist und Schriftsteller, kam 1933 nach Palästina und war 1936–1948 Inhaber eines Antiquariats in Haifa. Er war ein regelmäßiger Mitarbeiter des *Orient.* Ging 1949 in die USA.

12 Seit 1945 war Palästina nicht mehr dem Kolonialministerium unterstellt, sondern dem Foreign Office. Die UNO hatte das vom ehemaligen Völkerbund an Großbritannien übertragene Mandat verlängert.

13 1946 wurde die Zahl der Araber Palästinas auf 1200000 geschätzt, d. h. etwa zwei Drittel der Bevölkerung.

14 Abba Eban: *Dies ist mein Volk. Die Geschichte der Juden.* (Aus dem Englischen übersetzt von Gerda Kurz und Siglinde Summerer.) Droemer, Zürich 1970, S. 345. Abba Eban war Israels erster Delegierter bei den Vereinten Nationen (1948–1959), dann Außenminister (bis 1974).

15 »Irgun Zevai Leumi« (»National-militärische Organisation«) war eine Widerstandsgruppe, die sich 1937 von der »Haganah« abgespalten hatte, um gegenüber Engländern und Arabern aggressiver vorzugehen. Sie zählte etwa 5000 Mitglieder; an der Spitze stand (seit 1944) Menachem Begin, später Chef der Partei »Cheruth« und (1977–1983) Israels Ministerpräsident. (Aussprache: irgūn zĕva'i lĕ'umi.) Eine weitere Gruppe, die »Kämpfer für die Freiheit Israels« (auch »Stern-Gruppe« genannt, nach ihrem Chef, der 1942 getötet wurde), war noch radikaler; sie zählte etwa 300 Mitglieder.

16 Vgl. S. 86.

17 Vgl. S. 177 ff.

18 Abba Eban, op. cit., S. 351.

19 Michael Zweig ging nach seiner Entlassung (1946) nach Los Angeles zurück, kam aber im Oktober 1950 wieder zu Besuch nach Berlin und konnte nun mit seinem Vater Wiedersehen feiern. Im September 1955 ließ er sich – zur Freude seines Vaters – in Ost-Berlin nieder und blieb dort über drei Jahre. Da er jedoch – verständlicherweise – seine US-Bürgerschaft nicht aufgeben wollte und auch Schwierigkeiten mit den Lebensbedingungen in der DDR hatte, übersiedelte er später nach West-Berlin.

20 Knut Hamsun (geb. 1859), norwegischer Schriftsteller, Nobelpreisträger (1920), starb 1952 im Alter von 92 Jahren. Während der deutschen Okku-

pation machte er Propaganda für Hitler; 1945 wurde er von einem norwegischen Gericht zu einer hohen Geldstrafe verurteilt.

21 Veröffentlicht in: Walter Zadek (Herausgeber), *Sie flohen vor dem Hakenkreuz. Selbstzeugnisse der Emigranten.* Unter Mitarbeit von Christine Brinck. Rowohlt Taschenbuch Verlag, Reinbek 1981, S. 139.

22 Die erste deutsche Ausgabe des Romans *Das Beil von Wandsbek* erschien 1947 in Schweden (Neuer Verlag, Stockholm). Die englische Übersetzung kam im gleichen Jahr in New York (Viking Press) und 1948 in London (Hutchinson Press) unter dem Titel *The Axe of Wandsbek* heraus.
Die Veröffentlichung der deutschen und englischen Ausgabe verzögerte sich immer wieder, da das deutsche Manuskript in einem desolaten Zustand war. Lion Feuchtwanger, der das Manuskript las, teilte Zweig mit, daß er sieben Monate brauchte, um den Text zu korrigieren! (Telegramm vom 7. März und Brief vom 8. März 1945.)

23 Vgl. Zweigs Brief an Louis Fürnberg vom 11. September 1946 und den Artikel »Das Dementi von Arnold Zweig« im Ma'ariw vom 21. Dezember 1965.

24 Das Gedicht wurde 1947 geschrieben und 1964 in dem Gedichtband *Jahresringe* (Aufbau-Verlag, Berlin und Weimar/DDR, S. 223) veröffentlicht.

25 Ein Schiff (»Exodus 1947«) wurde sogar nach Hamburg zurückgebracht, das zur britischen Zone gehörte; die Passagiere wurden gewaltsam an Land gesetzt.

26 UNSCOP: United Nations Special Commission on Palestine.

6. Kapitel: Geburt des Staates Israel – Arnold Zweig nimmt Abschied (1947–1948)

1 Es handelte sich um *Bonaparte in Jaffa* (erst 1949 im Aufbau-Verlag, Berlin/DDR, veröffentlicht) und *Austreibung 1744 oder das Weihnachtswunder*, das die Vertreibung der Juden aus Prag durch die Kaiserin Maria Theresia und den Widerruf dieses Edikts zu Weihnachten 1745 behandelt. Beide Stücke sind in dem Band *Soldatenspiele* (Aufbau-Verlag, Berlin/DDR 1956) abgedruckt.

2 Die meisten dieser Artikel sind in den beiden Bänden Arnold Zweig: *Essays I – Literatur und Theater* und *Essays II – Aufsätze zu Krieg und Frieden* (Aufbau-Verlag, Berlin und Weimar 1959 und 1967) veröffentlicht worden. Die Gedichte wurden in das Buch *Jahresringe* (Aufbau-Verlag, Berlin und Weimar/DDR 1964) aufgenommen.

3 Ruth Klinger: *Zeugin einer Zeit – ein Lebensbericht.* Privatdruck (2. Auflage), Zürich 1979.

4 Alice Schwarz: *Das Labyrinth der Leidenschaften. Fünf Novellen.* Haifa 1947.

5 Berichtet von Alice Schwarz im jüdischen Wochenblatt *Die Gemeinde* (Wien) vom 31. Dezember 1968.

6 Berichtet von Frau L. Bruno, Haifa, einer Nachbarin Arnold Zweigs. Auch Lion Feuchtwanger, dessen Bücher sich weiterhin gut verkauften, half seinem Freund öfters während dieser schwierigen Jahre mit Geldsendungen und »Vorschüssen« auf künftige Verträge mit amerikanischen und englischen Verlegern (s. S. 235, Anm. 22).

7 *Palestine Post* vom 19. August 1947.

8 Brief Arnold Zweigs an Erich Gottgetreu vom 28. August 1947.

9 Lesser Ury (1861–1931), geb. in Posen, Landschaftsmaler und Impressionist, lebte in Berlin.

10 Ludwig Meidner (1884–1966), Maler, Zeichner und Dichter. Lebte von 1933 bis 1953 in London.

11 Später hat Ben-Chorin den Kontakt mit seiner Heimatstadt wieder aufgenommen und sie öfters besucht. In dem Buch *Jugend an der Isar* (Paul List Verlag, München 1974) hat er seine Kindheit und Jugend in München beschrieben.
Für seine Bemühungen um eine Verständigung zwischen Juden und Christen erhielt Ben-Chorin 1969 das Bundesverdienstkreuz (I. Klasse) und 1982 (im Krönungssaal zu Aachen) die Buber-Rosenzweig-Medaille.

12 Hermann Kesten, geb. 1900 in Nürnberg, deutsch-jüdischer Schriftsteller, hat zahlreiche literarische Preise erhalten. Emigrierte 1933 und war bis 1940 literarischer Chefredakteur des Exilverlages de Lange in Amsterdam. Ging dann nach New York.

13 Brief vom 19. Januar 1948, veröffentlicht in: Hermann Kesten, *Deutsche Literatur im Exil – Briefe europäischer Autoren 1933–1949.* Kurt Desch Verlag, München 1964, S. 329–331.

14 Judah L. Magnes (1877–1948), Zionist und Pazifist, war der erste Präsident der Hebräischen Universität in Jerusalem. 1942 hatte er – mit Martin Bubers Unterstützung – die Gruppe »Ichud« (»Union«) gegründet, deren Ziel die Förderung der Zusammenarbeit zwischen Juden und Arabern und die Errichtung eines binationalen Staates war.

15 *Mitteilungsblatt* (*MB*): die Wochenzeitung der Organisation der Einwanderer aus Mitteleuropa (s. S. 120).

16 Die USA, Sowjetrußland und Frankreich stimmten für die Teilung: Großbritannien enthielt sich der Stimme.

17 Abba Eban, op. cit., S. 358.

18 Vgl. *Palestine Post* vom 6. Januar 1948.

19 Hebräisch: »Tohu-wawohu«. Das Wort steht bereits am Anfang der Bibel (Gen. 1,2) und beschreibt den Zustand der Welt (»wüst und leer«). Im modernen Hebräisch bedeutet es »Chaos«.

20 Brief vom 15. Januar 1948.

21 Wie schon erwähnt, wurde dieses Manuskript, das so oft in Zweigs Briefen auftaucht, nie als Buch veröffentlicht (s. S. 223; Anm. 47).
22 Brief an Walter Berendsohn vom 19. Februar 1948.
23 Die Arabische Legion war ein gut ausgebildetes Beduinen-Regiment aus Transjordanien, das unter dem Kommando eines britischen Offiziers (Sir John Glubb, genannt Glubb Pascha) stand. Gegen Ende des britischen Mandats wurde die Arabische Legion die Armee König Abdullahs von Transjordanien.
24 Die letzten Kämpfe in der Altstadt endeten am 28. Mai 1948.
25 Am darauffolgenden Tag war er Ministerpräsident des Staates Israel.
26 Latrun (und sein Trappisten-Kloster) blieb bis 1967 in der Hand der Arabischen Legion. Um diese Ortschaft – vergleichbar mit der Lage von Monte Cassino auf der Straße nach Rom – mußte eine neue Autostraße gebaut werden, um die Verbindung zwischen Jerusalem und dem Rest des Landes zu sichern.
27 Jan Masaryk, Sohn des ersten Präsidenten der Tschechoslowakei, war bis März 1948 Außenminister. Nach der Übernahme der Regierungsgewalt durch die Kommunistische Partei beging er Selbstmord.
28 Vgl. *Der Briefwechsel zwischen Louis Fürnberg und Arnold Zweig*, S. 183–186.
29 »Für Britannia hatte er immer viel übrig, auch wenn die alte Dame nicht mehr die Meere beherrschte und ihr Glanz sich verflüchtigt hatte. Aber ihm imponierte das Land von den Zeiten der Königin Elisabeth bis zu Winston Churchill... Vor allem lebte er seit jungen Jahren in der englischen Literatur. Von Shakespeare über Dickens, Kipling bis zu Wells und Shaw war sie ihm so geläufig wie die eigene... Nicht zuletzt imponierten ihm die selbstbewußte Gesinnung und die stetige Freundlichkeit der Menschen auf der Straße.« (Heinz Kamnitzer: *Der Tod des Dichters*, S. 28/29.)
30 Vgl. Zweigs Artikel »Einreise verwehrt« in *Neues Deutschland* (Berlin/DDR) vom 10. November 1950. Erst 1960 konnte Zweig England wieder besuchen.
31 Eine Abschrift dieses Rundschreibens wurde uns freundlicherweise von Alice Hausdorff, der damaligen Sekretärin des Schriftstellers, zur Verfügung gestellt.
32 Der »Befreiungs-« oder »Unabhängigkeitskrieg«, der praktisch am 30. November 1947 begonnen hatte, wurde erst am 20. November 1949 offiziell beendet, nachdem auch Syrien einen Waffenstillstand mit Israel abgeschlossen hatte.
33 Weitere Einzelheiten über dieses Interview auf den Seiten 177 f.
34 *Die Tribüne* (Zeitschrift zum Verständnis des Judentums), Nr. 6, Frankfurt 1963, S. 636–642. s. auch Ben-Chorin: *Germania Hebraica. Bei-*

träge zum Verhältnis von Deutschen und Juden. Bleicher-Verlag, Gerlingen 1982.

35 Zweig war 46 Jahre alt, als er in Palästina ankam.

36 Max Brod (geb. 1884 in Prag, gest. 1968 in Tel Aviv), Schriftsteller und Komponist. Schrieb u. a. *Tycho Brahes Weg zu Gott* (1916) und das philosophische Werk *Heidentum, Christentum, Judentum* (1921). Freund und Biograph von Franz Kafka, dessen Romane, Briefe und Tagebücher er postum veröffentlichte. 1960 erschien seine Autobiographie *Streitbares Leben*.

37 Mosche Ya'akow Ben-Gavriel (Eugen Höflich), geb. 1891 in Wien, gest. 1965 in Jerusalem.

38 Else Lasker-Schüler (geb. 1869 in Elberfeld-Wuppertal, gest. 1945 in Jerusalem) schrieb außer der Gedichtsammlung *Das blaue Klavier* (1943) *Hebräische Balladen* (Berlin 1913) und die Reisebeschreibung *Das Hebräerland* (Zürich 1937).

39 Joseph Kastein (geb. 1890 in Bremen, gest. 1946 in Haifa) schrieb Biographien von historischen jüdischen Persönlichkeiten: dem falschen Messias *Sabbatai Zwi*, dem Religionsphilosophen *Uriel da Costa*, dem Minnesänger *Süßkind von Trimberg*. Verfaßte auch eine *Geschichte der Juden* (1931), die seinerzeit große Verbreitung fand. (s. auch Alfred Dreyer: »Josef Kastein – Entscheidung für Israel«. In: *Bulletin des Leo-Baeck-Instituts*, Jerusalem, Nr. 66/1983, S. 23–51.)

40 Leo Perutz (geb. 1884 in Prag, gest. 1957 in Bad Ischl). Schrieb auch *Die dritte Kugel* (1915), *Der Marquis de Bolibar* (1920) und *Der schwedische Reiter* (1936). Viele seiner Bücher wurden in der Bundesrepublik neu aufgelegt.

41 Heinz Politzer (geb. 1910 in Wien, gest. 1978 in Berkeley/Kalifornien) war Mitarbeiter Max Brods bei der ersten Ausgabe von Kafkas Werken (1935). Verfaßte *Franz Kafka, der Künstler* (Frankfurt 1968) und *Das Schweigen der Sirenen* (Stuttgart 1968). Während seines Aufenthalts in Palästina unternahm er den erfolglosen Versuch, eine literarische Zeitschrift in englischer und deutscher Sprache herauszubringen. In der Bundesrepublik wurden in den letzten Jahren mehrere seiner Bücher neu aufgelegt.

42 Ludwig Strauß – s. auch S. 122.

43 Max Zweig (geb. 1892 in Prossnitz/Tschechoslowakei) ist weder mit Arnold noch mit Stefan Zweig verwandt. Autor von *Dramen* (2 Bände, Wien 1961 und 1963). Einige seiner Stücke wurden vom Habimah-Theater aufgeführt. Lebt seit 1938 in Tel Aviv.

44 Manfred Sturmann – s. S. 218, Anm. 37.

45 Werner Kraft (geb. 1896 in Braunschweig), Verfasser von Gedichten, die in den Sammlungen *Wort aus der Leere* (Jerusalem 1946) und *Figur der Hoffnung* (Heidelberg 1955) veröffentlicht wurden. Schrieb auch Essays

über Else Lasker-Schüler, Franz Kafka, Karl Kraus und Hugo von Hofmannsthal. Bekam 1971 den Sigmund-Freud-Preis der Deutschen Akademie für Sprache und Dichtung in Darmstadt. 1975 Doktor honoris causa der Universität Freiburg/Breisgau. Erhielt 1982 die Goethe-Medaille (verliehen vom Goethe-Institut »in Würdigung seiner hervorragenden Verdienste«).

46 *Menora – Eine Auswahl literarischen Schaffens in Erez-Israel.* Herausgegeben von Schalom Ben-Chorin und Gerson Stern (124 Seiten), Verlag Walter Menke, Tel Aviv 1941. Die »Menora« (Lampe, Leuchter) ist auch der siebenarmige Leuchter, der seit dem Zweiten Tempel das Symbol des jüdischen Volkes ist. Heute ist er das Wappen des Staates Israel.

47 *Ariel.* Ein Almanach für Literatur, Graphik, Musik. Herausgegeben von Manfred Vogel (88 Seiten), Verlag Junge Dichtung, Jerusalem 1941.

48 *Die Ernte. Ein Sammelheft jüdischer Dichtung.* Herausgegeben von Adolf Chajes und Schalom Ben-Chorin (35 Seiten), Verlag Manfred Rothschild, Jerusalem 1936.

Dritter Teil: Der Weg zurück

1. Kapitel: Arnold Zweig – gefeierter Dichter der DDR (1949–1962)

1 Theun de Vries (geb. 1907), ehemaliger Widerstandskämpfer, war von den Deutschen eingekerkert worden. Verfasser von zwei historischen Romanen: *Rembrandt* und *Die Freiheit trägt ein rotes Kleid.*

2 *De Vrije Katheder* wurde bereits unter der deutschen Besatzung als Widerstandsblatt gedruckt und setzte ihr Erscheinen bis 1949 fort. Das Zweig-Interview wurde in deutscher Sprache in *Arnold Zweig – Ein Almanach* veröffentlicht, der anläßlich des 75. Geburtstages des Schriftstellers herauskam (Aufbau-Verlag, Berlin und Weimar/DDR 1962, S. 156–166).

3 Der Befehl des Sicherheitsrats der Vereinten Nationen zur Feuereinstellung erging am 17. Juli 1948.

4 Johanna Rudolph (1902–1974) schrieb u. a. *Der Humanist Arnold Zweig* (Henschel-Verlag, Berlin/DDR 1955).

5 Hierzu sei bemerkt, daß Arnold Zweig im November 1968 (also genau 20 Jahre später) gestorben ist.

6 Bekanntlich konnte man in Berlin bis zur Errichtung der Mauer im August 1961 ungehindert zwischen den vier Besatzungszonen verkehren.

7 Das Hotel »Adlon« war vor dem Krieg das bekannteste Luxushotel Berlins.

8 In dem Stadtteil Pankow-Niederschönhausen befinden sich die Wohnungen der meisten offiziellen Persönlichkeiten. In Arnold Zweigs Haus in Niederschönhausen (Homeyerstr. 13) ist heute das Arnold-Zweig-Archiv

untergebracht, das von der ehemaligen Sekretärin des Schriftstellers, Ilse Lange, betreut wird.

9 Die meisten dieser Artikel und Aufsätze sind in den beiden Bänden Arnold Zweigs: *Essays I – Literatur und Theater* und *Essays II – Aufsätze zu Krieg und Frieden* veröffentlicht worden (vgl. S. 235, Anm. 2).

10 Erwähnenswert ist hier vor allem die Rede, die Zweig im Februar 1954 auf dem IV. Bundestag des Deutschen Kulturbundes in Dresden hielt. (Der DKB zählt etwa 200000 Mitglieder und hat eine Fraktion von 22 Abgeordneten in der Volkskammer.) In dieser Rede, die am 14. Februar 1954 im *Sächsischen Tageblatt* abgedruckt wurde, kritisierte er das gesellschaftliche System der DDR, insbesondere »die Überbetonung des Gemeinschaftlichen im Leben der DDR«, und unterstrich »die Wichtigkeit des privaten Lebens und der Entfaltung des Einzelnen ...« Und er stellte fest: »... Humanismus und stramme Organisation haben sich immer widersprochen. Selbst die Jesuiten, welche uns eine sehr große geistige Potenz hinterlassen haben, waren in ihrer Organisation nicht so angestrengt wie wir im Aufbau der DDR.«

Den gekürzten Wortlaut der »Dresdener Rede« (ohne Erwähnung des Redners) findet man auch in Rainer Kunze: *Die wunderbaren Jahre. Prosa.* »Flugblatt 5«. (Fischer-Verlag, Frankfurt 1958, S. 53–55.) Vgl. auch Geoffrey V. Davis: *Arnold Zweig in der DDR*. Bouvier-Verlag Herbert Grundmann, Bonn 1977, S. 53–55, 246–247.

11 Vgl. S. 139.

12 »Ich finde, dieser Titel paßt zu mir«, sagte Zweig in seiner Dankesrede an Professor Hans Mayer, damals Ordinarius an der Universität Leipzig, der ihn promoviert hatte. (Hans Mayer: »Meister Arnold, Vater Freud« im *Spiegel*, Nr. 39/1968, S. 186.)

13 Name des PEN-Zentrums der DDR, als noch westdeutsche Schriftsteller zu seinen Mitgliedern gehörten (bis 1967).

14 *Sinn und Form*, gegründet 1949 von Johannes R. Becher und Paul Wiegler. Herausgegeben von der Deutschen Akademie der Künste. Verlag Rütten & Loening, Berlin/DDR. Erscheint alle zwei Monate.

15 »Sowjetisches Tagebuch« in: *Sinn und Form*, Sonderheft Arnold Zweig, November 1952, S. 245–246.

16 Der Bericht von Walter Zadek über seinen Besuch bei Arnold Zweig erschien am 23. Mai 1958 in der Zeitung *Jediot Chadaschot* unter der Überschrift »Bei Arnold Zweig in Ost-Berlin«.

17 Saud Ibn Abd Al Asis war König von Saudi-Arabien von 1953 bis 1964, zog sich aber schon 1958 von den Regierungsgeschäften zurück und wurde schließlich von seinem Bruder Faisal abgesetzt.

18 Das Buch wurde auch in der Bundesrepublik veröffentlicht. (Vgl. S. 228, Anm. 4.) Über die »Struma«-Tragödie s. S. 117.

19 Berichtet in *Jediot Chadaschot* (Februar 1960).

20 *Im Feuer vergangen – Tagebücher aus dem Ghetto.* (Übersetzt aus dem Polnischen von Viktor Mika.) Rütten & Loening, Berlin/DDR 1959.

21 Ettersberg: ein Hügel in der Nähe von Weimar. Hier befand sich das Konzentrationslager Buchenwald, an welches das Mahnmal erinnert.

22 Arnold Zweig: *Die Feuerpause.* Aufbau-Verlag, Berlin/DDR 1954.

23 Diese und andere »Überarbeitungen« bei Neuausgaben seiner Bücher in der DDR trugen Zweig den Vorwurf ein, seine Romane an den Geschmack der DDR-Leser »angepaßt« zu haben. (Vgl. Marcel Reich-Ranicki, op. cit., S. 211–212.)

24 Arnold Zweig: *Die Zeit ist reif.* Aufbau-Verlag, Berlin/DDR 1957.

25 Vgl. S. 139 und 181 ff.

26 Diese Rede wurde in der Hamburger Wochenzeitung *Die Zeit* vom 14. April 1961 veröffentlicht.

27 Der Roman *Das Eis bricht*, der Zweigs letztes Buch sein sollte und als Abschluß des Romanzyklus *Der große Krieg der weißen Männer* gedacht war, blieb nur ein Fragment.

28 Eberhard Hilscher, op. cit., S. 155.

29 Arnold Zweig: *Traum ist teuer.* Aufbau-Verlag, Berlin/DDR 1962.

30 Czernowitz, die ehemalige Hauptstadt der Bukowina, die von 1775 bis 1918 zu Österreich gehörte, war lange Zeit ein deutsch-jüdisches Kulturzentrum und Wirkungsstätte vieler jüdischer Gelehrter und Intellektueller (1936 lebten dort ca. 45000 Juden, d. h. 40 % der Bevölkerung). Von 1918 bis 1940 gehörte die Stadt zu Rumänien (Cernauti); heute liegt sie in Sowjetrußland und trägt den Namen Tschernowzy. Die meisten Czernowitzer Juden, die die Deportationen der Hitlerzeit überlebt haben, sind nach Westeuropa und nach Israel ausgewandert.

31 Anspielung auf das Buch Jona (2,6–10). »Kikajon« ist das hebräische Wort für die Rizinusstaude, »die in einer Nacht wächst und in einer Stunde verdorrt«; das Adjektiv »kikjoni« bedeutet »kurzlebig«.

32 Dr. Karthaus sagt dies im Jahre 1943; die »Nacht von zehnjähriger Dauer« begann also für ihn 1933, dem Jahr, in welchem er (und auch der Autor Arnold Zweig!) nach Palästina kam...

33 Eberhard Hilscher, op. cit., S. 156.

34 Marcel Reich-Ranicki, op. cit., S. 214.

35 Rudolf Slansky war von 1946 bis 1951 Generalsekretär der Kommunistischen Partei und Vizepräsident der CSSR. Im November 1952 wurde er u. a. des Trotzkismus, des Titoismus und des Zionismus beschuldigt, zum Tode verurteilt und zusammen mit neun seiner Mitangeklagten hingerichtet. 1963 wurde er – wie die meisten Opfer des Stalinismus – rehabilitiert.

Anfang 1953 wurden in Moskau neun namhafte Ärzte (darunter sechs jüdische) verhaftet und beschuldigt, auf prominente sowjetische Funktionäre und Militärs Mordanschläge geplant zu haben. In einer beispiellosen

Kampagne griff daraufhin die gesamte kommunistische Presse Europas den Zionismus und jüdische Organisationen an. Besonders das Hilfswerk »American Joint Distribution Committee« wurde der Spionage und der Verschwörung gegen Sowjetrußland und andere kommunistische Länder bezichtigt. Nach Stalins Tod (am 5. März 1953) wurden die neun Ärzte für unschuldig erklärt und freigelassen. Die verantwortlichen Ankläger kamen ins Gefängnis.
In einem Schreiben an Lion Feuchtwanger (24. Januar 1953) beklagt Arnold Zweig die »Schlagworte und Anwürfe« der Zeitungen (»nicht unähnlich... denen der Hitlerpresse«), verteidigt die zionistische Bewegung und erinnert an die »glänzenden Waffentaten« der »Haganah«...
Das Moskauer »Ärztekomplott« führte zu einem längeren Abbruch der diplomatischen Beziehungen zwischen Israel und Sowjetrußland.

36 Interview mit Hans Laor am 22. Juni 1975.

2. Kapitel: Der einsame Mann von Pankow (1962–1968)

1 Zahl aus dem Jahr 1962. Außerdem lebten damals noch 2000 Personen jüdischer Abstammung in der DDR. Im Jahre 1974 war die Zahl der in der DDR lebenden Juden auf 800 zurückgegangen.

2 Heinz Kamnitzer (geb. 1917 in Berlin), Schriftsteller, Historiker, Essayist und Übersetzer. Er bearbeitete mehrere Werke Zweigs für das DDR-Fernsehen. Seit 1970 Präsident des PEN-Zentrums Deutsche Demokratische Republik.

3 Albrecht/Böttcher/Greiner-Mai/Krohn: *Schriftsteller in der DDR*. Bibliographisches Institut Leipzig 1974, S. 255.

4 Vgl. den Artikel »Die Verwandlungen des Arnold Zweig« in der Zeitschrift *Kürbiskern*, München 1972, Nr. 1, S. 119.

5 Heinz Kamnitzer: *Der Tod des Dichters*. Buchverlag Der Morgen, Berlin/DDR 1974.

6 Vgl. S. 64ff.

7 Arnold Zweig: »Die Natur des Menschen und Sigmund Freud« in *Früchtekorb – Jüngste Ernte*, S. 70–79.

8 Die Wahl des Wortes »Triumvirat« ist hier verfehlt, denn bekanntlich war ein Triumvirat im alten Rom ein »Bund dreier Männer«... Kamnitzer bezieht sich insbesondere auf Zweigs autobiographische Novelle *Über den Nebeln – Eine Tatra-Novelle* (Mitteldeutscher Verlag, Halle 1950), die einen zum Jahreswechsel 1932/1933 in der Hohen Tatra verbrachten Urlaub (in Begleitung von Lily Offenstadt) zum Thema hat.

9 Hedwig Courths-Mahler (1867–1950) und Eugenie Marlitt (1825–1887) wurden berühmt durch ihre zahllosen Unterhaltungsromane, die auch in der weitverbreiteten Familienzeitschrift *Die Gartenlaube* erschienen.

10 Brief von Anya Schragenheim an die Zeitung *Chadschot Israel – Israel Nachrichten*, veröffentlicht am 14. März 1975.
11 Schalom Ben-Chorin: *Ich lebe in Jerusalem*, S. 154.
12 Arnold Zweig hatte einen jüngeren Bruder, Hans (1891–1970), der nach Argentinien emigriert war, und eine Schwester, Ruth (geb. 1891), die von 1935 bis 1951 in Haifa lebte und dann zu ihrem Bruder nach Buenos Aires übersiedelte.
13 *Voltaire-Flugschriften*, Nr. 15/1967. Voltaire-Verlag, Berlin (West). Urheber der Falschmeldung war eine Agentur namens »Tarantel-Press«, die in antikommunistischer Propaganda spezialisiert war.
14 Christian Geissler (geb. 1928) ist auch Verfasser der Romane *Anfrage* (Düsseldorf 1960), *Das Brot und die Feile* (Gütersloh 1973) und *Wird Zeit, daß wir leben* (Berlin 1976). Das Interview mit Arnold Zweig wurde im *Spiegel* Nr. 39 vom 18. September 1967 veröffentlicht.
15 Bruno Frei (geb. 1907) war von 1927 bis 1929 und von 1948 bis 1956 Redakteur und Chefredakteur der linken Wiener Zeitung *Der Abend*. Die Exiljahre verbrachte er in der Tschechoslowakei, in Frankreich und in Mexiko. Schrieb u. a. *Israel zwischen den Fronten* (Wien 1965) und *Carl von Ossietzky* (Berlin/DDR 1966).
16 Bruno Frei: *Der Papiersäbel*. Fischer-Verlag, Frankfurt 1972.
17 Heinrich Manns sterbliche Überreste waren 1961 von Kalifornien nach Ost-Berlin überführt und auf dem Dorotheenstädtischen Kirchhof beigesetzt worden.
18 Schülerzeitung des Tschernichowski-Gymnasiums in Natanya (Israel), Dezember 1968.

Schlußwort: Ein Wanderer zwischen zwei Welten

1 Walter Berendsohn: *Die humanistische Front*, I. Teil, Zürich 1946, S. 91.
2 So war z. B. 1927 die Auswanderung stärker als die Einwanderung: 6000 Personen verließen das Land, und nur 3000 wanderten ein. (*Immigration and Settlement*. Keter Books, Jerusalem 1973, S. 1–2.)
3 Zur gleichen Zeit kamen eineinhalb Millionen Einwanderer ins Land, d. h. etwa 60000 pro Jahr. (*Society*, Keter Books, Jerusalem 1974, S. 1–2.)
4 Elie Wiesel (geb. 1928 in Rumänien) schrieb u. a. *Les Juifs du Silence* (über die Juden in Sowjetrußland) und *Le Mendiant de Jérusalem*, vor dem Hintergrund des Sechstagekrieges. Lebte 1948–1956 in Paris, dann in New York. Erhielt 1986 den Friedensnobelpreis.
5 Nachruf im *MB* vom 6. Dezember 1968. »Sabra« (Plural »Sabres«) ist die volkstümlich-jiddische Bezeichnung für den gebürtigen Israeli – nach einer kaktusartigen Frucht (hebr. »zabar«, Plural »zabarim«) mit rauher

Schale, aber zartem Fleisch. (Richtigstellung: Der Staat Israel wurde bereits zwei Monate *vor* Zweigs Abreise ausgerufen.)

6 Arnold Zweig: *De Vriendt kehrt heim*, S. 149.

7 Georg Lukács: »Arnold Zweigs Romanzyklus über den imperialistischen Krieg 1914–1918« in: *Schicksalswende*, Aufbau-Verlag, Berlin/DDR 1948, S. 308.

8 Heinz Kamnitzer, op. cit., S. 115.

9 Seit 1985 wird Arnold Zweig auch in Israel wieder gelesen. Seine Romane *Das Beil von Wandsbek* und *Der Streit um den Sergeanten Grischa* wurden vom Verlag Zmora-Bitan in Tel Aviv in einer neuen, zeitgemäßen hebräischen Übersetzung des Schriftstellers Zwi Arad herausgegeben. Weitere hebräische Ausgaben sind in Vorbereitung.

10 »Die Bundesrepublik mit ihrem Alleinvertretungsanspruch, bei dem die Kultur eine Rolle nie gespielt hat, hat ihm nie Avancen gemacht; er hat seine letzten Lebensjahre in der DDR verbracht wie so viele andere.« Walter Boehlich: »Buch der Rettung – Arnold Zweigs Roman *Das Beil von Wandsbek*« in: *Die Zeit*, 3. Oktober 1986, S. 18.

11 Walter Laqueur: *Weimar – Die Kultur der Republik*. (Aus dem Englischen übersetzt von Otto Weith.) Ullstein-Verlag, Berlin 1976, S. 165.

Literaturverzeichnis

I. Arnold Zweigs Gesamtwerk (Erstausgaben)

Der Englische Garten. Sonette. München 1910.

Aufzeichnungen über eine Familie Klopfer. Das Kind. Zwei Erzählungen. München 1911.

Die Novellen um Claudia. Leipzig 1912.

Abigail und Nabal. Tragödie in drei Akten. Leipzig 1913.

Die Bestie. Erzählungen. München 1914.

Ritualmord in Ungarn. Jüdische Tragödie in fünf Aufzügen. Berlin 1914.

Geschichtenbuch. München 1916.

Benarone. Eine Geschichte. München 1918.

Die Sendung Semaels. Jüdische Tragödie in fünf Aufzügen. Leipzig 1918. (Veränderte Neuauflage von *Ritualmord in Ungarn*).

Das ostjüdische Antlitz. 50 Abb. Berlin 1920.

Drei Erzählungen. Berlin 1920.

Gerufene Schatten. Berlin 1923.

Zweites Geschichtenbuch. München 1923.

Frühe Fährten. Berlin 1925.

Das neue Kanaan. Eine Untersuchung über Land und Geist. Berlin 1925.

Lessing, Kleist, Büchner. Drei Versuche. Berlin 1925.

Regenbogen. Erzählungen. Berlin 1925.

Die Umkehr des Abtrünnigen. Schauspiel. Darmstadt 1925.

Der Spiegel des großen Kaisers. Novelle. Berlin 1926.

Caliban oder Politik und Leidenschaft. Versuch über die menschlichen Gruppenleidenschaften, dargetan am Antisemitismus. Berlin 1927.

Juden auf der deutschen Bühne. Berlin 1927.

Der Streit um den Sergeanten Grischa. Roman. Potsdam 1927.

Herkunft und Zukunft. Zwei Essays zum Schicksal eines Volkes. Wien 1928. (Enthält *Das ostjüdische Antlitz* und *Das neue Kanaan.*)

Pont und Anna. Potsdam 1928.

Die Aufrichtung der Menorah. Entwurf einer Pantomime. Berlin 1930.

Junge Frau von 1914. Roman. Berlin 1931.

Knaben und Männer. Achtzehn Erzählungen. Berlin 1931.

Mädchen und Frauen. Vierzehn Erzählungen. Berlin 1931.

De Vriendt kehrt heim. Roman. Berlin 1932.

Die Aufgabe des Judentums (mit Lion Feuchtwanger). Die Streitschriften des Europäischen Merkur. Paris 1933.

Spielzeug der Zeit. Erzählungen. Amsterdam 1933.

Bilanz der deutschen Judenheit 1933. Ein Versuch. Amsterdam 1934.

Erziehung vor Verdun. Roman. Amsterdam 1935.

Einsetzung eines Königs. Amsterdam 1937.
Versunkene Tage. Roman aus dem Jahre 1908. Amsterdam 1938.
The living Thoughts of Spinoza. New York 1939.
Hakardom shel Wandsbek (Das Beil von Wandsbek). Roman (hebräisch). Merhavya (Palästina) 1943.
Allerleirauh. Geschichten aus dem gestrigen Zeitalter. Berlin (DDR) 1949.
Bonaparte in Jaffa. Historisches Schauspiel. Berlin (DDR) 1949.
Über den Nebeln. Eine Tatra-Novelle. Halle 1950.
Verklungene Tage. Roman. München 1950. (Neuausgabe von *Versunkene Tage*.)
Fahrt zum Acheron. Erzählung. Berlin (DDR) 1951.
Der Elfenbeinfächer. Ausgewählte Novellen, 1. Band. Berlin (DDR) 1952.
Westlandsaga. Erzählung. Berlin (DDR) 1952. (Neufassung von *Die Bestie*.)
Die Feuerpause. Roman. Berlin (DDR) 1954.
Der Regenbogen. Ausgewählte Novellen, 2. Band. Berlin (DDR) 1955.
Soldatenspiele. Drei dramatische Historien. Berlin (DDR) 1956.
Früchtekorb – Jüngste Ernte. Aufsätze. Rudolstadt (DDR) 1956.
Die Zeit ist reif. Roman. Berlin (DDR) 1957.
Essays. Band I: *Literatur und Theater*. Berlin (DDR) 1959.
Novellen. (2 Bände.) Berlin und Weimar 1961.
Traum ist teuer. Roman. Berlin und Weimar 1962.
Jahresringe. Gedichte. Berlin und Weimar 1964.
Über Schriftsteller. Berlin und Weimar 1967.
Essays. Band II: *Aufsätze zu Krieg und Frieden*. Berlin und Weimar 1967.
Sigmund Freud/Arnold Zweig: *Briefwechsel*. Herausgegeben von Ernst L. Freud. Frankfurt 1968.
Sigmund Freud/Arnold Zweig: *Correspondance 1927–1939*. Traduit de l'allemand par Luc Weibel. Préface de Marthe Robert. Paris 1973.
Furchen der Zeit. Ausgewählte Geschichten. Berlin und Weimar 1973.
Der Briefwechsel zwischen Louis Fürnberg und Arnold Zweig. Dokumente einer Freundschaft. Berlin und Weimar 1978.
Lion Feuchtwanger/Arnold Zweig: *Briefwechsel 1933–1958*. Herausgegeben von Harold von Hofe. Berlin und Weimar 1984.

II. Über Arnold Zweig

Arnold Zweig – Ein Almanach. Briefe, Glückwünsche, Aufsätze. Berlin (DDR) 1962.
Arnold Zweig 1887–1968. Werk und Leben in Dokumenten und Bildern. Herausgegeben von Georg Wenzel. Berlin und Weimar 1978.

Klara Pomeranz Carmely: »Arnold Zweig«. In: *Das Identitätsproblem jüdischer Autoren im deutschen Sprachraum.* Von der Jahrhundertwende bis Hitler. (S. 75–80, 114–131.) Königstein/Ts. 1981.
Geoffrey V. Davis: *Arnold Zweig in der DDR. Entstehung und Bearbeitung der Romane »Die Feuerpause«, »Das Eis bricht« und »Traum ist teuer«.* Bonn 1977.
Alban Dussau: *Arnold Zweig romancier.* Diss. Metz 1986. (In französischer Sprache).
Moritz Goldstein: »Arnold Zweig«. In: *Juden in der deutschen Literatur.* (S. 241–250.) Herausgegeben von Gustav Krojanker. Berlin 1922.
Emanuel bin Gorion: »Der Streit um den Sergeanten Grischa«. In: *Ceterum recenseo – Kritische Aufsätze und Reden.* (S. 77–90.) Tübingen 1929.
Eberhard Hilscher: *Arnold Zweig – Leben und Werk.* Berlin (DDR) 1967.
Paul Huys: *Arnold Zweig – der Mensch, der Jude, der Epiker.* Diss. Gent 1959.
Heinz Kamnitzer: *Der Tod des Dichters.* Berlin (DDR) 1974.
Eva Kaufmann: *Arnold Zweigs Weg zum Roman.* Vorgeschichte und Analyse des Grischaromans. Berlin (DDR) 1967.
Solomon Liptzin: »Pan-Humanists« (Max Brod, Erich Kahler, Arnold Zweig). In: *Germany's Stepchildren.* Philadelphia 1944.
Georg Lukácz: »Arnold Zweigs Romanzyklus über den imperialistischen Krieg 1914–1918«. In: *Schicksalswende.* Berlin (DDR) 1948. (S. 308 ff.)
Hans Mayer: »Arnold Zweigs Grischa-Zyklus« (1952). In: Lutz Winckler (Hrsg. in Zusammenarbeit mit Christian Fritsch): *Antifaschistische Literatur,* Bd. 3 (S. 63–76). Königstein/Taunus 1979.
Hans Mayer: »Meister Arnold, Vater Freud«. In: *Der Spiegel,* Nr. 39/1968, S. 182–187.
David R. Midgley: *Arnold Zweig – Eine Einführung in Leben und Werk.* Frankfurt am Main 1987.
Hans-Harald Müller: »Arnold Zweigs Sergeant Grischa«. In: *Der Krieg und die Schriftsteller.* (S. 104–180.) Stuttgart 1986.
Fritz Raddatz: »Zwischen Freud und Marx – Arnold Zweig«. In: *Traditionen und Tendenzen – Materialien zur Literatur der DDR.* (S. 279–300.) Frankfurt 1972.
Marcel Reich-Ranicki: »Der preußische Jude Arnold Zweig«. In: *Deutsche Literatur in West und Ost.* (S. 189–214.) Reinbek 1970.
Daniel Rubinstein: *Arnold Zweig haja kan* (»Arnold Zweig war hier«). In: *Dawar,* Tel Aviv, 1986, Wochenendbeilage S. 12/13.
Johanna Rudolph: *Der Humanist Arnold Zweig.* Ein Versuch. Berlin (DDR) 1955.
George Salamon: *Arnold Zweig.* Boston 1975 (in englischer Sprache).

Sinn und Form. Beiträge zur Literatur. *Sonderheft Arnold Zweig*. Herausgegeben von der Deutschen Akademie der Künste. Berlin (DDR) 1952.
Gerhard Schmolze: »Der Dichter, der nicht sehen will.« In: *Süddeutsche Zeitung*, München, Nr. 17/1975, S. 8.
Gerhard Schmolze: »Schwierigkeiten mit Arnold Zweig.« In: *Süddeutsche Zeitung*, München, Nr. 82/1979, S. 115.
Hans-Albert Walter: *Im Anfang war die Tat – Arnold Zweigs »Beil von Wandsbek«*. Frankfurt 1986.

III. Literatur über Judentum, Zionismus und Israel

Dov Amir: *Leben und Werk der deutschsprachigen Schriftsteller in Israel*. München 1980. (Etwa 120 Kurzbiographien.)
Ariel. Ein Almanach für Literatur – Graphik – Musik, herausgegeben von Manfred Vogel. Jerusalem 1941.
Eva Beling: *Die gesellschaftliche Eingliederung der deutschen Einwanderer in Israel (1933–1945)*. Frankfurt 1967.
Schalom Ben-Chorin: »Heimat oder Exil?« In: *Tribüne* – Zeitschrift zum Verständnis des Judentums, Nr. 6, Frankfurt 1963 (S. 636–642).
Schalom Ben-Chorin: *Ich lebe in Jerusalem*. München 1972.
Schalom Ben-Chorin: *Germania Hebraica*. Beiträge zum Verhältnis von Deutschen und Juden. Gerlingen 1982.
Nicholas Bethell: *Das Palästina-Dreieck*. Juden und Araber im Kampf um das britische Mandat 1935–1948. (Aus dem Englischen übersetzt von Klaus Kochmann.) Frankfurt 1979.
Henryk Broder: *Der Ewige Antisemit. Über Sinn und Funktion eines beständigen Gefühls*. Frankfurt 1986.
William Chomsky: *Hebrew – the Eternal Language*. Philadelphia 1957.
Abba Eban: *Dies ist mein Volk. Die Geschichte der Juden*. Aus dem Englischen übersetzt von G. Kurz und S. Summerer. Zürich 1970.
Encyclopaedia Judaica. (16 Bände). Jerusalem 1971.
Shlomo Erel: *Neue Wurzeln – 50 Jahre Immigration deutschsprachiger Juden in Israel*. Gerlingen 1983.
Die Ernte. Ein Sammelheft jüdischer Dichtung. Herausgegeben von Adolf Chajes. Unter Mitarbeit von Schalom Ben-Chorin. Jerusalem 1936.
Everyman's Judaica. Jerusalem 1975.
Nahum Goldmann: *Mein Leben als deutscher Jude*. München/Wien 1980.
Nahum Goldmann: *Erez-Israel – Reisebriefe aus Palästina 1914*. Darmstadt 1982.
Paul Goodman: *History of the Jews*. London 1951.

Erich Gottgetreu: *Das Land der Söhne – Palästina nahe gerückt.* Wien 1934.
Hermann Greive: *Geschichte des modernen Antisemitismus in Deutschland.* Darmstadt 1983.
Sammy Gronemann: *Hawdoloh und Zapfenstreich.* Erinnerungen an die ostjüdische Etappe 1916–1918. Berlin 1924.
Frederic V. Grunfeld: *Prophets without Honour.* A Background to Freud, Kafka, Einstein und Their World. London 1979.
Friedrich Heer: *Gottes erste Liebe. 2000 Jahre Judentum und Christentum.* München und Esslingen 1967.
Hugo Herrmann: *Palästina-Kunde* (I–IV). Wien 1934.
Theodor Herzl: *Der Judenstaat.* Versuch einer modernen Lösung der Judenfrage. Leipzig und Wien 1896.
Im Feuer vergangen – Tagebücher aus dem Ghetto. (Aus dem Polnischen übersetzt von Viktor Mika.) Berlin (DDR) 1959.
Immigration and Settlement. (Keter Books). Jerusalem 1973.
Juden in der deutschen Literatur. Herausgegeben von Gustav Krojanker. Berlin 1922.
Jüdisches Lexikon. (5 Bände) Berlin 1927–1930.
Alfred Kupferberg: *Deutsche Juden im jüdischen Land.* Palästinaberichte eines jüdischen Journalisten. Hamburg 1934.
Walter Laqueur: *Der Weg zum Staat Israel – Geschichte des Zionismus.* (Aus dem Englischen übersetzt von Heinrich Jelinek.) Wien 1975.
Lexikon des Judentums. Gütersloh 1967.
Gerda Luft: *Heimkehr ins Unbekannte.* Eine Darstellung der Einwanderung von Juden aus Deutschland nach Palästina 1933–1939. Mit einem Vorwort von Willy Brandt. Wuppertal 1977.
Gerda Luft: *Chronik eines Lebens für Israel.* Stuttgart 1983.
Golda Meir: *Mein Leben.* Aus dem Englischen v. H. Degner und H-J. Maass. Hamburg 1975.
Menora. Eine Auswahl literarischen Schaffens in Erez-Israel. Herausgegeben von Schalom Ben-Chorin und Gerson Stern. Tel Aviv 1941.
Orient – Haifa 1942–1943. Bibliographie einer Zeitschrift. Bearbeitet von Volker Riedel. Berlin und Weimar 1973.
Don Peretz: *The Middle East.* New York 1969.
Philo-Lexikon. Handbuch des jüdischen Wissens. Berlin 1935.
Chaim Rabin: *A Short History of the Hebrew Language.* Jerusalem 1973.
Marcel Reich-Ranicki: *Über Ruhestörer – Juden in der deutschen Literatur.* München 1973.
Alice Schwarz: *Das Labyrinth der Leidenschaften.* Fünf Novellen. Vorwort von Arnold Zweig. Haifa 1947.
Alice Schwarz: *Schiff ohne Anker.* Frankfurt 1962.
Alice Schwarz: *Paradies mit Schönheitsfehlern. So lebt man in Israel.* Freiburg/Br. 1982.

Robert St. John: *Die Sprache der Propheten – Die Lebensgeschichte des Elieser Ben Jehuda, des Schöpfers der neuhebräischen Sprache.* (Aus dem Englischen übersetzt von Gerta Brost.) Gerlingen 1985.

The Standard Jewish Encyclopaedia. London 1962.

Desider Stern: *Werke jüdischer Autoren deutscher Sprache.* Wien 1970. (Grundlegendes, unentbehrliches Nachschlagewerk.)

Stimmen aus Israel – Eine Anthologie deutschsprachiger Schriftsteller in Israel. Herausgegeben von Meir M. Faerber. Gerlingen 1979.

Jacob Tsur: *Zionismus – Geschichte einer Befreiungsbewegung.* (Aus dem Französischen übersetzt von M. Wiznitzer.) Bonn 1978.

Vom Judentum. Ein Sammelbuch. Herausgegeben vom Verein jüdischer Hochschüler Bar Kochba in Prag. Leipzig 1913.

Martin Wiznitzer-Wilmington: *The Middle East Supply Centre.* Edited by Laurence Evans. Albany (USA) 1971. London 1972.

Curt D. Wormann: »German Jews in Israel: Their cultural situation since 1933.« In: *Year Book XV – Leo Baeck Institute* (S. 73–103). London – Jerusalem – New York 1970.

IV. Exilliteratur

Walter A. Berendsohn: *Die humanistische Front.* Einführung in die deutsche Emigranten-Literatur. Teil I: *Von 1933 bis zum Kriegsausbruch.* Zürich 1946. Teil II: *Vom Kriegsausbruch 1939 bis Ende 1946.* Worms 1976.

Biographisches Handbuch der deutschsprachigen Emigration nach 1933. Herausgegeben vom Institut für Zeitgeschichte München und der Research Foundation for Jewish Immigration, Inc., New York. Band 1: *Politik, Wirtschaft, Öffentliches Leben.* Bearbeitet von Werner Röder, München, und Herbert A. Strauss, New York, unter Mitwirkung von Dieter Marc Schneider und Louise Forsyth. München 1980. Band 2: *International Biographical Dictionary of Central European Emigrés 1933–1945. The Arts, Sciences and Literature.* (In Englisch.) Bearbeitet von Herbert A. Strauss, New York, und Werner Röder, München. (2 Teile). München 1983.

Die deutsche Exilliteratur 1933–1945. Herausgegeben von Manfred Durzak. Stuttgart 1973.

Deutsche Literatur im Exil – Briefe europäischer Autoren 1933–1949. Herausgegeben von Hermann Kesten. München 1964.

Deutsche Literatur im Exil 1933–1945. (2 Bände). Herausgegeben von Heinz Ludwig Arnold. Frankfurt 1974.

Der deutsche Pen-Club im Exil 1933–1945. Katalog der Ausstellung der Deutschen Bibliothek (Abt. Exilliteratur). Frankfurt 1980.

Exil – Literarische und politische Texte aus dem deutschen Exil 1933–1945. Herausgegeben von Ernst Loewy. Stuttgart 1979.
Exil-Literatur 1933–1945. Deutsche Bibliothek (Sammlung Exilliteratur), Frankfurt 1967. (Katalog zur Ausstellung »Exil-Literatur 1933–1945«.)
Exil in der Tschechoslowakei, in Großbritannien, Skandinavien und in Palästina. Kunst und Literatur im antifaschistischen Exil 1933–1945 in sieben Bänden. Band 5. Leipzig 1980.
Exil in Frankreich. Kunst und Literatur im antifaschistischen Exil 1933–1945 in sieben Bänden. Band 7. Leipzig 1981.
Bruno Frei: *Der Papiersäbel.* Autobiographie. Frankfurt 1972.
Fürnberg – Ein Lesebuch für unsere Zeit. Auswahl von Hans Böhm. Berlin und Weimar 1969
Alfred Kantorowicz: *Deutsches Tagebuch* (2 Bände). München 1959 und 1961.
Alfred Kantorowicz: *Verboten und verbrannt – Deutsche Literatur 12 Jahre unterdrückt.* Berlin (DDR) 1947.
Alfred Kantorowicz: *Politik und Literatur im Exil.* Deutschsprachige Schriftsteller im Kampf gegen den Nationalsozialismus. Hamburg 1978.
Ludwig Marcuse: *Mein zwanzigstes Jahrhundert.* Auf dem Weg zu einer Autobiographie. München 1960.
Peter Mertz: *Und das wurde nicht ihr Staat.* Erfahrungen emigrierter Schriftsteller mit Westdeutschland. München 1985.
Walter Muschg: *Die Zerstörung der deutschen Literatur.* Berlin 1958.
Jürgen Serke: *Die verbrannten Dichter.* Berichte, Texte, Bilder einer Zeit. Weinheim 1977.
Alexander Stephan: *Die deutsche Exilliteratur 1933–1945. Eine Einführung.* München 1977.
Wilhelm Sternfeld/Eva Tiedemann: *Deutsche Exil-Literatur 1933–1945.* Eine Bio-Bibliographie. Darmstadt 1970.
Kurt Tucholsky: *Politische Briefe.* Hamburg 1969.
Verbannung. Aufzeichnungen deutscher Schriftsteller im Exil. Herausgegeben von Egon Schwarz und Matthias Wegner. Hamburg 1964.
Verbrannt, verboten – verdrängt? Literatur und Dokumente der deutschen Emigration seit 1933. (Katalog zur Ausstellung der Stadtbibliothek Worms zum 40. Jahrestag der Bücherverbrennung am 10. Mai 1933.) Worms 1973.
Hans-Albert Walter: *Deutsche Exilliteratur 1933–1950.* (9 Bände geplant.) Erschienen bis 1984: Band 1: *Bedrohung und Verfolgung bis 1933.* Darmstadt und Neuwied 1972. Band 2: *Asylpraxis und Lebensbedingungen in Europa.* Darmstadt und Neuwied 1972; *Europäisches Appeasement und überseeische Asylpraxis* (1938–1941). Stuttgart 1984. Band 4: *Exilpresse.* Stuttgart 1978. Band 7: *Exilpresse I.* Darmstadt und Neuwied 1974.

Matthias Wegner: *Exil und Literatur.* Deutsche Schriftsteller im Ausland 1933–1945. Frankfurt 1967.
Franz C. Weiskopf: *Unter fremden Himmeln.* Ein Abriß der deutschen Literatur im Exil 1933–1947. Berlin (DDR) 1948 und 1981 (Neuausgabe).
Walter Zadek (Herausgeber): *Sie flohen vor dem Hakenkreuz. Selbstzeugnisse der Emigranten.* Unter Mitarbeit von Christine Brinck. Reinbek 1981.

V. Deutsche Geschichte und Literatur 1918–1939

Schalom Ben-Chorin: *Jugend an der Isar.* München 1974.
Karl D. Bracher: *Die Auflösung der Weimarer Republik.* Königstein/Taunus 1978.
Winston S. Churchill: *The Second World War.* London 1948–1954.
Henry & Mary Garland: *The Oxford Companion to German Literature.* Oxford 1976.
E. J. Gumbel: *4 Jahre politischer Mord.* Berlin 1922.
E. J. Gumbel: *Vom Fememord zur Reichskanzlei.* Mit einem Vorwort von Walter Fabian. Heidelberg 1962.
Hans H. Hermann: *Weimar – Bestandsaufnahme einer Republik.* Hamburg 1969.
Friedrich Hoffmann & Herbert Rösch: *Grundlagen, Stile, Gestalten der deutschen Literatur.* Eine geschichtliche Darstellung. Frankfurt 1970.
Hermann Kunisch: *Kleines Handbuch der deutschen Gegenwartsliteratur.* München 1969.
Walter Laqueur: *Weimar – Die Kultur der Republik.* (Übersetzt aus dem Englischen von Otto Weith.) Berlin 1976.
Lexikon deutschsprachiger Schriftsteller von den Anfängen bis zur Gegenwart. (2 Bände) Gesamtredaktion: Kurt Böttcher, Leipzig 1967, 1968.
Meyers Lexikon A–Z. Leipzig 1974.
Müller/Schantz: *Deutsche Geschichte im europäischen Zusammenhang.* Frankfurt 1963.
Gerhard Schmolze: *Revolution und Räterepublik in München 1918/19 in Augenzeugenberichten.* Düsseldorf 1969.
William L. Shirer: *Der Aufstieg und Fall des Dritten Reichs.* (Aus dem Englischen übersetzt von W. und M. Pferdekamp.) Köln 1961.
Louis L. Snyder: *The Weimar Republic – A History from Ebert to Hitler.* New York 1966.

VI. Zeitschriften und Periodika

Etudes germaniques. Revue de la Société des Etudes germaniques. Paris.

Freie Zionistische Blätter. Heidelberg (1921).

Gilionot. Schülerzeitung des Tschernichowski-Gymnasiums, Natanya (Israel).

Heute und Morgen. LEPAC. Tel Aviv (1944–1945).

Jerusalem Post. Sondernummer zum 40. Jubiläum. 7. Dezember 1972.

Jewish Frontier. League for Labor Palestine. New York.

Jewish Observer and Middle East Review. London.

Der Jude. Berlin (1916–1924).

Jüdische Rundschau. Organ der Zionistischen Vereinigung Deutschlands. Berlin (1896–1938).

Der Kürbiskern. Literatur, Kritik, Klassenkampf. München.

Mitteilungsblatt (MB). Wochenzeitung des Irgun Oleh Merkas Europa (Verband mitteleuropäischer Einwanderer), Tel Aviv.

Neue Deutsche Literatur. Berlin (DDR).

Das Neue Tage-Buch. Paris und Amsterdam (1933–1940).

Die Neue Weltbühne. Wochenschrift für Politik, Kunst, Wirtschaft. Prag, Wien und Zürich (1933–1939).

Orient. Unabhängige Wochenschrift für Zeitfragen, Kultur, Wirtschaft. Haifa (1942–43).

Revue um die Welt. Berlin (DDR).

Sinn und Form. Beiträge zur Literatur. Herausgegeben von der Deutschen Akademie der Künste. Berlin (DDR).

Der Spiegel. Aktuelles Nachrichtenmagazin. Hamburg.

Tribüne. Zeitschrift zum Verständnis des Judentums. Frankfurt.

Tribüne. Zeitschrift des Kriegsgefangenenlagers 307. Fanara/Ägypten (1946).

USA in Wort und Bild. Berlin (DDR).

Voltaire Flugschriften. Berlin (DDR).

Weimarer Beiträge. Zeitschrift für Literaturwissenschaften. Weimar.

Die Weltbühne. Wochenschrift für Politik, Kunst, Wirtschaft. Berlin-Charlottenburg (1905–1933).

Das Wort. Literarische Monatsschrift. Moskau (1936–1939).

Die Zeit. Wochenzeitung für Politik, Wirtschaft, Handel und Kultur. Hamburg.

Register

Verboten und verbrannt / Exil

Alexan
Mit uns die Sintflut
Fibel der Zeit
Band 5129

Theodor Balk
Das verlorene Manuskript
Band 5179

Hans Beckers
Wie ich zum Tode verurteilt wurde
Band 5967

Leonhard Frank
Von drei Millionen drei
Roman
Band 5187

Alexander Moritz Frey
Die Pflasterkästen
Band 5101

Hellmut von Gerlach
Von Rechts nach Links
Band 5182

Hermann Grab
Der Stadtpark
und andere Erzählungen
Band 5951

Martin Gumpert
Dunant
Der Roman des Roten Kreuzes
Band 5261
Der Geburtstag
Roman
Band 5954

Alfred Kantorowicz
Exil in Frankreich
Band 5957
Spanisches Kriegstagebuch
Band 5175

H. W. Katz
Die Fischmanns
Roman
Band 5955
Schloßgasse 21
Roman
Band 5106

Hans Keilson
Das Leben geht weiter
Roman
Band 5950

Alfred Kerr
Die Diktatur des Hausknechts und Melodien
Band 5184

Egon Erwin Kisch
Geschichten aus sieben Ghettos
Band 5174

Fischer Taschenbuch Verlag

fi 118 / 6a

Verboten und verbrannt / Exil

Werner Lansburgh
Strandgut Europa
Erzählungen aus dem Exil 1933 bis heute
Band 5377

Heinz Liepman
Das Vaterland
Band 5170

Robert Lucas
Teure Amalia, vielgeliebtes Weib
Briefe des Gefreiten Adolf Hirnschal
Band 5177

Konrad Merz
Ein Mensch fällt aus Deutschland
Band 5172

Ernst Erich Noth
Weg ohne Rückkehr
Roman
Band 5952

Rudolf Olden
Hitler
Band 5185

Carl von Ossietzky
Rechenschaft
Publizistik aus den Jahren 1913–1933
Band 5188

Karl Otten
Torquemadas Schatten
Band 5137

Theodor Plievier
Der Kaiser ging, die Generäle blieben
Roman
Band 5171

Gustav Regler
Im Kreuzfeuer
Band 5181

Nico Rost
Goethe in Dachau
Band 5183

Alice Rühle-Gerstel
Der Umbruch oder Hanna und die Freiheit
Roman
Band 5190

Wilhelm Speyer
Das Glück der Andernachs
Roman
Band 5178

Adrienne Thomas
Die Katrin wird Soldat
Roman
Band 5265
Reisen Sie ab, Mademoiselle!
Roman
Band 5956

Paul Zech
Deutschland, dein Tänzer ist der Tod
Band 5189

Fischer Taschenbuch Verlag

Biographien / Erinnerungen
Tagebücher
Zeitgeschichte

Walter Kolbenhoff
Von unserm Fleisch und Blut
Band 2034
Schellingstraße 48
Erfahrungen mit Deutschland
Band 5867

Helmut Krausnick
Hitlers Einsatzgruppen
Die Truppe des Weltanschauungskrieges 1938–1942
Band 4344

Jochen von Lang
Der Sekretär
Martin Bormann: Der Mann, der Hitler beherrschte
Band 3430

Hermann Langbein
... nicht wie die Schafe zur Schlachtbank
Band 3486

Primo Levi
Atempause
Eine Nachkriegs-odyssee
Band 2105

Ernst Loewy
Literatur unterm Hakenkreuz
Das Dritte Reich und seine Dichtung
Eine Dokumentation
Band 4303

Kazimierz Moczarski
Gespräche mit dem Henker
Das Leben des SS-Gruppenführers und Generalleutnants der Polizei
Band 3466

Franz Neumann
Behemoth
Struktur und Praxis des Nationalsozialismus 1933–1944
Band 4306

Ernst Papanek
Die Kinder von Montmorency
Band 3494

Ernst Schnabel
Anne Frank
Spur eines Kindes
Band 5089

Gerhard Schoenberner
Der gelbe Stern
Die Judenverfolgung in Europa 1933–1945
Band 3463

Robert Wistrich
Wer war wer im Dritten Reich
Ein biographisches Handbuch. Band 4373

Fischer Taschenbuch Verlag

fi 37 / 4b

Heinrich Mann

Lion Feuchtwanger
Unter den Schriftstellern, die sich vorsetzen, unser Jahrhundert nicht nur in ihren Büchern zu gestalten, sondern es durch sie zu verändern, ist er der größte.
Heinrich Mann. In: Aufbau 1946

Thomas Mann

Die Romane

Buddenbrooks
Verfall einer Familie
Band 661

Königliche Hoheit
Band 2

Bekenntnisse des Hochstaplers Felix Krull
Der Memoiren erster Teil
Band 639

Der Zauberberg
Band 800

Joseph und seine Brüder
3 Bände: 1183, 1184, 1185

Lotte in Weimar
Band 300

Doktor Faustus
Das Leben des deutschen Tonsetzers Adrian Leverkühn erzählt von einem Freunde
Band 1230

Die Entstehung des Doktor Faustus
Band 5779

Der Erwählte
Band 1532

Die Erzählungsbände

Der Tod in Venedig
und andere Erzählungen
Band 54

Herr und Hund
Ein Idyll
Band 85

Wälsungenblut
Mit den Illustrationen von Th. Th. Heine
Band 5778

Tonio Kröger / Mario und der Zauberer
Band 1381

Der Wille zum Glück
und andere Erzählungen
Band 9104

Schwere Stunde
und andere Erzählungen
Band 9105

Unordnung und frühes Leid
und andere Erzählungen
Band 9106

Die Betrogene
und andere Erzählungen
Band 9107

Fischer Taschenbuch Verlag

fi 227 / 4

Thomas Mann

Die Essaybände

Essays
Band 1: Ausgewählte Schriften zur Literatur
Begegnungen mit Dichtern und Dichtung
In Zusammenarbeit mit Hunter Hannum herausgegeben von Michael Mann
Band 2: Politische Reden und Schriften
Ausgewählt, eingeleitet und erläutert von Hermann Kurzke
Band 3: Schriften über Musik und Philosophie
Ausgewählt, eingeleitet und erläutert von Hermann Kurzke
3 Bände: 1906, 1907, 1908

Goethe's Laufbahn als Schriftsteller
Zwölf Essays und Reden zu Goethe
Band 5715

Wagner und unsere Zeit
Aufsätze, Betrachtungen
Briefe
Herausgegeben von Erika Mann
Mit einem Geleitwort von Willi Schuh
Band 2534

Die Briefbände

Thomas Mann Briefwechsel mit seinem Verleger Gottfried Bermann Fischer 1932–1955
Herausgeben von Peter de Mendelssohn
Band 1566

Briefe
Herausgegeben von Erika Mann
Band 1: 1889–1936
Band 2136
Band 2: 1937-1947
Band 2137
Band 3: 1948-1955 und Nachlese
Band 2138

Eine Chronik seines Lebens
Zusammengestellt von Hans Bürgin und Hans-Otto Mayer
Band 1470

Fischer Taschenbuch Verlag

Die Schriften der Anna Freud
Ausgabe in 10 Bänden

Herausgegeben von Helga Watson und Michael Schröter

Band I 1922–1936	**Einführung in die Psychoanalyse Vorträge für Kinderanalytiker und Lehrer Das Ich und die Abwehrmechanismen**
Band II 1939–1945	**Kriegskinder Berichte aus den Kriegskinderheimen »Hamstead Nurseries« 1941 und 1942**
Band III 1939–1945	**Anstaltskinder Berichte aus den Kriegskinderheimen »Hamstead Nurseries« 1943 bis 1945**
Band IV 1945–1956	**Indikationsstellung in der Kinderanalyse und andere Schriften**
Band V 1945–1956	**Psychoanalyse und Erziehung und andere Schriften**
Band VI 1956–1965	**Forschungsergebnisse aus der Hamstead Child-Therapy Clinic und andere Schriften**
Band VII 1956–1965	**Anwendung psychoanalytischen Wissens auf die Kindererziehung und andere Schriften**
Band VIII 1965	**Wege und Irrwege in der Kinderentwicklung**
Band IX 1966–1970	**Probleme der psychoanalytischen Ausbildung, Diagnose und therapeutischen Technik**
Band X 1971–1980	**Psychoanalytische Beiträge zur normalen Kinderentwicklung Gesamtregister**

Fischer Taschenbuch Verlag

fi 582 / 1

Sigmund Freud
Einzelbände im Taschenbuch

Comment parler du **château** de **Versailles** aux enfants ?

Quelques collègues ont bien voulu faire profiter ce livre de leur connaissance intime du château, je leur exprime ici ma gratitude en m'excusant de les avoir si souvent importunés : Valérie Bajou, Jérémie Benoit, Roland Bossard, Jean-Paul Gousset, Pierre-Xavier Hans, Frédéric Lacaille, Gérard Mabille, Alexandre Maral, Raphaël Masson, Bertrand Rondot, Béatrix Saule et Juliette Trey.

Je voudrais aussi tout particulièrement remercier Jean-Vincent Bacquart pour ses conseils et ses relectures très scrupuleuses.

Enfin, je dédie ce livre à ma fille Jeanne, grande admiratrice du château de Versailles depuis l'âge de deux ans et demi.

Coordination éditoriale : Fanny Mourcel
Établissement public du musée et du domaine national de Versailles :
Jean-Vincent Bacquart, chef du service des éditions, assisté de Silvestre Courtois.
Conception graphique et maquette : Loïc Le Gall, assisté de Claire Gailhard

Imprimé en Italie sur les presses de Labanti e Nanni, juin 2011

ISBN : 978-2-36080-010-0
Dépôt légal : mai 2010

30 rue Jacob, 75006 Paris
www.editionslebaronperche.com

www.chateauversailles.fr

→ Nicolas Milovanovic

Comment parler du **château** de **Versailles** aux enfants ?

CHÂTEAU DE VERSAILLES

éditions le baron perché

Sommaire

Préambule

par Jean-Jacques Aillagon
ancien ministre, président de l'Établissement public du musée et du domaine national de Versailles

Versailles est un lieu d'émerveillement pour les enfants : c'est l'univers des rois et des princesses ; Marie-Antoinette et Louis XIV y ont vécu des moments heureux et d'autres plus difficiles. Leur étonnement suscite souvent de nombreuses questions, et c'est à ce moment-là que les accompagnateurs – parents, grands-parents, enseignants, bibliothécaires – ont besoin d'aide pour répondre aux petits curieux. Le but de ce livre est de leur fournir toutes les réponses, de la façon la plus claire et la plus détaillée possible grâce au talent et à la science de Nicolas Milovanovic, l'un des conservateurs du Château de Versailles.

Des guides existent, mais aucun ne propose cette démarche pédagogique permettant une approche progressive des œuvres et des lieux les plus importants du château et des jardins. La règle du jeu est simple : des questions d'enfants, des réponses claires et précises destinées aux parents pour les aider à satisfaire la curiosité des plus jeunes, mais aussi pour les inciter à aller plus loin.

L'introduction détaillée rappelle les points fondamentaux : qu'est-ce qu'un château ? Qui sont les bâtisseurs du domaine de Versailles ? Comment y vivait-on ? Que ne faut-il pas manquer lors de sa visite ? Trente fiches permettent ensuite d'approfondir ses connaissances de trente œuvres et lieux incontournables du château et des jardins : la galerie des Glaces, les Chambres du roi et de la reine, l'Opéra royal, la Chapelle royale, l'Orangerie, le Grand Canal, les Grand et Petit Trianon et le Hameau de Marie-Antoinette n'auront plus de secret pour les visiteurs…

Dans de tels lieux, le regard des enfants est neuf et rafraîchissant. Il oblige à s'interroger sur les raisons profondes qui font que Versailles fascine la France et le monde depuis plus de trois siècles. Un sondage a montré que 99 % des Français connaissent Versailles et que 55 % l'ont visité. Il en résulte donc un devoir de transmettre et de faire partager, de génération en génération, la beauté de l'un des principaux trésors de notre patrimoine.

C'est quoi un **château ?**

Versailles est-il un château ou un palais ?

Le mot « château » vient du latin *castellum*, diminutif de *castrum*, qui veut dire « lieu fortifié ». Le Versailles de Louis XIII était entouré d'un fossé. Le mot demeura même lorsque le fossé fut comblé, d'autant que « château » signifie également « logis d'un seigneur ». Quant au mot « palais », il vient du latin *palatium*, qui était le nom du mont romain où se trouvait le palais de l'empereur Auguste. Le nom est passé au palais lui-même, puis à tous les palais impériaux. En tant que principale résidence du roi de France, Versailles est bien un palais. Les courtisans, comme le duc de Saint-Simon, employaient tour à tour les deux termes. Versailles est donc un palais et un château.

Versailles était-il le **seul château** de Louis XIV ?

Louis XIV a hérité de plusieurs châteaux situés, pour la plupart, à Paris et dans sa région. Avant que le château de Versailles ne s'imposât comme le séjour principal de la Cour, dans le courant des années 1670, le Château-Vieux de Saint-Germain (actuellement Saint-Germain-en-Laye) était l'une des résidences préférées du roi. Il y avait fait aménager un petit appartement d'un raffinement exceptionnel, orné de glaces peintes et comprenant même une petite grotte de rocaille avec des jeux d'eau. Louis XIV appréciait aussi les châteaux de Fontainebleau et de Vincennes, où il séjournait régulièrement. Parmi les autres châteaux du roi, il faut également citer le Château-Neuf de Saint-Germain-en-Laye ainsi que Chambord, Blois, Montceaux et Mariemont en Hainaut (Belgique).

Le **roi** voyageait-il de château en château ?

La Cour était en effet itinérante. C'était une tradition chez les rois de France depuis le Moyen Âge. Au cours du XVe siècle, les souverains se déplaçaient dans le Val de Loire, où étaient situés leurs châteaux. François Ier est revenu dans la région parisienne, où il a construit le château de Fontainebleau, son principal lieu de résidence. Il édifia également, non loin de Paris, les châteaux de La Muette, de Madrid et de Challuau. Louis XIV perpétua cette tradition en voyageant de château en château pendant trente ans avant de fixer définitivement sa résidence à Versailles et d'y installer la Cour et le siège du gouvernement.

Et le **Louvre** ?

C'est le château que Colbert voulait privilégier. Construit par Philippe-Auguste pour protéger l'enceinte de Paris, il a été agrandi et transformé par plusieurs souverains, notamment Charles V, Henri II, Henri IV et Louis XIII. Colbert avait fait venir d'Italie Gian Lorenzo Bernini, dit « Bernin », que l'on considérait comme le plus grand artiste en Europe, afin qu'il dessine les plans pour terminer la construction du château. En attendant que le chantier s'achevât, on a aménagé des appartements pour la famille royale dans le château des Tuileries, qui se trouvait à l'extrémité de la grande aile longeant la Seine, édifiée par Henri IV. C'est au grand dépit de Colbert que Louis XIV décida d'accorder sa préférence à Versailles, au détriment du Louvre. Le ministre essaya de raisonner le roi en lui écrivant : « [Versailles] regarde bien davantage le plaisir et le divertissement de Votre Majesté que sa gloire. » Mais Louis XIV maintint son choix et accorda tant de soin à la construction et à l'embellissement de Versailles que ce château est aujourd'hui son plus grand titre de gloire.

Louis XIV n'a fait **construire** que le château de Versailles ?

Il a fait édifier le Trianon de porcelaine (1670) et le château de Clagny (1674-1683) pour l'une de ses maîtresses, Mme de Montespan. Il a fait construire pour lui-même les châteaux du Trianon de marbre (1687-1688) et de Marly (1679-1683). Situés aux environs de Versailles, Trianon et Marly permettaient au roi d'échapper temporairement aux contraintes de la vie de cour à Versailles. Le duc de Saint-Simon a résumé la raison d'être du château de Marly en une phrase : « Le roi, lassé du beau et de la foule, se persuada qu'il voulait quelquefois du petit et de la solitude. Il chercha autour de Versailles de quoi satisfaire ce nouveau goût. » Louis XIV choisissait en personne ceux qui devaient l'accompagner lors de ses séjours de plus en plus fréquents à Marly. On sollicitait cet honneur par la formule : « Sire, Marly. » L'atmosphère y était plus détendue et l'étiquette moins pesante : « Le roi veut qu'à Marly on soit à son aise. » Le château de Marly, qui comprenait un grand pavillon et douze petits sur deux rangées, a malheureusement été vendu lors de la Révolution, et détruit dès le début du XIXe siècle par un spéculateur.

Qui pouvait **entrer** au château de Versailles sous l'Ancien Régime ?

Le château était largement ouvert et une foule nombreuse s'y pressait tous les jours. En principe, il fallait être correctement vêtu, mais on y rencontrait parfois des gens en haillons, et cela ne surprenait personne ! L'accès principal se faisait par l'Escalier de la reine. La galerie des Glaces constituait l'axe de circulation majeur reliant le château aux deux grandes ailes du Nord et du Midi. On y circulait, on s'y arrêtait pour discuter, on y attendait une audience, on s'y ennuyait… C'était « une caisse de résonance comparable aux bancs des jardins des Tuileries et aussi propice aux scandales », selon Béatrix Saule. Le duc de Chartres, futur régent du royaume, s'y fit gifler en public par sa mère ! Ce que tout le monde recherchait, c'était la possibilité d'entrevoir le roi, notamment lorsqu'il passait dans la Galerie puis traversait le Grand Appartement pour se rendre à la messe tous les jours à dix heures.

Les **jardins** étaient-ils également accessibles ?

On pouvait s'y promener à loisir. La foule était si nombreuse qu'elle a endommagé beaucoup de statues et de vases, et qu'elle importunait périodiquement la famille royale. En 1685, Louis XIV décida que les gardes ne laisseraient plus entrer que les « gens de la Cour et ceux qu'ils mèneraient avec eux ». Mais en 1704, il se ravisa et ouvrit de nouveau les jardins au public en ordonnant « qu'on ôtât toutes les grilles qui enferment tous les bosquets », afin que « tous les jardins et toutes les fontaines soient pour le public ». Les bosquets furent néanmoins fermés par des grilles en 1730. Dix-sept ans plus tard, le Dauphin, fils de Louis XV, qui avait quitté l'aile du Midi pour emménager au rez-de-chaussée du château, craignant d'être importuné par les promeneurs, demanda qu'une grille fût posée devant la façade. Elle s'y trouve encore aujourd'hui. Trente ans plus tard, la famille royale, excédée, voulait faire fermer toute la terrasse devant la façade du corps central par des « barreaux » et du « fil de fer ». Ajoutons que les plombs des fontaines ou les bas-reliefs en bronze qui ornaient les deux pavillons du bosquet des Dômes étaient régulièrement volés.

Qui assurait la **sécurité** du roi ?

Quatre compagnies de gardes du corps assuraient la sécurité du roi. Il y avait une compagnie écossaise – la plus ancienne et la plus prestigieuse – et trois compagnies françaises. Les gardes du corps « rapprochés » étaient appelés « gardes de la Manche », à cause de leur proximité avec la personne du souverain. Ils étaient vingt-quatre gentilshommes, choisis au sein de la compagnie écossaise, à accompagner le roi lors de toutes les cérémonies, armés de pertuisanes (sortes de hallebardes). Ils partageaient la responsabilité de la sécurité du roi avec les Cent-Suisses, qui accompagnaient le monarque dans tous ses déplacements. C'étaient de véritables Suisses, contrairement aux gardes de la compagnie écossaise, qui étaient tous des gentilshommes français ! Le capitaine des Gardes se tenait derrière le roi, et le capitaine-colonel des Cent-Suisses juste devant.

Y avait-il une **police** au château ?

C'est la prévôté de l'Hôtel qui assurait la police dans l'enceinte du château. Il y avait aussi les Suisses du Premier valet de chambre du roi, un personnage considérable, chargé de l'intendance de Versailles et qui dormait au pied du lit du roi. Il avait l'entière confiance du souverain. Les Suisses sous ses ordres constituaient une « police secrète » particulièrement efficace. À l'extérieur du château, les gardes de la Porte assuraient le guet devant les principales entrées. Ils arrêtaient toutes les personnes armées de mousquetons, fusils, piques… mais laissaient leurs épées aux gentilshommes ! La sécurité extérieure était assurée par les régiments de Gardes-Françaises et de Gardes-Suisses.

Cette **protection** était-elle efficace ?

Elle était efficace, mais elle n'a pas empêché Louis XV d'être poignardé au milieu du château de Versailles ! L'attentat eut lieu le 5 janvier 1757, au bas du degré du roi qui desservait son Appartement intérieur. Le souverain crut d'abord qu'il avait reçu un coup de poing avant de constater que son côté était ensanglanté. La lame de 8 centimètres avait pénétré entre les côtes. Par chance, elle n'avait touché aucun organe vital. L'homme qui avait essayé de tuer le roi s'appelait Damiens. C'était un ancien soldat et domestique. Il fut condamné et exécuté sur la place de Grève à Paris, devant l'Hôtel de Ville. Le bourreau, Charles-Henri Sanson, futur guillotineur de Louis XVI, lui déchira le corps à l'aide de tenailles, puis versa du plomb fondu, de l'huile bouillante et du soufre sur ses plaies. Damiens fut ensuite écartelé par quatre chevaux que l'on avait attachés à ses membres. Lorsqu'il entendit détailler le supplice qu'il allait subir, on l'entendit murmurer : « La journée sera rude ! »

Qui **logeait** au château de Versailles et combien y avait-il d'appartements ?

Beaucoup de monde habitait à Versailles ! On obtenait un logement par faveur royale du fait de son rang, de sa fonction ou par grâce. Le gouverneur du château répartissait les logements. Le château de Versailles comprenait environ 430 appartements. On en comptait 60 dans le corps central, 200 dans les deux grandes ailes du Nord et du Midi, 70 dans les deux ailes des Ministres et 100 dans le Grand Commun. La taille des appartements et le nombre de personnes qui les occupaient étaient très variables, ce qui rend éminemment difficile une estimation précise du nombre de personnes qui étaient logées à Versailles. L'éventail était large, de l'enfilade princière jusqu'au galetas, mais la plupart des appartements étaient très incommodes, mal éclairés et mal chauffés.

Comment était **éclairé** le château de Versailles ?

Il était éclairé à la bougie. Pour une représentation à l'Opéra royal, il fallait 3 000 bougies. Lorsque la galerie des Glaces devait être transformée en « allée lumineuse », on utilisait 8 000 bougies. Pour les fêtes les plus grandioses, on pouvait allumer plus de 20 000 bougies ! Précisons que la fumée endommageait les peintures des plafonds. Cet éclairage était ainsi réservé à quelques occasions exceptionnelles. Il n'y avait pas d'accrochage permanent de lustres dans la galerie des Glaces comme c'est le cas aujourd'hui. On posait des girandoles (chandeliers à plusieurs branches) sur des guéridons. Les glaces reflétaient les lumières des bougies, accentuant l'éclairage. Le goût des grands miroirs se développa d'autant plus qu'ils permettaient de renforcer la luminosité. Dans les appartements, on utilisait des « bras de lumières » qui étaient fixés aux murs. En temps ordinaire, le château était très mal éclairé. Lorsque les courtisans se déplaçaient la nuit, il fallait donc qu'ils soient précédés de pages portant des flambeaux. Un simple courtisan n'avait droit qu'à un page, un duc deux, et un prince du sang quatre !

Comment était **chauffé** le château de Versailles ?

Le château de Versailles comportait presque 1 200 cheminées ! Elles parsèment les toitures dans la peinture de Pierre-Denis Martin qui montre le château en 1722 (fiche 2). Les cheminées posaient cependant de nombreux problèmes : elles enfumaient les pièces et laissaient la pluie entrer... De nombreux courtisans installaient des poêles pour améliorer le chauffage. Ils étaient en métal ou en faïence et leurs tuyaux se raccordaient aux cheminées pour permettre l'évacuation des fumées. Il y eut inévitablement des installations pirates qui provoquèrent de sérieux risques d'embrasement du château. Plusieurs incendies éclatèrent à Versailles : en 1707, puis en 1747, dans l'aile du Nord. Le plus important eut lieu en 1751 dans la Grande Écurie, il dura plusieurs jours.

Petite histoire d'un **« monstre en bâtiment »**

Petite histoire d'un **« monstre en bâtiment »**

Le « château de **cartes** » de Louis XIII

Au début du XVIIe siècle, Versailles était un village situé au croisement de deux routes : la première allant de Paris à la Normandie et la seconde, de la Beauce au château de Saint-Germain-en-Laye. Le site était le Val de Gallie, entouré de collines, balayé par le vent. Louis XIII venait y chasser et avait besoin d'un pavillon pour y passer la nuit. Il décida de le bâtir sur une petite butte auprès d'un moulin, au nord de l'église du village. C'était un édifice très modeste, en mœllons crépis, construit par le maître maçon Nicolas Huau durant l'automne-hiver 1623-1624. Comme le lieu plaisait au roi, il décida d'acheter la seigneurie, qui appartenait alors à l'archevêque de Paris, et de reconstruire le château. L'architecte Philibert Le Roy détruisit l'ancien pavillon et construisit un petit château en brique et en pierre entre 1631 et 1634. Cette architecture était appelée « aux trois couleurs » à cause du bleu de l'ardoise, du rouge de la brique et du blanc de la pierre. Saint-Simon a qualifié l'édifice de « château de cartes », moins par référence à sa polychromie que pour critiquer sa modestie. L'expression « château de cartes » signifiait alors « une maison fort enjolivée, qui paraît beaucoup, et qui est en effet peu de chose » (dictionnaire de Furetière).

Les premiers **travaux** de Louis XIV

Après la mort du cardinal Mazarin, en 1661, Louis XIV décida de gouverner par lui-même. Pour se délasser des charges du pouvoir, il chassait – comme son père – aux environs de Paris. Il fit remettre en état le château de Versailles et fit construire des écuries et des cuisines plus vastes. Versailles était le lieu des plaisirs du roi. Il pouvait admirer des animaux rares dans la Ménagerie, située à proximité du château. Il pouvait aussi goûter les fruits des arbustes abrités dans l'Orangerie, qu'il avait fait édifier au sud du château. Le jardin s'est développé bien avant qu'on ne songeât à agrandir de nouveau le château. Il fallait laisser à la végétation le temps de pousser !

Un « **monstre** en bâtiment »

Lorsque Louis XIV décida d'engager de nouveaux travaux à Versailles sans détruire l'ancien château, Colbert, qui était alors le surintendant des Bâtiments, voulut le convaincre d'y renoncer. Il écrivit que « tout ce que l'on projette de faire n'est que rapetasserie qui ne sera jamais bien ». Il ajouta ensuite : « Tout homme qui aura du goût de l'architecture, et à présent et à l'avenir, trouvera que ce château ressemblera à un petit homme qui aurait de grands bras, une grosse tête, c'est-à-dire un monstre en bâtiment. » Malgré ce jugement très sévère et tous les obstacles, le roi ne renonça pas à son projet. Il lui fallait pourtant « tyranniser la nature », car le site était peu propice à accueillir un vaste palais. Le duc de Saint-Simon le décrit comme « le plus triste et le plus ingrat de tous les lieux, sans vue, sans bois, sans eau, sans terre, parce que tout y est sable mouvant ou marécage, sans air par conséquent, qui n'y peut être bon ».

Le grand **chantier** : château et dépendances

Le grand chantier dura quarante ans, entre 1669 et 1710. Il y eut quelques baisses d'activité lors des guerres de Hollande (1672-1678), de la Ligue d'Augsbourg (1688-1697) et de la Succession d'Espagne (1701-1714). Le château de Louis XIII fut entouré d'une « enveloppe » de pierre pour recevoir les Grands Appartements du roi et de la reine (1669-1670). Entre 1678 et 1689, on construisit les deux ailes des Ministres (1679-1682), le Grand Commun (1682-1684), l'aile du Midi (1678-1682), l'aile du Nord (1684-1689), la Grande Écurie pour les chevaux de selle et la Petite Écurie pour les chevaux d'attelage (1679-1682). La Chapelle royale, commencée en 1687, ne fut consacrée qu'en 1710. Prévu à l'extrémité de l'aile du Nord par Louis XIV, l'Opéra ne fut achevé qu'à la fin du règne de Louis XV, en 1770. On pensait alors reconstruire la totalité du château en le mettant au goût du jour et en harmonisant les façades sur cour et sur jardin ! L'« aile Gabriel » fut la seule édifiée, le projet ayant été interrompu par la mort de Louis XV.

Les **maçons** de Versailles : l'hôtel de Limoges

Le château de Versailles est avant tout l'ouvrage des maçons et des charpentiers. Les journées de travail étaient d'une durée variable selon les heures du lever et du coucher du soleil. On travaillait du lundi matin au samedi midi. Les chantiers étaient souvent interrompus, car les ouvriers bénéficiaient de 140 jours fériés par an. Pour presser les travaux, on demandait à l'archevêque de Paris la permission de travailler les jours de fête. Il arrivait même que l'on travaillât de nuit. À cause du rythme effréné, les accidents étaient fréquents. De nombreux ouvriers étaient logés chez l'habitant dans la ville de Versailles, dont le développement accompagna celui du château. On construisit aussi des baraquements, appelés l'« hôtel de Limoges », à cause des nombreux maçons originaires du Limousin qui participaient à la construction. L'hôtel de Limoges se situait le long de l'actuelle rue de Limoges, derrière la gare Versailles-Rive gauche. Le château de Versailles a été construit en grande partie par ces maçons limousins, qui étaient souvent des saisonniers retournant chez eux durant l'hiver. Il fallait trouver le moyen de les retenir pour hâter le chantier ! Certains s'établirent à Versailles, où ils bénéficièrent parfois d'une belle ascension sociale.

Les **soldats** au travail

Lorsque les travaux atteignirent une ampleur pharaonique, les ouvriers ne suffirent plus : les soldats des armées royales furent mis à contribution. Ils étaient employés aux tâches les plus éprouvantes, notamment les fouilles et les transports de terre. Entre 1678 et 1682, le régiment des gardes suisses travailla à assainir le vaste marais de l'Étang-Puant au sud du château. Le bassin aménagé à cet endroit est appelé la Pièce d'eau des Suisses. Dans la même zone, on créa le Potager du roi. À partir de 1683, d'autres soldats furent employés à creuser les réservoirs de Montbauron. Pour faire venir les eaux de l'Eure à Versailles, Louis XIV voulait rivaliser avec le pont du Gard en faisant construire un aqueduc de 48 arcades monumentales près du château de Maintenon. Il y employa plus de 20 000 soldats ! En 1687, 37 bataillons d'infanterie et 6 escadrons de dragons étaient à pied d'œuvre. La promiscuité et les mauvaises conditions d'hygiène provoquèrent des épidémies et des milliers de soldats succombèrent. La guerre de la Ligue d'Augsbourg ayant éclaté, la construction fut interrompue et l'aqueduc ressemble davantage encore aujourd'hui à une ruine antique majestueuse au nord de Versailles.

Les **matériaux** : la pierre et le marbre

Les principales façades du château ont été édifiées avec la belle pierre blonde des carrières de Saint-Leu, sur les bords de l'Oise. La Chapelle royale a été bâtie avec une pierre blanche venant des carrières de Trossy, voisines de celles de Saint-Leu. On utilisa aussi la pierre dure d'Arcueil et la pierre blanche de Senlis. On prospecta méthodiquement les bords de Seine entre Paris et Auxerre pour découvrir de nouvelles carrières. Quant aux marbres, certains ont été apportés d'Italie, d'Espagne et des Flandres. Sous l'impulsion de Colbert, on rationalisa l'exploitation des carrières de marbre des Pyrénées et du Languedoc. Les meilleurs marbres blancs étaient italiens et provenaient de Carrare, mais le Languedoc a fourni les superbes marbres roses du Grand Trianon (fiche 27). Il faut également citer, car on les trouve dans tous les décors de Versailles, les rouges de Rance, en Flandres, et les verts de Campan, dans les Hautes-Pyrénées.

Les **Grands** et les Petits Appartements

Les Grands Appartements furent aménagés pour le roi et la reine dans l'« enveloppe » de pierre construite en 1669-1670 autour du « château de cartes » de Louis XIII. Leur décor était très fastueux avec des lambris de marbre et des plafonds peints (fiche 8). Après la mort de la reine Marie-Thérèse, en 1683, Louis XIV installa son appartement autour de la cour de Marbre, la chambre étant située derrière la galerie des Glaces. Pour le décor de ces pièces, le roi préféra des boiseries blanc et or avec des plafonds sobrement peints en blanc. En 1701, la chambre fut déplacée au centre du château, dans le grand axe est-ouest : avenue de Paris-Grand Canal (fiche 15). L'appartement se prolongeait par des cabinets où le souverain présentait les plus belles pièces de ses collections : peintures, sculptures en bronze et en argent, gemmes… Louis XV avait besoin de davantage d'intimité. Il ne supportait plus la grande chambre glaciale de son arrière-grand-père, malgré l'installation d'une seconde cheminée. À partir de 1737, il aménagea un « Appartement intérieur » à la place des cabinets de Louis XIV, la nouvelle chambre étant située à l'emplacement du cabinet du Billard de Louis XIV. Le souverain vivait désormais dans son Appartement intérieur et n'allait dans l'Appartement du roi que pour les principales cérémonies : le lever ou le souper au Grand Couvert. Les boiseries témoignent de l'évolution du goût au cours du XVIIIe siècle, des formes élégantes du style rocaille pour le cabinet d'Angle à la rigueur à l'antique du style néoclassique pour la bibliothèque de Louis XVI. Louis XV aménagea des pièces plus intimes encore dans les étages supérieurs donnant sur la cour des Cerfs. C'est un labyrinthe de petites pièces souvent construites en surplomb pour gagner de la place.

La **passion** des jeux d'eau

Dans les jardins de Versailles, Louis XIV voulut absolument créer des jeux d'eau. Les premiers étaient modestes et installés à l'intérieur de deux petits édifices : la Ménagerie et la grotte de Téthys. Ils plaisaient néanmoins au roi qui s'amusait à tourner lui-même les robinets au risque de se mouiller. La situation de Versailles sur une butte, à plus de 140 mètres au-dessus du niveau de la mer, compliquait singulièrement la création de puissants jets d'eau. Il fallut une succession de tours de force techniques pour faire jaillir les eaux à Versailles. L'ingénieur Denis Jolly construisit, entre 1664 et 1665, une pompe-réservoir, actionnée par la force de traction de chevaux, appelée la « Tour d'eau ». Elle permit la naissance des premiers jets d'eau devant le château. L'eau provenait alors de l'étang de Clagny. Elle était stockée dans un réservoir aménagé au sommet de la grotte de Téthys. On construisit ensuite des moulins à vent pour pomper davantage d'eau, puis trois nouveaux réservoirs entre le château et la Tour d'eau. D'autres moulins à vent permettaient de puiser l'eau dans l'étang du Val, créé en barrant la rivière de Bièvre au sud du château. L'eau finissait dans le Grand Canal, situé au point le plus bas du jardin. Un moulin « de retour » fut installé pour fermer le circuit en refoulant l'eau du Canal vers l'étang de Clagny.

Des moulins à vent à la **machine** de Marly

Les moulins avaient l'inconvénient de dépendre du vent. Or le roi voulait faire jouer les eaux au moment des plus fortes chaleurs, lorsque le vent se faisait rare. Indice inquiétant, le niveau d'eau de l'étang de Clagny commença à baisser dès 1672. Il fallut donc trouver d'autres solutions. Le créateur du canal du Midi, Riquet, proposa de détourner les eaux de la Loire. À l'occasion des mesures et calculs qui permirent de mettre en évidence les failles de ce projet, l'abbé Picard imagina un système de transport d'eau par la pente jusqu'à Versailles en créant des étangs à Trappes et à Bois-d'Arcy. À partir de 1678, c'est donc le drainage des eaux de pluie vers un réseau d'étangs artificiels et la gravité qui pérennisèrent les grandes eaux. Le réseau des étangs inférieurs permettait d'alimenter, grâce à l'aqueduc de Buc, les fontaines les plus basses des jardins. Le réseau des étangs supérieurs, réalisé au début des années 1680 sur le plateau de Rambouillet, était relié aux étangs de Trappes et de Bois-d'Arcy et comprenait 15 pièces d'eau et un système de drainage s'étendant sur 150 km^2 ! Pour augmenter encore le débit, on imagina pomper les eaux de la Seine ! Une gigantesque machine fut conçue et réalisée entre 1681 et 1685 par deux Liégeois, l'ingénieur Antoine de Ville et le charpentier Rennequin Sualem. Le principe consistait à utiliser la force du courant à l'aide d'une série de roues à aubes qui actionnaient un ensemble de 221 pompes pour remonter l'eau sur 162 mètres ! L'aqueduc de Louveciennes fut construit pour amener les eaux à Versailles, mais celles-ci furent bientôt détournées vers les jardins de Marly, d'où le nom de la machine.

Le **Grand** Parc

Le domaine de Versailles comprend trois espaces emboîtés. D'une part les Jardins, qui recouvrent l'ancien domaine de Louis XIII, d'autre part le Petit Parc, qui se termine à l'extrémité du Grand Canal et qui comprend les châteaux de Trianon et la Ménagerie, enfin le Grand Parc, qui s'étendait au nord jusqu'à Marly, à l'est jusqu'à Villepreux et au sud jusqu'à Saint-Quentin-en-Yvelines, englobant l'étang actuel, qui est un vestige du réseau gravitaire des étangs supérieurs. Dès 1662, Louis XIV avait décidé d'agrandir le parc de Versailles en faisant l'acquisition de nouvelles terres. En 1679, il a acheté les bois sur une étendue de 10 kilomètres autour du château. Le Grand Parc a été enclos à partir de 1683. L'enceinte était longue de 38 kilomètres. Elle était percée de 24 portes monumentales, toutes identiques, dont certaines subsistent encore. Le Grand Parc était une réserve de chasse que l'on aménageait en y plantant des dizaines de milliers d'arbres, notamment des chênes, des ormes et des charmilles. Comme le roi était impatient, on faisait souvent venir des arbres déjà grands que l'on transplantait à Versailles. Le Grand Parc comprenait aussi des villages et des terres cultivées que Louis XIV, puis Louis XV et Louis XVI s'efforcèrent d'acquérir peu à peu. Près de 4 000 personnes habitaient ainsi au milieu des terres royales.

« De **l'enfance** répandue partout »

Si le château de Versailles est le règne de la démesure, il faut préciser que les enfants y avaient leur place. Ils se retrouvent dans tous les décors du château et des jardins. Les « génies » égaient les peintures allégoriques et historiques de la galerie des Glaces et des Grands Appartements. Des enfants ornent la frise du salon de l'Œil-de-Bœuf. Les « marmousets » portent les vasques de l'allée du parterre Nord. Louis XIV voulait de « l'enfance répandue partout », dans les décors des appartements de la duchesse de Bourgogne à la Ménagerie. Cette jeune princesse, mariée à 12 ans au petit-fils aîné du roi, apporta une insouciance nouvelle à la Cour. Elle plaisait au roi et à Mme de Maintenon, de sorte qu'elle pouvait tout se permettre : « causante, sautante, voltigeante autour d'eux, tantôt perchée sur le bras du fauteuil de l'un ou de l'autre, tantôt se jouant sur leurs genoux, elle leur saute au col, les embrasse, les baise, les caresse, les chiffonne, leur tire le dessous du menton, les tourmente, fouille leur table, leurs papiers, leurs lettres » (Saint-Simon). Versailles accueillait également les enfants prodiges qui venaient y faire la démonstration de leur talent. Louis XIV écouta avec plaisir Antoine Forqueray, âgé de 5 ans, jouer de la basse de violon, ou mademoiselle de Ménetou, 9 ans, jouer du clavecin. Le jeune Mozart, à l'âge de 7 ans, joua du clavecin devant la famille royale en décembre 1763. Les enfants et arrière-petits-enfants de Louis XIV ont d'abord été logés dans la vieille aile du château, puis dans la grande aile du Midi. Il en a été de même pour les dix enfants de Louis XV. Ils changeaient d'appartement en fonction de leur âge. Cette aile conserva le nom d'« aile des Princes ».

La vie à la Cour de **Versailles**

La vie à la Cour de **Versailles**

Le **Lever** du roi

Le Lever du roi était très strictement codifié, avec cinq entrées successives organisées autour de trois moments clés : le roi sort du lit, il revêt sa robe de chambre, puis il quitte la robe de chambre pour la chemise. Louis XIV se réveillait tous les jours à 8 heures et demie. Son Premier valet de chambre écartait les rideaux du lit en disant : « Sire, voilà l'heure. » Le Premier chirurgien et le Premier médecin du roi, ainsi que les membres de la famille royale, pouvaient pénétrer dans sa chambre à ce moment-là. C'étaient les entrées « familières » par les « derrières », c'est-à-dire du côté de l'appartement privé du souverain, tandis qu'il était encore dans son lit. Les « grandes entrées » commençaient lorsque le souverain quittait son lit. Les grands officiers de la Chambre et quelques grands seigneurs choisis par le roi entraient pendant que le souverain se lavait les mains, faisait ses prières, chaussait ses mules et sa robe de chambre, buvait son bouillon, choisissait ses perruques pour la journée. Son barbier le rasait un jour sur deux. Le Grand Lever commençait avec les « premières entrées ». Le Grand Chambellan, ou le plus proche membre de la famille du souverain, lui présentait sa chemise. Le grand maître de la Garde-Robe lui revêtait son habit et lui attachait son épée. Les titulaires d'un « brevet d'affaires » avaient le privilège d'être présents lorsque le roi s'asseyait sur sa chaise percée.

Le **roi** à la chasse

La chasse était l'activité favorite des rois à Versailles. Louis XIV chassait en moyenne cent quarante jours par an, Louis XVI jusqu'à cent quatre-vingt-dix jours, soit plus d'un jour sur deux ! Louis XV était un chasseur si passionné qu'il était abattu lorsque le gel l'empêchait de chasser plusieurs jours de suite. Les chasses étaient hiérarchisées en fonction de la noblesse du gibier. Louis XIV chassait à courre le cerf, animal noble par excellence, qui avait détrôné le sanglier que l'on privilégiait dans l'Antiquité et au début du Moyen Âge. Son fils, le Grand Dauphin, poursuivait les loups avec acharnement. Son petit-fils, le duc de Bourgogne, chassait le petit gibier « au vol », avec des oiseaux de proie, faucons, éperviers et milans. Louis XIV appréciait également le tir à la perdrix ou au faisan, qui demandait des chiennes couchantes pour débusquer le gibier. La chasse se pratiquait en principe à cheval, mais le roi vieillissant fit fabriquer une calèche qu'il conduisait lui-même avec dextérité. Les chiens étaient les compagnons indispensables des chasses royales : sous Louis XIV, les chiennes couchantes avaient leurs niches dans le cabinet du Billard. Le roi les nourrissait de sa main avec des « biscotins », petits biscuits ronds et durs préparés quotidiennement par le pâtissier du roi. Le souverain les appréciait tant qu'il demanda à Alexandre-François Desportes d'en peindre de grands portraits, qu'il plaçait parmi les tableaux de maîtres de ses collections dans son Petit Appartement à Versailles. L'« équipage de la chasse au cerf » réunit les chiens entraînés pour les chasses à courre. Ils étaient logés dans l'immense chenil construit derrière la Grande Écurie, pouvant accueillir jusqu'à 300 bêtes. Pour être certain de l'abondance du gibier, on aménagea des « réserves » à Versailles même, dans le Parc-aux-Cerfs, devenu l'un des quartiers de Versailles, ou alors dans le Grand Parc du château, où se trouvaient plusieurs faisanderies.

La passion du **jeu**

Le jeu était le divertissement le plus prisé à la Cour. On jouait aux cartes, au billard et au trictrac, une sorte de backgammon. Louis XIV a instauré les « soirs d'appartement » trois fois par semaine, le lundi, le mercredi et le jeudi, de 19 heures à 22 heures. Le salon de Mercure était réservé au jeu de la famille royale. Un billard était placé dans le salon de Diane, que l'on appelait la « salle des Applaudissements ». On passait d'un jeu à un autre, ou l'on se contentait de regarder jouer les autres. Si l'on était fatigué du jeu, on pouvait aussi écouter de la musique, danser ou se restaurer. Au XVIIIe siècle, un salon des Jeux fut aménagé dans l'Appartement intérieur du roi. Sous Louis XVI, il se situait à l'extrémité de l'appartement, à l'emplacement de l'ancien cabinet des Médailles de Louis XIV (fiche 17). À Marly, ceux qui n'étaient pas logés pouvaient néanmoins venir jouer durant la journée ou la soirée : on les appelait des « polissons ». Louis XIV et Marie-Antoinette appréciaient particulièrement le billard. Marie Leszczinska préférait le cavagnole, ancêtre de notre loto, où les joueurs choisissaient des cases numérotées sur un tableau et tiraient des boules contenant des numéros. La tricherie était omniprésente et presque naturelle. Le duc de Saint-Simon raconte la « hardiesse à voler » de la princesse d'Harcourt. Elle était « inconcevable, et cela ouvertement. On l'y surprenait, elle chantait pouille et empochait ». La passion du jeu allait parfois jusqu'à la fureur. La princesse Palatine a joliment décrit cette frénésie qui était courante à Versailles : « Les joueurs sont comme des insensés ; l'un hurle, l'autre frappe si fort la table du poing que toute la salle en retentit ; le troisième blasphème d'une façon qui fait dresser les cheveux sur la tête ; tous paraissent hors d'eux-mêmes et sont effrayants à voir. »

Petite **leçon** de rang

Le roi Louis XIV était au sommet d'une hiérarchie dont il constituait la clé de voûte. Le Dauphin, appelé également « Monseigneur », était le fils aîné du roi et occupait le deuxième rang. Il devint Grand Dauphin après la naissance de son fils, le duc de Bourgogne. Puis venaient les « fils » et « filles de France », qui étaient les enfants d'un roi de France. « Monsieur » était le titre attribué au frère du roi, Philippe d'Orléans, l'aîné des fils de France. Sa femme était appelée « Madame » ; sa fille, « Mademoiselle ». La fille de l'oncle de Louis XIV était appelée « Grande Mademoiselle ». Les princes du sang venaient après les petits-enfants de France. Il s'agissait de tous ceux qui, descendant d'un roi de France, pouvaient éventuellement prétendre un jour à la Couronne. Louis XIV éleva ses enfants légitimés au rang de princes du sang avec la possibilité de monter sur le trône (décision annulée par le Parlement après la mort du souverain). Après les princes du sang, le dernier rang reconnu à Versailles était celui des ducs et des princes étrangers. Parmi les ecclésiastiques, seuls les cardinaux avaient un rang qui correspondait à celui des princes du sang. Les privilèges attachés aux rangs étaient notamment ceux de s'asseoir en présence des membres de la famille royale et d'entrer en carrosse dans la cour Royale du château de Versailles, ce qui s'appelait « avoir les honneurs du Louvre » ! Le roi de France était appelé « Votre Majesté », les fils et petits-fils de France, « Votre Altesse Royale », les princes du sang, « Votre Altesse Sérénissime », les cardinaux, « Votre Éminence », et les ducs, « Monsieur le Duc ».

Le souper au **Grand Couvert**

Par tradition, les rois de France prenaient leurs repas en public. Le souper au Grand Couvert (notre dîner) avait lieu chaque soir à 22 heures dans l'antichambre de l'Appartement du roi, ou alors dans celle du Grand Appartement de la reine, appelée « antichambre du Grand Couvert ». La table était apportée et installée devant la cheminée. C'était une table posée sur des tréteaux longue de deux mètres et large de un mètre trente. Le roi s'asseyait sur un fauteuil au « haut bout » de la table, dos à la cheminée. Seuls les membres de la famille royale – frère, fils, petits-fils et leurs épouses – avaient le droit de s'asseoir sur un pliant sur les petits côtés de la table. Le « petit bout » de la table, face au roi, était en principe réservé pour le service. Le capitaine des Gardes, le Premier médecin et le Premier chirurgien se tenaient debout, derrière le roi. Le Premier maître d'hôtel dirigeait le service avec son bâton à pommeau d'argent. La nef royale, symbole monarchique pesant 26 kilos d'or et enrichi de diamants et de pierres précieuses, contenait les serviettes mouillées d'un côté et sèches de l'autre. Elle était placée dans la pièce précédente, la salle des Gardes, sur la table du prêt, où étaient goûtés les mets apportés au roi pour empêcher toute tentative d'empoisonnement. Servi par des gentilshommes, le repas comprenait trois services plus le « fruit », au cours desquels on plaçait tous les plats en même temps sur la table, une quarantaine au total. C'est ce que l'on appelle le « service à la française ». Le roi mangeait avec les doigts et un couteau ; il n'utilisait pas de fourchette. Lorsqu'il avait soif, l'échanson criait « À boire pour le roi ! » et on apportait aussitôt au souverain un verre qu'il vidait d'une seule traite avant de le rendre. En effet, les verres n'étaient pas posés sur la table. Les courtisans se tenaient debout dans la pièce durant les trois quarts d'heure que durait le repas. Seules les dames titrées, duchesses et princesses, que l'on appelait les « dames assises », avaient droit au tabouret. Ils étaient placés en demi-cercle devant la table royale.

En **musique** !

La musique était omniprésente à Versailles. La première que le roi écoutait, c'étaient les grands et petits motets joués lors de la messe quotidienne à dix heures. En 1683, le souverain organisa un concours pour choisir deux nouveaux sous-maîtres de musique pour la Chapelle. Quelque 35 compositeurs venus de toute la France concoururent. Michel-Richard de Lalande fut personnellement choisi par le roi. Il cumula bientôt les charges pour devenir l'unique sous-maître de musique en 1714. En 1693, François Couperin fut nommé organiste de la Chapelle. La messe durait ordinairement une demi-heure, pendant laquelle on chantait deux ou trois motets. Il arrivait que le roi écoutât de la musique lors de son dîner au Petit Couvert (notre déjeuner). Il avait lieu dans la chambre du souverain qui dînait seul, ou en compagnie de son frère, Philippe d'Orléans. Les 24 violons du roi jouaient occasionnellement au cours du repas. Lors du souper au Grand Couvert, c'étaient souvent les petits violons et les hautbois de l'Écurie qui divertissaient le roi. Lalande a composé les *Symphonies pour les soupers du roi*, qui étaient particulièrement appréciées. Le roi écoutait de la musique à son coucher : il fit souvent venir Robert de Visée pour lui jouer quelques pièces de son *Livre de guitare*. Au XVIIIe siècle, Marie Leszczinska instaura les « concerts de la reine » plusieurs fois par semaine à 18 heures dans le salon de la Paix, séparé de la galerie des Glaces par une cloison amovible. Rappelons enfin que Louis XIV jouait lui-même du clavecin et de la guitare, Marie Leszczinska de la vielle et Marie-Antoinette de la harpe et du clavecin.

Les **spectacles** à la Cour

En attendant l'édification d'une grande salle de spectacle permanente, appelée « salle des Ballets », Louis XIV avait fait aménager une salle pour la comédie dans la cour des Princes, entre le corps central et l'aile du Midi. Ce petit théâtre provisoire de 350 places, rénové sous Louis XV, accueillit tragédies, comédies et même opéras jusqu'en 1785 ! En janvier 1747, pour divertir Louis XV, Mme de Pompadour fit aménager une nouvelle salle : le théâtre des Petits Appartements ou des Cabinets. Il logea d'abord dans la Petite Galerie avant d'être transféré dans l'escalier des Ambassadeurs en novembre 1748. Durant deux années, on y a représenté des farces, des pastorales, des opéras et des ballets. Mme de Pompadour, qui avait tous les talents, y jouait la comédie et y chantait. Entre 1778 et 1780, Marie-Antoinette fit édifier par son architecte Richard Mique un théâtre près du Petit Trianon, lieu où elle pouvait échapper aux contraintes de la Cour et vivre en « particulière » plutôt qu'en reine. La reine et ses amis y constituaient la troupe des Seigneurs, qui jouait en alternance avec les comédiens français et les comédiens italiens. Marie-Antoinette montait sur scène devant la famille royale et quelques intimes pour tenir un rôle dans *Le Barbier de Séville* de Beaumarchais ou *Le Devin du village* de Jean-Jacques Rousseau. Un nouveau théâtre de cour fut installé en 1785 dans l'espace destiné à la construction du grand escalier de l'aile Gabriel. Il remplaça, jusqu'à la Révolution, la salle de la cour des Princes. Quinze ans plus tôt, on avait enfin construit une grande salle permanente pour le mariage du futur Louis XVI avec Marie-Antoinette. Désormais appelée « Opéra royal », elle fut édifiée par Ange-Jacques Gabriel à l'extrémité de l'aile du Nord, comme cela avait été prévu par Louis XIV (fiche 6). Avec le petit théâtre de Mique à Trianon, c'est la seule salle de spectacle qui subsiste aujourd'hui à Versailles.

Les **grandes fêtes** de Versailles

Trois grandes fêtes ont marqué les esprits sous Louis XIV : en 1664, 1668 et 1674. *Les Plaisirs de l'île enchantée* eurent lieu en 1664. Ils étaient officiellement dédiés aux deux reines, la mère de Louis XIV, Anne d'Autriche, et son épouse, Marie-Thérèse, mais ils étaient secrètement offerts au nouvel amour du roi, mademoiselle de La Vallière. Le thème chevaleresque était tiré du *Roland furieux* de l'Arioste. La fête dura une semaine, du 7 au 13 mai, en présence de 300 courtisans invités par le roi. *Le Grand divertissement royal de Versailles* fut organisé après la fin de la guerre de Dévolution (1667-1668). La fête commença le 18 juillet 1668 au coucher du soleil pour se terminer le 19 au crépuscule du matin. Elle était dédiée à la nouvelle maîtresse du roi, Mme de Montespan. L'accès au spectacle était beaucoup plus ouvert : 3 000 personnes purent y assister. Enfin, *Les Grands divertissements* de 1674 se déroulèrent sur six journées très espacées : les 4, 11, 19 et 28 juillet, puis les 18 et 31 août. On joua *Alceste* de Quinault et Lully sur une estrade posée sur la cour de Marbre le 4 juillet, et *Le Malade imaginaire* de Molière devant la grotte de Téthys le 19 juillet. Comme en 1664 et en 1668, le feu d'artifice fut l'un des grands moments de la fête. Il fut tiré au-dessus du Grand Canal, où l'on avait construit un obélisque porté par deux griffons et surmonté d'un soleil. Sous Louis XV, les fêtes les plus spectaculaires furent données à l'occasion des mariages des enfants et petits-enfants du souverain. En 1745, on construisit une salle de spectacle éphémère dans le manège de la Grande Écurie pour les noces du Dauphin avec Marie-Thérèse, infante d'Espagne. La salle servit de cadre à la représentation de *La Princesse de Navarre* de Voltaire et Rameau. On y donna aussi le grand bal paré, tandis que le bal masqué, dit « bal des Ifs », eut lieu dans la galerie des Glaces. La salle du manège fut détruite par un incendie en septembre 1751.

Que faut-il voir **à Versailles ?**

Que faut-il voir **à Versailles ?**

Un site classé au **Patrimoine mondial**

Le palais et le parc de Versailles sont classés au Patrimoine mondial de l'Unesco depuis 1979 selon trois critères : le premier, en tant que témoignage du génie créateur humain, le deuxième, comme un lieu d'échange d'influences, et le troisième pour avoir été associé à des événements à signification universelle. C'est aussi l'un des lieux les plus visités au monde : plus de 3,5 millions de visiteurs pour le château, 1,3 million pour le Grand et le Petit Trianon, 800 000 pour les Grandes Eaux et les fêtes de nuit, soit presque 6 millions de visiteurs au total. Environ 1 000 personnes sont employées par l'Établissement public de Versailles. Le budget annuel s'élève à 80 millions d'euros, dont plus de la moitié est financée par les recettes des droits d'entrée.

Le **modèle** versaillais

Versailles frappe d'abord par son gigantisme : 120 000 m^2 de toiture pour le château. Environ 50 000 m^2 de salles sont ouverts au public. Le Petit Parc s'étend sur 1 800 hectares. Il comprend 250 000 arbres. Si l'on développe les façades sur les jardins, leur extension atteint plus de 600 mètres (fiche 22). Il faut surtout relever la qualité de l'architecture. Versailles est devenu un modèle, à l'échelle européenne, dès la fin du XVIIe siècle. Il y eut des « Versailles » dans les principaux pays européens. Nous pouvons citer le palais royal de Stockholm, la résidence de la Granja en Espagne, la Regia de Caserte près de Naples, Peterhof près de Saint-Pétersbourg, etc. Le château bavarois d'Herrenchiemsee comprend une galerie des Glaces et un escalier des Ambassadeurs très scrupuleusement imités. Le Petit Trianon est également devenu un modèle, quintessence du goût français au milieu du XVIIIe siècle (fiche 29). Quant à l'Orangerie, elle rivalise, par la puissance des volumes, avec les édifices des anciens Romains (fiche 24).

Remeubler le château

Après l'abolition de la monarchie, la Convention décida de vendre le mobilier du château, hormis quelques pièces jugées exceptionnelles. Durant une année entière, entre août 1793 et août 1794, les ventes publiques se succédèrent, comprenant 17 000 lots au total. Certains chefs-d'œuvre du mobilier français du XVIIIe siècle furent vendus à des prix dérisoires et le château se vida entièrement. C'est Pierre de Nolhac, devenu le conservateur du château en 1892, qui entreprit le remeublement du corps central, démantelant le musée de Louis-Philippe. D'abord au compte-gouttes, puis à un rythme accéléré, le mobilier ancien a pu regagner les appartements. Précisons que ce que l'on appelait le « meuble » comprenait les objets mobiliers mais aussi les tissus des murs, des rideaux et des lits. Ajoutons que l'on distinguait les meubles d'ébénisterie et les meubles de menuiserie. Les premiers étaient les plus précieux, plaqués et marquetés de bois exotiques, ornés de bronzes dorés.

Meubles royaux

À Versailles, il y a très peu de meubles qui ont un lien direct avec Louis XIV. Le goût ayant changé, beaucoup ont été vendus dès le XVIIIe siècle. Le roi appréciait particulièrement la « marqueterie Boulle », alliant le cuivre et l'écaille de tortue. Si le château conserve aujourd'hui un ensemble important de meubles décorés en marqueterie Boulle, les seuls qui ont été réalisés pour Louis XIV sont les deux commodes livrées pour la chambre du roi au Grand Trianon (fiche 7). Parmi les meubles réalisés pour Louis XV, il faut distinguer le secrétaire à cylindre d'Œben et Riesener (fiche 16). C'est un meuble d'exception pour le décor comme pour le mécanisme. Il n'a pas été vendu lors de la Révolution et il est revenu au château de Versailles en 1957, à l'occasion de la visite historique de la reine d'Angleterre, Élisabeth II. Dans la pièce où il est présenté, le cabinet d'Angle de l'Appartement intérieur, il faut encore citer trois meubles livrés pour Louis XV : les deux encoignures de Gilles Joubert et le médailler d'Antoine Gaudreaus. Les meubles de Louis XVI et de Marie-Antoinette sont aujourd'hui les meubles royaux les plus nombreux dans les appartements du château et du Petit Trianon. La commode réalisée par Jean-Henri Riesener pour la bibliothèque de Louis XVI est le meuble français qui a été vendu le plus cher au monde : il a été acheté par le château de Versailles en vente publique le 8 juillet 1999 près de 12 millions d'euros ! En ce qui concerne Marie-Antoinette, il faut d'abord citer le serre-bijoux de Ferdinand Schwerdfeger, présenté dans la chambre d'apparat de la reine (fiche 13). Il est revenu au Petit Trianon à l'occasion de l'exposition que l'impératrice Eugénie, une grande admiratrice de Marie-Antoinette, a organisée en l'honneur de la reine en 1867. Il faut également évoquer le mobilier « au treillage » de la chambre de Marie-Antoinette au Petit Trianon, comprenant un décor de bois sculpté imitant l'osier tressé. C'est un sommet de l'art du mobilier de menuiserie et l'une des plus grandes réussites du style pittoresque.

Un musée de **sculptures** en plein air

Les jardins de Versailles sont habités par tout un peuple de sculptures en marbre, en plomb et en bronze. Charles Le Brun a imaginé un programme cosmique avec les Éléments, les Saisons, les Heures du Jour autour de la figure d'Apollon sur le mont Parnasse. Plus de 30 statues devaient s'élever devant la façade du château, mais le roi souhaitait avoir une vue dégagée sur la grande perspective de Le Nôtre. Les statues furent donc dispersées et durent se soumettre au règne de la végétation et des eaux. Elles contribuent à l'enchantement des bassins et des bosquets. Parmi les plus belles, on peut citer le char d'Apollon sortant de l'onde de Jean-Baptiste Tuby ou le Géant Encelade par Gaspard Marsy (fiche 26), toutes deux en plomb doré. Le chef-d'œuvre est certainement le groupe en marbre de François Girardon et Thomas Regnaudin, *Apollon servi par les nymphes* (fiche 21), qui a eu pour écrin la grotte de Téthys et que Louis XIV a toujours voulu avoir sous les yeux après la destruction de cet édifice. D'autres chefs-d'œuvre sont conservés dans les salles du château. Le buste de Louis XIV par Bernin a été mis en scène par le souverain lui-même dans le salon de Diane (fiche 9). C'est probablement le portrait le plus extraordinaire du Roi-Soleil.

Les grands **décors**

Les grands décors sont parmi les trésors les plus précieux et les plus fragiles de Versailles. Les structures sont en bois et en plâtre. Les peintures sont réalisées sur des morceaux de toile cousus puis collés dans les plafonds, lorsqu'ils ne sont pas peints directement sur le plâtre. La préservation d'un tel ensemble tient du miracle. Plusieurs grands décors versaillais ont d'ailleurs disparu : l'escalier des Ambassadeurs de Charles Le Brun ou la Petite Galerie de Pierre Mignard. La galerie des Glaces reste le point de convergence obligé de millions de visiteurs chaque année. La voûte comprend 1 000 m^2 de peintures, 200 personnages et plus d'un millier de symboles. C'est le tour de force d'un artiste âgé de plus de 60 ans : Charles Le Brun l'a peint entre 1679 et 1684. Mais la qualité du décor procède de l'accord de techniques portées chacune à leur point de perfection : lambris de marbres, bas-reliefs en bronze, trophées en stuc et bien sûr arcades de miroirs (fiche 12). La galerie des Glaces et les salons de la Paix et de la Guerre ne doivent pas occulter la richesse des décors des autres plafonds versaillais, comme ceux des Grands Appartements du roi et de la reine, du salon d'Hercule (fiche 5) ou de la Chapelle royale (fiche 4).

Les **jardins**

Ils étaient la grande passion de Louis XIV. Le roi aimait en faire découvrir lui-même les beautés à ses hôtes de marque. Lorsqu'il en était empêché par les charges de l'État, il souhaitait que la visite fût faite dans les règles, selon le parcours qu'il jugeait le meilleur. Il rédigea donc une *Manière de montrer les jardins de Versailles*, texte sobre où le souverain va à l'essentiel : par où il faut passer, où s'arrêter, que regarder. Le monarque attire l'attention sur les grandes perspectives, les principaux points de vue, dont son jardinier, André Le Nôtre, a soigneusement calculé les effets (fiche 23). Le roi ne néglige pas pour autant les effets de surprise et l'agrément des bosquets où une autre facette du génie de Le Nôtre peut être admirée. L'Orangerie abritait les arbustes les plus fragiles (fiche 24). Le Potager était le complément indispensable du jardin d'agrément. Les légumes contribuaient à cette « symphonie des cinq sens » que le roi voulait faire entendre à Versailles (Jean-Pierre Babelon).

La **mythologie** et l'histoire antique

Les sculptures des jardins et les décors du château font revivre les principales divinités de la mythologie antique. Louis XIV étant le Roi-Soleil, Apollon, qui incarne l'astre du jour, est la divinité tutélaire de Versailles. On le rencontre d'abord dans le grand axe est-ouest : il sort de l'onde dans le bassin d'Apollon, accompagne sa mère et sa sœur dans le bassin de Latone (fiche 25), et se couchait dans la grotte de Téthys (fiche 21), malheureusement détruite dès le début des années 1680. Dans le château, Apollon distribue les couronnes dans la grande toile du plafond de l'Opéra (fiche 6). Il parcourt le ciel au milieu des Saisons dans la salle du Trône. Mais il n'est pas le seul dieu à régner sur Versailles. Jupiter dirige la Justice et la Piété dans la salle des Gardes de la reine, lorsqu'il ne foudroie pas le Géant Encelade dans l'un des bosquets des jardins (fiche 26). Le domaine de Neptune est le bassin Nord. Pluton enlève Proserpine au centre de la Colonnade. Hercule est reçu au rang des dieux de l'Olympe dans le plafond du salon homonyme (fiche 5), mais il prête aussi main-forte à Louis XIV dans les grandes compositions de la galerie des Glaces. Les héros grecs et romains sont également représentés dans les décors de Versailles : Alexandre (fiche 10), César, Auguste, Marc-Antoine, Cyrus, et même des héroïnes beaucoup plus obscures comme Lala de Cyzique, Harpalyce ou Hypsicratée !

Un grand **musée** de peinture française

Il ne faut pas oublier que le château de Versailles est un grand musée de peinture. Il conserve quelques chefs-d'œuvre de la peinture italienne, comme *Le Repas chez Simon* de Véronèse dans le salon d'Hercule (fiche 5) ou le *David* du Dominiquin dans le salon de Mercure. Mais la véritable richesse du musée, ce sont les collections de peintures françaises du XVIIe au XIXe siècle. Il faut rappeler que le château de Versailles conserve le plus important ensemble au monde de tableaux de plusieurs artistes français de tout premier plan : Pierre Mignard, Adam-François Van der Meulen, Hyacinthe Rigaud, Jean-Marc Nattier ou Horace Vernet. Plusieurs autres artistes français comme René-Antoine Houasse, François Verdier, Pierre-Denis Martin ou Jean-Baptiste Martin ne peuvent être étudiés qu'à Versailles. Enfin, le château conserve les chefs-d'œuvre de quelques artistes comme Claude Lefèvre (fiche 3) ou Pierre Patel (fiche 1). Le château de Versailles peut être considéré comme le principal musée français du portrait : plusieurs milliers de portraits sont exposés dans les salles ou conservés dans les réserves.

Le musée de **l'Histoire de France** de Louis-Philippe

Comme il n'était plus habité après la Révolution, le château tombait en ruine. Le roi Louis-Philippe décida d'y installer un musée consacré à toutes les gloires de la France. Tous les espaces du château furent transformés pour accueillir ce grand musée, Louis-Philippe n'hésitant pas à ouvrir des galeries dans le labyrinthe des appartements des ailes du Nord et du Midi. Le roi passa des commandes sans précédent aux meilleurs artistes contemporains pour illustrer les principaux événements de l'Histoire de France et faire les portraits des plus grands personnages historiques. Certains ensembles du musée de Louis-Philippe subsistent aujourd'hui presque inchangés, comme les salles des Croisades, la salle des États-Généraux, celle de 1792, ou encore la galerie des Batailles (fiche 20). Ces espaces constituent un témoignage unique d'une vision de l'histoire d'un siècle dont la peinture était l'une des passions majeures, d'une manière de présenter les œuvres que les changements de goût ont depuis longtemps condamnée partout ailleurs.

Les fiches d'**œuvre**

Comment utiliser les **fiches d'œuvre** ?

Quels sont les critères qui ont présidé au choix des œuvres ?

Le choix s'est d'abord porté sur quelques lieux incontournables du château : la galerie des Glaces, les chambres du roi et de la reine, la Chapelle et l'Opéra. Pour les Grands Appartements, l'Appartement intérieur du roi et les cabinets de la Reine, nous avons choisi une pièce qui nous semblait représentative, respectivement le salon de Vénus, le salon des Jeux et le cabinet de la Méridienne. En ce qui concerne la sculpture, deux chefs-d'œuvre se sont imposés d'eux-mêmes : le buste de Louis XIV, par Bernin, et le groupe d'*Apollon servi par les Nymphes*, de François Girardon et Thomas Regnaudin. Pour le mobilier, on ne pouvait négliger le secrétaire à cylindre de Louis XV, œuvre de Jean-François Œben et Jean-Henri Riesener. Il est au mobilier ce qu'est la *Joconde* à la peinture. Nous avons également voulu évoquer la marqueterie Boulle et les meubles de Louis XIV en choisissant l'une des deux commodes de la chambre du roi au Grand Trianon. Parmi les peintures, on trouvera le *Portrait de Louis XIV* par Hyacinthe Rigaud et celui de Marie-Antoinette par Élisabeth-Louise Vigée-Lebrun. Deux vues du château de Versailles, par Pierre Patel et par Pierre-Denis Martin, permettent de montrer l'état du château à deux moments clés : en 1668, juste avant le grand chantier de Louis XIV, et en 1722, l'année de réinstallation de Louis XV. *La Famille de Darius aux pieds d'Alexandre*, dit « La tente de Darius », de Charles Le Brun, permet d'évoquer les collections de peintures de Louis XIV, qui ont servi à décorer les appartements du château. Le *Portrait de Colbert*, par Claude Lefèvre, est l'un des chefs-d'œuvre méconnus des collections de Versailles. Dans le jardin et le Petit Parc, quelques lieux s'imposaient également : l'Orangerie, la fontaine de Latone, le Grand Canal, les deux châteaux de Trianon et le Hameau de la reine. Pour le choix d'un bosquet, nous avons hésité entre la Colonnade et l'Encelade, pour privilégier finalement ce dernier, c'est-à-dire Le Nôtre au détriment d'Hardouin-Mansart.

Dans quel ordre les fiches sont-elles présentées ?

L'ordre des fiches respecte le parcours de la visite. On découvre d'abord les salles consacrées à l'histoire du château, puis la Chapelle et le salon d'Hercule. Celui-ci ouvre sur l'enfilade des Grands Appartements avec pour point d'orgue la galerie des Glaces. La chambre du roi se visite après la Galerie. L'Appartement intérieur ainsi que les cabinets de la Reine ne sont visibles que sur visite-conférence. Il en est de même pour l'attique Chimay, où l'on peut admirer le *Serment du Jeu de paume*, de Jacques-Louis David. L'Opéra royal est toujours le cadre de spectacles tout au long de l'année : opéras, concerts, représentations théâtrales, etc. La visite des jardins et du Petit Parc complète celle du château. Le parcours se termine avec les deux châteaux de Trianon et le Hameau de la reine.

Les principaux espaces du château et des jardins sont identifiés par des codes de couleurs :

- *Le château : aile du Nord*
- *Le château : corps central*
- *Le château : aile du Midi*
- *Les jardins*
- *Les châteaux de Trianon*

Comment les fiches ont-elles été rédigées ?

Le principe suivi dans les fiches consiste à reprendre les questions le plus souvent posées par les enfants et donner des réponses destinées aux parents. L'âge est précisé pour chaque question : 5-7 ans, 8-10 ans et 11-13 ans. Les fiches ont été conçues avec un niveau de difficulté croissant correspondant aux trois tranches d'âge successives. Les enfants les plus jeunes réagissent aux aspects les plus saillants de l'image qui leur est proposée : taille, fonction, couleur des objets, identité des personnages, destination de la pièce… Les plus âgés réclament des informations sur le contexte de création et la vie des artistes. L'explication va donc du particulier au général. Les dates ne sont habituellement indiquées que pour les dernières questions.

1.

Le château de Versailles en 1668

Pierre Patel
(1605-1676)
Vue du château et des jardins de Versailles en 1668
Huile sur toile
1,15 m x 1,61 m
Aile du Nord, rez-de-chaussée

❶

❷

❸

5•7

Le château n'est pas le même qu'aujourd'hui ?

Versailles ne s'est pas construit en un jour. Plusieurs châteaux ont précédé l'immense palais que nous connaissons. Le premier Versailles a été construit par Louis XIII, le père du Roi-Soleil. C'était alors un tout petit château. Il a ensuite été agrandi, peu à peu, d'abord par Louis XIII, puis par Louis XIV. Le tableau montre le château et les jardins juste avant les grands travaux de Louis XIV.

Pourquoi ce château a-t-il tant plu aux rois ?

Avant de faire construire le château, Louis XIII a aimé l'endroit : de belles forêts pleines d'animaux où le roi pouvait chasser. Comme les rois sont toujours entourés de beaucoup de monde, Louis XIII appréciait de temps en temps la tranquillité dans un lieu isolé. Versailles n'était alors qu'un village. Le château fut construit entre l'église et le moulin.

Où habitait le roi ?

Les trois maisons en brique au premier plan à droite et celles de gauche servaient aux invités et aux officiers du roi, notamment son capitaine des gardes. L'édifice à gauche de la grande cour abritait les écuries, et celui de droite, les cuisines. Le roi logeait dans le bâtiment au fond de la petite cour, un peu à droite. Il pouvait apprécier la vue sur les jardins, avec tout au fond le Grand Canal, qui n'était pas encore terminé.

8•10

Le peintre était-il en avion ou en ballon pour réaliser la peinture ?

Ni l'un ni l'autre n'existaient encore. Il a utilisé la science de la perspective pour donner l'illusion d'une vue à vol d'oiseau. Cette science de la perspective appliquée aux paysages a été développée dans les pays du nord de l'Europe : Flandres (Belgique) et Provinces-Unies (Pays-Bas). Pierre Patel est l'un des premiers peintres français à la mettre magnifiquement en pratique. Il faut encore admirer dans cette peinture la précision et la netteté des détails.

Y avait-il des montagnes à Versailles sous Louis XIV ? →❶

Bien sûr que non : le peintre a pris quelques libertés pour donner un peu d'animation au paysage en accentuant les reliefs à l'arrière-plan du tableau.
Il a également diminué l'étendue de la place devant le château pour donner plus d'ampleur à celui-ci par contraste. Il a augmenté les dimensions de certains bassins afin qu'on les distingue mieux.
Il a également déplacé un peu certains édifices. Malgré ces modifications « artistiques », le tableau reste une source très précieuse pour la connaissance du château de Versailles avant les grandes transformations des années 1670 et 1680.

Pourquoi y a-t-il de l'eau sur le toit du bâtiment à droite ? →❷

Ce bâtiment est la grotte de Téthys, petit édifice décoré de coquillages et abritant des sculptures. Il était le cadre des plaisirs du roi : on y donnait des concerts et il servait de décor à des pièces de théâtre. Il supportait aussi un réservoir qui permettait de faire jouer le jet d'eau du bassin placé devant le château. Louis XIV était déjà un passionné des jeux d'eau et tous les moyens étaient bons pour alimenter les fontaines.
Trois grands réservoirs sont également visibles à droite. L'eau était pompée dans le lac de Clagny, qui se trouvait au nord du château. Ce lac a été asséché au milieu du XVIIIe siècle.

Quelle est l'église que l'on voit tout à fait à gauche du tableau ? →❸

C'est le clocher de l'église Saint-Julien, qui sera détruite dix ans plus tard. Sous le clocher, le grand bâtiment est la salle du Jeu de paume construite par Louis XIII : ce jeu, qui est l'ancêtre du tennis, consistait à lancer une balle au-dessus d'un filet à l'aide de petites raquettes. Il était très populaire aux XVIe et XVIIe siècles et même les rois aimaient y jouer. On a retrouvé les fondations de la salle au cours des fouilles archéologiques effectuées en 2007.

11•13

Pourquoi le château est-il appelé « aux trois couleurs » ?

Par référence au rouge de la brique, au blanc de la pierre et au bleu de l'ardoise. Cet aspect a été donné au château de Versailles par Louis XIII, lorsqu'il l'a reconstruit et agrandi dans les années 1630. Ce style décoratif était pourtant déjà passé de mode à cette époque. Louis XIV aurait pu remplacer la brique par de la pierre de taille, mais il semble qu'il ne l'ait pas fait pour conserver le souvenir de ce qu'avait bâti son père.

Qui est l'architecte du premier château de Versailles ?

Pour le tout premier Versailles, construit de 1623 à 1624 pour Louis XIII, on ne connaît pas le nom de l'architecte. On ignore même s'il y a eu un architecte, étant donné la modestie de l'édifice. Le seul nom que l'on connaisse est celui du maître maçon : Nicolas Huau. Lorsque ce premier château a été transformé et agrandi dans les années 1630, nous savons qu'il fut fait appel à un architecte appelé Philibert Le Roy. Bien entendu, celui-ci n'a pas la renommée de ses successeurs : Louis Le Vau, Jules Hardouin-Mansart ou Ange-Jacques Gabriel...

Qui est l'auteur du tableau ?

Pierre Patel était un peintre qui a surtout réalisé des ruines antiques imaginaires. C'était un genre très apprécié au XVIIe siècle. Mais il a aussi été chargé de peindre les châteaux préférés de Louis XIV, qui en avait beaucoup : le Louvre, Saint-Germain-en-Lay (Château-Neuf et Château-Vieux), Vincennes, Fontainebleau... De tous ces châteaux peints par Patel, seule cette vue de Versailles a été conservée. Peut-être que d'autres tableaux sont encore enfouis dans quelque grenier en attendant qu'un passionné d'art les découvre.

2.

Le château de Versailles en 1722

Pierre-Denis Martin
(1663-1742)
Vue du château de Versailles
prise de la place d'Armes en 1722
1,39 m x 1,50 m
Huile sur toile
Salles du XVIIe siècle

❶

❷

5•7

C'est le château de Versailles ?

Ce tableau montre le château de Versailles en 1722, sept ans après la mort de Louis XIV. C'est l'année du retour de Louis XV à Versailles. Il avait quitté le château à la mort de son arrière-grand-père. On remarque quelques différences avec l'état actuel. La plus apparente concerne les deux ailes autour de la deuxième grille : elles ont été reconstruites à la fin du règne de Louis XV, elles sont aujourd'hui en pierre. À l'origine, elles étaient en brique, comme toutes les façades sur cour.

Pourquoi a-t-on reconstruit les façades ?

Louis XV et son architecte Ange-Jacques Gabriel (1698-1782) voulaient reconstruire les façades sur cour pour les harmoniser avec celles sur jardin, qui étaient en pierre. C'est ce que l'on appelle le « Grand Projet » ou « Grand Dessein ». Le roi a longtemps hésité avant d'autoriser sa réalisation. L'aile droite, dite « aile Gabriel », a été construite au début des années 1770, mais le chantier a été interrompu en 1774 par la mort de Louis XV. Louis XVI a voulu relancer le projet en sollicitant d'autres architectes. Certains ont proposé une reconstruction quasi totale du château ! La Révolution a de nouveau interrompu le Grand Projet. Napoléon l'a repris et le pavillon symétrique à celui de Gabriel a été mis en chantier par l'architecte Alexandre Dufour (1760-1835). Après l'abdication de l'empereur, le Grand Projet a été définitivement abandonné.

Pourquoi y a-t-il trois cours ?

Le château de Versailles a été considérablement agrandi au cours des années. Le château de Louis XIII est situé autour de la cour la plus étroite, la cour de Marbre. Elle est aujourd'hui recouverte de plaques de marbre blanches et noires. Louis XIV avait demandé qu'elle fût surélevée afin d'en interdire l'accès aux carrosses. C'est le cœur du château, où se situent les appartements royaux. La Chambre du roi est au centre, à l'endroit où l'on voit la façade prendre plus d'ampleur. Les premiers agrandissements sous Louis XIV, du côté de la ville, ont consisté à reconstruire et à rattacher au château les anciennes écuries (à gauche) et les cuisines (à droite) autour de la deuxième cour, la cour Royale. Mais après l'installation du gouvernement à Versailles, en 1682, il a fallu trouver de la place pour les administrations. On a donc remplacé les anciens pavillons des ministres par deux grandes ailes au nord et au sud, qui délimitent l'avant-cour, ou cour d'Honneur, qui est la plus vaste.

Il y a beaucoup de monde !

Le château était largement ouvert à la population sous l'Ancien Régime. Il y avait beaucoup de monde dans les cours et dans le Grand Appartement du roi. La galerie des Glaces était un lieu de promenade et constituait le grand axe de circulation du château. Des boutiques étaient installées dans l'escalier des Princes. On pouvait donc facilement franchir les grilles, pénétrer dans le château et même apercevoir le roi à certains moments de la journée : lorsqu'il traversait le Grand Appartement pour se rendre à la Chapelle chaque jour à dix heures, ou bien, si l'on était introduit, lors du souper au Grand Couvert à vingt-deux heures.

8•10

Pourquoi y a-t-il deux grilles ?

La première est la grille d'honneur, qui donne accès à l'avant-cour. Elle est flanquée de deux groupes sculptés. Celui de gauche montre la *Victoire de la France sur l'Espagne*, par François Girardon (1628-1715), celui de droite représente la *Victoire de la France sur l'Empire* (l'Allemagne), par Gaspard Marsy (1624-1681). L'Espagne et l'Empire étaient deux adversaires de la France lors de la guerre de Hollande (1672-1678). La seconde est la grille royale qui ouvre sur la cour homonyme. Elle est ornée de deux autres groupes : *La Paix*, par Jean-Baptiste Tuby (1635-1700), à gauche, et *L'Abondance*, par Antoine Coysevox (1640-1720), à droite. Seules certaines personnes de haut rang avaient le droit de franchir cette seconde grille en carrosse. On appelait ce privilège « avoir les honneurs du Louvre » ! Cette grille a été détruite après la Révolution. Elle a été reconstruite entre 2006 et 2008.

Quel est le grand bâtiment que l'on voit à gauche ? →❶

C'est le Grand Commun. Il a été construit entre 1682 et 1684. Il abritait les principaux services assurant le bon fonctionnement de la Cour : cuisines, lingerie, magasins, etc. On y trouvait aussi une centaine d'appartements destinés aux courtisans qui n'avaient pas pu être logés dans les deux grandes ailes du Nord et du Midi.

Il y a un édifice qui dépasse à droite. →❷

Il s'agit de la Chapelle royale. Elle a été achevée et consacrée en 1710, douze années seulement avant la réalisation de cette peinture. Par son architecture et sa hauteur, elle se distingue nettement des autres bâtiments du château. Elle a un élan vertical gothique qui contraste avec les lignes horizontales du corps central et des deux grandes ailes. Elle semble un corps étranger greffé sur l'aile du Nord. Elle marque ainsi visuellement l'importance que Louis XIV accordait à la religion.

11•13

Qui a peint ce tableau ?

C'est Pierre-Denis Martin (1663-1742). Il est aujourd'hui considéré comme un artiste mineur, mais certaines de ses œuvres constituent des témoignages précieux sur le château et les jardins de Versailles. Le tableau a été commandé en 1722 par Marie-Anne de Bourbon, princesse de Conti, pour être placé en dessus-de-porte de la salle à manger du château de Choisy. Cinq autres tableaux du même peintre décoraient cette pièce : ce sont des vues des châteaux de Trianon, de Marly, de Meudon, de Fontainebleau et de Chambord. Ces œuvres sont entrées à Versailles au XIXe siècle, sous Louis-Philippe.

3.

Jean-Baptiste Colbert

Claude Lefèvre
(1632-1675)
Portrait de Jean-Baptiste Colbert
Huile sur toile
1,38 m x 1,13 m
Aile du Nord, rez-de-chaussée

5•7

Pourquoi est-il habillé tout en noir ?

La grande robe noire est l'habit des « hauts fonctionnaires » de l'époque : maîtres des requêtes et conseillers d'État. Colbert, le grand ministre de Louis XIV, voulait donner l'image d'un travailleur infatigable au service de son roi et de la France. Il avait la réputation de ne jamais se reposer, si ce n'est en passant d'un travail difficile à un autre qui l'était un peu moins. L'austérité du satin noir de l'habit est cependant atténuée par la très belle dentelle de la manche et du collet. La qualité des textures est l'une des grandes réussites du peintre, qu'il s'agisse des chairs estompées, du satin noir ou bien de la dentelle finement ouvragée.

Il a l'air de bonne humeur.

Il avait pourtant la réputation d'être toujours renfrogné et sévère. Mme de Sévigné le trouvait glacial et l'appelait « le Nord ». Il avait banni de chez lui le luxe et les divertissements pour se consacrer entièrement aux affaires dont il avait la charge. S'il a l'air joyeux, c'est surtout grâce au talent du portraitiste pour rendre les physionomies agréables et riantes. En outre, depuis Léonard de Vinci, on sait qu'un portraitiste se représente inconsciemment dans son modèle : c'est sans doute la bonne humeur du peintre qui anime les traits du ministre.

Quel était son rôle à Versailles ?

Jean-Baptiste Colbert (1619-1683) était le grand ministre de Louis XIV. Il avait pour ambition d'immortaliser la gloire du roi par les arts. Il a suivi les moindres détails de tous les chantiers en cours au château et écrivait de longs rapports à Louis XIV pour lui rendre compte de leur avancement. Il a consacré toute son énergie à embellir le château et ses jardins. Pourtant, Colbert n'aimait pas Versailles, qu'il considérait comme le cadre des plaisirs du roi, et trouvait qu'on y dépensait trop d'argent. Il aurait préféré que le roi privilégie le palais du Louvre, au cœur de Paris. Il a notamment écrit : « Quelle pitié que la gloire du plus grand roi du monde soit mesurée à l'aune de Versailles. » Mais Colbert n'était pas un bon prophète : aujourd'hui, Versailles est un titre de gloire particulièrement éclatant pour le Roi-Soleil.

Que fait-il avec sa main ?

Il s'agit sans doute d'un artifice du portraitiste pour donner davantage de vie à son modèle. On savait en effet que l'expression réside tout particulièrement dans les traits du visage et dans l'attitude des mains. La main sortant de la robe et semblant esquisser un geste, les doigts partiellement repliés, infuse un dynamisme au personnage et le rend beaucoup plus expressif.

Que signifie l'étoile brodée sur son habit ?

C'est l'emblème de l'ordre du Saint-Esprit, le plus prestigieux des ordres de chevalerie au temps de Louis XIV. Cet ordre a été créé par Henri III en 1578 : il ne pouvait comporter que cent chevaliers, tous nobles sur deux générations au moins. La croix de Malte à huit pointes ornée de la colombe du Saint-Esprit est brodée de fils d'argent sur la soie noire de la robe. On devine également le cordon bleu et la croix de l'Ordre placée sur le gilet noir près du cœur. Les chevaliers du Saint-Esprit étaient d'ailleurs couramment appelés les « Cordons bleus ». L'Ordre était attribué aux enfants de France dès leur naissance. Pour les autres, il constituait la récompense honorifique suprême.

Qui est le personnage portant une boule à droite ?

Hercule portant le monde est une allégorie de Colbert assumant seul toutes les charges de l'État. Il faut également remarquer que cet Hercule forme le décor d'une horloge dont on aperçoit le cadran. Celle-ci est le symbole de la ponctualité et de l'assiduité du ministre.

Qu'est-ce qui est représenté sur les papiers en bas à droite ?

Il s'agit certainement des plans de deux entreprises colbertiennes à la gloire de Louis XIV. Mais elles ne sont pas identifiées avec certitude. Le papier le plus visible montre une architecture en élévation : il est possible qu'il s'agisse de l'un des projets pour l'arc de triomphe de la place du Trône (aujourd'hui la place de la Nation, à Paris). C'était un arc de triomphe monumental de 50 mètres de haut projeté par Colbert pour rivaliser avec les édifices antiques. Il ne fut jamais terminé.

Pourquoi voit-on une colonne à gauche ?

La colonne est le symbole traditionnel de la force. C'est ici plus précisément une allusion à la force d'âme de Colbert. Le peintre a discrètement placé cette colonne engagée dans le mur du fond, auquel elle donne du relief, constituant ainsi une ligne verticale en léger décalage avec la verticale du corps du ministre.

11•13

Qui a peint le tableau ?

Claude Lefèvre est un peintre qui n'est pas connu aujourd'hui comme il le mérite. C'est pourtant l'un des très grands maîtres dans l'art du portrait. Il a été formé par Charles Le Brun, qui lui conseilla de se consacrer au portrait, genre vers lequel le portait son génie propre, même s'il a également réalisé des peintures religieuses. Il maîtrisait tout particulièrement les contrastes de textures et savait rendre la vivacité des physionomies. Son portrait de Louis XIV est conservé au musée de La Nouvelle-Orléans, aux États-Unis. Il est mort prématurément, en 1675, à l'âge de quarante-deux ans.

Qui a commandé ce portrait ?

C'est ce que l'on appelle un « morceau de réception ». Les portraitistes désirant être admis à l'Académie royale de peinture et de sculpture devaient réaliser un ou plusieurs portraits d'académiciens qu'on leur désignait. Colbert étant alors le vice-protecteur de l'Académie, la compagnie demanda à Claude Lefèvre de peindre son portrait en mars 1665. Le tableau fut terminé et présenté le 30 octobre 1666. Le château de Versailles conserve dans ses collections de très nombreux morceaux de réception comme celui-ci, qui est certainement le plus beau.

4.

La Chapelle royale

❶ 

❷ 

5•7

C'est très haut !

La Chapelle royale est étroite et haute, dans la tradition gothique. La voûte s'élève à 26 mètres de hauteur. La largeur du vaisseau est de 18 mètres. Les proportions de la Chapelle sont médiévales, mais le décor est classique. Il comprend de grandes colonnes cannelées d'ordre corinthien portées par des arcades en plein cintre.

Où se plaçait le roi dans la Chapelle ?

À l'endroit précis d'où a été prise la photographie, c'est-à-dire à l'étage. Il s'agit de la tribune royale, face au maître-autel. Elle est réservée au souverain et aux membres de sa famille. Les tribunes latérales, au même niveau, étaient pour les princes et les plus hauts dignitaires de la Cour. Le reste des courtisans se plaçait au rez-de-chaussée. Les chapelles palatines ont par tradition deux niveaux, à l'exemple de la Sainte-Chapelle à Paris.

8•10

Où se trouve l'autel ?
→❶

Il est placé à l'extrémité de la nef. Il est décoré d'un bas-relief de bronze doré montrant le *Christ mort sur les genoux de la Vierge* par Corneille Van Clève (1645-1732). Juste derrière, on aperçoit des anges en adoration. Dans l'arcade centrale, une gloire – masse de nuages d'où sortent des rayons –, également en bronze doré, entoure un triangle équilatéral où est inscrit en lettres hébraïques le nom de Dieu, Yahveh. Encore au-dessus, on distingue l'orgue monumental avec un buffet en bois sculpté et doré. Dans le cul-de-four (voûte en quart de sphère) surplombant les colonnes, Charles de La Fosse (1636-1716) a peint *La Résurrection* du Christ.

Le sol est très décoré !
→❷

C'est une symphonie de marbres de couleur. Les plaques ont été sciées pour composer des figures géométriques qui répondent à l'architecture de l'édifice. Les dessins sont d'une grande subtilité : même les ombres sont indiquées par des tonalités plus sombres. Il y a des dizaines de marbres différents venant de plusieurs pays d'Europe : Espagne, Italie, Flandres, et bien sûr, des marbres français des Pyrénées et du Languedoc. Ce décor très riche contraste avec la pierre blanche qui a été utilisée pour le reste de l'édifice.

La Chapelle est très lumineuse !

La lumière vient des grandes baies à vitres transparentes. Elle peut ainsi pénétrer facilement dans la nef grâce à la grande colonnade. Il s'agit d'une prouesse technique appliquée pour la première fois dans une église. Elle est permise par la légèreté de la voûte qui est en brique et non en pierre. Les peintures qui la décorent sont réalisées directement à l'huile sur un enduit de plâtre. La luminosité de la Chapelle est accentuée par la blancheur de la pierre.

Il y a des sculptures sur les arcades.

Ce sont des bas-reliefs. Ils recouvrent toutes les surfaces des piliers et des arcs de la nef. Ils ont été sculptés dans la pierre calcaire blanche qui a été utilisée pour bâtir l'édifice. Les reliefs qui ornent l'arcade abritant l'autel ont été dorés. La décoration sculptée est donc omniprésente, elle anime les surfaces. Elle a été réalisée par une équipe de plusieurs dizaines de sculpteurs !

11•13

Que signifie le décor peint et sculpté ?

Le décor peint de la voûte montre la Trinité. Charles de La Fosse a peint *La Résurrection* du Christ au-dessus de l'autel, Antoine Coypel (1661-1722) *Le Père éternel dans sa gloire* dans la nef, et Jean Jouvenet (1644-1717) *La Descente du Saint-Esprit sur les apôtres et la Sainte Vierge* au-dessus de la tribune du roi. Le décor de la nef comprend aussi les quatre évangélistes et les prophètes de l'Ancien Testament. Les frères Bon (1649-1717) et Louis II de Boullogne (1654-1733) ont peint les apôtres dans les compartiments des plafonds des tribunes. Le décor sculpté montre notamment les épisodes de la Passion du Christ, ainsi que les principales Vertus chrétiennes.

Quand a-t-elle été construite ?

C'est la cinquième chapelle du château. Elle a été précédée par quatre autres, situées à divers endroits du château. La troisième était située à l'emplacement de la salle du Sacre et la quatrième à l'emplacement du salon d'Hercule. Il y eut même un projet de chapelle à dôme au milieu de l'aile du Nord. Mais il fut abandonné lorsqu'on lança la construction de la chapelle actuelle, en 1687. Le chantier fut interrompu par la guerre de la Ligue d'Augsbourg (1688-1697). Il reprit au début de 1699.

À l'origine, la Chapelle devait être entièrement décorée de marbres polychromes. À la reprise du chantier, on décida de laisser la pierre blanche apparente et de réserver les marbres au pavement. L'architecte Jules Hardouin-Mansart (1646-1708) dirigea le chantier jusqu'à sa mort, en 1708. Robert de Cotte (1656-1735) lui succéda pour les deux dernières années.

Louis XIV aimait-il sa chapelle ?

Louis XIV était très satisfait de l'architecture et du décor de la Chapelle. Il aimait y écouter de la musique religieuse, en particulier les motets de Michel-Richard de Lalande (1657-1726). Tout le monde loua la magnificence de l'édifice, mais certains, y compris madame de Maintenon, remarquèrent qu'elle contrastait avec la rudesse des temps. La France était alors engagée dans une guerre très difficile, la guerre de Succession d'Espagne (1701-1714). De plus, elle venait d'être frappée par un hiver glacial qui avait provoqué une terrible famine, le « grand hyver » de 1709.

Quels sont les principaux événements qui eurent lieu dans la Chapelle ?

La Chapelle fut bénie le 5 juin 1710 par le cardinal de Noailles. De nombreux mariages y furent célébrés : celui du duc de Berry, petit-fils de Louis XIV, avec Marie-Louise d'Orléans, petite-fille du frère cadet du roi, le 7 juillet 1710 ; celui du Dauphin, fils de Louis XV, avec Marie-Thérèse, infante d'Espagne, le 23 février 1745 ; et enfin celui du futur Louis XVI avec Marie-Antoinette, le 16 mai 1770. Il y eut aussi plusieurs baptêmes. Celui du futur Louis XV fut célébré en mars 1712 et celui du futur Louis XVI en octobre 1761.

5.

Le salon d'Hercule

5•7

Cette pièce est très haute !

C'est le salon d'Hercule. Il s'étend sur 310 m² et se situe à l'emplacement d'une chapelle où Louis XIV s'est rendu pendant plus de vingt ans. Lorsque la chapelle royale fut enfin construite puis inaugurée en 1710, cette pièce est devenue la grande salle de bal et de festins qui manquait encore au château de Versailles.

On dirait que les fenêtres, la porte et la cheminée ont été faites pour des géants.

Elles sont aux dimensions de la pièce, c'est-à-dire immenses ! Il y a une recherche d'équilibre et d'harmonie dans les proportions à Versailles, dans les petits cabinets comme dans les très grands salons.

On dirait qu'il n'y a pas de plafond et qu'on voit le ciel.

Il s'agit d'un décor peint en trompe-l'œil. Le peintre a cherché à donner l'illusion que le plafond de la pièce est ouvert sur le ciel et que l'on voit les nuages. Le salon paraît ainsi encore plus grand qu'il ne l'est en réalité.

8•10

Qui sont tous ces personnages ?

La scène représente l'apothéose d'Hercule. Ayant accompli de nombreux exploits, Hercule monte au ciel, après sa mort, pour y être reçu parmi les dieux. Il est encore sur son char, portant sa massue, et s'approche du souverain des dieux, Jupiter. Celui-ci tient la main de la belle Hébé, qu'il va accorder à Hercule en mariage.

Pourquoi a-t-on choisi de peindre Hercule ?

Hercule est un héros qui a souvent servi de modèle aux rois de France. La massue d'Hercule, avec laquelle il avait terrassé les monstres, a été reprise pour la devise de Louis XIII, le père de Louis XIV. Si la devise de Louis XIV montrait le soleil, la massue d'Hercule est également présente dans le décor de la galerie des Glaces. Le sujet de l'apothéose d'Hercule devait être peint au centre de la voûte de la galerie des Glaces, avant que Louis XIV ne change d'avis. Après Louis XIII et Louis XIV, Louis XV a lui aussi choisi de faire représenter Hercule dans le plafond de ce salon, peut-être sous l'influence de son précepteur, devenu son premier ministre… Hercule de Fleury.

Qui a peint ce grand plafond ?

François Lemoyne (1688-1737) a travaillé à ce décor entre 1730 et 1736. Il a élaboré deux projets successifs : le premier avec des compartiments – comme les plafonds des Grands Appartements –, le second peint d'un seul tenant. Il a ensuite réalisé une maquette pour présenter son projet au roi, en tenant compte de la déformation des figures due à la courbure du plafond. Cette maquette est conservée au château de Versailles. La peinture du plafond a pris trois années (1733-1736) : elle comprend 142 personnages ! Elle a été peinte à l'aide d'un échafaudage, sur 43 toiles collées sur le plafond couvrant plus de 480 m^2. Après les premiers coups de pinceaux, Lemoyne se rendit compte qu'il manquait 40 figures à son projet ! Ce travail considérable a été très éprouvant pour le peintre. Bien qu'il fût nommé Premier peintre de Louis XV et célébré comme un génie après l'achèvement du décor, François Lemoyne resta très affecté par ce grand chantier. Il se suicida huit mois plus tard, de neuf coups d'épée à la gorge et à la poitrine.

Quel est le tableau au placé au-dessus de la cheminée ?

Il s'agit du sujet d'*Éliézer et Rebecca* : Éliézer a été envoyé par Abraham afin de trouver une épouse pour son fils Isaac. Grâce à l'aide divine, il rencontra la jeune Rebecca auprès d'un puits. Le tableau a été placé au-dessus de la cheminée du salon d'Hercule en 1736. On croyait alors qu'il s'agissait d'un tableau de Paolo Véronèse, mais on attribue aujourd'hui la toile à son jeune frère Benedetto. Il y a en revanche un authentique Paolo Véronèse sur le mur d'en face : c'est une immense composition offerte par la république de Venise au roi Louis XIV en 1664. Elle représente le repas de Jésus chez Simon le Pharisien. Elle a été placée dans ce salon dès janvier 1730, au moment où Lemoyne reçut la commande du décor de la voûte.

Où se situe ce grand salon ?

Il se situe entre la Chapelle et le Grand Appartement du roi. Le chantier du décor a commencé en 1722 dès que le jeune roi Louis XV a décidé de revenir s'installer au château de Versailles. On choisit d'utiliser des marbres de couleur, comme dans le Grand Appartement, décoré cinquante ans plus tôt, et non les boiseries blanc et or qui étaient alors à la mode. Ce type de décor est un hommage de Louis XV à son arrière-grand-père, Louis XIV. Les architectes Robert de Cotte (1656-1735) et Jacques V Gabriel (1667-1742) ont conçu la pièce et son décor. Antoine Vassé (1681-1736) a réalisé les chapiteaux en bronze des pilastres qui rythment la salle. Il est aussi le créateur des ornements de bronze de la grande cheminée : une grande tête d'Hercule avec la peau du lion de Némée et des cornes d'abondance. Jacques Verberckt (1704-1771) a sculpté les impressionnants cadres en bois doré du *Repas chez Simon* et d'*Éliézer et Rebecca*.

Quelles sont les principaux événements qui ont eu lieu dans ce salon ?

Le premier grand bal a eu lieu le 26 janvier 1739, pour célébrer le mariage de la fille aînée de Louis XV. Le salon était éclairé par 7 lustres et 109 girandoles. Cinquante musiciens se tenaient devant la cheminée et on avait construit des gradins devant le grand tableau de Véronèse pour les dames qui ne dansaient pas. Cinquante ans plus tard – le 2 mai 1789 –, à la veille de la Révolution, les députés des états généraux furent présentés à Louis XVI dans cette pièce.

6.

L'Opéra royal (visite-conférence)

❶

5•7

C'est un théâtre ?

Il s'agit de l'Opéra royal du château de Versailles. C'est la première salle de spectacle permanente du château. Elle a été construite à la fin du XVIIIe siècle seulement. Les précédentes étaient toutes provisoires, que ce soit à l'emplacement de la cour des Princes, dans l'escalier des Ambassadeurs ou encore dans le manège de la Grande Écurie.

Pourquoi a-t-il fallu attendre si longtemps pour que l'Opéra soit construit ?

Il y a eu plusieurs tentatives qui n'ont pas abouti. Louis XIV avait prévu de construire une salle de Comédie au sud du château, mais l'édification de la grande aile du Midi a compromis le projet. Le roi avait ensuite planifié la construction d'une grande salle des Ballets à l'extrémité de l'aile du Nord, mais le projet n'a pas vu le jour à cause de la guerre de la Ligue d'Augsbourg et des difficultés à la fin de son règne. Sous Louis XV, on préféra aménager une salle provisoire dans le manège de la Grande Écurie pour le mariage du Dauphin avec l'infante d'Espagne. Lorsque s'approcha le mariage du futur Louis XVI avec Marie-Antoinette, on lança enfin le chantier qui avait été tant de fois repoussé.

8•10

L'Opéra a été bâti pour un mariage ?

Oui. Il fallait donc que la salle puisse remplir trois fonctions : d'abord servir de salle de festin, ensuite accueillir la représentation d'un opéra et enfin être le cadre d'un grand bal. Pour permettre ces métamorphoses, un mécanisme spécial fut imaginé. Des treuils permettent de monter le parquet du parterre au niveau de l'amphithéâtre et de la scène afin de constituer une vaste esplanade propre au bal et au festin. Les trois festivités se succédèrent pour le mariage royal. Le grand souper des noces eut lieu le 16 mai 1770 : la table de vingt-deux couverts était placée au centre de la salle et les musiciens sur la scène. Le lendemain, la Cour vint assister à la représentation de l'opéra *Persée*, de Lully, qui fit bâiller Marie-Antoinette. Enfin, le bal des noces eut lieu le 19 mai, le parterre ayant été haussé et la fosse d'orchestre recouverte.

Où est la place du roi ? →❶

L'Opéra comprend des balcons superposés à l'italienne où des loges sont aménagées. Une grande colonnade fait le tour de la salle. La famille royale se plaçait au premier rang de l'amphithéâtre derrière la balustrade, au-dessus du parterre. Le roi avait une loge au centre du second balcon, grillagée pour plus de discrétion, pour les jours où il voulait assister au spectacle incognito. La loge royale est flanquée par deux autres pour les invités du monarque et les plus hauts personnages de la Cour. La salle pouvait accueillir 1 500 personnes (aujourd'hui 600) et la fosse d'orchestre 80 musiciens.

En quels matériaux est construit l'Opéra ?

Il est construit en bois, ce matériau qui lui confère une acoustique exceptionnelle. Deux des escaliers qui desservent la salle sont réalisés en pierre, en cas d'incendie. Précisons qu'il n'y a pas d'angles morts en raison de la forme ovale de la salle.

11•13

Quels sont les principaux événements qui ont eu lieu à l'Opéra ?

Après le mariage du futur Louis XVI avec Marie-Antoinette, l'Opéra royal servit de cadre au festin des gardes du corps le 1er octobre 1789. Cet épisode déchaîna la fureur du peuple et précipita le cours de la Révolution. Il accueillit ensuite la société des sans-culottes de Versailles, avant d'être transformé en salle des séances pour l'Assemblée nationale lors de la IIIe République. Il fut ensuite occupé par le Sénat. L'Opéra ayant été dénaturé par Louis-Philippe, une importante restauration fut menée par l'architecte Japy entre 1952 et 1957.

Qui a construit l'Opéra ?

C'est l'architecte Ange-Jacques Gabriel (1698-1782), avec la collaboration du machiniste Blaise-Henri Arnoult (?-1792). Gabriel avait soumis plusieurs projets entre les années 1740 et 1760. Louis XV donna son accord en juin 1766, mais les travaux furent interrompus par manque d'argent. C'est finalement à l'approche du mariage de son petit-fils que le roi décida de donner l'ultime impulsion au chantier. Gabriel dut terminer l'édifice en seulement deux ans ! Des centaines d'ouvriers travaillèrent alors à la construction. Une maquette fut soumise au souverain en juillet 1769. On disputa les meilleurs bois aux services de la Marine. L'architecte réussit à terminer l'édifice à temps. C'est l'un de ses plus grands chefs-d'œuvre.

L'Opéra est-il très différent de ce que l'on construisait à l'époque ?

La salle est traditionnelle dans sa structure, mais elle a une grande originalité décorative et une grande harmonie dans ses proportions. Les colonnes lui confèrent majesté et solidité. Des miroirs ont été placés dans les grandes arcades au même niveau, reflétant ainsi les lustres et les lumières. Un grand cul-de-four décoré de caissons forme une sorte de dais au-dessus de la loge royale. Les balcons sont décorés de bas-reliefs superbement sculptés par Augustin Pajou (1730-1809), assisté d'une importante équipe. L'harmonie colorée du décor est rose, bleu et or (Louis-Philippe avait repeint la salle en rouge !). Au plafond, Louis-Jacques Durameau (1733-1796) a peint une immense toile ovale qui représente *Apollon récompensant les hommes illustres dans les Arts*. Il faut enfin souligner l'ingéniosité de Blaise-Henri Arnoult, auteur de l'équipement technique de la scène et du mécanisme permettant de hausser le parterre. La scène est l'une des plus vastes de France : 13,5 mètres de large, 23 mètres de profondeur et 36 mètres de hauteur !

7.

Les commodes Boulle de Louis XIV

André-Charles Boulle
(1642-1732)
Commode
Ébène, bronze doré,
marqueterie de cuivre et d'écaille
Hauteur : 0,88 m ; Largeur : 1,31 m ;
Profondeur : 0,65 m
Salon de l'Abondance

❶

❷

❸

5•7

Comment s'appelle ce meuble ?

C'est une commode. Ce meuble est apparu à la fin du XVIIe siècle. Il dérive du bureau à tiroirs latéraux, les tiroirs se rejoignant pour combler le vide central. Ce meuble était alors appelé « commode en bureau ». On peut aussi faire le rapprochement avec le coffre que la commode va progressivement remplacer. Elle s'ouvre également mais on peut aussi poser des choses dessus : elle est donc plus « commode » (d'où le nom). On a d'ailleurs l'impression visuelle que cette commode est la réunion de deux meubles distincts : une table et un coffre.

Que rangeait-on à l'intérieur ?

On ne sait pas exactement. On n'y mettait pas de vêtements, qui étaient alors rangés dans les pièces appelées garde-robes. Peut-être des bourses de jeton pour le jeu, des papiers ou même des livres… Selon un inventaire ancien, cette commode est décrite comme ayant « peu d'usage ». Elle semble donc avoir eu un rôle ornemental d'apparat. Elle comporte pourtant deux tiroirs de dimensions importantes.

Pourquoi y a-t-il huit pieds ?
→❶

Pour soutenir le plateau mais surtout les tiroirs ! Le meuble étant de création récente, il y avait encore des hésitations sur sa forme : les huit pieds hérités du bureau seront bientôt réduits au nombre de quatre. Ici, les pieds extérieurs qui se terminent en pattes de lion portent le plateau, tandis que les pieds en toupie aident à soutenir les tiroirs.

8•10

Que représentent les bustes ailés dans les angles ?
→❷

Il s'agit de Sphinges, c'est-à-dire de monstres ayant une tête de femme, des ailes et un corps de lion. Il faut admirer la qualité de la fonte et de la ciselure ainsi que la finesse et l'élégance des lignes.

En quels matériaux est réalisée cette commode ?

Le dessus est en marbre rouge griotte veiné de blanc. Les Sphinges, entrée de serrure, anneaux, pieds, frises, moulures d'encadrement et feuillages sont en bronze doré. Les parties noires sont en placage d'ébène. Les motifs ornementaux décorant les tiroirs et les pieds sont en marqueterie de cuivre et d'écaille.

Qu'est-ce que la marqueterie de cuivre et d'écaille ? →❸

Ce type de marqueterie, appelé également « marqueterie Boulle », est réalisé à partir de deux feuilles, l'une en cuivre, l'autre en écaille. Les motifs sont dessinés et découpés sur les deux feuilles jointes. On peut donc décorer deux meubles : le premier a les motifs en cuivre et les fonds en écaille (marqueterie appelée : « en première partie »), et le second, les motifs en écaille et le fond en cuivre (marqueterie appelée : « en seconde partie »).

D'où vient l'écaille pour la marqueterie Boulle ?

Il s'agit d'écaille de tortue marine. C'est un matériau dont l'emploi se répand en France au milieu du XVIIe siècle. La tortue la plus pourchassée est la tortue imbriquée qui vit dans les zones tropicales. Si les quantités d'écailles de tortues utilisées au XVIIe siècle étaient encore limitées, à partir de la seconde moitié du XIXe siècle, l'exploitation est devenue intensive. De nos jours, la tortue imbriquée est une espèce en voie de disparition.

11•13

Qui était Boulle ?

André-Charles Boulle (1642-1732) appartient à une famille originaire des Flandres. Son père était menuisier en ébène. André-Charles cumulait de nombreuses compétences : en ébénisterie mais aussi en sculpture, en ciselure et en dorure. Il travailla beaucoup pour le château de Versailles, notamment à l'appartement du Dauphin au rez-de-chaussée du corps central. Il attacha son nom à la technique de marqueterie de cuivre et d'écaille, mais il développa aussi considérablement l'utilisation des figures de bronze en haut-relief dans le mobilier.

Où travaillait-il ?

Boulle était connu pour l'immense atelier qu'il occupait au Louvre. Henri IV avait construit la grande galerie du bord de l'eau du Louvre au tout début du XVIIe siècle, dont une partie abritait des logements et des ateliers pour les artistes. En 1672, André-Charles Boulle avait obtenu un de ces logements. Il aménagea ensuite des bâtiments annexes du Louvre jusqu'à constituer un atelier d'environ 1000 m^{2} où tous les éléments des meubles qu'il fabriquait étaient produits. Un incendie se déclara le 20 août 1720 et détruisit une partie de ses moyens de production et des très riches collections qu'il avait constituées.

Pour qui a été réalisée cette commode ?

Elle fait partie d'une paire commandée pour la chambre de Louis XIV dans le château du Grand Trianon. Des paiements ont été faits à l'artisan en 1708 et 1709. C'est l'un des très rares meubles subsistant aujourd'hui ayant été réalisé pour le roi. Les deux commodes ont quitté le château de Versailles lors de la Révolution. Elle ont longtemps été conservées à la bibliothèque Mazarine, d'où leur nom de « commodes Mazarines ». Elles sont revenues au château de Versailles en 1932. Comme l'appartement de Louis XIV à Trianon a désormais un mobilier Empire, les deux commodes sont présentées dans le corps central du château, dans le salon de l'Abondance.

Y avait-il beaucoup de commodes au château de Versailles ?

Oui. Le meuble est devenu très populaire au cours du XVIIIe siècle. Les formes puissantes de Boulle ont été remplacées par les courbes gracieuses du style rocaille. Les figures de bronze chères à Boulle sont également passées de mode, le goût se portant vers les marqueteries de bois exotiques ou les laques. Les plus grands ébénistes ont réalisé des commodes pour les appartements de Versailles. Le meuble français le plus cher jamais acheté au monde est la commode réalisée par Jean-Henri Riesener pour la bibliothèque de Louis XIV : elle a été achetée pour le château de Versailles en vente publique Christie's le 8 juillet 1999 près de 12 millions d'euros !

8.

Le salon de Vénus

❶

❷

❸

5•7

Comment s'appelle cette pièce ?

Il s'agit du salon de Vénus, la première pièce du Grand Appartement du roi, qui est aussi appelé l'« appartement des Planètes ». En effet, chaque salle est dédiée à l'une des planètes connues au XVIIe siècle : Vénus, Mars, Mercure, Jupiter, Saturne (ces deux dernières pièces ont été détruites lorsque l'on a construit la galerie des Glaces). On a ajouté le Soleil (Apollon) et la Lune (Diane), que l'on considérait alors comme des planètes. Neptune et Pluton n'étaient pas encore découvertes. On aperçoit à droite l'enfilade des pièces du Grand Appartement : c'est l'une des très belles enfilades versaillaises.

À quoi servait ce salon ?

C'était une pièce ouvrant sur le grand escalier d'apparat du château de Versailles : l'escalier des Ambassadeurs, détruit au milieu du XVIIIe siècle. Elle était utilisée lors des soirées qui avaient lieu trois jours par semaine, les lundi, mercredi et jeudi. On jouait aux jeux de cartes et de hasard, ainsi qu'au billard ; on écoutait de la musique et on dansait. Le salon de Vénus était réservé à la collation : on y dressait des tables avec des plateaux de fruits disposés en pyramides. L'ensemble était décoré de fleurs. Les tables proposant les boissons chaudes – café et chocolat –, jus de fruits et alcools étaient placées dans la pièce précédente, le salon de l'Abondance.

Qui pouvait y entrer ?

Tout le monde durant la journée. Le château de Versailles était largement ouvert : il suffisait d'être convenablement habillé. Les visiteurs étaient particulièrement désireux de voir le roi lorsqu'il passait dans cette pièce pour se rendre à la Chapelle, chaque jour à dix heures (la Chapelle était située jusqu'en 1710 à l'emplacement actuel du salon d'Hercule). En revanche, lors des soirs d'Appartement, seuls les invités du roi pouvaient y pénétrer.

On dirait qu'il y a une terrasse sur le mur du fond. →❶

C'est une peinture décorative en trompe-l'œil : l'artiste, Jacques Rousseau (1631-1693), a cherché à donner l'illusion que le mur est ouvert sur une sorte de loggia ornée de colonnes. Il y parvient grâce à la science de la perspective et à sa maîtrise des effets de lumière. C'était un moyen de rendre les pièces plus agréables en peignant des ciels imaginaires. Le trompe-l'œil architectural, appelé *quadratura*, était un art très en vogue en Italie et notamment à Bologne, où étaient formés les plus grands spécialistes.

Comment est réalisé le reste du décor des murs ?

Ce sont surtout des colonnes et des plaques de marbre de couleur formant des motifs géométriques. L'omniprésence des marbres constitue l'une des particularités des décors versaillais. Beaucoup de ces marbres proviennent des Pyrénées : Colbert avait organisé avec le plus grand soin l'exploitation des carrières existantes et la recherche de nouvelles. D'autres marbres proviennent des Flandres ou d'Italie (les fameux marbres blancs de Carrare). Les portes en bois sont ornées de motifs sculptés et dorés à la feuille. Les dessus de porte comprennent des bas-reliefs en plomb doré.

Quelle est la sculpture dans la niche à gauche ? →❷

Il s'agit d'un portrait en pied de Louis XIV. C'est une œuvre qui a figuré à cet emplacement jusqu'à ce que le roi achète à Rome une sculpture antique fameuse, le *Cincinnatus*, qui l'a remplacée dans cette niche (cette œuvre est aujourd'hui au musée du Louvre). Le portrait de Louis XIV a été sculpté par Jean Varin (1607-1672). Ce même artiste avait réalisé le buste du roi qui était alors présenté de l'autre côté du mur, dans le décor de l'escalier des Ambassadeurs (buste conservé actuellement au château de Versailles, dans les salles du XVIIe siècle).

11•13

Le plafond est vraiment très décoré !

Le plafond a une structure en bois constituée de poutres taillées selon un profil courbe pour donner cette forme cintrée et non plate. Cette structure de bois maintient une coque de plâtre d'une vingtaine de centimètres d'épaisseur, qui est rigidifiée par un lattis de bois noyé dans le plâtre. Les peintures sont réalisées soit directement sur le plâtre de la voûte (à l'aide d'échafaudages, c'est notamment le cas pour les angles du plafond), soit sur des toiles qui sont ensuite collées sur le plafond (dans ce cas, les peintres travaillent en atelier). Les compositions peintes sont séparées par des bordures de stuc doré (le stuc est du plâtre mélangé à un peu de poudre de marbre). On a également recherché des effets de trompe-l'œil, par exemple pour les personnages qui semblent assis dans les angles du plafond au-dessus de la corniche, ou bien pour les satyres qui sont perchés sur les bordures feintes.

Quels sont les sujets des tableaux ? →❸

La planète Vénus est représentée sous l'aspect de la déesse de l'Amour, vers le centre du plafond. Elle étend son empire sur toutes les autres divinités qu'elle enchaîne avec des guirlandes de fleurs. Sur les côtés du plafond, appelés « voussures », sont peints des épisodes de l'histoire antique illustrant l'influence de Vénus : Alexandre le Grand épouse Roxane, Nabuchodonosor montre à son épouse Amytis les jardins suspendus de Babylone, qu'il a fait construire pour lui rappeler les collines ombragées de son pays natal, la Médie. Dans les angles du plafond, appelés « écoinçons », sont peints des couples célèbres : Titus et Bérénice, Marc-Antoine et Cléopâtre, Jason et Médée, Thésée et Ariane. L'ensemble du décor illustre le pouvoir universel de la déesse de l'Amour, qui s'étend, bien sûr, au roi Louis XIV lui-même. En effet, dans les sujets antiques, il faut décrypter une allusion à l'histoire du roi : les jardins suspendus de Babylone font allusion aux jardins de Versailles, le mariage d'Alexandre le Grand et de Roxane à celui de Louis XIV et de Marie-Thérèse.

9.

Louis XIV

Gian Lorenzo Bernini
(1598-1680)
Louis XIV
Marbre
1,06 m x 0,96 m (profondeur : 0,43 m)
Salon de Diane

❶

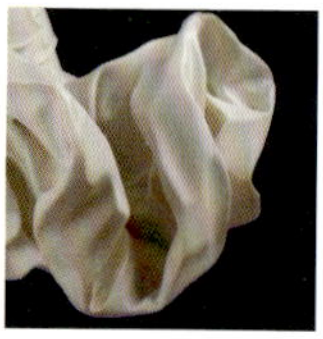

❷

5•7

Il est très beau !

C'est Louis XIV à l'âge de 27 ans. Il avait un beau visage et une majesté naturelle. Dans l'expression de son visage, la force se mêlait à la douceur, mais c'est la fierté qui prédominait. L'artiste a su traduire ces qualités dans le marbre.

On dirait que le bas du buste bouge. →❶

L'artiste a voulu donner une impression de mouvement en sculptant les ondulations du drapé. C'est un véritable tour de force qui témoigne de la virtuosité du sculpteur. Ce mouvement figé dans le marbre forme une sorte de soubassement permettant d'exalter la figure du roi en la séparant du reste du monde.

Pourquoi le roi tourne-t-il la tête ?

C'est à cause de l'idée – on disait alors le *concetto* – qui a présidé à la conception du buste. Le roi dirige son visage dans la direction d'où vient le vent imaginaire qui agite le drapé. Il l'affronte avec fermeté et assurance, démontrant ainsi sa force d'âme.

8•10

Est-il ressemblant ?

Certains détails du visage ont été critiqués, notamment le front trop fuyant, la mâchoire trop marquée ou le nez un peu plus gros d'un côté que de l'autre. Ce défaut a été corrigé par l'artiste. En fait, le sculpteur a cherché un équilibre entre idéalisation et réalisme. Le buste évoque les portraits antiques d'Alexandre le Grand, mais l'artiste n'a pas effacé certaines imperfections du visage royal, comme la légère protubérance que le souverain avait à la racine du nez.

Il a les cheveux longs ! →❷

Louis XIV avait pourtant en partie perdu ses cheveux à l'âge de 20 ans à cause d'une fièvre typhoïde. S'ils avaient repoussé, le sculpteur leur a certainement donné plus d'ampleur que dans la réalité. Il a creusé le marbre pour marquer les ombres par contraste avec le travail en très faible relief, tout en finesse, du collet de dentelle.

Qui a sculpté ce buste ?

C'est Gian Lorenzo Bernini (1598-1680), appelé Bernin en français, un sculpteur, architecte et peintre italien très célèbre. Originaire de Naples et fils de sculpteur, il avait un talent prodigieux et précoce qui lui a permis de faire une carrière exceptionnelle. Il est devenu chevalier de l'ordre du Christ à 22 ans puis directeur de l'académie de Saint-Luc, qui rassemblait les principaux peintres et sculpteurs romains. Tout le monde l'appelait *il Cavaliere*, c'est-à-dire « le chevalier » ou « le cavalier ». Il a réalisé le baldaquin de Saint-Pierre avant d'avoir 30 ans. Louis XIV l'a appelé en France en 1665 afin qu'il dessinât les plans du Louvre. Bernin avait alors 67 ans. Ce projet n'a pas abouti, mais Bernin a eu le temps de sculpter ce buste du roi durant un séjour de seulement cinq mois, entre juin et octobre 1665. Il s'était tant investi dans la réalisation de cette œuvre qu'il fondit en larmes lorsqu'il la présenta achevée à Louis XIV, le 5 octobre 1665.

Pourquoi Bernin n'a-t-il pas édifié le Louvre ?

Bernin était le prince des artistes, l'architecte des papes. Il dirigeait le chantier de la place Saint-Pierre du Vatican lorsque Louis XIV l'a fait venir. À son arrivée, Bernin s'est tourné vers les courtisans et s'est exclamé : « Qu'on ne me parle de rien de petit ! » L'artiste italien ne s'est pas privé de critiquer les monuments français. Le dôme du Val-de-Grâce était pour lui une « bien petite calotte sur une grosse tête » et le palais des Tuileries, un « grand escadron de petits enfants » ! Les artistes français ont cherché en retour à compromettre le crédit de Bernin auprès du roi. Ils y ont partiellement réussi, car si l'artiste est finalement reparti en Italie comblé de présents, Louis XIV a renoncé à édifier le Louvre d'après ses dessins.

11•13

Le roi a-t-il aimé le buste ?

Oui. Il a passé du temps à le regarder et a invité tous les courtisans à faire de même. Le souverain lui a attribué une place d'honneur au château de Versailles, peu de temps après avoir décidé d'y installer la Cour. Le buste fut posé à l'automne 1684 sur un vaste piédestal de marbre orné de trophées d'armes en bronze doré, dans le salon de Diane, pièce qui ouvrait alors sur l'escalier des Ambassadeurs. Il s'y trouve encore aujourd'hui.

Y a-t-il d'autres œuvres de Bernin à Versailles ?

Louis XIV a également commandé à Bernin une statue équestre en marbre. Le sculpteur y travailla entre 1671 et 1677, aidé par de jeunes artistes français qui achevaient leur formation à l'Académie de France à Rome. La statue n'arriva à Paris qu'en mars 1685. Elle fut vivement critiquée et le roi ne l'apprécia pas lorsqu'il la découvrit dans l'Orangerie de Versailles en novembre de la même année. Elle fut finalement transformée en Marcus Curtius, un héros romain, par François Girardon (1628-1715) et placée près du bassin de Neptune à l'extrémité du parterre Nord. Elle fut ensuite installée au bout de la pièce d'eau des Suisses, au sud, pour fermer la perspective. Elle est aujourd'hui conservée dans l'Orangerie. Ajoutons qu'une copie en plomb a été placée sur un piédestal près de la Pyramide du Louvre.

10.

La tente de Darius

Charles Le Brun
(1621-1690)
La Famille de Darius
aux pieds d'Alexandre
Huile sur toile
2,98 m x 4,53 m
Salon de Mars

❶

❷

❸

5•7

Pourquoi la femme habillée en jaune est-elle à genoux ? →❶

C'est Sisygambis, la mère du roi de Perse Darius III, qui a été vaincu par Alexandre le Grand lors d'une grande bataille à Issus (site qui se trouve aujourd'hui en Turquie). Elle supplie Alexandre d'épargner toute sa famille rassemblée autour d'elle. Mais elle se trompe et se prosterne aux pieds de l'ami d'Alexandre, Héphaistion, qui avait le même âge et une tenue aussi richement ornée que celle du roi macédonien.

Qui est Alexandre le Grand ?

Alexandre le Grand est un roi de Macédoine, une région du nord-ouest de la Grèce. Il a d'abord soumis toute la Grèce avant de lancer une grande expédition en Asie pour conquérir la Perse. Il a également conquis l'Égypte et une partie de l'Inde, constituant ainsi le plus grand empire alors connu.

Que répond-il à la mère de Darius ?

Alexandre est debout, vêtu d'une armure en or et d'une cape violette. Il montre Héphaistion à la mère de Darius, qui l'a confondu avec lui-même, en disant : « Vous ne vous êtes pas trompée, celui-ci est aussi Alexandre. » Il voulait dire d'une part qu'Héphaistion était aussi courageux que lui et qu'il le considérait comme un frère, et d'autre part que l'erreur de la mère de Darius n'avait aucune importance et qu'il traiterait avec les plus grands égards la famille du souverain perse vaincu.

8•10

Qui sont les personnages agenouillés derrière la mère de Darius ? →❷

Ce sont les autres membres de la famille royale de Perse. D'abord la femme de Darius, Statira, qui montre à Alexandre son plus jeune enfant, Ochus, afin de susciter sa pitié. Le jeune garçon ne semble pas éprouver de peur ; au contraire, il tend les bras vers Alexandre, fasciné par la grande aigrette qui surmonte son casque. On aperçoit ensuite, à droite, les deux filles de Darius, Statira et Parysatis (ou Drypetis). La première pleure et la seconde regarde, légèrement effrayée mais également admirative le grand conquérant macédonien. Après la mort de Darius, Alexandre a épousé sa fille aînée, Statira, à Suse.

Qui est le personnage portant des hiéroglyphes sur son habit dans le fond à droite ? →❸

C'est probablement un prêtre égyptien qui accompagnait Darius. Tous les personnages debout, dont les expressions témoignent de leur étonnement et de leur admiration à l'égard des paroles d'Alexandre, sont les serviteurs personnels de Darius et de sa famille. Pour les hiéroglyphes, l'artiste s'est inspiré d'un ouvrage fameux sur l'Égypte publié par le jésuite Athanase Kirchner au milieu du XVIIe siècle : *Œdipe égyptien*. Le peintre a eu grand soin de représenter, de la manière la plus vraisemblable, les habits des Perses et des Macédoniens, ainsi que le cadre de la scène, le camp d'Alexandre au lendemain de la bataille. Ce souci de vérité historique était appelé au XVIIe siècle le « costume ».

Pour qui a été peint ce tableau ?

Il a été peint pour le roi Louis XIV en 1661, au château de Fontainebleau. Le roi avait installé le peintre, Charles Le Brun, dans son appartement et il venait le voir tous les jours pour discuter avec lui de la peinture en cours et des conquêtes d'Alexandre pour lequel il avait la plus grande admiration. Louis XIV voulait imiter les grandes actions d'Alexandre. La magnanimité dont fait preuve le conquérant avec la famille de son ennemi vaincu est un modèle pour celle que Louis XIV voulait lui-même exercer lorsque les circonstances le lui permettraient.

11•13

Le roi a-t-il aimé ce tableau ?

Oui. Le tableau a d'abord été présenté au palais des Tuileries à Paris, mais dès que Louis XIV eut fixé la Cour au château de Versailles (1682), il a voulu exposer cette grande toile dans le salon de Mars. Pour démontrer que Le Brun, qui était alors devenu son Premier peintre, était aussi talentueux que les meilleurs peintres italiens, il accrocha le tableau en pendant avec une très belle toile de Paolo Véronèse qui est aujourd'hui conservée au musée du Louvre *Les Pèlerins d'Emmaüs*. On n'hésitait pas alors à modifier les formats des tableaux afin que la présentation soit parfaitement symétrique : le tableau de Le Brun fut diminué en hauteur et en largeur tandis que la peinture de Véronèse fut agrandie.

D'autres épisodes de la vie d'Alexandre ont-ils été peints pour Louis XIV ?

Oui. Ce tableau a été le premier d'une série de cinq très grandes toiles peintes par Le Brun montrant les plus grands exploits d'Alexandre. Les quatre suivants sont aujourd'hui conservés au musée du Louvre. Il s'agit du *Passage du Granique*, de *La Bataille d'Arbèles*, d'*Alexandre et Porus* et de l'*Entrée d'Alexandre dans Babylone*. Ces cinq compositions ont été tissées à la manufacture des Gobelins pour former une tenture célèbre appelée *L'Histoire d'Alexandre*. D'autres épisodes de la vie d'Alexandre ont été peints dans les décors des Grands Appartements du château de Versailles : *Le Mariage d'Alexandre et de Roxane* dans le salon de Vénus ; *La Chasse au lion d'Alexandre* dans le salon de Mars ; *Alexandre et Aristote* et *Alexandre recevant une ambassade* dans le salon de Mercure ; *Alexandre et Porus* dans le salon d'Apollon.

Est-ce le chef-d'œuvre de Charles Le Brun ?

C'est ce que l'on pensait aux XVIIe et XVIIIe siècles. On considérait que le peintre avait réalisé une composition très riche mais très claire, facilement « lisible », où les couleurs forment un accord harmonieux. On louait surtout le talent du peintre pour faire deviner, dans les expressions des visages et dans les attitudes des personnages, les sentiments et les passions qui les animent. Le tableau a malheureusement beaucoup souffert au cours des siècles; il est aujourd'hui usé, il a perdu des contrastes et de la profondeur, de sorte que, malgré une restauration récente très réussie, on peut dire qu'il n'est plus tout à fait le chef-d'œuvre qu'il a été.

11.

Portrait de Louis XIV

Hyacinthe Rigaud
(1659-1743)
Portrait de Louis XIV
Huile sur toile
2,76 m x 1,94 m
Salon d'Apollon

❶

5•7

C'est le roi ?

C'est le portrait le plus connu du roi Louis XIV. Il a été peint pour son petit-fils, Philippe d'Anjou, après qu'il fut devenu roi d'Espagne. Louis XIV avait alors soixante-deux ans. Philippe d'Anjou, devenu Philippe V d'Espagne, voulait emporter avec lui, à Madrid, un portrait de son grand-père. Mais le tableau plut tant à Louis XIV qu'il décida de le conserver à Versailles et de faire réaliser une copie pour son petit-fils (selon certaines sources, c'est la copie qui devait rester à Versailles et l'original partir à Madrid). La guerre de Succession d'Espagne ayant alors éclaté, aucune des deux œuvres ne fut envoyée. La copie est aujourd'hui conservée au château de Versailles, l'original est présenté au musée du Louvre.

Pourquoi montre-t-il ses jambes ?

Louis XIV avait conservé de belles jambes de danseur, même s'il ne dansait plus depuis trente ans. Certains historiens ont voulu voir dans la position des jambes du roi l'évocation d'un pas de danse. C'est peu probable. C'est une pose que le peintre avait imaginée quelques années auparavant dans un portrait du roi en armure devant le siège de Namur (tableau conservé au musée du Prado à Madrid). On peut aussi faire le rapprochement avec une sculpture de bronze doré qui ornait la place des Victoires à Paris et où le roi avançait ainsi la jambe pour écraser un monstre (l'Hydre de la Triple Alliance).

Il ne porte pas sa couronne ?

La couronne est posée sur un coussin avec la « main de justice ». Celle-ci est le deuxième sceptre des rois de France orné d'une main bénissant en ivoire, l'index et le majeur tendus et les autres doigts repliés. Elle dérive peut-être des mains de Dieu bénissant, qui sont fréquentes dans l'art du Moyen Âge. Quant à la couronne, il ne s'agit pas de celle utilisée lors du sacre, mais de la couronne de vermeil confectionnée pour les funérailles du souverain !

Quel est l'objet sur lequel il s'appuie ?

C'est le sceptre royal orné d'une fleur de lis. Il faut cependant remarquer que le roi tient le sceptre à l'envers ! C'est une incohérence symbolique majeure puisque le sceptre fleurdelisé signifie le lien entre la Terre et le Ciel, et que la fleur de lis est d'essence céleste. Le sceptre représenté est celui qui a été réalisé pour le sacre d'Henri IV à Chartres le 27 février 1594. Il a été détruit à la Révolution.

Les vêtements du roi sont étranges.

Il porte le manteau du sacre, qui est bleu, décoré de fleurs de lis d'or et doublé d'hermine. Le blason de France est en effet d'azur à trois fleurs de lis d'or. Le roi porte au-dessous la tenue blanche de chevalier novice de l'ordre du Saint-Esprit, dont il a le collier et l'étoile sur la poitrine. Il a également l'épée Joyeuse au côté. Le pommeau est formé d'éléments divers probablement assemblés à la fin du XIIe siècle. Le fourreau comprend une plaque d'argent ornée de pierres précieuses. Cette épée a servi au sacre de Louis XIV, le 7 juin 1654. Elle était appelée « Joyeuse » depuis le XIIIe siècle car on croyait qu'elle avait appartenu à Charlemagne et qu'elle avait contenu des reliques du Christ. Elle est aujourd'hui conservée au musée du Louvre.

11•13

Qui est le personnage que l'on discerne derrière la couronne ? →❶

C'est une allégorie de la Justice qui est identifiable grâce à ses deux attributs traditionnels : l'épée et la balance. Elle est figurée sous l'aspect d'un bas-relief ornant le piédestal d'une colonne, symbole de la force. Au Moyen Âge, le roi était considéré comme une « loi vivante ». Sa force devait être employée avec justice afin de faire régner l'ordre dans le royaume. Ajoutons qu'un grand drapé rouge et or forme une sorte de dais au-dessus du souverain, rendant la composition plus monumentale.

Qui est l'auteur du portrait ?

Hyacinthe Rigaud, originaire de Perpignan. Il s'est formé à Montpellier puis à Paris, à partir de 1681, à l'Académie royale de peinture et de sculpture. Il a accompli une carrière officielle, devenant directeur de l'Académie en 1733. Il a peint plusieurs portraits de Louis XIV dont le plus fameux est présenté ici. Il a été largement diffusé par des répliques d'atelier, des copies, et par la gravure. Rigaud a tenu un « livre de raison » (livre de comptes) qui permet de connaître une partie de ses commandes entre 1681 et sa mort en 1743. Il privilégiait l'ampleur des formes, la richesse des étoffes et la majesté des attitudes.

Le roi a-t-il posé pour ce portrait ?

Oui. À cause de l'importance de l'événement à l'origine du portrait, le roi accorda à Hyacinthe Rigaud de nombreuses séances de pose, notamment lorsque les crises de goutte l'empêchaient de se déplacer. Les séances avaient lieu au château de Versailles, dans l'appartement de Mme de Maintenon, qui avait secrètement épousé le roi en 1683. Cet appartement se situait à l'angle sud-ouest de la cour de Marbre, entre l'escalier de la Reine et ce qui est aujourd'hui la salle du Sacre. Lorsque le tableau fut terminé, le roi le plaça dans le salon d'Apollon – la salle du Trône –, au-dessus de la cheminée.

12.

La galerie des Glaces

❶

❷

❸

5•7

Cette pièce est immense !

La galerie des Glaces est longue de 73 mètres (un terrain de rugby en fait 70 !) et large de près de 11 mètres. Soit environ 800 m^2. La hauteur sous voûte atteint 12,50 mètres dans la partie centrale. Elle comprend 17 arcades ouvrant sur les jardins à l'ouest et des arcatures de glaces à l'est. Elle est prolongée au nord et au sud par les salons de la Guerre et de la Paix. Sous Louis XIV, la galerie des Glaces se nommait « Grande Galerie ». L'appellation actuelle s'est progressivement imposée au cours du XIXe siècle.

À quoi servait cette galerie ?

Sous l'Ancien Régime, la Galerie était un espace largement ouvert et il y avait souvent une foule nombreuse (tout comme aujourd'hui). Elle servait aussi lors des réceptions d'ambassadeurs. La plus fameuse, qui fascina les contemporains par son faste et son exotisme, fut la réception de l'ambassade de Siam (la Thaïlande actuelle) dans la Galerie en septembre 1686 : le trône de Louis XIV était alors placé à l'extrémité de la Galerie, du côté du salon de la Paix, et les courtisans se massaient sur les côtés pour laisser le passage aux ambassadeurs (qui devaient être particulièrement impressionnés !). La Galerie servait également de cadre aux fêtes et aux mariages royaux. On peut citer le bal masqué – dit « bal des Ifs » – donné par Louis XV lors du mariage du Dauphin avec Marie-Thérèse, infante d'Espagne, en février 1745.

Combien y a-t-il de glaces ?
→❶

Il y a 357 miroirs dans la Galerie, répartis entre les 17 arcades de glace couvrant une surface de plus de 230 m^2. Environ deux tiers des glaces sont d'origine. Elles étaient alors soufflées avec un tain obtenu au mercure. Elles sont facilement reconnaissables aux biseaux (bords taillés obliquement) qu'elles présentent sur leurs pourtours. Les glaces reflètent et font scintiller la lumière : au coucher du soleil, la Galerie baigne dans une lumière dorée enchanteresse.

8•10

Les lutres brillent !
→❷

Ce sont en fait des lustres modernes en cristal qui ont été réalisés au début des années 1980 d'après des modèles de la fin du XVIIIe siècle. Sous l'Ancien Régime, la présence des lustres n'était pas permanente : ils étaient suspendus le temps des fêtes pour faire de la Galerie une « allée lumineuse ». De chaque côté de la Galerie se trouvent des guéridons sur lesquels reposent des girandoles (chandeliers à plusieurs branches). Ce sont des copies des six exemplaires originaux présentés dans le salon d'Apollon et qui ont effectivement été livrés pour la galerie des Glaces en 1769.

Le parquet date-t-il du règne de Louis XIV ?

Non. Il a été entièrement remplacé lors de la dernière restauration de la Galerie, en 2004. Les millions de visiteurs du château qui passent annuellement dans cet espace ne permettent pas aux parquets d'avoir une durée de vie supérieure à un demi-siècle.

Quelles sont les sculptures placées dans les niches ?
→❸

Ce sont des sculptures antiques qui ont appartenu à Louis XIV. Au XVIIe siècle, les sculptures antiques étaient considérées comme les œuvres les plus prestigieuses des collections princières. Louis XIV en avait peu malgré tous ses efforts pour en acquérir de nouvelles. La Galerie a donc aussi été conçue comme un écrin pour présenter les quelques sculptures antiques de la collection royale. Aujourd'hui, deux des plus fameuses, qui ont orné la Galerie sous l'Ancien Régime, sont présentées au musée du Louvre : *Artémis à la biche*, dite « Diane de Versailles » (remplacée à Versailles par une copie), et *Aphrodite*, dite « Vénus d'Arles », qui avait été offerte au roi par la ville d'Arles en novembre 1683 (remplacée à Versailles par une autre Vénus antique). La statue visible sur l'image est une *Vestale* déposée par le musée du Louvre en 1948.

11•13

Que signifie le décor de la voûte?

L'histoire de Louis XIV est peinte par Charles Le Brun (et quelques collaborateurs) dans les trente-deux sujets de la voûte : depuis sa décision de gouverner par lui-même en 1661, après la mort du cardinal Mazarin, représentée au centre, jusqu'à la fin de la guerre de Hollande en 1678, figurée au-dessus de l'arcade sud. Il y a près de 1 000 m² de peintures, dont une moitié sont peintes directement sur la voûte, grâce à des échafaudages, et l'autre moitié sont réalisées sur toiles en atelier, qui sont ensuite marouflées (collées) dans la voûte. Les peintures sont accompagnées d'inscriptions ; elles étaient à l'origine en latin, mais ont très vite été remplacées par des textes français conçus par Boileau et Racine, qui étaient historiographes de Louis XIV.

Qui sont les créateurs de cette galerie ?

La Galerie a été construite en 1678, à la fin de la guerre de Hollande. Elle a remplacé une terrasse qui reliait les appartements du roi, au nord, et de la reine, au sud. Jules Hardouin-Mansart, devenu Premier architecte de Louis XIV en 1681, a imaginé le principe d'une galerie flanquée de deux salons, les salons de la Guerre et de la Paix. Il a aussi conçu le rythme des arcades et des pilastres. En revanche, les chapiteaux d'ordre français comprenant des coqs, des masques d'Apollon et des fleurs de lis ont été dessinés par Charles Le Brun. Le décor de la voûte est le chef-d'œuvre de Le Brun : il a été réalisé entre 1679 et 1684, l'artiste étant alors âgé de plus soixante ans ! Il faut ajouter que Louis XIV doit être lui-même considéré comme l'un des créateurs de la Galerie : on sait qu'il est intervenu personnellement dans les étapes décisives de sa création, en choisissant par exemple le profil exact des arcades ou bien en faisant modifier complètement les sujets des peintures.

Pourquoi la Galerie est-elle si connue ?

Pris séparément, chacun des aspects de la Galerie est de qualité exceptionnelle, mais pas unique. En revanche, leur rencontre harmonieuse à cette échelle est presque sans équivalent dans le monde : la majesté du rythme conçu par Hardouin-Mansart et la qualité d'invention décorative de Le Brun réunissent dans un tout organique et puissant la luminosité scintillante des panneaux de glaces, la diversité et la qualité des marbres, le foisonnement des figures peintes du plafond, l'éclat des dorures sur le plomb, le bronze ou le stuc. La galerie des Glaces peut être à juste titre qualifiée d'« œuvre d'art totale ».

13.

La Chambre de la reine

❶

❷

❸

❹

❺

5•7

Le haut du lit tient tout seul ?

C'est un lit « à la duchesse » qui ne comporte pas de montants. Cela permet de donner une grande impression de légèreté. Le dais (ou « impériale ») est accroché au mur par l'arrière. Ce type de lit est devenu à la mode au cours du XVIIe siècle.

C'est le lit de Marie-Antoinette ?

En partie… La courtepointe – le dessus-de-lit – est bien celle de Marie-Antoinette, mais le reste du lit et de son décor a été reconstitué scrupuleusement au milieu des années 1970. Le coq français est sculpté au sommet de l'impériale. Les étoffes sont en soie à fond blanc et brodées de fleurs multicolores, de plumes de paon et de rubans. C'était le « meuble » d'été de la chambre de Marie-Antoinette en 1789.

Est-ce la reine que l'on voit sur la cheminée ? →❶

Le buste posé sur le manteau de la cheminée est celui de Marie-Antoinette. Elle est vêtue d'un manteau décoré de fleurs de lis par-dessus une « modestie » de dentelles (tissu léger recouvrant partiellement la poitrine). Elle porte autour du cou un médaillon orné du profil de son époux, le roi Louis XVI. Elle est coiffée d'une haute perruque décorée de fleurs maintenues par un ruban. Les contemporains trouvaient la ressemblance parfaite. Le buste a été sculpté par Félix Lecomte (1737-1817) en 1783. La reine avait alors vingt-sept ans.

8•10

Qui est le monsieur au-dessus du miroir ? →❷

C'est une tapisserie représentant le frère de Marie-Antoinette, l'empereur Joseph II (1741-1790), auquel elle était très attachée. La reine avait souhaité avoir dans sa chambre le portrait des êtres qu'elle aimait : son frère, sa mère, l'impératrice Marie-Thérèse (1717-1780), et son mari, le roi Louis XVI. Ces portraits en tapisserie ont été réalisés à la manufacture des Gobelins. Le portrait de Louis XVI, qui a disparu, est aujourd'hui remplacé par une peinture.

À quoi sert la balustrade devant le lit ?

Elle séparait l'espace autour du lit, appelé « alcôve », du reste de la pièce. L'étiquette, que Marie-Antoinette n'appréciait pas, imposait des règles très strictes à la Cour. On remarque qu'il y a des fauteuils d'un côté de la balustrade et des ployants (tabourets avec des pieds en « X ») de l'autre. Les fauteuils étaient pour la reine et les ployants pour ses visiteurs. La balustrade matérialisait cette séparation. Elle a disparu après la Révolution. Au milieu des années 1970, elle a été refaite d'après les plans et descriptions anciens : elle comprend des balustres ajourés, décorés de fleurs de lis sur les deux faces.

Que faisait la reine dans cette chambre ?

Elle y passait beaucoup de temps. Elle y dormait, s'y divertissait et y accordait des audiences. Elle y a mis au monde les héritiers du trône, dans un lit placé en face de la cheminée. Ses accouchements étaient publics afin qu'il n'y eût pas de doute sur la légitimité des enfants. Les curieux se précipitaient en nombre dans la pièce lorsque l'on annonçait l'imminence de la délivrance, n'hésitant pas à grimper sur les meubles pour voir plus à leur aise ! Des souvenirs plus dramatiques sont aussi attachés à cette pièce : Marie-Antoinette y passa sa dernière nuit à Versailles. Au matin du 6 octobre 1789, elle fut réveillée par la foule qui avait forcé les grilles du château et qui tentait de s'introduire dans son appartement. Elle s'échappa par la porte dissimulée dans le mur, à gauche du lit, et put ainsi rejoindre l'appartement du roi.

À quoi servent les objets placés devant la cheminée ? →❸

L'« écran » créé par l'ébéniste Jean-Baptiste Sené (1748-1803) permettait de se protéger de la chaleur et de la luminosité du feu. Il a été commandé pour s'accorder avec la nouvelle cheminée en marbre rouge griotte installée dans la pièce en 1786. Il est en noyer sculpté de roses et de branches de myrte, les fleurs préférées de la reine. Cet écran est orné du même tissu de soie à fond blanc brodé de fleurs multicolores que le lit et les sièges. Il y a aussi les « feux » (ou « chenets ») en bronze doré sur lesquels on posait les bûches afin que la combustion soit facilitée. Ils ont la forme de sphinx (animal ailé, mi-homme mi-lion) et ont été ciselés par Pierre-Philippe Thomire (1751-1843), d'après un modèle de Louis-Simon Boizot (1743-1809).

11•13

Quel est le meuble que l'on voit au fond de la chambre ? →❹

C'est le « coffre aux diamants » de Marie-Antoinette. Il abritait ses bijoux, qui étaient l'une de ses passions. C'est l'un des meubles les plus célèbres au monde. Son décor est constitué des matériaux les plus précieux : l'acajou et le bronze doré des figures et des ornements, mais aussi la nacre qui sert à encadrer les scènes principales, la porcelaine de Sèvres pour les petites scènes tout en longueur et les médaillons, et enfin la peinture décorative sous verre. Les quatre grandes figures en bronze servant de colonnes, que l'on appelle des « atlantes », représentent les quatre Saisons : à gauche le Printemps (avec une guirlande de fleurs), puis l'Été (avec des épis de blé), l'Automne (avec des grappes de raisin) et enfin l'Hiver (avec un petit brasero pour se réchauffer). Le grand médaillon central montre les Arts couronnés, tandis que les trois figures au sommet du meuble sont les allégories de la Sagesse (au milieu), de la Prudence (à gauche) et de l'Abondance (à droite). Elles tenaient une couronne royale qui a été enlevée à la Révolution. Deux grands vases bleus en porcelaine étaient placés entre les quatre pieds qui soutiennent le serre-bijoux. Ils ont été cassés en juillet 1830, au cours de la révolution dite « de Juillet » qui porta Louis-Philippe au pouvoir. Le meuble a été conçu par Jean-Ferdinand Schwerdfeger (1734-1818) et livré à la reine en 1787, deux ans avant la Révolution.

Pourquoi y a-t-il des aigles dans le plafond ? →❺

Il s'agit de l'aigle à deux têtes, le blason des Habsbourg. La famille impériale d'Autriche est aussi la famille d'origine de Marie-Antoinette. Ces aigles sont surmontés de la couronne royale française. Ils sont accompagnés par deux sphinges qui tiennent les écus de France et de Navarre. Le plafond comprend en fait trois décors imbriqués, réalisés à cinquante ans d'intervalle, pour les trois reines qui ont utilisé cette chambre. Les aigles et les sphinges ont été modelés en 1786 pour Marie-Antoinette. Le réseau losangé et les tableaux en grisaille (dégradé de gris) ont été peints pour la reine Marie Leszczyñska entre 1730 et 1735. Enfin, les cadres à pans coupés incurvés font partie du décor d'origine réalisé de 1671 à 1673 pour la reine Marie-Thérèse.

14.

Marie-Antoinette et ses enfants

Élisabeth-Louise Vigée-Lebrun
(1755-1842)
Marie-Antoinette et ses enfants
2,75 m x 2,15 m
Huile sur toile
Salon de Mars

❶

❷

5•7

C'est une maman avec ses enfants ?

C'est la reine Marie-Antoinette avec ses trois enfants. L'aînée, Marie-Thérèse, dite « Madame Royale », tient tendrement le bras de sa mère. Le cadet, duc de Normandie, futur Louis XVII, est assis sur les genoux de la reine. Enfin, Louis-Joseph, qui était alors le Dauphin, c'est-à-dire l'héritier du trône, montre le berceau vide.

Pourquoi le berceau est-il vide ?
→❶

Ce berceau est celui du dernier enfant de la reine, Sophie, née le 9 juillet 1786. Mais alors que le tableau était en cours d'achèvement, le bébé est mort, le 19 juin 1787. En terminant la peinture, qui a été présentée au public en août 1787, l'artiste a préféré laisser le berceau vide.

C'est à cause de la mort du bébé que la reine est triste ?
→❷

Plusieurs personnes l'ont effectivement écrit lorsque le tableau a été exposé à Paris. Elles ont relevé l'expression de mélancolie de la reine. Au lieu de regarder ses enfants et de leur témoigner son affection, la reine a le visage impassible et le regard perdu dans le vide. Mais cette expression peut aussi être interprétée comme l'autorité et la majesté d'une jeune femme qui est reine de France autant que mère.

8•10

Pourquoi la reine s'est-elle fait peindre avec ses enfants ?

Dans les années 1780, Marie-Antoinette était très critiquée à Paris : on lui reprochait de trop dépenser pour ses bijoux et pour ses robes somptueuses ; on l'appelait « Madame Déficit ». On l'accusait même d'être infidèle à Louis XVI. La peindre en mère au milieu de ses enfants était un moyen d'améliorer son image publique. Cette grande peinture est une commande officielle de l'Administration royale.

Quel est le meuble placé au fond à droite ?

C'est un serre-bijoux, aujourd'hui disparu, qui a été conçu par l'architecte François-Joseph Bélanger (1744-1818). Il était placé dans la chambre de la reine jusqu'en 1787. Sa présence dans le tableau est une référence à l'histoire de Cornélie, mère des Gracques. Lorsqu'on lui demanda quels étaient ses plus beaux bijoux, Cornélie désigna ses deux fils. Marie-Antoinette ayant été accusée de dépenser trop d'argent pour ses diamants, elle est montrée dans ce portrait comme une nouvelle Cornélie, chérissant ses enfants comme son seul trésor.

Dans quelle pièce se trouvent la reine et ses enfants ?

Ils sont dans le salon de la Paix. Cette pièce avait été conçue et décorée en même temps que la galerie des Glaces, qu'elle prolongeait au sud, mais elle a très vite été annexée au Grand Appartement de la reine. Marie-Antoinette l'utilisait comme salon des Jeux. Une cloison mobile permettait de l'isoler de la Galerie lorsque c'était nécessaire. Dans la partie gauche de la peinture, le salon est ouvert sur la Galerie, dont on aperçoit les pilastres et les arcades de glaces en perspective.

11•13

Le tableau a-t-il plu ?

En août 1787, au moment où il devait être exposé au Salon de peinture – pendant l'exposition de peinture qui avait lieu au Louvre le 25 août, jour de la Saint-Louis –, la réputation de Marie-Antoinette était si mauvaise que la portraitiste n'a pas osé l'envoyer. Elle craignait que le public s'en prît à l'image de la reine. La place vide a inspiré la célèbre boutade : « Voilà le Déficit ! » Il fallut une injonction de l'Administration pour que le tableau fût enfin apporté. Les critiques furent alors partagées, certains louant le « mœlleux de la touche » et la qualité des draperies, d'autres jugeant que la composition était peu réussie, car la portraitiste n'était pas à l'aise dans un aussi grand format.

A-t-il été présenté au château de Versailles ?

Il a été présenté dans le salon de Mars, dans le Grand Appartement du roi. Mais après la mort du Dauphin Louis-Joseph, en juin 1789, le tableau fut retiré du salon afin de ne pas attiser la douleur de la reine. Il demeura cependant à Versailles après la Révolution, où il devint peu à peu une icône devant laquelle les admirateurs de la reine morte sur l'échafaud venaient se recueillir. Il participa ainsi à la légende de Marie-Antoinette dès le début du XIXe siècle.

Qui est l'auteur de la peinture ?

C'est Élisabeth-Louise Vigée-Lebrun (1755-1842), une portraitiste de grand talent. Elle était l'épouse d'un marchand de tableaux et dut l'obtention de cette commande à la faveur personnelle de la reine. En 1779, elle est devenue la portraitiste officielle de Marie-Antoinette, avant même d'être reçue à l'Académie royale de peinture et de sculpture. Elle avait peint en 1783 un portrait de la reine tenant une rose et habillée d'une « robe en chemise » confectionnée dans une mousseline. Ce tableau avait fait scandale en dévoilant l'intimité de la reine. *Marie-Antoinette et ses enfants* devait montrer une image à la fois maternelle et officielle de la souveraine : l'artiste le considérait comme l'un de ses chefs-d'œuvre et se préoccupa de son sort. Elle s'inquiéta lorsqu'il fut envoyé à la manufacture des Gobelins dans les années 1830 pour servir de modèle à une tapisserie. Élisabeth-Louise Vigée-Lebrun avait alors plus de quatre-vingts ans !

15.

La Chambre du roi

❶

❷

5•7

Le lit est petit.

Ce n'est pas le cas. C'est une impression due à la grande taille de la pièce et au fait qu'il est fermé par des rideaux. La longueur du lit dépasse largement les deux mètres.

C'est le lit du roi ?

Oui et non. Cette pièce est bien la chambre dans laquelle Louis XIV dormait. Le lit du roi était placé à cet endroit mais il a été vendu lors de la Révolution, en même temps que tout le mobilier du château. Le lit que nous voyons aujourd'hui est une reconstitution réalisée en 1980.

Pourquoi ce lit a-t-il des rideaux et des plumes ?
→❶

C'est un lit à colonnes (ou « à la française »). Les rideaux servent à se protéger du froid, car la pièce est grande, plus de 100 m^2, et mal chauffée. Il n'y avait qu'une seule cheminée sous Louis XIV ; Louis XV a remplacé la cheminée existante et en a ajouté une seconde. Les plumes d'autruche sont un ornement qui donnait plus de monumentalité au lit, qui était alors le meuble le plus important chez le roi comme chez les particuliers.

8•10

Les tissus du lit sont les mêmes que ceux du mur.

C'est ce que l'on appelait un « meuble » : il comprenait le lit, les sièges, mais aussi les tissus posés sur les murs. Le meuble de la chambre de Louis XIV était très précieux, en velours et en soie avec des fils d'or et d'argent. Il y avait deux meubles : un pour l'hiver avec des couleurs vives (le rouge et le violet) et un pour l'été avec une couleur plus froide (l'argent). Le tissu actuel reprend les motifs du meuble d'hiver du début du règne de Louis XV. Il a été réalisé dans les années 1970.

Le fauteuil que l'on voit est-il celui de Louis XIV ?
→❷

Non. Il date du début du règne de Louis XV. Les fauteuils qui étaient placés dans cette chambre et utilisés par Louis XIV ont tous disparu.
À Versailles, sous l'Ancien Régime, en présence du roi, seule la reine avait droit au fauteuil – que l'on distingue de la chaise, qui n'a pas d'accoudoirs. Les membres de la famille royale étroite (frère, enfants, petits-enfants), ainsi que les princesses et les duchesses, avaient le droit de s'asseoir, mais seulement sur un tabouret. La chambre du roi abritait douze « ployants » avec des pieds

en « X ». Tous les autres restaient debout. Ces règles contraignantes permettaient de rendre évidente la différence entre les courtisans et le roi.

Que faisait le roi dans cette chambre ?

Louis XIV y dormait et y déjeunait. C'est ce que l'on appelait alors le « dîner au Petit Couvert ». En revanche, Louis XV n'y dormait plus : il trouvait la pièce trop froide et il se fit aménager une nouvelle chambre dans le Petit Appartement, à l'emplacement du cabinet du Billard de Louis XIV. La chambre était surtout le lieu des cérémonies quotidiennes de la Cour, ce que l'on appelle l'« étiquette ». Le lever du roi se déroulait en public et commençait à huit heures et demie. Il y avait cinq « entrées » successives auxquelles on avait droit en fonction de la faveur du roi, mais aussi selon sa charge (Premier valet de chambre, Premier médecin, Grand Chambellan, etc.) ou son rang (duc, prince, cardinal, etc.). Il en était de même pour le coucher, qui se déroulait en plusieurs étapes, le privilège suprême étant d'être choisi par le roi pour tenir le bougeoir.

Pourquoi y a-t-il une balustrade devant le lit ?

Cette balustrade délimitait un espace réservé auquel très peu de personnes avaient accès : c'est le « saint des saints », l'espace le plus sacré du château. D'ailleurs, même en l'absence du roi, les courtisans entrant dans la chambre devaient se découvrir en signe de respect. La balustrade actuelle est celle de la chambre de Louis XIV au Grand Trianon. Elle a été placée dans cette pièce par Louis-Philippe au XIXe siècle.

Le miroir au-dessus de la cheminée est immense !

Louis XIV aimait beaucoup les miroirs, comme en témoigne la galerie des Glaces, qui est située juste derrière cette pièce. Mais c'est seulement dans les années 1690 que la manufacture des Glaces de Saint-Gobain développa les procédés techniques permettant de couler des glaces d'aussi grands formats. Aussitôt se diffusa la mode des grands miroirs remplaçant les tableaux au-dessus des cheminées.

11•13

La pièce semble très haute.

Elle a été surélevée au moment de la construction la galerie des Glaces. Comme la Galerie, elle comprend un décor des pilastres. Le plafond est incurvé avec une petite calotte centrale. Du côté est, il y a six fenêtres sur deux niveaux, ce qui donne une grande luminosité à la pièce.

Quels sont les tableaux et les sculptures que l'on voit dans les parties hautes de la chambre ?

Au-dessus du lit du roi, Nicolas Coustou (1658-1733) a sculpté la figure allégorique de la France veillant sur le sommeil du souverain. Les tableaux sont des œuvres françaises, italiennes et flamandes du début du XVIIe siècle qui appartenaient à la collection de Louis XIV : ils ont un coloris sombre avec des effets de clair-obscur. C'est un style qui semble avoir été apprécié par Louis XIV, même si le souverain était surtout sensible à l'effet décoratif d'ensemble et donc à l'unité du coloris.

Où est située la chambre du roi au château de Versailles ?

Depuis 1701, la chambre du roi se situe au centre du château, dans l'axe principal est-ouest : la fenêtre centrale ouvre sur la cour de Marbre, la grille d'honneur, puis l'avenue de Paris. À l'ouest, l'axe se prolonge par la grande perspective de Le Nôtre, marquée par le Grand Canal. Dans l'Appartement du roi, la chambre est située entre la seconde antichambre, où les courtisans attendaient avant d'entrer dans la chambre, et le cabinet du Conseil. Jusqu'en 1701, cette pièce était le « salon où le roi s'habille » et la chambre était située juste avant, dans la partie nord de l'actuelle seconde antichambre. En 1701, les trois portes qui donnaient sur la galerie des Glaces ont été condamnées afin de ménager une alcôve pour le lit du roi.

Est-ce que Louis XIV est mort dans cette chambre ?

Oui. Le roi est mort dans cette chambre, en public, le dimanche 1er septembre 1715, à huit heures et quart du matin. Quatre jours plus tard, il aurait atteint l'âge de soixante-dix-sept ans. Il mourut d'une infection généralisée due à une gangrène de la jambe gauche. Au cours de ses derniers jours, il montra un grand courage malgré des douleurs terribles. Ses dernières paroles furent : « Ô mon Dieu, venez à mon aide ; hâtez-Vous de me secourir. »

16.

Le secrétaire à cylindre de Louis XV (visite-conférence)

Jean-François Œben (1720-1763)
et **Jean-Henri Riesener** (1734-1806)
Cabinet intérieur
Appartement intérieur du roi

❶

❷

❸

❹

5•7

On dirait un bureau mais il est fermé...

C'est en effet une sorte de bureau qui est fermé par un cylindre de bois. Celui-ci est composé de lamelles de bois qui s'assemblent selon un profil en forme d'ovale et non de cercle, comme dans un vrai cylindre.

À quoi sert ce cylindre ?

Il sert à cacher les papiers importants du roi. D'où son nom de « secrétaire ». Le mécanisme est la partie capitale du meuble : il permet de mettre en mouvement les lamelles de bois qui composent le cylindre. Lorsque l'on tourne la clé du secrétaire d'un quart de tour vers la droite, les lamelles se replient les unes sur les autres, le cylindre s'ouvre et les quatre tiroirs sont déverrouillés. Lorsque l'on tourne la clé d'un quart de tour vers la gauche, le cylindre se referme et les quatre tiroirs sont verrouillés.

Mais on peut le casser pour voler les papiers du roi.

Peut-être, mais c'est aussi un meuble à secrets… Pour mettre à l'abri les papiers les plus importants, il y a trois tiroirs cachés au plus profond du secrétaire, sous la table recouverte de velours vert. Un bouton parfaitement dissimulé permet d'actionner le mécanisme qui les fait apparaître. Ces tiroirs sont protégés par la masse du meuble : il fait 1,45 mètre de haut, 1,80 mètre de large et pèse 450 kilos.

8•10

Il y a des figures allongées sur chaque côté du meuble.
→❶

Celle de gauche représente le dieu Apollon, qui protège les Arts : avant la Révolution, la figure tenait une lyre. Celle de droite montre Calliope, la muse de la poésie épique. Elle a deux couronnes de laurier autour du bras. À l'origine, elle tenait trois livres : l'*Iliade* et l'*Odyssée* d'Homère ainsi que l'*Énéïde* de Virgile. Les deux figures sont en bronze doré. Elles tiennent chacune deux tiges où l'on place les quatre bougies qui éclairent le bureau.

Il y a une horloge au-dessus du bureau.
→❷

Elle a été conçue très habilement par l'horloger Lépine de sorte que son mécanisme ne gêne pas le mouvement du cylindre. Elle comporte deux cadrans : un à l'avant, l'autre à l'arrière (ils sont désormais signés « Lepaute », qui les a remplacés). L'horloge est surmontée de deux amours en bronze qui portaient un médaillon représentant Louis XV et qui a été enlevé lors de la Révolution.

Comment sont réalisés les dessins sur le cylindre et les tiroirs ?

Ce sont des dessins faits à l'aide de très fines feuilles de bois exotiques de couleur. On disait « bois des Indes » au XVIIIe siècle pour indiquer leur provenance asiatique. Des feuilles de couleurs différentes sont découpées pour constituer les motifs puis collées ensemble. Cela s'appelle de la « marqueterie ».

11•13

Que représentent les dessins ?
→❸

Les médaillons à droite et à gauche symbolisent respectivement la poésie lyrique et la poésie héroïque. Le motif au centre du cylindre comprenait les symboles de la royauté. Ils ont été remplacés au moment de la Révolution par des objets variés : globe, lyre, torche, cor de chasse, pétase (chapeau ailé de Mercure), règle et rouleau de parchemin. C'est Jean-Henri Riesener, l'un des créateurs du meuble, qui a lui-même effectué ces remplacements.

Qui sont les artisans qui ont réalisé ce secrétaire ?

Il s'agit des ébénistes Jean-François Œben et Jean-Henri Riesener. D'origine allemande, ils ont émigré en France au milieu du XVIIIe siècle. Riesener était l'apprenti d'Œben. Après la mort de son maître, en 1763, il a été chargé par le roi de terminer la fabrication du secrétaire à cylindre (quatre ans plus tard, il a même épousé la veuve d'Œben…).
Au total, il a fallu neuf années pour réaliser le meuble, d'abord sous la direction d'Œben (1760-1763), puis sous celle de Riesener (1763-1769).
Le ciseleur Hervieu, le modeleur Duplessis, l'ébéniste Stylen et l'horloger Lépine ont également collaboré à la création de ce meuble.

Je n'ai jamais vu de meuble pareil !

On peut affirmer qu'il s'agit de l'un de chefs-d'œuvre du mobilier français. Il allie l'élégance et la puissance des lignes, la richesse des bronzes et la finesse du dessin de la marqueterie de bois précieux. En outre, il possède un mécanisme très subtil permettant de lever et d'abaisser le cylindre ou de faire apparaître les tiroirs secrets. Des modèles en cire de toutes les parties du meuble ont été réalisés. Deux modèles du secrétaire ont été faits : le premier en cire, de petit format, le second en plâtre, à grandeur réelle. Louis XV a payé le secrétaire 62 000 livres, ce qui en fait l'un des meubles les plus chers du XVIIIe siècle.

Qui a utilisé ce secrétaire ?

Il a été réalisé pour le roi Louis XV qui s'intéressa beaucoup à sa conception. Le roi le plaça dans son cabinet intérieur. Le meuble comporte des tiroirs sur les côtés qui permettaient aux garçons de chambre de remplir les encriers sans avoir à ouvrir le cylindre, car seul le roi avait la clé. Louis XVI l'utilisa également et le fit réparer à plusieurs reprises par Riesener. L'impératrice Eugénie, femme de Napoléon III, fut la dernière à l'utiliser : elle le plaça dans son cabinet de travail au château de Saint-Cloud.

Qu'est devenu le meuble pendant la Révolution ?
→❹

C'est l'un des rares meubles du château de Versailles qui n'a pas été vendu. On le considérait comme un trésor qui devait revenir à la Nation. Les symboles monarchiques furent soigneusement retirés ; l'ébéniste Riesener y travailla lui-même. Les chiffres du roi et les fleurs de lis qui figuraient sur les côtés du secrétaire furent notamment remplacés par des plaques en porcelaine de Sèvres représentant, en blanc sur fond bleu, d'un côté les Trois Grâces et de l'autre l'Hymen (le dieu du Mariage) avec un jeune couple. Le secrétaire quitta le château de Versailles pour le Garde-Meuble, place de la Concorde à Paris, puis pour le château des Tuileries. En 1870, le meuble fut envoyé au musée du Louvre, avant de revenir au château de Versailles en 1957.

17.

Le salon des Jeux

❶

❷

❸

❹

5•7

Les tables sont toutes petites.

Ce sont des tables de jeu : cette pièce est le salon des Jeux de Louis XVI. À l'époque, il y avait aussi une grande table ronde au milieu de la pièce, mais elle a disparu. À la Cour, la passion du jeu était générale et les principaux personnages « donnaient le jeu » dans leurs appartements. Le roi se devait de faire de même. Ainsi, après le souper, il invitait parfois certains seigneurs et dames à se joindre à la famille royale. Le salon était alors encombré de tables destinées aux jeux les plus appréciés à la Cour : quadrille, brelan, piquet, tri et trictrac.

Comment jouait-on à ces jeux ?

Le quadrille, le brelan, le piquet et le tri sont des jeux de cartes. Le trictrac se joue avec des dés et des pions, appelés « dames », sur une table semblable à celle du backgammon, comprenant deux fois six flèches affrontées. On les aperçoit sur le plateau de la table au premier plan. Le but du jeu est de déplacer ses pions en accumulant des points.

Et la table du fond ? →❶

Elle a été livrée en 1780 pour le service de Louis XVI à Versailles. C'est une table de trictrac, mais son plateau est escamotable et recouvert de cuir. Le trictrac était le jeu préféré du roi. C'était un jeu que l'on considérait comme « honnête », car il faisait appel à la science des joueurs beaucoup plus qu'au hasard… et il était difficile d'y tricher. Les parties duraient rarement plus d'un quart d'heure ; on risquait donc moins d'y passer toute la nuit !

8•10

Louis XVI aimait-il d'autres jeux ?

Oui, le billard était un jeu très populaire à la Cour depuis Louis XIII. Louis XIV en était un joueur émérite. Le salon de Diane, où il jouait à Versailles, était appelé la « salle des Applaudissements » ! Louis XIV avait également un billard dans la première pièce de son Petit Appartement. Celle-ci étant devenue la nouvelle chambre de Louis XV, le billard en fut retiré. Il fut placé par Louis XVI dans la pièce des Buffets, qui desservait la nouvelle salle à manger, dite « aux Salles neuves », mais qui ouvrait également sur le salon des Jeux. Le billard fut livré en 1776. Il mesurait près de quatre mètres de long sur deux de large.

Il y a beaucoup de chaises !
→❷

Il fallait que les joueurs puissent s'asseoir ! Dans l'Appartement intérieur, et en particulier au cours du jeu, l'étiquette était moins stricte et l'on pouvait utiliser des chaises en présence du roi et de la reine. Trente-six nouvelles chaises furent livrées en 1785, au moment où le lambris de la pièce fut doré. Réalisées par Jean-Baptiste Boulard (1725-1789), elles sont couvertes d'un brocart rouge cramoisi à fils d'or tissé par la maison Desfarges à Lyon. Comme il y avait encore trop de courtisans obligés de rester debout, le roi commanda neuf nouvelles chaises un an plus tard, en février 1786. Un effort exceptionnel de remeublement a été fait pour cette pièce, puisque, entre 1952 et 2008, 25 chaises de cet ensemble ont pu être acquises par le château de Versailles.

11•13

Est-ce que le meuble que l'on voit dans l'angle de la pièce servait aussi aux jeux ?
→❸

Non. C'est un meuble de rangement que l'on appelle « encoignure ». Il sert à décorer les angles des pièces. Il fut livré avec trois autres pour cette pièce en mars 1775. Ils ont été réalisés par Jean-Henri Riesener (1734-1806) et sont ornés de branches d'olivier en bronze doré et d'une marqueterie à décor géométrique de compartiments losangés. Deux encoignures furent rachetées en 1953. Les deux autres furent données en 1956 par les Amis américains de Versailles.

Que représentent les tableaux accrochés aux murs ?
→❹

Il s'agit de dessins montrant les victoires militaires de Louis XV lors de la guerre de Succession d'Autriche (1740-1748). Ils ont été réalisés à la gouache sur vélin (peau de veau mort-né) par Louis-Nicolas Van Blarenberghe (1716-1794) avec une précision stupéfiante. Les vélins ont été collés sur des cartons. Ils ont conservé leurs cadres d'origine comportant au sommet un cartouche, entouré de rameaux de laurier, dans lequel est mentionnée la bataille représentée. C'est un hommage de Louis XVI à son grand-père, Louis XV. La commande date de 1778. La série des batailles de Louis XV continue dans la salle voisine, pièce des Buffets (ou du Billard), où l'on voit également le siège et la prise de Yorktown, en 1781, par les troupes françaises envoyées par Louis XVI pour soutenir les Américains lors de la guerre d'Indépendance.

Quelle était la fonction de cette pièce avant qu'elle ne devienne le salon des Jeux ?

À l'origine, il s'agissait du cabinet des Médailles de Louis XIV, l'une des pièces les plus spectaculaires du château. Le roi y conservait sa collection de médailles antiques et modernes, mais également d'autres objets précieux, notamment des « gemmes », c'est-à-dire des vases en pierres précieuses et semi-précieuses, qui étaient disposés en hauteur devant des parois de glace. L'objet le plus impressionnant était la grande « nef » de Louis XIV, sorte de navire surmonté d'un enfant assis sur un dauphin portant la couronne de France. Elle pesait 26 kilos d'or et comprenait des dizaines de diamants. Le cabinet des Médailles ouvrait sur le salon de l'Abondance, dans le Grand Appartement du roi. Sous Louis XV, cet accès fut condamné et la salle fut rattachée à l'appartement de l'une des filles du roi, Mme Adélaïde. La pièce est devenue le salon des Jeux de Louis XVI en 1774.

18.

Le cabinet de la Méridienne (visite-conférence)

5•7

La pièce est toute petite !

C'est en effet une salle minuscule : elle mesure à peine 10 m². On est ici au cœur de la vie intime de la reine, dans ses cabinets intérieurs, qui se trouvent derrière sa chambre d'apparat. Les souverains avaient deux appartements à Versailles : le premier pour les principales cérémonies de la vie de Cour, le second pour des moments plus intimes avec une compagnie choisie. On sait que Marie-Antoinette avait peu d'enthousiasme pour les obligations de l'étiquette. C'est dans ses cabinets intérieurs, mais surtout à l'écart, au Petit Trianon et au Hameau, qu'elle aimait vivre.

Est-ce que la reine dormait dans le petit lit à droite ?

C'est un sofa aménagé dans une niche de glaces. La reine pouvait s'y reposer durant la journée, d'où le nom de cette pièce. La « méridienne » désigne la sieste de la mi-journée, après le déjeuner – que l'on appelait « dîner » au XVIIe siècle. Le nom de « cabinet de la Méridienne » s'est imposé tardivement. Lorsqu'elle a été aménagée, entre février et septembre 1781, à l'emplacement d'un petit escalier, la pièce s'appelait le « Boudoir de la reine ».

Les murs ne sont pas droits ?

En effet, la pièce est octogonale. Elle comporte des pans coupés afin de ménager un passage. Situé derrière la porte à droite, il permettait aux femmes de chambre de passer du Grand Appartement de la reine à ses cabinets intérieurs sans entrer dans cette pièce. La reine était ainsi assurée de ne pas être dérangée.

On a l'impression que la table est en bois.

Ce guéridon possède un plateau en bois pétrifié, du bois fossile transformé en pierre. C'était un matériau très rare et recherché. La ceinture et le pied du guéridon sont en acier, autre matériau inhabituel pour un meuble. Le décor de coquilles, de guirlandes de fleurs, de têtes et de pieds de bouc est en bronze doré. Le créateur de cet objet hors norme est Anton Matthias Domanöck (1713-1779). Il dirigeait l'école de gravure et d'artisanat sur métal de Vienne. Cette table a été offerte à Marie-Antoinette par sa mère, l'impératrice Marie-Thérèse, en décembre 1770. Elle a été vendue au moment de la Révolution, puis léguée au château de Versailles par le comte Niel en 1966.

Le fauteuil est-il celui où s'asseyait la reine ?

Oui. Il y en avait probablement trois identiques dans la pièce. Un modèle en cire avait été soumis à la reine pour approbation. Le fauteuil a des ornements très raffinés : des têtes de petits chiens à poils longs sur les accoudoirs, des sphinges et des cornes d'abondance, ainsi que des pieds en faisceaux. Il a été réalisé par Georges Jacob (1739-1814) vers 1785. Il a été acheté par le château de Versailles en 1980.

Le bleu et l'or s'accordent bien.

Les couleurs correspondent à l'état d'origine, en 1781. Quelques mois plus tard, la reine a remplacé les tissus bleus par des soies blanches brodées, modifiant ainsi l'équilibre des couleurs, auquel participe aussi le rouge griotte du marbre de la cheminée. Marie-Antoinette l'avait ornée d'une coupe de jaspe rouge, d'un vase en sardoine et de deux superbes pots à eau en porcelaine de Chine, d'un violet très profond, avec une monture de bronze doré comprenant des pattes de lion, des masques, des têtes de boucs et de cygnes. La pendule que l'on voit aujourd'hui comprend un tableau en verre peint montrant une allégorie de la naissance du Dauphin. C'est une création de l'horloger Nicolas-Antoine Le Nepveu (1736-1796), qui a été offerte par la Ville de Paris à la reine en 1781, mais qui n'a pas été placée par Marie-Antoinette dans la pièce.

11•13

Qui a décoré cette pièce ?

Le décor a été conçu par l'architecte de la reine, Richard Mique (1728-1794). Il faut insister sur la qualité des boiseries à décor d'arabesques, sculptées par les frères Jules-Hugues (1743-1806) et Jean-Siméon Rousseau (1747-1820). Elles comprennent des dauphins sur des branches de lis pour évoquer la naissance du premier fils de la reine, héritier du trône de France, à qui cette petite pièce était dédiée. Depuis Philippe de Valois, au XIVe siècle, le fils aîné du roi était gouverneur du comté de Vienne et appelé « Dauphin du Viennois ». Lorsque la province fut rattachée au royaume sous Louis XI, le titre, devenu honorifique, subsista. Dans le décor de la pièce, on trouve aussi les symboles classiques de l'Amour chers à Marie-Antoinette : cœurs percés de flèches, roses et paons. L'élégance décorative s'applique même aux serrures, verrous et espagnolettes marqués aux initiales de la reine : un M et un A entrelacés. Ces éléments en bronze doré ont été ciselés par Pierre Gouthière (1732-1813).

19.

Le Serment du Jeu de paume (visite-conférence)

Jacques-Louis David
(1748-1825)
Le Serment du Jeu de paume à Versailles le 20 juin 1789
Pierre noire, craie et huile sur toile
3,70 m x 6,54 m
Attique Chimay

❶

❷

5•7

Pourquoi les personnages sont-ils nus ?

Dans la tradition académique, l'étude du nu était considérée comme le sommet de l'enseignement artistique. On pensait que le corps humain était la forme la plus parfaite de la nature. Le nu était donc la première étape dans la peinture d'un personnage : il fallait dessiner avec justesse l'anatomie avant de poser les draperies afin qu'il n'y ait aucune erreur dans les proportions. C'est cette première étape que l'on voit sur cette toile.

Étaient-ils tous des athlètes ?

Non, le peintre a pour idéal le nu tel qu'il a été imaginé dans la Grèce antique. Le corps était alors modelé par l'exercice athlétique au gymnase. Les sculpteurs grecs en ont fixé le type dans des œuvres célèbres qui étaient étudiées à l'Académie royale de peinture et de sculpture aux XVIIe et XVIIIe siècles. Le nu idéal hérité de la Grèce antique a prévalu sur le nu réaliste, même si le peintre a adapté, dans une certaine mesure, la physionomie à l'âge et à la corpulence des personnages.

On voit tous les muscles.

À partir du XVIIIe siècle, l'étude quasi scientifique de l'anatomie se développe dans l'enseignement académique, notamment à l'aide de l'« écorché ». C'est un corps humain dont on a enlevé la peau afin de mettre en évidence la disposition précise de tous les muscles. Le peintre a dû dessiner de nombreux écorchés pour atteindre la maîtrise dont il fait preuve dans ce tableau.

8•10

Qui sont les personnages représentés ?

Ce sont des députés des trois ordres (clergé, noblesse et tiers état), c'est-à-dire les représentants de l'ensemble de la population française. Ils sont réunis à l'occasion des états généraux appelés par le roi Louis XVI à Versailles en mai 1789. Les temps étaient difficiles et le roi avait décidé de réunir les trois ordres pour trouver des solutions aux problèmes économiques du royaume.

Pourquoi ont-ils la main droite levée ?

Ils sont en train de prêter un serment, celui de ne pas se séparer tant qu'ils n'auront pas rédigé une Constitution pour le royaume. L'événement, qui eut lieu à l'initiative des députés du tiers état, est considéré comme l'acte fondateur de la Révolution française. Les députés, à qui les soldats avaient interdit l'accès à la salle des Menus-Plaisirs où ils devaient se réunir, se rassemblèrent dans une salle de jeu de paume où ils prêtèrent serment le 20 juin 1789, d'où le nom de « serment du Jeu de paume ».

Pourquoi certaines têtes sont-elles peintes ?
→❶

Le peintre avait aussi pour objectif de rendre l'expression des personnages la plus juste et la plus forte possible. On considérait alors que l'expression résultait avant tout du traitement des visages et de la position des mains, ce que l'on appelait les « extrémités ». C'est sans doute pour cette raison que le peintre a terminé quatre têtes et trois mains. Le personnage qui a les mains jointes est Michel Gérard (1737-1815). Le célèbre Mirabeau (1749-1791) est placé à côté, au premier plan, levant la main droite, le visage tourné vers le ciel. Barnave (1761-1793) est peint juste derrière Mirabeau. Enfin Dubois-Crancé (1747-1814) est debout sur une chaise.

Qui sont les trois personnages enlacés au centre ?
→❷

Il s'agit de trois ecclésiastiques : à gauche, Dom Gerle (1736-1801), un religieux chartreux, au centre, l'abbé Grégoire (1750-1831), curé d'Emberménil, et, à droite, le ministre protestant Rabaut-Saint-Étienne (1743-1793). Ce dernier était député du tiers état et non du clergé. Leur attitude symbolise la réconciliation de tous les religieux dans le cadre de la future Constitution.

11•13

Qui a peint le tableau ?

C'est Jacques-Louis David (1748-1825). L'artiste a remporté le prix de Rome en 1774 qui donnait droit à un séjour à l'Académie de France à Rome, où David a passé cinq années. Il s'est imposé sur la scène artistique avec *Le Serment des Horaces* (1785, musée du Louvre). Lorsque la Révolution a éclaté, il s'est investi dans l'action politique avec passion. Proche de Robespierre (1758-1794), le peintre a été député de la Convention et membre des comités de Sûreté générale et d'Instruction publique. David a mis son art au service de son engagement : en octobre 1790, il eut l'idée d'une immense toile célébrant le serment du Jeu de paume pour orner le lieu des séances de l'Assemblée nationale. Le grand tableau conservé à Versailles est le vestige de ce projet qui n'a pas abouti.

Pourquoi est-il resté inachevé ?

Il fallait trouver un financement pour peindre l'immense tableau. David imagina en 1791 une souscription pour l'achat d'une gravure réalisée d'après un grand dessin de la composition projetée (dessin conservé au château de Versailles). Cette souscription fut un échec, l'argent rassemblé ne fut pas suffisant et les personnes qui avaient payé n'obtinrent pas la gravure, qui ne fut éditée que trente ans plus tard. En 1801, David demanda aux souscripteurs de faire « le sacrifice de leurs pertes à la liberté » ! Dès 1791, l'artiste avait cependant acheté une toile de sept mètres sur dix et commencé à mettre en place les personnages. Mais il fut pris dans la tourmente révolutionnaire et n'eut pas le temps de continuer son tableau. De plus, plusieurs personnages qui devaient être représentés furent bientôt considérés comme des traîtres à la cause révolutionnaire. La toile fut roulée et abritée dans l'atelier de son élève, Antoine-Jean Gros (1771-1835), jusqu'à la mort de David, en décembre 1825.

Pourquoi est-il conservé au château de Versailles ?

Lors de la vente qui eut lieu après le décès de l'artiste, la toile fut découpée, mais elle ne trouva pas preneur. Dix ans plus tard, en 1835, le fragment central (3,70 m x 6,54 m) fut acquis par les musées royaux pour le Louvre. En 1848, sous la Deuxième République, il fut envoyé à Versailles pour être exposé dans la salle du Jeu de paume, mais les nudités offensèrent les organisateurs, qui renoncèrent à la montrer au public et la renvoyèrent au Louvre. La Troisième République commanda en 1882 à Luc-Oliver Merson (1846-1920) une copie monumentale, *in situ*, à l'échelle de la composition initialement prévue par David pour la salle du Jeu de paume. Le fragment peint par David fut déposé au château de Versailles en juin 1921 où il connut plusieurs emplacements.

20.

La galerie des Batailles

❶

❷

❸

5•7

La galerie est très longue.

Elle mesure 120 mètres de long sur 13 mètres de large. Sa surface est donc deux fois plus importante que celle de la galerie des Glaces. Elle constitue le point d'orgue du musée de l'Histoire de France.

Qu'est-ce que le musée de l'Histoire de France ?

Après la Révolution, les rois de France n'ont plus résidé à Versailles. Il fallait donc décider à quoi servirait le grand château vide, dont les meubles avaient été vendus. Le roi Louis-Philippe décida d'y installer un grand musée, dédié à toutes les gloires de la France. La galerie montre les plus grandes victoires des armées françaises, depuis la bataille de Tolbiac, remportée par Clovis en 496, jusqu'à la bataille de Wagram, remportée par Napoléon en 1809.

Quels sont les grands tableaux que l'on voit ? →❶

La galerie comprend 33 immenses toiles, dont la plupart ont été commandées par Louis-Philippe. Celle que l'on voit à gauche est *Charlemagne reçoit à Paderborn la soumission de Witikind, roi des Saxons en 785*. Elle a été peinte par Ary Scheffer (1795-1858). Mais l'œuvre la plus célèbre de la galerie est la *Bataille de Taillebourg*, peinte par Eugène Delacroix (1798-1863). C'est une victoire du roi Saint Louis, en 1242, contre Hugues de Lusignan, un vassal rebelle. On peut également citer *La Bataille d'Austerlitz* peinte par François Gérard (1770-1837).

8•10

Quels sont les bustes devant les tableaux ? →❷

Ce sont les plus illustres guerriers qui sont morts au combat : princes, amiraux, maréchaux… de Simon de Montfort, au XIIIe siècle, jusqu'au duc de Trévise, maréchal de Napoléon. Il y a 82 bustes en plâtre placés sur des gaines. Ils ont été commandés par Louis-Philippe.

La voûte est-elle en verre ?

Depuis la fin du XVIIIe siècle, on considérait que l'éclairage naturel zénithal (venant d'en haut) était la meilleure façon d'éclairer des tableaux. L'architecte de Louis-Philippe, Frédéric Nepveu (1777-1862), a appliqué ce principe à la galerie des Batailles. Il s'agissait d'un tour de force technique. Il fallut rigidifier la voûte à l'aide d'une structure en fonte. Pour avoir davantage de place pour les œuvres, Nepveu occulta les fenêtres qui donnaient sur les jardins.

Où se trouve la galerie dans le château ?

Elle est située dans l'aile du Midi. Cette aile abritait des appartements pour les courtisans. On l'appelait « l'aile des Princes », car les enfants et les petits enfants de Louis XIV et de Louis XV y ont logé. Elle comptait 130 appartements. Dans les années 1830, ils furent presque tous détruits pour aménager la galerie des Batailles.

11•13

Comment a-t-on décoré la galerie ? →❸

Les grands tableaux sont placés à touche-touche, selon la mode au XIXe siècle. Les sujets et les dates sont indiqués dans des cartouches situés sur les cadres. La voûte est décorée de caissons ornés de rosaces. Comme la galerie montre les victoires des armées françaises, le milieu comprend une sorte d'arc de triomphe soutenu par 16 colonnes. Les banquettes, les lustres et les lampes placés entre les tableaux font partie du décor d'origine.

Comment a-t-on choisi les tableaux ?

Seules les victoires sont évoquées, les défaites sont passées sous silence. Pour Louis-Philippe, les victoires de la galerie des Batailles doivent faire écho à celles de la galerie des Glaces. Les premières illustrent la gloire de la nation, les secondes celles d'un seul homme, Louis XIV. Louis-Philippe a délibérément exclu sa propre image de la galerie. La galerie est précédée de la salle de 1792, qui exalte les guerres révolutionnaires. On voit notamment les batailles de Valmy et de Jemmapes. Le programme a été soigneusement élaboré afin que les sujets de cette salle et ceux de la galerie réconcilient monarchistes, partisans de l'Empereur et républicains.

Comment se termine-t-elle ?

Elle aboutit à la salle de 1830, qui est dédiée à Louis-Philippe lui-même. La révolution de 1830 qui l'a porté au pouvoir y est évoquée dans des toiles aussi immenses que celles de la galerie des Batailles. La plus impressionnante est *Louis-Philippe prête serment de maintenir la Charte de 1830 en présence des chambres réunies dans la salle provisoire du Palais-Bourbon, le 9 août 1830* par Eugène Dévéria (1805-1865). Cette salle est située à l'extrémité de l'aile. De ses fenêtres, on peut voir la pièce d'eau des Suisses.

Quand a-t-elle été inaugurée ?

L'inauguration officielle eut lieu le 10 juin 1837. Quelque 1 500 personnes furent invitées. Victor Hugo, qui était présent, écrivit que Louis-Philippe avait donné à « ce livre magnifique qu'on appelle l'histoire de France cette magnifique reliure qu'on appelle Versailles ».

21.

Apollon (visite-conférence)

François Girardon (1628-1715)
et **Thomas Regnaudin** (1622-1706)
Apollon servi par les nymphes
Marbre
2,14 m x 3,03 m (prof. : 2,35 m)
Aile du Midi

❶

5•7

Que font les personnages ?

Apollon, le dieu du Soleil, est au centre. Il est entouré des nymphes de Téthys. La déesse de la Mer elle-même est placée derrière Apollon. Elle le coiffe, tandis que les nymphes s'affairent autour du dieu pour le rafraîchir.

On dirait que les nymphes font une ronde autour d'Apollon.

Leurs gestes se répondent. Deux nymphes sont agenouillées aux pieds d'Apollon. Leurs attitudes sont symétriques, à part la direction de leur visage. La nymphe de gauche se retourne pour regarder celle qui est debout derrière elle. Elle amorce ainsi un mouvement ovale, joignant les têtes autour de la figure d'Apollon. Les deux nymphes debout à droite et à gauche dessinent de leurs bras une ligne ondulée. Téthys est la seule qui touche Apollon, les nymphes gardant une distance en signe de respect.

Quel geste fait le dieu ?

Il tend sa main gauche vers une nymphe qui la rafraîchit en versant de l'eau. Le geste et les proportions du dieu sont inspirés de l'une des plus célèbres statues antiques, *Apollon du Belvédère*. Elle a appartenu au pape Jules II et était exposée dans une cour du palais du Vatican. On considérait qu'il s'agissait de l'archétype de la beauté juvénile du corps masculin.

8•10

Où se situe cette scène ?

Dans la grotte de Téthys, au fond de la mer. La déesse représente l'aspect féminin de l'Océan : sa beauté et sa fécondité. Apollon, identifié au Soleil, parcourait le ciel dans son char durant le jour, faisant ainsi croître et prospérer la nature. Au crépuscule, il plongeait dans l'océan pour se délasser. Ce groupe est complété par deux autres montrant des tritons abreuvant les chevaux du Soleil.

Pourquoi a-t-on choisi ces personnages ?

Apollon, c'est le Soleil, mais c'est aussi le Roi-Soleil ! On reconnaît d'ailleurs les traits de Louis XIV dans le visage d'Apollon. Le Soleil éclairant le monde, c'est Louis XIV gouvernant le royaume. Le repos du Soleil après son coucher dans la grotte de Téthys, c'est l'évocation des divertissements du roi à Versailles, après l'exercice des charges du gouvernement.

Le dieu ne semble pas prêter attention aux belles jeunes femmes autour de lui...

C'est vrai. Jean de La Fontaine, qui a décrit ce groupe dans son poème intitulé les *Amours de Psyché et de Cupidon*, expliquait que cette attitude révélait la parfaite maîtrise de soi dont le jeune roi faisait preuve. L'impassibilité était une manière d'exalter la figure du monarque et de la placer à l'égal de celle des dieux.

11•13

Où se trouvaient ces sculptures à Versailles ?

Dans la grotte de Téthys... à Versailles ! C'était un petit édifice situé tout près du château, au nord, à l'emplacement actuel du vestibule de la Chapelle royale. On avait installé un réservoir d'eau sur son toit ; il alimentait les bassins devant le château, mais aussi les jets d'eau installés dans la grotte elle-même. Son décor comprenait des rocailles et des coquillages. L'édifice était un cube ouvert vers l'ouest par trois arcades fermées par des grilles en forme de rayons solaires. Lors de certains spectacles de théâtre ou de musique, la scène était montée devant les trois arcades et le groupe servait de décor : Louis XIV aimait avoir ces œuvres sous les yeux dans ses moments de loisir.

Est-ce que la grotte de Téthys existe encore ?

Non. Elle a été détruite pour permettre l'édification de l'aile du Nord en 1684. Comme Louis XIV appréciait ces sculptures, il les a placées dans les jardins, dans le bosquet des Dômes, où il pouvait les voir lors de ses promenades. Le groupe a de nouveau été déplacé dans le bosquet des Bains d'Apollon, en 1704. À la fin du XVIIIe siècle, il fut mis en scène par Hubert Robert (1733-1808) dans une grotte artificielle, à côté d'une petite cascade. Il a été récemment retiré, car il avait été exposé trop longtemps à l'érosion et au vandalisme. Désormais restauré, le groupe est remplacé dans le bosquet par une copie. L'original est présenté dans l'aile du Midi.

Qui a sculpté ce groupe ?
→❶

Deux artistes se sont partagé la réalisation du groupe : François Girardon (1628-1715) et Thomas Regnaudin (1622-1706). Le premier a sculpté la figure d'Apollon, les deux nymphes agenouillées au premier plan et la nymphe debout à droite, face au dieu. Le second a sculpté la déesse Téthys et les deux autres nymphes. On remarque la différence de style dans le détail des drapés : élégants, fins et précis pour Girardon, plus mous pour Regnaudin. Le plus grand maître des deux était Girardon. Particulièrement fier de cette œuvre, il inscrivit son nom sur la lyre d'Apollon. Le groupe fut sculpté entre 1667 et 1675. C'est l'un des chefs-d'œuvre de la sculpture française.

22.

La façade du château sur les jardins

❶

5•7

Le château est très long !

La façade qui donne sur les jardins a en effet une longueur impressionnante. Il y a plus de 400 mètres d'une extrémité à l'autre ! La façade du corps central est prolongée par les deux grandes ailes du Nord, à gauche, et du Midi, à droite. La façade et les ailes sont entièrement bâties en belles pierres blondes provenant des carrières de Saint-Leu, au bord de l'Oise.

Qu'y a-t-il derrière la façade ?

Au premier étage se trouve la galerie des Glaces. Il y a d'abord eu une terrasse au milieu de cette façade, car Louis XIV voulait ainsi ouvrir le château sur les jardins. Mais comme le climat versaillais n'était pas propice, il y eut bientôt des infiltrations d'eau. De plus, une grande galerie manquait encore au château. Dès la fin de la guerre de Hollande, en 1678, on décida donc de remplacer la terrasse par une grande galerie. Pour maintenir une relation étroite avec les jardins, les fenêtres furent agrandies et des arcades de miroirs placées sur le mur opposé pour refléter la lumière venant des jardins.

Il n'y a pas de toit ?

Dans la tradition française remontant au Moyen Âge et à l'art des cathédrales, on construisait de grandes toitures en charpente dont les formes puissantes se découpaient sur le ciel. Pour cette façade de Versailles, le roi a choisi des toitures plates à l'italienne, dissimulées par une balustrade. D'où le mot célèbre du duc de Saint-Simon : « Le toit a brûlé ! »

8•10

Pourquoi a-t-on placé des sculptures au sommet de la façade ?
→❶

Ce sont des trophées comprenant des armures, des casques, des enseignes, qui alternent avec des pots-à-feu (vases d'où s'élèvent des flammes). Ces motifs décoratifs, placés au sommet de la façade, permettent de donner un élan vertical afin d'atténuer l'impression d'écrasement due à l'immense extension horizontale.

Pourquoi a-t-on construit les deux grandes ailes ?

Par tradition, la cour de France était itinérante dans la région parisienne, se déplaçant d'une résidence royale à l'autre : au Louvre, à Saint-Germain-en-Laye (Château-Vieux et Château-Neuf), à Vincennes, à Fontainebleau, etc. En 1682, Louis XIV décida de fixer la Cour et le siège du gouvernement au château de Versailles. Il fallut alors trouver de la place pour loger les courtisans, d'où la nécessité de construire ces deux grandes ailes. La Cour rassemblait alors plusieurs milliers de personnes, dont une partie seulement logeait dans les 260 appartements du château, 200 étant aménagés dans les ailes du Nord et du Midi.

Y a-t-il des bassins devant la façade ?

Oui, c'est ce que l'on appelle le « Parterre d'Eau ». Le premier projet comportait des dizaines de sculptures autour d'un rocher central qui devait montrer Apollon et les muses sur le mont Parnasse. Mais le rocher et les sculptures risquaient de gêner la vision des jardins et la perspective vers le Grand Canal, ce que Louis XIV ne voulait pas. Le Parterre d'Eau que l'on voit aujourd'hui n'est orné que de figures horizontales en bronze qui n'arrêtent pas le regard. Ce sont les principaux fleuves de France que l'on représente, depuis l'Antiquité, dans une position à demi couchée, appuyés sur des urnes d'où l'eau s'écoule. On compte huit fleuves : la Loire, le Loiret, le Rhône, la Saône, la Seine, la Marne, la Garonne et la Dordogne. Il y a également des nymphes, des enfants et des Amours. Les sculptures sont disposées autour de deux grands bassins de forme rectangulaire incurvés aux angles.

11•13

Qui a construit ces façades ?

Jules Hardouin-Mansart (1646-1708) est l'architecte qui s'est imposé à Versailles au cours des années 1680. Il a retenu l'attention de Louis XIV en bâtissant le château de Clagny pour la maîtresse du souverain, Mme de Montespan. Il est devenu Premier architecte du roi en 1681 avant de réussir une carrière exceptionnelle. En 1693, il a été décoré de l'ordre de Saint-Michel, puis en 1699, il est devenu surintendant des Bâtiments, c'est-à-dire une sorte de ministre de la Culture de l'Ancien Régime. À Versailles, on lui doit les ailes du Nord et du Midi, l'Orangerie, la Petite et la Grande Écurie, le Grand Commun, les ailes des Ministres et même la Chapelle royale, qui a été terminée par Robert de Cotte (1656-1735) après la mort de Mansart, en 1708.

Combien de temps a-t-il fallu pour les construire ?

La façade du corps central fait partie de l'enveloppe que l'architecte Louis Le Vau (1612-1670) a élevée autour du château en brique et pierre de Louis XIII entre 1669 et 1670. Elle a été modifiée en 1678 par Hardouin-Mansart lorsque la galerie des Glaces a remplacé la terrasse centrale. Le même architecte a ensuite construit l'aile du Midi entre 1678 et 1682, puis l'aile du Nord entre 1684 et 1689. Il a donc fallu exactement vingt ans pour que l'on puisse enfin contempler ces impressionnantes façades.

Les étages sont différents les uns des autres.

Les façades ont trois parties : un soubassement à « bossages » (pierres taillées en relief), un grand étage décoré de colonnes ou de pilastres d'ordre ionique avec de grandes fenêtres cintrées, et enfin un « attique » situé au-dessus de l'« entablement » supporté par les colonnes. Cette partie est surmontée d'une balustrade. Il y a des trophées et des pots-à-feu au sommet. Des avant-corps soutenus par des colonnes et surmontés par des statues rompent la planéité des façades et instaurent un rythme. Les principes du soubassement en relief et des combles plats viennent d'Italie. Ce type de façade s'imposera dans les années 1680 à Paris, pour les grandes places royales, la place des Victoires et la place des Conquêtes (aujourd'hui place Vendôme).

23.

Le Grand Canal

5•7

C'est un lac ?

Il s'agit du Grand Canal, qui conduit la perspective jusqu'à l'horizon. Elle commence devant la façade du château entre les deux bassins du Parterre d'Eau et se poursuit par l'Allée royale, appelée aussi « Tapis vert » à cause de la longue pièce de gazon. C'est la plus grande étendue d'eau des jardins de Versailles.

Quelle est sa longueur ?

Le bras principal du Grand Canal est long de 1,50 kilomètre. Il est large de 62 mètres. La longueur du bras transversal dépasse le kilomètre. Celle du pourtour atteint 5 kilomètres et demi. La plus grande profondeur est atteinte au milieu du canal avec 2,50 mètres. Il y a environ 400 000 m^3 d'eau.

D'où vient toute cette eau ?

À l'origine, l'eau venait en grande partie de la rivière de Bièvre, au sud du château, et de l'étang de Clagny, au nord. Il faut citer également le ru de Gally, petite rivière qui prend sa source dans le parc de Versailles et qui est un sous-affluent de la Seine. L'eau formait un circuit dont le Grand Canal constituait la dernière étape. Un « moulin de retour » permettait de clore la boucle et de réinjecter l'eau du Grand Canal dans l'étang de Clagny.

8•10

Est-ce encore le cas aujourd'hui ?

Non. Aujourd'hui, la Bièvre n'est plus détournée et l'étang de Clagny est asséché. Les eaux proviennent de ce qui subsiste du réseau de drainage aménagé dans les années 1680 au sud et au nord du château. Elles se déversent directement dans le Grand Canal. Pour redistribuer l'eau, deux pompes électriques ont été installées. La première est située à l'extrémité ouest du bras principal ; elle achemine l'eau vers les réservoirs de l'aile du Nord et de Montbauron, qui font jouer les principales fontaines du château. La seconde pompe est située à l'extrémité du croisillon nord et alimente les fontaines des jardins des châteaux de Trianon.

On a l'impression qu'il y a deux canaux perpendiculaires.

Le Grand Canal forme en effet une croix. Le bras de la croix, appelé « Petit Canal », a été creusé trois ans après le grand pour relier deux édifices : la ménagerie, au sud, et le Trianon de porcelaine, au nord, qui est aujourd'hui remplacé par le Grand Trianon. À l'arrière-plan de l'image, c'est-à-dire à l'extrémité ouest du Canal, il ne s'agit pas d'un canal perpendiculaire mais d'un élargissement destiné à permettre aux bateaux de manœuvrer pour faire demi-tour.

Il y avait des bateaux sur le Grand Canal ?

Oui. Louis XIV a voulu que des bateaux de toutes sortes y naviguent. On les appelait la « flottille ». Il y avait des réductions des vaisseaux de guerre de la Royale (la flotte de guerre française) ; le Grand Vaisseau était une frégate armée de petits canons. La flottille comprenait aussi la plupart des autres principaux types de bateaux : canots, chaloupes, galiotes, galères, yachts et même gondoles vénitiennes...

11•13

Qui pilotait les bateaux ?

Il y avait un capitaine du Canal, son second, de nombreux matelots venus du Havre et même des forçats, amenés de Marseille, qui ramaient dans la Grande Galère. Ils étaient logés dans les bâtiments que l'on appelait la « Petite Venise », par référence aux gondoliers vénitiens qui avaient accepté, moyennant un salaire confortable, de venir s'installer à Versailles. Ils étaient quatre en 1674, neuf en 1689. Louis XIV appréciait tout particulièrement les promenades en gondole. La Petite Venise était située près de l'extrémité ouest du Grand Canal. On y avait même aménagé un petit chantier de construction navale.

Quel est le bassin situé devant le Grand Canal ?

C'est le bassin d'Apollon. Il existait déjà sous Louis XIII ; il s'appelait alors le « rondeau » et marquait la limite des jardins de Versailles à l'ouest. Il prit le nom de « bassin des Cygnes » sous Louis XIV, avant que la thématique apollonienne ne s'impose dans l'axe est-ouest. En 1671, le groupe en plomb du char d'Apollon sortant de l'onde, réalisé par Jean-Baptiste Tuby (1635-1700), d'après les dessins de Charles Le Brun (1619-1690), fut doré et mis en place de sorte que le bassin changea encore de nom pour s'appeler « bassin d'Apollon ». Jean-Baptiste II Lemoyne (1704-1778) restaura le groupe et remplaça l'un des chevaux en 1737. Le grand jet d'eau central que l'on voit peut atteindre 19 mètres de hauteur.

Comment a été construit le Grand Canal ?

Creuser un aussi grand espace et y apporter suffisamment d'eau constituaient un redoutable défi technique. L'Académie royale des sciences fut mise à contribution : le niveau à lunette de l'abbé Picard permit de mesurer avec précision le dénivelé de la pente. Le Grand Canal a été creusé en plusieurs étapes. Le chantier commença en 1668. Le bras est-ouest avait alors une largeur de seulement 33 mètres. Celle-ci fut doublée en 1671 et les bassins des extrémités est et ouest furent modifiés. Le bras transversal fut creusé de 1671 à 1672. Les derniers aménagements ne furent achevés qu'en 1680. André Le Nôtre (1613-1700) a conçu le profil du Canal avec des bassins de plus en plus vastes d'est en ouest pour « ralentir » la perspective, c'est-à-dire donner l'illusion de la symétrie.

Il est très lumineux.

Par contraste avec les effets d'eau du bassin d'Apollon, cette immense surface d'eau plate illumine les jardins. Louis XIV aimait y naviguer et jouir du miroitement des eaux durant la journée, mais, la nuit tombée, il appréciait aussi les reflets des feux d'artifice dans le Canal lors des fêtes données à la Cour. En août 1674, un dragon placé au centre du Canal cracha un « torrent de feu » et « mille lutins enflammés » avant de s'embraser entièrement. Au cours de la même fête, tout le pourtour du Canal fut décoré de tableaux animés en transparence par des jeux de lumière tandis que le roi et quelques privilégiés admiraient le spectacle sur des embarcations.

24.

L'Orangerie

Étienne Allegrain
(1644-1736)
Vue de l'Orangerie
Huile sur toile
1,15 m x 1,65 m
Aile du Nord, rez-de-chaussée

❶

❷

❸

5•7

Est-ce que l'Orangerie est sous le château ?

Oui. Le bâtiment s'étend sur 155 mètres et semble former un soubassement monumental pour le château. C'est un édifice colossal entièrement voûté, en pierres taillées avec une précision extrême selon des formes complexes. On appelle cette technique la « stéréotomie ». La majesté et l'ampleur des formes ont séduit le roi Louis XIV. La hauteur sous voûte atteint 13 mètres. La température est remarquablement stable et toujours positive grâce à l'exposition au sud, à l'épaisseur des murs et à la situation en contrebas.

À quoi sert le bâtiment ?

Il sert à abriter les orangers, placés dans des caisses, de la mi-octobre à la mi-mai. La construction principale est complétée de deux galeries perpendiculaires de 115 mètres de long chacune. L'espace disponible est si vaste qu'il permettait d'abriter les deux mille orangers de Louis XIV et encore mille autres arbustes rares.

Pourquoi a-t-on bâti un tel édifice pour des orangers ?

L'intérêt pour les orangers en France remonte au XVIe siècle. Ils venaient d'Italie où les Arabes les avaient introduits. À la même époque, les Portugais avaient importé d'Orient une variété dont les fruits étaient moins amers. Les orangers étaient réservés aux rois et aux plus grands seigneurs. Louis XIV aurait conservé un oranger confisqué par François Ier au connétable de Bourbon. Appelé le « Grand Bourbon » ou « Grand Connétable », cet arbre ne serait mort qu'en 1895, vieux de plus de quatre siècles ! Louis XIV avait une passion pour les orangers, dont il appréciait particulièrement le parfum.

8•10

Comment sont conservés les orangers ?
→❶

Ils sont taillés en boule et conservés dans de grandes caisses construites en lattes de chêne massif maintenues par des ferrures (barres de fer horizontales). Aujourd'hui, les caisses sont toujours assemblées selon les techniques anciennes. Les orangers de plus petite taille étaient plantés dans des vases de terre cuite. Ces arbustes ne servaient pas seulement à décorer les jardins : on les disposait dans des caisses d'argent à l'intérieur du château, dans les Grands Appartements et la galerie des Glaces.

L'escalier est interminable !

C'est l'une des rampes dites des « Cent-Marches ». Elles comprennent chacune 3 volées et 2 repos avec au total 103 marches pour la rampe ouest et 104 marches pour la rampe est. La largeur des marches et leur rythme confèrent une majesté toute particulière, avec un point de vue exceptionnel sur les orangers. Les Cent-Marches aboutissent à des grilles flanquées de piliers ornés de colonnes et surmontés de groupes sculptés : *Vénus et Adonis*, *Zéphyr et Flore*, *Aurore et Céphale*, *Vertumne et Pomone*.

Comment s'appellent les parties vertes décorées de spirales ?
→❷

Ce sont des « parterres de broderies » : ils sont constitués de carrés de gazon où l'on a tracé des petits chemins de sable formant des motifs en spirales. Ceux-ci ont probablement été dessinés par André Le Nôtre (1613-1700). Il y a six parterres disposés autour d'un bassin circulaire comprenant un jet d'eau. On aperçoit aussi des buis taillés en forme de cônes ; on les appelle des « topiaires ».

11•13

Quelle est la sculpture qui orne le parterre ?
→❸

Il s'agit de *Saturne enlevant Cybèle*, de Thomas Regnaudin (1622-1706), aujourd'hui conservé au musée du Louvre. Ce groupe en marbre devait décorer le Parterre d'Eau devant la façade du château. Il faisait partie d'un ensemble de quatre enlèvements symbolisant les quatre éléments : le feu, l'air, l'eau et la terre. Cybèle étant une personnification de la Terre, le groupe de Regnaudin symbolise cet élément. L'artiste travailla pendant douze années, entre 1675 et 1687. Le projet initial de décoration du Parterre d'Eau ayant été abandonné, le groupe fut placé dans le parterre de l'Orangerie en 1687, où il demeura jusqu'en 1716. La présence du groupe de Regnaudin permet donc de dater cette *Vue de l'Orangerie* entre 1687 et 1716. Le tableau est attribué à Étienne Allegrain (1644-1736).

Quand a été construite l'Orangerie ?

Elle a été construite entre 1684 et 1686 par Jules Hardouin-Mansart (1646-1708). Elle remplace l'ancienne orangerie, qui avait été dessinée par Louis Le Vau en 1664, mais qui a été condamnée par l'édification de l'aile du Midi à partir de 1678. Hardouin-Mansart a multiplié par quatre l'espace disponible pour les arbustes dans les galeries. L'emplacement a été décalé vers l'ouest : il est limité par la grande aile du Midi à l'est et ouvre, au sud, sur la pièce d'eau des Suisses, creusée entre 1678 et 1682. Le plan en « U » permet de résister à la poussée exercée par le parterre du Midi. L'appareil de refends (lignes horizontales) donne un aspect massif qui convient à l'impression visuelle de soubassement au château. L'édifice, d'une grande sobriété décorative, est constitué d'une série d'arcades monumentales animées par des avant-corps centraux rythmés de huit colonnes géminées (réunies deux à deux). Des-quarts-de rond viennent adoucir les angles. La beauté et la majesté de l'architecture de l'Orangerie ont fait dire aux ambassadeurs de Siam (la Thaïlande actuelle) : « La magnificence du roi est grande d'avoir fait un si superbe bâtiment pour servir de maison à des orangers. »

25.

La fontaine de Latone

❶

❷

5•7

Il y a beaucoup de jets d'eau !

Le spectacle des eaux jaillissantes dans les fontaines était l'une des préoccupations de Louis XIV à Versailles. L'emplacement n'était pourtant pas favorable, le bassin étant situé à 150 mètres au-dessus du niveau de la Seine. Il a fallu pomper l'eau des étangs voisins de Clagny au nord et du Val au sud. Ce dernier était un étang artificiel qui recueillait l'eau de la Bièvre.

Comment amenait-on l'eau jusqu'aux fontaines ?

L'eau était prélevée dans les deux étangs grâce à des pompes actionnées par les ailes des moulins à vent qui avaient été construits à proximité. Ce système présentait cependant des inconvénients : les moulins ne fonctionnaient que lorsqu'il y avait du vent, ce qui était rare durant les chaleurs estivales où le roi désirait faire jouer les fontaines. Par ailleurs, ils ne pouvaient fournir un débit suffisant pour des effets d'eau aussi impressionnants que ceux du bassin de Latone.

Quelle solution a-t-on trouvée ?

Une pompe beaucoup plus puissante a été construite en 1666 entre le château de Versailles et l'étang de Clagny. Actionnée par la force de traction des chevaux, elle comprenait aussi un réservoir. On l'appelait la « Tour d'eau ». Grâce à des tuyaux en plomb, elle permettait d'acheminer l'eau jusqu'à un réservoir situé au sommet de la grotte de Téthys, petit édifice construit au nord du château. Mais le débit était encore insuffisant pour faire jouer toutes les fontaines en même temps, de sorte qu'on les mettait en service les unes après les autres au fur et à mesure de la promenade du roi.

8•10

Mais aujourd'hui, les fontaines jouent-elles toutes ensemble ?

Des améliorations ont encore été apportées. De vastes réservoirs ont été enterrés sous le Parterre d'Eau, devant la façade ouest du château. D'autres ont été creusés le long de l'aile du Nord puis déplacés au bout de cette aile. Grâce aux travaux de l'abbé Picard, on a pu acheminer par la pente du terrain les eaux de source et de ruissellement du plateau s'étendant de Satory à Rambouillet, qui était légèrement plus élevé que celui de Versailles. Il a fallu mettre en place un système de conduites et de rigoles hors norme, puis creuser et aménager plusieurs étangs-réservoirs, que l'on nomme les « étangs supérieurs ». Un travail comparable, appelé « réseau des étangs inférieurs », a été accompli à partir du plateau de Saclay.

La fontaine forme une pyramide.

Ce n'était pas le cas lorsqu'elle a été conçue par le jardinier André Le Nôtre (1613-1700), en contre-bas du parterre du Midi, à la fin des années 1660. Le Nôtre a remplacé une pente très raide par deux allées en « fer à cheval » autour du bassin. La fontaine comprenait alors le groupe central sur un petit rocher et six autres figures en cercle autour de lui. Mais à la fin des années 1680, l'architecte Jules Hardouin-Mansart (1646-1708) a transformé la fontaine en édifiant des gradins circulaires décorés de plaques de marbres blancs et rouges pour placer le groupe sculpté au sommet. Il a ainsi obtenu cette forme pyramidale qui a nécessité de modifier le réseau de fontainerie afin que le jeu des eaux fût encore plus spectaculaire.

Quelle est la figure placée au sommet ? →❶

Il s'agit de Latone, la mère d'Apollon et de Diane ; Jupiter était leur père. À cause de cette infidélité, Junon, l'épouse de Jupiter, persécuta Latone. Celle-ci ne trouvait pas d'endroit où se réfugier, car tous craignaient la colère de Junon. Lorsque Latone voulut se désaltérer dans un étang de Lycie, les paysans troublèrent l'eau en remuant la vase. Pour les punir, Latone les transforma en grenouilles. C'est ce que l'artiste a représenté : la déesse serre contre elle ses enfants tandis que les paysans de Lycie sont en train de se métamorphoser en grenouilles.

Les personnages ont des têtes étranges. →❷

Ce sont des paysans de Lycie à moitié transformés. Ils ont encore un corps d'homme, mais déjà une tête de grenouille et crachent l'eau par la bouche. On voit également des paysans entièrement métamorphosés sur le pourtour du bassin. Il y a enfin un cercle de tortues et de lézards. Jean de La Fontaine a décrit la fontaine en ces termes dans les *Amours de Psyché et de Cupidon* :

« Au bas de ce degré, Latone et ses gémeaux
De gens durs et grossiers font de vils animaux,
Les changent avec l'eau que sur eux ils répandent ;

Déjà les doigts de l'un en nageoires s'étendent ;
L'autre en le regardant est métamorphosé. »

11•13

Pourquoi a-t-on choisi ce sujet ?

Certains auteurs ont voulu y voir une signification politique : les paysans outrageant Latone, mère d'Apollon, renverraient aux « frondeurs » s'opposant à Anne d'Autriche, mère de Louis XIV, lors de la Fronde (1648-1653). Les officiers du Parlement et une partie de la noblesse et du peuple avaient alors défié l'autorité d'Anne d'Autriche et de son ministre, le cardinal Mazarin, Louis XIV étant encore adolescent. Si cette interprétation peut sembler convaincante, elle reste incertaine. En revanche, le sujet révèle sans équivoque la volonté de mettre en avant la figure d'Apollon dans l'axe est-ouest des jardins de Versailles au milieu des années 1660.

Apollon, c'est le Roi-Soleil ?

Louis XIV a en effet voulu associer son image à celle d'Apollon, c'est-à-dire du Soleil, en le choisissant pour son emblème dès le début des années 1660. Dans le bassin d'Apollon, à l'extrémité du Grand Canal, le char d'Apollon sort de l'onde : c'est une allégorie du lever du soleil. Plus à l'ouest, dans le bassin de Latone, Apollon est représenté enfant avec sa sœur, Diane. Enfin, dans la grotte de Téthys, le groupe sculpté montrant Apollon servi par les nymphes évoque le soleil après son coucher. On remarque qu'à Versailles le soleil se lève à l'ouest et se couche à l'est !

Qui a réalisé les sculptures ?

Ce sont les frères Gaspard (1624-1681) et Balthazar Marsy (1628-1674), entre 1668 et 1670. Le groupe de Latone, Apollon et Diane a été réalisé en marbre, et les autres figures en plomb. À la fin des années 1680, lorsque le groupe a été placé au sommet de gradins de marbre, il a été tourné vers le Grand Canal ; auparavant, il regardait le château. En mars 1980, Latone a été vandalisée, elle a reçu des projections de peinture noire et rouge. Elle a alors été retirée pour être restaurée et remplacée dans le bassin par une copie en poudre de marbre.

26.

Le bosquet de l'Encelade

❶

❷

5•7

Il a l'air d'avoir mal ! →❶

En effet, c'est un Géant à demi enterré sous des rochers. Son visage est déformé par la souffrance et sa main gauche est crispée. Il a la bouche ouverte dans un gémissement muet, sauf quand l'eau en jaillit… car il s'agit d'une fontaine.

Qui est-ce ?

C'est Encelade, l'un des Géants qui ont défié les dieux de l'Olympe. Les Géants étaient les enfants de Gaïa, la Terre. Ils sont nés du sang écoulé de la blessure du Ciel, Ouranos, après qu'il fut mutilé par Saturne. Ce sont des êtres immenses et monstrueux qui ont attaqué les dieux, mais qui ont été vaincus. En regardant vers le ciel, Encelade essaie encore de défier les dieux. Il a un rocher dans la main droite, mais il n'aura pas la force de se dégager et de le lancer.

Qui l'a enseveli ?

Tous les dieux ont participé à la lutte contre les Géants sous l'autorité de Jupiter, leur souverain. Minerve a abattu Encelade en l'écrasant sous le poids de la Sicile tout entière. Il gît désormais sous l'Etna. Quand il lutte pour se relever, il provoque des tremblements de terre. L'eau qui jaillit de sa bouche symbolise la lave qui s'écoule du volcan.

8•10

Pourquoi Encelade est-il représenté à Versailles ?

C'est probablement pour évoquer la lutte entre la bestialité, symbolisée par la monstruosité des Géants, et la sagesse, dont la déesse tutélaire est Minerve. Le combat perdu d'Encelade, écrasé par Minerve et foudroyé par Jupiter, signifie que la raison et l'autorité légitime triomphent toujours de la brutalité.

Où se trouve cette fontaine ?

Elle se situe dans l'un des bosquets du Petit Parc. André Le Nôtre a conçu ces bosquets comme des îlots de fantaisie dans la symétrie rigoureuse des perspectives versaillaises. Leur décor est toujours exubérant, que ce soit par la variété des jeux d'eau ou par l'originalité des groupes sculptés. Ici, la figure est puissante, émouvante et grotesque. Elle ressort par le contraste de la dorure et du plomb.

Louis XIV aimait-il ce bosquet ?

Certainement, même si son intérêt semble s'être émoussé avec le temps. Comme toujours dans ses bosquets, Le Nôtre a ménagé des effets de surprise : on découvre subitement des visions saisissantes du groupe par les ouvertures créées dans la galerie de treillage octogonale qui fait le tour du bosquet. Dans sa *Manière de montrer les jardins de Versailles,* Louis XIV recommandait de faire le tour du bosquet : « On ira à Encelade, on en fera le tour et on sortira par le bas. » Mais, dans une version plus tardive du manuscrit, le roi ne propose plus qu'un demi-tour : « On passera par l'Encelade, où l'on ne fera qu'un demi-tour, et après l'avoir considéré, on en sortira par le bas. » Le bosquet a été transformé à la fin de son règne (1706-1709) : les berceaux de treillage et les huit petits bassins qui en faisaient le tour ont été détruits et remplacés par un talus de gazon et une clôture basse.

11•13

Qui a sculpté le Géant ?

C'est Gaspard Marsy (1624-1681), d'après des dessins de Charles Le Brun (1619-1690). Marsy, artiste originaire de Cambrai, s'est installé à Paris avec son jeune frère Balthazar en 1648. Ils collaboreront jusqu'à la mort de ce dernier en 1674. Il a été reçu à l'Académie royale de peinture et de sculpture en 1657. À Versailles, ils ont notamment sculpté les figures des chevaux du Soleil pour la grotte de Téthys, ainsi que le groupe de Latone pour le bassin du même nom. Gaspard Marsy a créé le Géant Encelade entre 1675 et 1676. Cette figure de plomb doré est quatre fois plus grande qu'un homme ordinaire.

Quelles ont été les sources d'inspiration du sculpteur ?

La figure d'Encelade évoque les monstres des jardins italiens du XVIe siècle, et notamment celui de Bomarzo près de Viterbe. On peut aussi le rapprocher du décor de la salle des Géants au palais du Té, à Mantoue, où Jules Romain a peint des figures caricaturales de Géants écrasés sous les blocs de pierre d'un palais en ruine. Pour l'expression de la souffrance, le modèle incontournable était la figure du prêtre Laocoon, étouffé par des serpents. C'est un groupe antique qui avait orné le palais de Titus à Rome. Il a été retrouvé en 1506 et aussitôt acheté par le pape Jules II.

La dorure est éclatante ! →❷

Le bosquet de l'Encelade a été restauré entre 1994 et 1998 : la figure du Géant a été redorée et la galerie de treillage en châtaignier peint en vert, qui avait disparu, a été restituée. Il en a été de même pour les huit bassins de rocaille. Le décor végétal a également été rétabli : ifs, buis taillés et couverture du berceau. On est donc revenu à l'état de Le Nôtre qui avait été considérabelement appauvri par Hardouin-Mansart. Ajoutons que le jet d'eau sortant de la bouche d'Encelade peut atteindre 23 mètres de hauteur.

27.

Le Grand Trianon

Pierre-Denis Martin
(1663-1742)
Vue du Grand Trianon
prise du côté de l'avenue
2,96 m x 2,23 m
Huile sur toile
Salles du XVIIe siècle

❶

5•7

Il n'y a pas d'étage ?

Le Grand Trianon n'est qu'un vaste rez-de-chaussée qui zigzague dans la nature. Louis XIV a voulu ainsi limiter le nombre de personnes susceptibles d'y être hébergées, souhaitant échapper à la lourdeur du cérémonial versaillais. Le roi imposa également qu'il n'y ait pas de grande toiture, car il ne voulait pas que Trianon « ait l'air d'une grosse maison ».

Où se trouve le Trianon ?

Il se situe juste au-delà du parc du château de Louis XIII, à l'emplacement d'un hameau dont il a gardé le nom. Le roi a acheté tous les terrains ainsi que les maisons. Elles ont ensuite été rasées, y compris l'église Sainte-Marie, afin de permettre l'édification d'un petit château.

8•10

C'est le Trianon actuel que l'on voit ?

Non, le premier Trianon a été détruit en 1687. Il est fameux en raison des carreaux de faïence bleus et blancs qui ornaient les intérieurs. Ces faïences, dont les Néerlandais s'étaient fait une spécialité, imitaient les porcelaines chinoises. Elles ont laissé au château le nom de « Trianon de Porcelaine ». Ce château avait été construit pour l'une des favorites de Louis XIV, Mme de Montespan. C'était une sorte de palais de roman, dont le toit était orné d'une multitude de vases peints de toutes les couleurs.

Le château représenté est aussi très coloré.

C'est à cause des marbres de couleur qui ont été employés pour son décor. Ils proviennent des carrières du Languedoc, celles que le roi appréciait le plus. La couleur rose prédomine avec des incarnats de Caunes, mais il y a aussi du rouge, le « campan grand mélange », et du vert-gris venant également des carrières proches de Sainte-Marie-de-Campan dans les Hautes-Pyrénées. Les deux carrières de Caunes et de Campan étaient réservées à l'usage royal. En revanche, les marbres blancs qui relèvent les roses sont italiens : ils proviennent des fameuses carrières de Carrare, près de Gênes. Les harmonies colorées sont très raffinées. Du fait de ces décors extérieurs, le château a conservé le nom de « Trianon de marbre ».

Louis XIV appréciait-il le Grand Trianon ?

Il en a même été le créateur. Le roi souhaitait éviter toute lourdeur, il voulait que le château fût immergé dans la nature. Il a eu l'idée d'une colonnade reliant les deux ailes qui permettrait de voir les jardins dès l'arrivée dans la cour. Elle a gardé le nom que le roi lui a donné, le « péristyle », même s'il est impropre puisque « péri » veut dire « autour ». À l'origine, la colonnade était vitrée afin que l'on pût profiter du jardin à l'abri du vent et du froid. Les colonnes sont géminées, c'est-à-dire réunies deux à deux, d'ordre ionique, le même que pour les façades du château de Versailles sur les jardins.

11•13

Où se trouve la chambre du roi ?

Louis XIV a longtemps cherché le meilleur endroit du château. Il a d'abord installé sa chambre dans l'aile droite, sur le Grand Parterre, avant de la déplacer dans l'aile gauche, vers le Grand Canal. Puis la chambre est revenue dans l'aile droite, mais cette fois elle ouvrait sur le jardin du roi, le jardin clôturé en bas à droite. Les deux ailes s'éloignant vers l'arrière-plan à droite sont la galerie des Cotelles, du nom du peintre Jean Cotelle qui la décora de vues des jardins de Versailles, et l'aile en équerre de Trianon-sous-Bois. Elle constitue la partie la plus isolée du château et abrite aujourd'hui un appartement réservé au président de la République.

Les jardins sont très beaux.

Louis XIV était passionné par l'art des jardins. Il veilla de très près à la conception des jardins du Grand Trianon, dont l'un des aspects majeurs était l'omniprésence des fleurs. Le château était appelé le « palais de Flore ». La déesse des Jardins y régnait : on y trouvait des narcisses, des anémones, des cyclamens, des violettes, des iris, des roses, des lis… Le roi appréciait particulièrement les fleurs d'oranger, les tulipes et les hyacinthes. Il était un véritable connaisseur, s'intéressant aux variétés rares. Les fleurs étaient achetées par milliers et disposées avec soin pour décorer les parterres. On renouvelait les fleurs tous les jours en plantant des pots dans la terre, lorsque le souverain séjournait au château de Trianon. Parfois le parfum dégagé était si fort que le roi en était incommodé. Près du Trianon de porcelaine, il y avait un petit édifice appelé « cabinet des Parfums » où l'on assemblait les senteurs avec art.

Quelle est la construction que l'on voit en haut à gauche ? →❶

C'est l'extrémité du bras transversal du Grand Canal. Il avait été creusé pour relier la Ménagerie, au sud, et le Trianon de porcelaine, au nord. La rampe d'accès en « fer à cheval » a été construite au milieu des années 1670. Elle permettait d'accéder facilement au château de Trianon à l'issue d'une promenade en bateau sur le Grand Canal.

Qui est l'architecte ?

Le Trianon de porcelaine a été bâti, en quelques mois, en 1670 par Louis Le Vau (1612-1670). Cette rapidité fit dire à un auteur contemporain : « Ce palais fut regardé d'abord comme un enchantement, car n'ayant été commencé qu'à la fin de l'hiver, il se trouva fait au printemps comme s'il fût sorti de terre avec les fleurs des jardins qui l'accompagnent. » Ce premier Trianon a été détruit en juillet 1687. Jules Hardouin-Mansart (1646-1708) fut chargé de la construction, tout aussi rapide, du nouveau château, car le roi était très pressé. Moins d'un an plus tard, le château était édifié, mais l'achèvement des décors intérieurs fut interrompu par la guerre de la Ligue d'Augsbourg, en 1689. Il reprit à la toute fin du XVIIe siècle. Démeublé lors de la Révolution, le château doit aujourd'hui à Napoléon un mobilier de style Empire.

28.

Clytie

Charles de La Fosse
(1636-1716)
Clytie changée en tournesol par Apollon
Huile sur toile
1,31 m x 1,59 m
Grand Trianon
Cabinet du Couchant (salon des Malachites)

❶

❷

❸

5•7

La jeune femme pleure.

C'est une nymphe appelée Clytie, l'une des nombreuses filles de Téthys, la divinité qui symbolise l'élément féminin de la mer. Clytie a séduit le Soleil lorsque, ayant parcouru le ciel, il venait se délasser dans la grotte de Téthys, tout au fond de l'océan. Mais il est tombé amoureux d'une autre.

Pourquoi pleure-t-elle ? →❶

Elle est triste car elle a déplu à celui qu'elle aime, le Soleil. Supplantée par Leucothoé, elle dévoila la liaison au père de celle-ci, qui enterra sa fille vivante. Le Soleil ne put empêcher la mort de celle qu'il aimait. Pour punir Clytie de sa jalousie, il la repoussa. Elle dépérit durant neuf années et finit par se métamorphoser en tournesol. On distingue cette fleur s'élevant juste derrière la jeune femme. Tout comme le tournesol suit la course du soleil dans le ciel, Clytie ne peut plus que contempler l'objet de son amour à distance.

Qui est l'homme conduisant le char juste devant le soleil ? →❷

C'est Apollon que la mythologie antique identifie comme le Soleil. La course du soleil durant le jour est figurée par le char d'Apollon parcourant le ciel. Dans le tableau, le char d'Apollon s'apprête à plonger dans l'océan. C'est une image du crépuscule du soir, qui donne au tableau une atmosphère mélancolique s'accordant avec la tristesse de Clytie.

8•10

Apollon, c'est le Roi-Soleil ?

L'image de Louis XIV a été durablement associée au Soleil – et donc à Apollon – lorsque le roi à choisi cet astre comme élément de sa devise, au début des années 1660. C'est pourquoi Louis XIV a été appelé le « Roi-Soleil ». L'astre qui éclaire et réchauffe le monde est une image du roi qui assure, par son bon gouvernement, la prospérité du royaume.

Comment s'appelle la pièce dans laquelle se trouve le tableau ?

C'est le cabinet du Couchant dans le château du Grand Trianon. Le nom de la pièce est dû à son emplacement voisin de la « chambre du Sommeil », qui était la première chambre du roi au Grand Trianon. La chambre du roi changea d'emplacement à plusieurs reprises. Le tableau montre le Soleil disparaissant à l'horizon, ce qui signifie que le roi termine son travail quotidien et va s'accorder quelques moments de loisir et de divertissement avant de passer dans sa chambre pour y dormir.

Pourquoi ce tableau est-il placé aussi haut dans cette pièce ?
→❸

C'est un dessus-de-porte. L'un des caractères importants des décors du château de Versailles et du Grand Trianon est l'insertion des tableaux dans les boiseries où l'effet d'ensemble l'emporte sur la vision rapprochée permettant d'en apprécier la facture. Certaines peintures, y compris les plus belles, étaient ainsi situées très haut. C'était le cas pour les *Bergers d'Arcadie* de Nicolas Poussin, chef-d'œuvre de l'artiste, qui était placé en dessus-de-porte dans l'antichambre du Petit Appartement de Louis XIV.

Quels sont les autres éléments du décor de cette pièce ?

Clytie changée en tournesol par Apollon est l'un des trois tableaux formant le décor de cette pièce consacrée au moment du crépuscule. Elle doit être associée au tableau qui lui fait face, placé également en dessus-de-porte, et qui montre le lever de la lune sous la figure de Diane, sœur d'Apollon (œuvre qui est revenue au Grand Trianon en 2010). La peinture placée au-dessus de la cheminée montre le Soleil après son coucher, qui a rejoint la grotte de Téthys au fond de l'océan.

11•13

Qui est l'auteur du tableau ?

Il s'agit de Charles de La Fosse (1636-1716). Il est aussi l'auteur des deux autres tableaux de cette pièce. C'est un artiste formé par Charles Le Brun, mais qui a été très influencé au cours d'un séjour en Italie par la peinture vénitienne. Il accorde donc une grande attention au coloris et aux plus subtils effets de la lumière, ce qui est particulièrement évident dans cette toile. Outre les peintures qu'il a réalisées au Grand Trianon, il a participé aux décors d'autres lieux importants du château de Versailles : les salons d'Apollon et de Diane dans les Grands Appartements (*Apollon sur son char tiré par quatre chevaux et accompagné des Saisons*, *Auguste faisant bâtir le port de Misène*, *Alexandre le Grand à la chasse au lion*, *Jason et les Argonautes abordant à Colchos*, *Le Sacrifice d'Iphigénie*), le cabinet du Billard dans le Petit Appartement (*Moïse sauvé des eaux*) ainsi que la Chapelle royale du château (*Ascension*).

Que représentent les autres tableaux qui décorent le Grand Trianon ?

Le Grand Trianon conserve un ensemble important de tableaux commandés par Louis XIV à partir de 1688 et qui ont quitté le château après la Révolution, mais dont la plupart sont revenus en place au cours des années 1960. Les peintres sont aujourd'hui peu connus : outre Charles de La Fosse, on peut citer Jean Jouvenet, Louis et Bon Boullogne, René-Antoine Houasse, François Verdier ou Michel II Corneille. Les sujets sont le plus souvent tirés des *Métamorphoses* d'Ovide et font une large place à la mythologie mais aussi à la nature en relation avec les noms et les fonctions des pièces. La chambre du Sommeil comprend le sujet de Mercure qui endort Argus, la chambre des Fleurs celui de *Zéphir et Flore*, le salon des Sources montre *Narcisse se mirant dans l'eau* ou *La Nymphe Cyané, compagne de Proserpine, changée en fontaine par Pluton*. Le décor de la galerie du Grand Trianon a été réalisé par Jean Cotelle, Jean-Baptiste Martin et Étienne Allegrain : il est constitué de 24 grandes vues des jardins de Versailles. Au Grand Trianon, Louis XIV voulait un décor agréable qui, sous le voile de la mythologie, répondait à sa passion pour l'eau, les fleurs et les jardins.

29.

Le Petit Trianon

5•7

Le château est tout petit !

Le château du Petit Trianon est un édifice de taille très modeste : il mesure 23 mètres de côté. Il permettait à Louis XV de se reposer du faste versaillais. Il ne pouvait y accueillir qu'une compagnie restreinte. Louis XIV avait édifié pour les mêmes raisons le Trianon de marbre, désormais appelé le « Grand Trianon », mais Louis XV ne l'aimait pas beaucoup. Grâce au Petit Trianon, le roi pouvait s'accorder des séjours prolongés dans un jardin qu'il appréciait particulièrement.

C'est pour le jardin que le Petit Trianon a été construit ?

En effet. Louis XV créa d'abord un jardin botanique et il prenait parfois lui-même la bêche pour jardiner ! Il aménagea aussi un jardin français et, à côté, il installa une nouvelle ménagerie pour les animaux domestiques, qui annonçait le Hameau de Marie-Antoinette. Dans ce nouveau jardin, il construisit le « Pavillon français » (pavillon du jardin français), très sobre et très élégant. Il s'y reposait après ses promenades dans le jardin botanique. Ce pavillon parut bien vite insuffisant, de sorte que le roi demanda la construction d'un petit château, que l'on peut qualifier de « grand pavillon ».

Qui habitait au Petit Trianon ?

L'inspiratrice du château fut Mme de Pompadour, l'une des favorites de Louis XV, mais elle mourut avant son achèvement. C'est donc Mme du Barry, le nouvel amour du roi, qui accompagnait le souverain au Petit Trianon. À la mort de Louis XV, Louis XVI chassa l'ancienne maîtresse de son grand-père. En août 1774, il offrit à son épouse, Marie-Antoinette, la clé du château garnie de 531 diamants ! Le château et son domaine plurent tant à la reine qu'elle y attacha son nom pour la postérité : « Marie-Antoinette est la reine de Trianon, plus encore que de Versailles » (Pierre Verlet).

Quels sont les premiers travaux de Marie-Antoinette au Petit Trianon ?

La reine a d'abord transformé le jardin. Elle a demandé à son architecte, Richard Mique, (1728-1794) et au comte de Caraman (1727-1807) de concevoir un projet de jardin anglais. Il s'agissait d'imiter les effets de la nature en privilégiant le pittoresque : des petits chemins serpentaient au milieu des arbustes, des monticules, des rochers et des pièces d'eau. Le paysage était ponctué de « fabriques » (petits édifices) dans des styles classique, rustique ou exotique. Marie-Antoinette fit également construire le Belvédère, petit pavillon de style classique, qui s'élève au sommet d'une butte près d'un rocher artificiel et qui offre un point de vue unique sur les jardins. Elle fit édifier au milieu d'une petite île le temple circulaire de l'Amour, qui comprend 12 colonnes corinthiennes. Enfin, elle demanda la construction d'un petit théâtre où elle jouait elle-même la comédie devant un public choisi.

Et à l'intérieur du château ?

Elle aménagea le cabinet dit « des glaces mouvantes », dont les fenêtres peuvent être occultées par des panneaux de glaces élevés dans la pièce depuis le sous-sol, grâce à un habile mécanisme. La reine pouvait ainsi bénéficier d'une plus grande intimité lorsqu'elle le souhaitait. Les frères Jean-Siméon et Jules-Hugues Rousseau réalisèrent les décors d'arabesques des boiseries blanches à fond bleu. La reine commanda également pour sa chambre un somptueux mobilier champêtre à décor de treillages imitant l'osier tressé, sculpté dans le bois des sièges et de l'écran de cheminée par Georges Jacob (1739-1814), mais aussi ciselé dans le bronze de la pendule, des chenets et des bras de lumière par Pierre-Philippe Thomire (1751-1843). Le style « pittoresque » a atteint un sommet dans ces meubles.

Pourquoi y a-t-il des colonnes devant la façade ?

Chaque façade est différente. C'est l'une des subtilités de cette architecture particulièrement raffinée. L'ornementation des façades répond à différents points de vue selon la hiérarchie suivante : les colonnes servent à distinguer la façade principale orientée vers le sud-ouest sur le jardin français. Elles ont été remplacées par des pilastres pour les façades sud-est et nord-ouest. La façade nord-est, qui donnait à l'origine sur les serres du jardin botanique, est la plus simple, elle ne comporte pas de pilastres. Les colonnes et les pilastres permettent aussi de réunir visuellement les deux niveaux supérieurs de l'édifice, c'est ce que l'on appelle un « ordre colossal ».

11•13

La façade est très harmonieuse.

Le Petit Trianon est considéré comme l'une des plus belles réussites de l'architecture française. Il faut souligner la simplicité du plan : c'est un carré. Le décor est très sobre : les surfaces sont lisses, les courbes très discrètes. L'œil est attiré vers le centre par les colonnes, dont les cannelures arrêtent la lumière et dont les chapiteaux corinthiens contrastent par leur richesse ornementale. Le rapport des vides et des pleins est équilibré. Un rythme est instauré par la répétition dans la forme des baies et des balustres. Mais il y a surtout une vibration qui naît du jeu très subtil du relief plus ou moins prononcé des lignes. Il anime la façade en surface et lui confère une richesse que l'on ne soupçonne pas au premier abord. Il faut rendre hommage au talent de l'architecte, mais aussi au goût de Louis XV, qui s'intéressa de très près aux moindres détails de l'édifice. Le château était le cadre de ses plaisirs, mais c'est aussi au Petit Trianon qu'il éprouva les premières atteintes du mal qui allait l'emporter, la petite vérole.

Qui a construit l'édifice ?

C'est l'architecte Ange-Jacques Gabriel (1698-1782), qui a régné sur l'architecture versaillaise pendant plus de trente ans, entre 1742 et 1774. Le château de Versailles lui doit notamment l'aile qui porte aujourd'hui son nom ainsi que l'Opéra royal. Il a su faire évoluer les lignes gracieuses du style rocaille vers la grandeur du néoclassicisme. Il réalisa le Pavillon français en 1749. Il donna le premier projet pour le Petit Trianon en 1761. Le château fut construit entre 1762 et 1764 et le décor fut terminé en 1768. Louis XV passa sa première nuit sur place le 9 septembre 1770.

30.

Le Hameau de la reine

Henri Voisin-Courvoisier
(1757-1830)
Vue du Hameau de la reine, du Petit Trianon sous le Premier Empire
Gravure en couleurs
0,35 m x 0,49 m

❶

❷

❸

5•7

On dirait un village.

C'est le Hameau de Marie-Antoinette, dans les jardins des châteaux de Trianon. À une époque où la vie au milieu de la nature était à la mode, la reine voulut avoir un village. Les 12 maisons étaient rassemblées en deux groupes séparés par une petite rivière : à gauche le Moulin et la Maison de la reine, à droite la Maison du gardien et la tour de Marlborough.

Les bâtiments ont l'air très vieux.

Dès la création du Hameau, les constructions ont été artificiellement vieillies pour leur donner un aspect plus pittoresque. Des lézardes ont été ouvertes dans les murs et des peintures contribuaient à rendre l'effet plus convaincant. C'est ce que l'on appelle le « style décrépit ». Pour l'architecture, on s'est inspiré des fermes normandes avec leurs toits de chaume et leurs façades à colombages.

Il y a une maison à gauche.
→❶

C'est la Maison de la reine, qui comprend un petit balcon à l'étage. Les pièces y étaient luxueusement décorées et meublées. C'est la seule construction du Hameau qui est couverte de tuiles et non de chaume ou de roseau. La reine pouvait y recevoir et y jouer. Au rez-de-chaussée, il y avait un cabinet de trictrac. L'appartement de Marie-Antoinette se situait au premier étage. Il comprenait un cabinet chinois particulièrement raffiné. La maison est reliée par une galerie de bois à un autre édifice, à gauche, qui abritait un billard.

Quel est le bâtiment au centre ?
→❷

C'est un moulin à eau qui est placé au bord de l'étang artificiel peuplé de carpes et de brochets. Sa roue a une valeur décorative et non utilitaire (pour moudre le grain). Le raffinement du décor intérieur contrastait avec la rusticité extérieure : le sol était carrelé et les murs peints pour imiter la couleur du bois d'acajou.

8•10

Il y a un phare à droite.
→❸

C'est la tour de Marlborough. Le nom lui vient d'une chanson de l'époque : *Marlborough s'en va-t-en guerre* (prononcer [malbruk]). Elle ressemble à un phare mais sert d'observatoire, offrant un beau point de vue sur les jardins. On l'appelait aussi « tour de la Pêcherie », car elle abritait le matériel de pêche. Le bâtiment au pied de la tour est la « Laiterie de propreté », où l'on pouvait déguster des laitages confectionnés dans la « Laiterie de préparation » voisine.

11•13

Le Hameau ne servait qu'à divertir la reine ?

Il comprenait aussi une ferme qui était une véritable exploitation agricole. Elle avait été éloignée du Hameau afin que les odeurs n'incommodent pas la compagnie de la reine. On y trouvait un poulailler, une étable avec des vaches, des moutons, des chèvres, des cochons et des lapins. On y cultivait l'orge, la luzerne, l'avoine. Par ailleurs, le Hameau avait une utilité éducative pour les enfants de la reine, dans la droite ligne d'*Émile ou De l'Éducation*, de Jean-Jacques Rousseau, paru en 1762.

Qui a construit le Hameau ?

C'est Richard Mique (1728-1794), l'architecte de la reine. Il a été aidé par le peintre Claude-Louis Châtelet (1753-1794) pour donner un aspect plus pittoresque au site. Le chantier s'est déroulé entre 1783 et 1788. Antoine Richard (1734-1807) a dessiné et planté les jardinets autour des édifices. Construits en matériaux périssables, les édifices du Hameau furent très vite endommagés. Ils avaient été démeublés lors de la Révolution et loués à un aubergiste. Des restaurations importantes furent entreprises sous le Premier Empire puis dans les années 1930, grâce à l'argent du fonds Rockefeller. Une nouvelle campagne de restauration fut lancée à l'aube du troisième millénaire.

Marie-Antoinette était-elle la première à se faire construire un hameau ?

Non, il s'agissait d'une mode aristocratique née dans le dernier tiers du XVIIIe siècle. Près de quinze ans avant Marie-Antoinette, le prince de Ligne avait construit un hameau dans son parc de Belœil. Le prince de Condé avait également aménagé une ferme ornée dans les jardins du château de Chantilly. Elle avait une fonction de décor de théâtre pour les fêtes ; c'est elle qui a inspiré la reine pour le Hameau de Trianon. On peut en effet considérer le Hameau comme un vaste décor de théâtre.

Une visite au château de Versailles ? **Mode d'emploi**

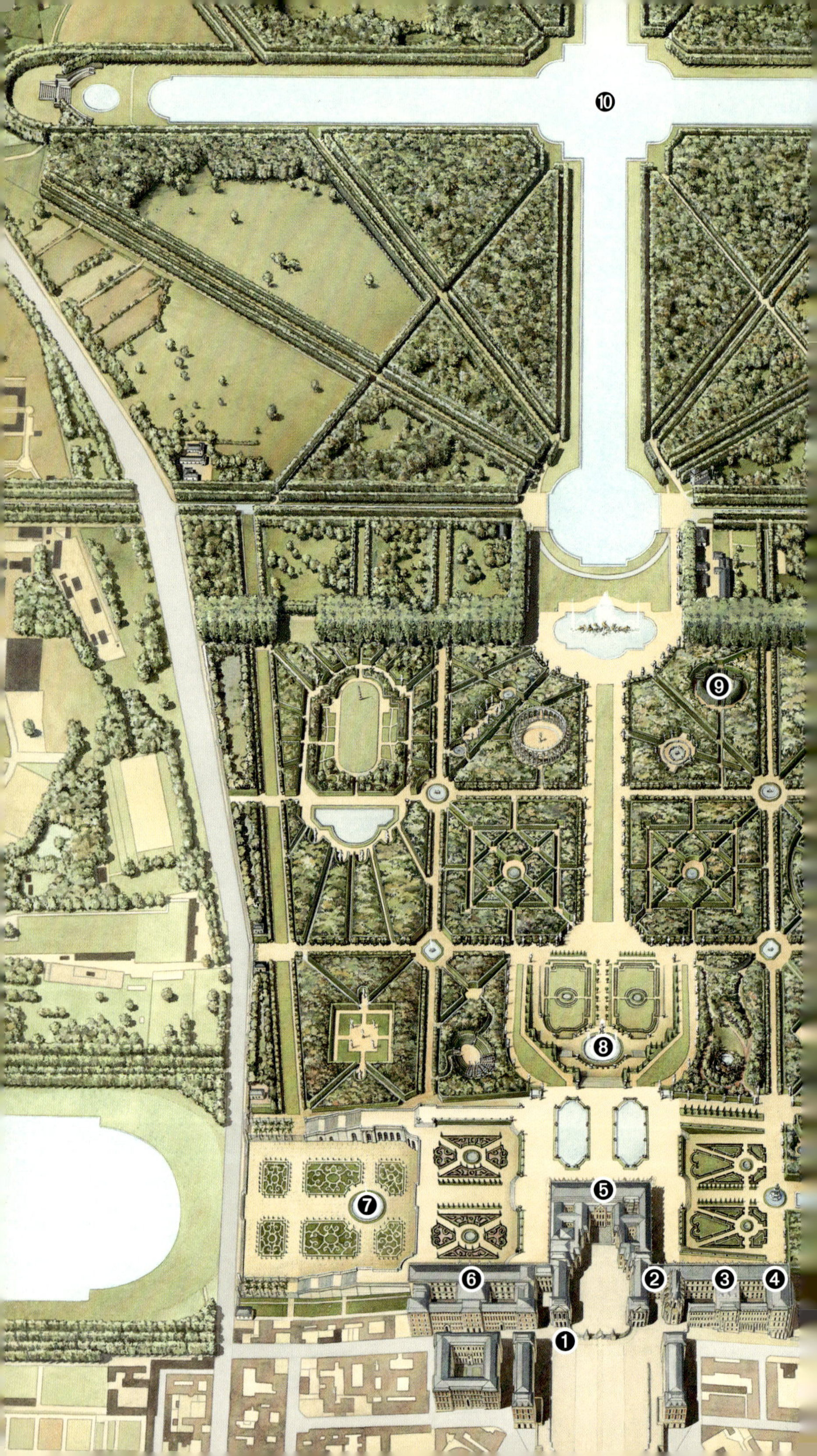

10
9
8
7
5
6
2
3
4
1

Plan de visite du château de Versailles et de ses jardins

❶ entrée A (visiteurs individuels)
❷ la Chapelle royale
❸ aile du Nord
❹ l'Opéra royal
❺ corps central
❻ aile du Midi
❼ l'Orangerie
❽ la fontaine de Latone
❾ le bosquet de l'Encelade
❿ le Grand Canal
⓫ le Grand Trianon
⓬ le Petit Trianon
⓭ le Hameau de la reine

Conseils **pratiques**

Les coordonnées du château de Versailles
Place d'Armes
78008 Versailles Cedex

Renseignements et réservations :
Tél. : 01 30 83 78 00
www.chateauversailles.fr,
www.chateauversailles-spectacles.fr

Comment se rend-on au château de Versailles ?
EN TRAIN :
- Arrivée en gare de Versailles-Rive gauche depuis Paris, RER C (5 minutes à pied).
Horaires sur www.ratp.fr

- Arrivée en gare de Versailles-Chantiers depuis la gare de Paris-Montparnasse.
Arrivée en gare de Versailles-Rive droite depuis la gare de Paris-Saint-Lazare (15 minutes à pied).
Horaires sur www.transilien.com

EN VOITURE :
- Autoroute A13, sortie Versailles Château.
Stationnement des voitures (payant) : place d'Armes (château), allée de Bailly (parc), Grand Trianon et Petit Trianon.

Le domaine de Versailles est-il ouvert tous les jours ?
- Le domaine est ouvert tous les jours sauf le lundi et certains jours fériés.
- Les bosquets sont ouverts les jours des Grandes Eaux musicales et des Jardins musicaux.

DU 1er AVRIL AU 31 OCTOBRE
- Le château est ouvert de 9 h à 18 h 30.
- Les jardins sont ouverts de 8 h à 20 h 30.
- Les châteaux de Trianon et le domaine de Marie-Antoinette sont ouverts de 12 h à 18 h 30.

DU 1er NOVEMBRE AU 31 MARS
- Le château est ouvert de 9 h à 17 h 30.
- Les jardins sont ouverts de 8 h à 18 h.
- Les châteaux de Trianon et le domaine de Marie-Antoinette sont ouverts de 12 h à 17 h 30.

Quels sont les différents parcours de visite du domaine ?

▮ **Le « Passeport »** donne accès à tous les circuits de visites libres du château, aux jardins, aux châteaux de Trianon, au domaine de Marie-Antoinette et aux expositions temporaires. En haute saison, il donne accès également aux Grandes Eaux musicales et aux Jardins musicaux.

▮ **Le billet « Château »** donne accès à tous les circuits de visites libres du château et aux expositions.

▮ **Le billet « Châteaux de Trianon et Domaine de Marie-Antoinette »** donne accès, en haute saison, à la visite du Grand Trianon, des jardins du Grand Trianon, du Petit Trianon, de la Chapelle, du Jardin français, du Pavillon français, du Théâtre de la reine, du Jardin anglais, du Belvédère, du Temple de l'Amour, de la Grotte, du Hameau de la reine, de la Laiterie de propreté et de la Ferme ; en basse saison, à la visite du Grand Trianon, du Petit Trianon, du Hameau de la reine et de ses jardins.

▮ **Des aides à la visite** sont disponibles : des audioguides en dix langues sont compris dans le prix du billet (en supplément pour les châteaux de Trianon et le domaine de Marie-Antoinette).

▮ **Des visites-conférences** sont organisées du mardi au dimanche de 9 h à 15 h 15, dans la limite des places disponibles. Elles permettent de visiter les Appartements privés des rois et des reines ainsi que des grands personnages. La réservation s'effectue le jour même au point Informations du château.

Comment éviter les files d'attente ?

▮ Il est préférable d'acheter son billet à l'avance, soit sur Internet, soit dans les points de vente habituels.

▮ Si vous désirez visiter uniquement les châteaux de Trianon et le domaine de Marie-Antoinette, présentez-vous directement à l'entrée du domaine de Marie-Antoinette, ou au Grand Trianon, située porte Saint-Antoine.

▮ Les différents espaces du domaine et les expositions temporaires sont gratuits sur présentation d'un justificatif en cours de validité, pour les scolaires, les moins de 26 ans résidents de l'Union européenne, les moins de 18 ans, les enseignants affectés dans un établissement français, les personnes handicapées et leur accompagnateur, les demandeurs d'emploi de nationalité française. Pour voir le détail des réductions, rendez-vous sur le site web du château. Depuis le 1er janvier 2010, le premier dimanche des mois de novembre à mars, le domaine de Versailles est ouvert gratuitement à la visite : le château, les expositions temporaires, les châteaux de Trianon et le domaine de Marie-Antoinette. Pour tous les billets gratuits, il faut se rendre directement à l'entrée A.

Où peut-on se restaurer dans le domaine de Versailles ?

▮ **Le Grand Café d'Orléans** est accessible depuis la cour des Princes.

▮ **La Brasserie de la Girandole** et la **Buvette du Dauphin** vous accueillent dans les jardins (en haute saison uniquement). Plusieurs kiosques ambulants proposent des jus d'orange fraîchement pressées.

▮ En tête du Grand Canal se trouvent **La Flottille** et **La Petite Venise** (possibilité de réservation pour les groupes).

▮ **Le salon de thé Angelina** est accessible au niveau des châteaux de Trianon.

▮ **Des espaces de pique-nique** ont été aménagés à côté du bosquet de l'Arc de Triomphe.

Où peut-on trouver des toilettes ?

Toutes les toilettes du domaine de Versailles sont gratuites.

▮ **Le château :** dans la cour Royale et en sous-sol, au niveau du pavillon Gabriel.

▮ **Les jardins :** dans la Brasserie de la Girandole et la Buvette du Dauphin, ainsi qu'en tête du Grand Canal.

▮ **Le domaine de Marie-Antoinette :** à l'entrée du Domaine.

Le château est-il accessible à tous ?

▮ De nombreux aménagements sont prévus pour les personnes à mobilité réduite : plates-formes, élévateurs, location de véhicules électriques, navette en petit train, etc.

▮ **Des visioguides en langue des signes française,** sous-titrés en français, sont disponibles pour la visite des Grands Appartements du roi et de la reine.

▮ **Des visites-conférences adaptées** sont organisées pour les personnes sourdes et malentendantes (en langue des signes française) et pour les personnes souffrant d'une déficience visuelle (tactiles). Horaires disponibles sur le site internet du château.

▮ **Une consigne gratuite** pour les poussettes, porte-bébé métalliques, sacs à dos, valises et parapluies se situe à l'entrée du château.

Le château propose-t-il d'autres activités ?

▮ **Pour les enfants :** le château propose des visites-ateliers, des visites thématiques, des visites commentées et des activités-découvertes des métiers d'art, du théâtre et de l'écriture, et des jardins, les mercredis et pendant les vacances scolaires.

▮ **Pour les enseignants :** des rencontres thématiques et des colloques sont organisés régulièrement.

▮ **Pour tous :** des représentations théâtrales, des concerts et des expositions temporaires sont organisés. Sans oublier les Grandes Eaux nocturnes les samedis de juin à août et les Jardins musicaux les mardis de juillet à septembre.

Tous ces renseignements sont susceptibles d'être modifiés. Avant votre visite, n'hésitez pas à faire un tour sur le site internet du château ou à téléphoner au 01 30 83 78 00.

Pour en savoir **plus**

Deux livres brillants, devenus des « classiques », proposent une vue d'ensemble du château et des jardins :

– Pierre Verlet, *Le Château de Versailles*, Paris, Fayard, 1985 (première édition en 1961).

– Jean-Marie Pérouse de Monclos et Robert Polidori, *Versailles*, Éditions Place des Victoires, Paris, 2001 (réédité en 2009).

Deux publications récentes, à des coûts très différents, permettent d'avoir une synthèse bien documentée par thèmes et par lieux :

– *Versailles*, collection « Encyclopédies du voyage », Gallimard, Paris, 2005.

– *Versailles*, Citadelles et Mazenod, Paris, 2 volumes, 2009 (670 € tout de même !).

Pour approfondir le thème de la vie à la Cour de Versailles :

– Béatrix Saule, *La Journée de Louis XIV. 16 novembre 1700*, Le Seuil, Paris, 1996 (réédité en 2003 sans iconographie).

– William R. Newton, *Derrière la façade. Vivre au château de Versailles au XVIIIe siècle*, Perrin, Paris, 2008.

Sur le grand chantier de Louis XIV :

– Frédéric Tiberghien, *Versailles : le chantier de Louis XIV (1662-1715)*, Perrin, Paris, 2002 (réédité en collection de poche « Tempus » en 2006).

– Jean-Claude Le Guillou, *Versailles, le château en construction*, Artlys, Paris, 2006.

Sur les jardins :

– Michel Baridon et Jean-Baptiste Leroux, *Jardins de Versailles*, Actes Sud, Paris, 2001 (réédité sous le titre *Histoire des jardins de Versailles* dans un format plus économique en 2003).

– Vincent Maroteaux et Jacques de Givry, *Versailles, le Grand Parc*, JDG, Paris, 2004.

– Pascal Lobgeois et Jacques de Givry, *Versailles, les Grandes Eaux*, JDG, Paris, 2000 (réédité en 2008).

Pour les passionnés de musique et de théâtre :

– Philippe Beaussant et Patricia Bouchenot-Déchin, *Les Plaisirs de Versailles. Théâtre et musique*, Fayard, Paris, 1996.

– Olivier Baumont, *La Musique à Versailles*, Actes Sud, Paris, 2007.

Enfin, sur Internet, on peut consulter les ressources documentaires du site officiel du château de Versailles :

www.chateauversailles.fr

On peut également visiter le site consacré au décor de la galerie des Glaces (éd. RMN/Nicolas Milovanovic) :

www.galeriedesglaces-versailles.fr

Dans la même collection

- *Comment parler d'art aux enfants ?*, Françoise Barbe-Gall, 2002
- *Comment parler du Louvre aux enfants ?*, Isabelle Bonithon-Courant, 2005
- *A Kid's Guide to the Louvre for Adults*, Isabelle Bonithon-Courant, 2005
- *Comment parler des arts premiers aux enfants ?*, Isabelle Glorieux Desouches, 2006
- *Comment parler du musée d'Orsay aux enfants ?*, Isabelle Bonithon-Courant, 2007
- *A Kid's Guide to the Palace of Versailles for Adults*, Nicolas Milovanovic, 2010

À paraître

- *Comment parler du Centre Pompidou aux enfants ?*, Dominique Brisson, septembre 20
- *Comment parler de politique aux enfants ?*, Sophie Lamoureux, octobre 2010
- *Comment parler de religions aux enfants ?*, Véronique Westerloppe, octobre 2010
- *Comment parler de l'art du xxᵉ siècle aux enfants ?*, Françoise Barbe-Gall, février 2011

Crédits photographiques